KB206057

웨스트민스터 신앙고백서의 다차원적 읽기

(Reading the Westminster Confession of Faith Multidimensionally)

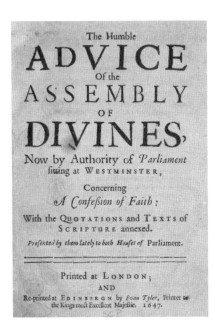

웨스트민스터 신앙고백서 원본

향기교리
시리즈 04

교리서 다차원적 읽기 시리즈 04

웨스트민스터 신앙고백서

1쇄 인쇄 2024년 4월 12일
1쇄 발행 2024년 4월 20일

지은이 ㅣ 송영목
펴낸이 ㅣ 이은수

편 집 ㅣ 이은수
디자인 ㅣ 디자인 향기

펴낸곳ㅣ 도서출판 향기
등 록ㅣ 제 325-2020-00007호
주 소ㅣ 부산광역시 중구 대청로 69-12
전 화ㅣ 051-256-4788
팩 스ㅣ 051-256-4688
이메일ㅣ onearoma@hanmail.net

ISBN 979-11-973080-7-9

향기교리
시리즈 04

교리서 다차원적 읽기 04

웨스트민스터 신앙고백서

송 영 목 지음

저자 서문

송영목 교수
고신대학교

교회의 청소년과 성인 성도는 물론 신학생도 흔하게 제기하는 질문이 몇 개 있습니다. 그런데 신앙고백서에서 그런 질문들의 해답을 대부분 찾을 수 있습니다. 한국교회는 신앙고백서를 진지하면서도 신선하게 가르칠 필요가 있습니다. 17세기 청교도 신학자들이 우리에게 물려준 소중한 유산인 웨스트민스터 신앙고백서는 한국과 영미권 장로교회의 표준 신앙고백서입니다. 한 예로, 미국 웨스트민스터신학교(필라델피아)는 성경을 신실하고 정확하게 표현하는 웨스트민스터 표준문서들에 나타난 정통 개혁신학을 핵심 가치로 받아들이고 동의할 뿐 아니라 파수할 것을 천명합니다.[1]

장로교회의 직분자들은 웨스트민스터 신앙고백서와 대소교리문답서를 성경에 일치하는 표준문서로 받아들인다고 임직식 때 서약합니다.[2] 하지만 장로교인이 방대한 분량의 이 표준문서를 학습하기란 어렵습니다. 감사하게도 웨스트민스터 신앙고

---

[1]https://www.wts.edu/about/mission-values (2024년 1월 27일 접속).

[2]도르트 교회질서(1619) 제53조 '사역자와 교사들의 신앙고백 서약'은 "말씀의 사역자와 신학 교수와 신학교의 모든 교사는 벨직신앙고백서, 하이델베르크 교리문답서, 그리고 도르트신경을 받아들일 것을 서약해야 한다. 이를 거절하는 사역자는 곧 정직되고 시찰회는 그를 받아서는 안 된다. 토론 후에 그들의 생각이 계속 받아들이지 않으면 면직되어야 한다."라고 밝힌다.

백서를 적절하게 해설한 훌륭한 단행본이 출판되어 오고 있는데, 주로 교리적 해설에 집중합니다. 본서는 이 고백서의 총 35장을 다차원적으로 간명하게 해설합니다. 그리고 필요한 경우 17세기 청교도의 저작에 나타난 신학과[3] 성경신학에 입각하여 깊이 있는 설명을 제공하고, 선교적 교회의 공적 실천을 돕는 적용도 제시합니다. 이를 위해 최근 자료를 많이 활용하려고 애썼습니다. 그리고 지역교회가 교리공부와 설교에 활용하도록 '성경 근거 구절'과 '적용'을 각 장의 끝에 수록했습니다.

귀한 추천사를 통해 부족한 본서를 빛나게 해주신 총신대 류길선 교수님, 한우리교회 박홍섭 목사님, 그리고 SFC 대표간사 허태영 목사님께 감사드립니다. 그리고 2022년 주일 오후 예배에 12회에 걸쳐 웨스트민스터 신앙고백서를 함께 묵상한 부산 범천교회에 감사를 표합니다. 또한 출판을 기꺼이 추진해 주신 향기목회아카데미와 도서출판 향기의 대표이신 이은수 목사님께 감사드립니다.

본서가 신학생과 목회자를 비롯하여, 임직을 앞둔 예비 직분자들과 SFC를 비롯한 대학 선교단체의 간사 및 운동원에게 두루 유익하기를 소망합니다.

---

3)종교개혁 이후의 디지털 자료는 https://www.prdl.org/index.php를 참고하라.

추천사

류길선 교수
총신대 신학과

　웨스트민스터 신앙고백서를 해설하는 책들은 많습니다. 하지만 신앙고백서의 배경, 학자들 사이의 논쟁, 그리고 신앙고백서의 장별 주제에 대한 설명을 쉽고 가닿게 설명하는 작품은 많지 않습니다. 송영목 교수님은 17세기 청교도들의 주요 관심을 파악하면서 동시대의 신앙고백서들과의 비교를 통해 웨스트민스터 신앙고백서의 특징을 잘 묘사합니다.

　또한 2차 문헌에 대한 방대한 연구를 통해 성경 교리에 대한 왜곡된 관점을 지적하고 개혁주의 관점의 올바른 대안을 제시합니다. 본서는 고대 문학, 종교개혁 시대의 배경, 타 교단과의 비교, 학자들의 논쟁들, 신구약의 성경신학적 설명 등을 제공함으로써 현장에서 교리를 교육하는 분들이 쉽게 가르칠 수 있도록 만들었습니다.

　마지막으로 각 장마다 성경의 근거 구절과 적용점을 제시하여 교리 교육이 단순히 가르침에 머무르지 않고 권면까지 나아갈 수 있도록 개혁신앙의 실천적 특징을 잘 반영하고 있습니다. 어느 때보다도 교리교육의 중요성이 더 부각되는 이 시대에, 송영목 교수님의 웨스트민스터 신앙고백서 해설서가 신학에 갓 입문한 신학생, 신학에 대한 관심을 가지고 있는 성도, 그리고 교리교육의 현장인 교회에서 잘 활용되기를 추천합니다.

추천사

박홍섭 목사
부산 한우리교회,
교회를 위한 신학포럼 대표

　장로교회의 표준문서인 웨스트민스터 신앙고백서는 신앙의 선배들로부터 전수받은 귀한 유산이자 교회가 함께 배우고 가르치며 전수해야 할 보배입니다. 그동안 발간된 신앙고백서에 대한 해설서가 주로 교리적인 해설에 치중해 왔다면, 본서는 교리적인 해설은 물론이고 성경신학, 청교도 역사와 신학, 봉사신학, 교회교육, 그리고 선교학의 관점 즉 다차원적으로 살펴서 제시한다는 면에서 독보적인 가치를 가집니다.

　우리는 지금 급변하는 시대적인 흐름과 그로 인해 대두되는 다양한 이슈들에 대한 성경적 원리와 대처방안에 대한 교회적인 고민을 안고 있습니다. 저자는 이 책을 통하여 보여준 다차원적 관점의 웨스트민스터 신앙고백서 해석으로써 우리 시대의 이슈들을 통섭적으로 해석하는데도 큰 도전을 주고 있습니다. 무엇보다 교회에서 이 신앙고백서를 가르치고자 하는 목회자와 설교자들에게 큰 유익이 될 줄로 믿어 기쁜 마음으로 추천합니다.

추천사

허태영 목사

SFC 대표간사

우리는 "전체 성경"을 "바르게 알기" 위해 신앙고백서와 교리문답서를 유용하게 사용합니다. 그러나 17세기에 만들어진 웨스트민스터 신앙고백서가 21세기를 사는 우리에게 적용되기 위해서는 많은 노력이 필요합니다. 저자는 17세기 작성된 신앙고백서의 한계를 넘어 지금도 유용한 고백서가 될 수 있도록 수고를 해주었습니다. 저자는 신앙고백서가 지금 우리의 고백이 되기 위해 신학자뿐 아니라 현장 전문가들의 역할도 강조합니다. 이 책은 현장 전문가들이 오늘의 문제를 성경에 근거 해 어떻게 고민하고 답을 찾아야 하는지 도와줍니다. 청년들이 함께 공부할 것을 적극 추천합니다. 이 책은 신앙고백서를 깊이 이해하고, "적용"을 통해 현장에서 문제해결 방법을 배울 수 있게 합니다. 청년들이 삶의 문제들을 성경과 신앙고백서에 근거해 자신들의 고백서를 함께 만들어 가길 기대합니다. 이 시대에도 웨스트민스터 신앙고백서가 유효한 신앙고백서가 되도록 수고해 주신 저자에게 감사하며 이 책을 적극 추천합니다.

발행인의 글

이은수 목사

향기교회 담임, 향기목회아카데미 및
도서출판 향기 대표

　오래전 시찰회 목회자 부부와 장로님들이 여행경비를 적립하여 장로교 유적지를 탐방하기 위해 영국 런던과 웨일스 지방을 여행한 적이 있습니다. 영국의 종교개혁에서 비롯된 장로교의 신앙과 교리표준인 웨스트민스터 신앙고백서를 작성하기 위해서 회집한 웨스트민스터 채플 방문이 여행 일정에 들어있었습니다. 말로만 듣던 건물과 역사적인 현장을 목도(目睹)한다는 기대감과 설렘이 컸습니다. 영국에서 사역하시는 선교사님이 안내를 맡았는데, 사정이 있었겠지만, "막상 가면 볼 것 없다" "경비가 들고, 줄을 서서 기다리면 다음 일정이 밀린다"라는 등의 이유로 먼발치에서 건물을 보고만 다른 곳으로 발걸음을 옮겼던 슬픈 기억이 있습니다. 그런데 정작 시간을 아껴서 탐방을 데려간 곳은 감리교의 창시자인 웨슬리 기념 교회당이었습니다. 이 또한 개신 기독교의 유적지로 볼 가치가 있지만, 여행을 간 의도와 달라 황당하였던 기억이 새록새록 합니다.

　장로교는 웨스트민스터 '신앙고백서'와 '대소교리문답서'를 성경에 일치하는 표준문서로 받아들인다고 목사를 비롯하여 모든 직분자는 임직 때 서약합니다. 그만큼 교리의 표준은 건물로 말하면 기초와 같습니다. 장로교회가 세태(世態)의 변화와 관계없이 주님의 교회로 든든히 서기 위해서는 웨스트민스터 신앙고백서가 기초로서 너무도 중요합니다. 하지만 발행인의 여행경험처럼 신앙고백서의 내용은 제대로 보지 못하고 107문으로 된 소교리문답 정도만 겨우 훑어보고 지나가는 경우가 대부분입니다. 이것이 오늘의 장로교회가 뿌리 깊은 나무와 달리 조그만 바람에도 흔들리는 근간(根幹)이 된다고 말하면 지나칠까요?

웨스트민스터 신앙고백서는 긴 시대와 여러 인물과 사건으로 나열된 성경을 보고 이해하는 지도와 같으며, 다원주의 세상에서 바른 신앙을 가지게 하는 나침판과 같습니다. 신앙고백서의 35개 주제는 교회를 세우는 골조(骨組)입니다. 성경론과 신론, 기독론과 구원론, 성도의 신앙생활과 교회론 및 종말론까지 신앙의 체계를 명확히 세워줍니다.

이번에 '도서출판 향기'에서 『하이델베르크 교리문답서의 다차원적 읽기』와 『벨직신앙고백서의 다차원적 읽기』에 이어 세 번째로 송영목 교수님의 『웨스트민스터 신앙고백서의 다차원적 읽기』가 출판됨을 영광으로 생각합니다. 이미 송영목 교수님이 봉사하는 교회의 오후 예배 시간에 가르쳐서 검증된 내용입니다. 전작과 같이 다차원적 읽기 시리즈로 교리 이해와 적용의 폭을 넓혀주는 귀한 책이기에 많은 분이 읽었으면 좋겠고, 교회의 교리 교재로 사용되기를 소망해 봅니다.

하이델베르크 교리문답서와 벨직신앙고백서, 그리고 웨스트민스터 신앙고백서는 잠시 반짝이고 흥을 돋우는 폭죽 같은 책이 아니라, 오랫동안 신앙으로 인도하는 하늘의 별과 같기에 가로 등불을 켜는 마음으로 기쁘게 출간합니다.

목 차

약어표

BC The Belgic Confession 벨직신앙고백서

HC The Heidelberg Catechism 하이델베르크 교리문답서

WCF The Westminster Confession of Faith
웨스트민스터 신앙고백서

WLC The Westminster Larger Catechism
웨스트민스터 대교리문답서

WSC The Westminster Shorter Catechism
웨스트민스터 소교리문답서

서론

예수 그리스도에게 속한 그리스도인의 정체성은 무엇보다 진정한 신앙고백에 달려있습니다.[4] 이 글은 웨스트민스터 신앙고백서(The Westminster Confession of Faith; 이하 WCF)를 성경신학, 교리, 교회사(16-17세기 청교도의 역사와 신학),[5] 실천신학, 교회교육, 그리고 선교신학의[6] 빛에서 다차원적으로 살핍니다.

물론 WCF는 최근 이슈들인 젠더, 기후 변화, 생명공학적 이

---

4) '신앙고백'(confession of faith)은 그리스어 여성 명사 ὁμολογία(호몰로기아)의 번역이다(히 10:23). 이 단어는 어떤 주장이나 사람에게 자신이 충실하다는 사실을 공적으로 밝힌다는 의미이다. J. P. Louw and E. A. Nida, *Greek-English Lexicon on the New Testament based on Semantic Domains*, Volume 1 (Cape Town: BSSA, 1993), 419.

5) 16-17세기에 약 150년간 지속된 청교도 운동을 정의할 때, 삼위일체 중심의 신학, 교회를 중심으로 하여 이루어지는 그리스도의 구원 사역, 진지한 설교와 개혁된 예전, 이신칭의에 기반한 코람데오 사상, 그리고 시민으로서 경건한 언약적 삶을 기억해야 한다. J. R. Beeke and M. Reeves, 『청교도, 하나님을 온전히 따르는 삶』, *Following God Fully*, 신호섭 역 (서울: 지평서원, 2021), 39-41.

6) 본서가 지지하는 '예수님 중심의 (공공)선교신학'은 민중신학이나 해방신학과 무관하며, 하나님 나라의 복음이 세상에 파송된 그리스도인을 통해 공적으로 모든 영역에 전파되어야 함을 개혁신학으로 연구하는 시도이다. 이런 개혁주의 공공신학의 근원과 뿌리와 출발점은 하나님 나라의 복음이며 성경 자체이고, 성경의 중심 메시지를 현대인에게 설득력 있게 제시하려는 일환이다. WLC와 WSC 제1문답은 교회당 안팎에서 하나님의 영광을 드러내며 사랑을 실천하는 그리스도인의 공적 삶을 인생의 최고 목적으로 제시한다. 참고. 우병훈, "공공신학 교육을 위한 교본으로서 웨스트민스터 대교리문답," 『개혁논총』 39 (2016), 58, 66-70. 참고로 개혁주의 진영의 공공신학 연구는 칼 바르트, 폴 틸리히, 디트리히 본회퍼를 언급하지만, 신앙고백서로까지 거슬러 가지는 않는 경우가 많다. L. Hansen (ed), *Christian in Public: Aims, Methodologies and Issues in Public Theology*, Beyers Naudé Centre Series on Public Theology (Stellenbosch: SUN Press, 2007).

슈, 그리고 선교적 교회 등이 출현하기 전에 작성된 시대적 한계를 가집니다.[7] 신앙고백서를 다차원적으로 해석한다면, 어떤 유익이 있을까요? 무엇보다 신앙고백서가 작성될 당시의 여러 상황을 잘 파악할 수 있고, 저자가 의도한 의미를 여러 겹으로 살피기에 쉽게 지나치지 않을 것입니다. 이런 다차원적 해설서는 예비 직분자와 청소년의 교리 공부는 물론이거니와 성인 크리스천의 신앙교육과 설교에도 유용하게 활용될 수 있습니다.[8]

WCF를 이해하려면 무엇보다 청교도(淸敎徒, Puritan)에 주목해야 합니다.[9] 16-17세기 청교도는 영국과 미국에서 종교와 정치를 비롯한 모든 영역에서 순수한 경건과 생활의 순결(purity)을 추구하며 개혁을 시도한 개신교도였습니다.[10] 영국

---

7) 청교도 정신이 미국의 전쟁 수행과 군사 법원에서 어떻게 구현되는가는 R. P. Lorenzo, "Puritan Military Justice: American War Crimes and the Global War on Terrorism," (Ph.D. Thesis, Texas A&M University, 2012)을 보라.

8) 참고. WCF에 근거하여 개인, 교회, 그리고 사회적 차원의 성인 신앙교육을 제안하는 박정희, "한국장로교 성인구역공과의 교리교육적 가능성과 한계: 웨스트민스터 신앙고백서를 중심으로," (박사학위 논문, 백석대학교, 2016), 4, 48-72. 참고로 WCF를 강해설교로 풀이한 경우는 강현복, 『성경이 꽃피운 고백 성경으로 풀어쓴 웨스트민스터 신앙고백서』(경산; 도서출판 R&F, 2019)를 보라.

9) 16세기에 '청교도'는 루터의 '다섯 가지 오직'(5 Solas)에 동의하지만 영국 성공회를 반대한 비국교도를 모욕하는 용어였다. 17세기 초에 '청교도'는 영국 토양에서 칼빈주의자들의 영향을 받아 종교, 사회, 정치적으로 특정한 입장을 취한 개신교인을 지칭하는 브랜드명이 되었다. J. Coffey and P. C. H. Lim, *The Cambridge Companion to Puritanism* (Cambridge: Cambridge University Press, 2008), 1-3.

10) 청교도 윌리엄 거널(William Gurnall, d. 1679)은 대작 '전신 갑주를 입은 그리스도인'(Christian in Complete Armor)에서 그리스도의 군사인 성도의 영적 건강과 생명력 그리고 경건한 삶을 방해하는 사탄과의 영적 전투를 설명한다. 주님의 용사에게 기도는 생명줄인데, 이것이 없다면 어둠의 존재인 사탄에게 낚이고 만다. C. D. Higdon, "The Spirituality of William Gurnall: The Devil's Threat to Puritan Piety," *Puritan Reformed Journal* 11/2 (2019), 109-111, 124.

에서 헨리 8세(d. 1547)는 천주교와 결별했습니다. 개신교도의 고백적 지위는 에드워즈 6세(1547-53) 때가 되어서야 가능했습니다. 그 무렵 제69대 캔터베리의 대주교 토마스 크랜머(Thomas Cranmer, d. 1556)는 개혁주의 성찬론 등을 포함한 '42개 조항'(1552)을 만들었습니다.[11] 1550년대에 유럽 대륙에서 영국으로 도피한 개혁자들이 영국 개신교에 영향을 미쳤습니다. 예를 들어, 이탈리아 출신 종교개혁자 피터 버미글리(Peter Martyr Vermigli, d. 1562)는 옥스퍼드대 학장으로, 스트라스부르의 개혁자 마틴 부처(Martin Bucer, d. 1551)는 케임브리지대 학장으로, 그리고 폴란드의 칼빈주의 개혁자 요하네스 아 라스코(Johannes à Lasco, d. 1560)는 런던에서 피난민 목회자로 활동했습니다.[12] 이런 영국과 대륙 간의 이런 교류는 청교도에게 영향을 미쳤습니다.

1643년 7월 1일에 잉글랜드와 스코틀랜드 전역의 청교도 목회자와 신학자 121명과 신학적 식견이 있는 일반성도 30명(상원 10명, 하원 20명), 이렇게 총 151명은 런던 웨스트민스터 의사당 옆 예루살렘 홀에 모였습니다.[13] 그들은 1643년 7월 1일부터 1649년 2월 22일까지 웨스트민스터 총회를 위해 회집했습니다.

---

11) C. R. Trueman, "Reformed Orthodoxy in Britain," *SBJT* 14/4 (2010), 4-5.

12) Trueman, "Reformed Orthodoxy in Britain," 5.

13) WCF가 작성될 무렵, 영국 설교단에서 보수주의가 지배적이었지만 영향력은 줄어들었고, 자유주의가 언론을 지배했기에 신학적으로 불안정했으므로, WCF는 논쟁적일 수밖에 없었다. 그리고 잉글랜드와 스코틀랜드는 온건한 칼빈주의의 영향을 받았지만, 전자보다 후자는 배타적이고 좁은 방식(예. 장로교)으로 개신교 신학을 발전시켰다. A. M. Fairbairn, "The Westminster Confession of Faith and Scotch Theology," *Contemporary Review* 21 (1872), 63-64, 68을 보라.

처음에 총대들은 영국 성공회(英國 聖公會, Church of England)
가 채택한 '39개 신조'(1563)를 개정하려고 의도했습니다. 종
교개혁 이후로 영국에서 개신교와 천주교의 갈등이 심해지
자 엘리자베스 1세(1533-1603)는 종교통일령과 더불어 중용을
따르는 종교정책을 시행했습니다. 이 정책의 일환으로 캔터베
리 대주교 매튜 파커(Matthew Parker, d. 1575)는 '39개 신앙 조
항'(Thirty-nine Articles of Religion)을 작성했습니다. 이 신조
는 삼위일체로 시작하여 그리스도인의 맹세로 마칩니다. 그리
고 제22조는 천주교의 연옥교리를 성경적이지 않다고 비판하
고, 제32조는 사제의 독신도 비판합니다.

하지만 웨스트민스터 총대들은 영국 국교회의 통제에서 자
유로운 새로운 신앙고백서를 만들 필요를 절감했습니다. 그래서
무려 1,163회에 걸친 회의와 (금식) 기도를 통해, 5개의 표준문서
(Westminster Standards)가 작성되었고 그 후에 확정되었습니다.
여기서 표준문서란 (1) 교회정치서(1644), (2) 예배모범서(1645년
8월 23일),[14] (3) 신앙고백서(1646년 11월 26일, 총 33장), (4) 대교리
문답서(1647년 10월, 총 196문답; 이하 WLC),[15] 그리고 (5) 소교리

---

14) 영국 성공회가 사용한 공동기도서(The Book of Common Prayer)를 대
   체한 웨스트민스터 예배모범서는 1644년 3월 13일에 *A Directory for the
   Public Worship of God throughout the Three Kingdoms of England,
   Scotland, and Ireland*라는 제목으로 출판하기로 결의했다. 이 결의서에 웨
   스트민스터 총회의 서기인 Henry Robrough와 Adoniram Byfield의 이름
   이 적혀 있다. 1645년에 런던의 T.W.출판사에 의해 정식 출판되어, 웨일스
   에서도 사용되었다.
15) WLC는 1649년의 제8쇄까지 출판되었으며, 제1, 2, 4쇄는 공식적으로 판매
   되지 않았다. 그리고 1쇄와 이후의 (원본에 가깝게 구축한) 비평본문 간에 성
   경 근거 구절이 다른 경우도 종종 발생했다. 참고. J. R. Bower, *The Larger
   Catechism: A Critical Text and Introduction* (Grand Rapids: RHB,
   2010), 52, 62.

문답서(1647년 10월; 총 107문답, 이하 WSC)입니다.[16] 이 다섯 표준문서는 근대 초기(1500-1800) 개혁주의 신학의 정점에 서 있었다고 평가해도 과언이 아닙니다. 그런데 이 표준문서들 간의 상호 관련성을 밝히는 연구가 더 활발히 일어나기를 소망해 봅니다.

14,000여 단어에 걸쳐 총 33장으로 구성된 WCF가 작성되기까지 많은 논란과 토론이 거듭되었습니다. 결국 웨스트민스터 의회는 WCF를 1649년에야 승인했습니다. WCF는 스코틀랜드교회의 영향을 받아 정통 칼빈주의를 표방하지만, 아일랜드 대주교 제임스 어셔(James Ussher, d. 1656)가 작성한 것으로 보이는 '아일랜드 성공회 신앙고백서'(1615)의 영향도 간과할 수 없습니다. 이후에 WCF는 영어를 공용어로 사용하는 국가들의 장로교회에서 기본적인 교의(敎義)로 자리매김했습니다.[17] 예장 합동 총회는 1963년에, 예장 통합은 1968년에, 그리고 예장 고신은 1969년에 WCF를 각각 인준했습니다.

WCF의 중요한 가치는 성경이 가르치는 중요한 교리들을 잘 이해하는 데 도움을 주는 것입니다. WCF의 구조는 아래 도

---

16) 청교도 사무엘 페토(Samuel Petto, d. 1711)는 WLC와 WSC를 참고하여 자신의 대소교리문답서를 만들었다. 특이하게도 이 교리문답서의 대답은 성경 인용이었기에, 교리문답자가 성경을 암송하도록 의도되었다. 참고. M. G. Brown, "Samuel Petto (c. 1624-1711): A Portrait of a Puritan Pastor Theologian," *Puritan Reformed Journal* 2/1 (2010), 86.

17) 이 단락은 송영목, 『하이델베르크 교리문답서의 다차원적 읽기』(부산: 도서출판 향기, 2022), 26을 수정 인용함. 참고로 WCF가 성경을 정확히 요약했기에, 시대를 초월하여 불변의 권위를 가진다는 주장은 신내리, "웨스트민스터 신앙고백의 불변적 권위," 『신학지남』 34/3 (1967), 5를 보라. 그러나 무엇보다 WCF가 사용하는 성경 증거 구절이 정확한지 비평이 필요하다. 완전하고 무오한 성경과 달리, 성경에 종속되는 모든 신앙고백서는 완전하지 않다. 김은수, 『개혁주의 신앙의 기초 I: 웨스트민스터 소요리문답 해설』(서울: SFC출판부, 2011), 40-41.

표와 같이 요약됩니다.[18]

서 론	1장 성경
신 론	2장 하나님과 거룩한 삼위일체; 3장 하나님의 영원한 작정; 4장 창조; 5장 섭리
기독론	6장 타락, 죄, 그리고 형벌; 7장 인간에 대한 하나님의 언약; 8장 중보자 그리스도
구원론	9장 자유의지; 10장 효과적인 부르심; 11장 칭의; 12장 양자; 13장 성화
그리스도인의 의무	14장 구원하는 믿음; 15장 생명의 회개; 16장 선행; 17장 성도의 견인; 18장 은혜와 구원의 확신
그리스도인의 생활	19장 하나님의 율법; 20장 그리스도인의 자유와 양심의 자유; 21장 종교적 예배와 안식일; 22장 맹세와 서원; 23장 국가 위정자; 24장 결혼과 이혼
교회론	25장 교회; 26장 성도의 교제; 27장 성례; 28장 세례; 29장 성찬; 30장 교회의 책벌(권징); 31장 종교 회의들과 공의회들
종말론	32장 사람의 최후 상태와 죽은 자의 부활; 33장 최후 심판
부 록 (미국장로교회가 1903년에 추가)	34장 성령 하나님; 35장 하나님의 사랑과 선교의 복음

위의 표를 요약하면, "성경을 통해 삼위 하나님을 믿고 아는 구원의 공동체인 교회는 미래 종말을 염두에 두면서 산다"입니다.

---

18) 이성호, 『'비록'에서 '아멘'까지: 웨스트민스터 신앙고백 해설』(안성: 그 책의 사람들, 2022), 38.

1800년대 중순까지 스코틀랜드의 세인트앤드류스대학교 (1413), 글래스고대학교(1450), 애버딘대학교(1495), 그리고 에든버러대학교(1583)의 모든 교수는 WCF에 동의한다는 서명을 해야 했습니다.[19] 하지만 그 이후로 스코틀랜드 장로교회는 이 대학교들의 신학 교수 임명에 관여하지 않게 되자, 교회와 신학교는 사실상 단절되고 말았습니다. 이런 경우, 대체로 신학은 교회를 위한 학문이라기보다 학문적 유희를 추구하는 종교학으로 변질되기 쉽습니다. 청교도의 영향을 받아 1636년에 설립된 하버드대학교는 1642년 학칙에서 다음과 같이 밝혔습니다. 삶과 학문의 주된 목적은 하나님을 알고 영생이신 예수 그리스도를 아는 데 있음(요 17:3), 기도를 통해 부지런히 주님의 지혜를 구해야 함(잠 2:2-3). 매일 두 번씩 성경을 읽음으로써 언어와 논리 그리고 실천적인 영적 진리에 있어 성경의 진리를 능숙하게 증거할 수 있도록 준비함(시 119:130).[20] 또한 청교도의 경건성을 물려받은 예일대학교(1701)의 규칙도 비슷했습니다. 모든 교수는 성경에 따라 경건하고 흠 없이 살아야 함, 진리의 원천인 성경을 부지런히 읽어야 함, 공사 간에 종교적 의무를 부지런히 수행해야 함, 학장이나 부학장의 부재 시에 대학 채플실에서 교수 중 한 사람이 매일 아침과 저녁에 계속 (대표) 기도해야 함, 그리고 신학 강연이나 종교 행사가 없는 한 성경 한 장이나 적당한 한 단락을 읽어야 함.[21]

---

19) 이상규 (편), 『기독교대학과 교육』(부산: 고신대학교출판부, 2014), 141-42.
20) 이상규 (편), 『기독교대학과 교육』, 122.
21) 이상규 (편), 『기독교대학과 교육』, 123. 참고로 17세기가 시작될 무렵 옥스퍼드대학교 세인트존스칼리지의 전위적인 성공회 소속 학생들은 크리스마스 연극을 통하여 청교도를 비판했다. 청교도를 이해하려면 16-17세기 옥스

WCF는 완벽한 신앙고백서일까요? ChatGPT에게 "웨스트민스터 신앙고백서의 문제점은 무엇인가?"라고 물으니, 아래와 같이 답했다(2024년 1월 28일 접속). 여기서는 ChatGPT의 답을 소개하고, 그 답을 간략히 비평해 봅니다.

웨스트민스터 신앙고백서가 개혁신학에서 존경받고 영향력 있는 문서이기는 하지만, 비판자들이 없는 것은 아닙니다. 인식된 문제나 비판 중 일부는 다음과 같습니다.

(1) 배타성: 비평가들은 웨스트민스터 신앙고백의 공식이 배타적이어서 개혁신학을 따르지 않는 기독교인들을 잠재적으로 소외시킬 수 있다고 주장합니다. 이러한 배타성은 더 넓은 기독교 전통 내에서 관점의 다양성을 제한하는 것으로 볼 수 있습니다. ➡ WCF가 추구하는 개혁신학은 복음주의신학과 많은 부분을 공유하지만, 에큐메니칼 신앙고백서와 다릅니다.

브리지(Oxbridge) 내의 단과 대학들(colleges) 사이의 신학 성향을 비교하는 연구가 필요하다. 이 경우 단과 대학들의 학장의 신학 및 정치 성향을 잘 파악해야 한다. 또한 옥스브리지의 신학 교수들이 주교나 대주교로 임명되는 경우가 적지 않았기에, 신학교와 성공회의 연결 고리를 파악하는 것도 의미가 있다. 불행하게도 신학 교수 가운데 자신의 이익을 위해 우선하는 사람은 있기 마련이다. 참고로 1535년에 헨리 8세는 '교회 재산 평가법'(Valor Ecclesiasticus)을 공표하여 옥스브리지와 지역교회의 재산을 통제하려 시도하자, 이를 막기 위해 그 대학 동문이 로비했다. 정부가 하나님 나라의 일꾼을 양성하는 기독교대학을 통제하려는 정책은 지금도 진행 중이다. 참고로 16세기 청교도의 학문적 요람인 케임브리지대학교 신학 교수의 역량이 마틴 루터와 같은 유럽 대륙의 신학자들과 비교하여 대등했는지, 그리고 그 대학 신학 교수들에게 공통된 목표가 있었는가에 관해 이견이 있다. J. P. Ingram, "Avant-garde Conformists and Student Revels at Oxford, 1607-08," *Anglican and Episcopal History* 80/4 (2011), 266-69; P. Lake, "Dilemma of the Establishment Puritan: The Cambridge Heads and the Case of Francis Johnson and Cuthbert Bainbrigg," *Journal of Ecclesiastical History* 29/1 (1978), 27-35; K. D. Maas, "Cambridge and the Early English Reformation," *Logia* 13/1 (2004), 50-51.

(2) **신학적 경직성**: 일부 비평가들은 이 신앙고백서의 신학적 공식이 너무 경직되어 있어 뉘앙스나 대안적 해석의 여지가 거의 없다고 주장합니다. 이처럼 유연성이 부족하다고 인식된 것은, 보다 개방적이고 포괄적인 신학적 틀을 옹호하는 사람들에게 논쟁거리가 될 수 있습니다. ➡ WCF가 17세기 영국에서 태동한 상황을 감안한다면, 이 고백서의 신학적 공식이 개방적이고 포괄적인 현대 신학과 차이가 있을 수밖에 없습니다. 그런데 덜 개방적이라고 해서 '신학적 경직성'이라고 평가할 수 있습니까? WCF는 신학적 정확성과 엄밀성을 추구합니다. 그리고 WCF는 다양한 주제를 섭렵하기에 '신학적 포괄성'을 갖추고 있다고 평가하는 것이 정당합니다.

(3) **제한된 대표자들**: 이 고백서를 작성한 웨스트민스터 총회 총대들에 모든 기독교 전통의 대표자들이 포함되지는 않았습니다. 비평가들은 이러한 제한된 표현으로 인해 기독교 사상의 다양성을 적절하게 다루지 않는 문서가 만들어졌을 수 있다고 주장합니다. ➡ WCF는 151명이 몇 년에 걸쳐 토의한 소중한 결과물입니다. 이 고백서의 신학과 교회를 섬기는 가치는 평가절하될 수 없습니다. 이 회의에 개신교 모든 대표자가 동참하지 않았으므로, 기독교 사상의 다양성을 담보하지 않은 것은 자연스럽습니다. 그런데 어떤 다양성을 담아야 훌륭한 신앙고백서가 되는지 의문입니다.

(4) **역사적 맥락**: 비평가들은 이 고백서가 특정한 역사적 맥락에서 기록되었으며, 그 진술 중 일부는 당시의 우려와 논쟁을 반영할 수 있다고 지적합니다. 결과적으로 특정 신학적 공식을 현대 문제에 직접 적용하는 것은 어려울 수 있습니다. ➡ 모든 신앙

고백서는 작성 당시의 상황에서 도출된 것입니다. 현대 이슈에 답하는 현대 신앙고백서가 필요합니다. 그러나 현대 이슈를 담아내는 신앙고백서도 오늘날 상황에서 작성된 시간적 한계를 지닐 수밖에 없습니다.

(5) **시민 정부에 대한 견해**: 교회와 시민 정부의 관계에 대한 이 고백서의 가르침은 17세기의 정치적 상황을 반영하지만, 교회와 국가의 분리가 강조되는 상황에서는 덜 적용 가능하거나 적합하지 않은 것으로 간주될 수 있습니다. ➡ 정치와 종교가 분리된 상황에서 17세기 신앙고백서를 그대로 적용하려고 주장하는 것은 바람직하지 않습니다. 따라서 WCF의 취지와 내용을 숙지하고 그 가르침을 현대에 적용하면 됩니다.

(6) **언약 신학**: 많은 사람이 이 고백서의 언약적 틀을 높이 평가하는 반면, 다른 사람들, 특히 세대주의(dispensationalism)를 강조하는 신학 전통의 사람들은 언약 신학의 측면이 문제가 있다고 생각하거나 성경적 언약 해석에 동의하지 않을 수 있습니다. ➡ WCF에 나타난 '은혜언약'이나 '행위언약'과 같은 표현이 생소할 수 있습니다. 하지만 성경은 하나님의 언약을 주요 주제로 다루고, 그 신학을 WCF가 잘 표현하는 것은 문제가 될 수 없습니다.

(7) **구원에 대한 견해**: 일부 개인은 예정론 및 구원의 본질과 관련된 특정 교리적 요점에 대해 문제를 제기하여 대안적인 신학적 관점과 조화를 이루는 데 어려움을 겪을 수 있습니다. ➡ 하나님의 구원을 위한 예정은 타협하거나 철회할 수 없는 근본적인 사항입니다. 예수 그리스도를 통한 죄 사함이라는 구원은 기독교 복음의 본질이므로, 신학적 대안에 의해 대체

될 수 없습니다.

　ChatGPT가 간과한 중요 사항은 WCF가 2,500개에 달하는 성경 본문을 증거 본문으로 정확하게 사용했는가에 대한 여부입니다. WCF가 한 구절을 탈문맥적으로 활용하는 경우도 있지만, 문맥을 고려하여 여러 구절이나 장을 동시에 제시하기도 합니다. 그리고 WCF에 구약 본문이 425회나 증거 구절로 제시된 경우, 17세기의 신약 청교도에게 '그리스도의 법'으로 적절히 제시되었는가도 WCF의 해석에 있어 주요 이슈입니다. 웨스트민스터 총대들은 1947년 1월 7일부터 4월 29일까지 WCF의 증거 본문을 추가했는데, WCF는 청교도의 성경 해석 방식을 보여줍니다. 구약과 신약의 연속성을 강조한 WLC의 성경 증거 구절에서 구약은 40%를 차지하고, WCF에서는 구약이 28%만 차지합니다. 구약성경 중에 시편, 창세기, 이사야가 애용되었습니다.[22]

　신앙고백을 자신의 정체성을 드러내는 표지로 가지고 있는 그리스도인이라면 신앙의 올바른 체계를 확립해야 합니다. 이를 위해 어떻게 하면 좋을까요? 지역교회가 WCF를 가르친다면, 복음을 변증하고 전파하기에 안성맞춤일 것입니다.

---

22)참고. G. Goswell, "The Use of the Old Testament in the Westminster Standards" *Reformed Theological Review* 66/3 (2007), 148-64.

웨스트민스터 신앙고백서의 다차원적 해설

앞에서 논의한 WCF의 서론 사항을 염두에 두면서, 이제 WCF의 각 장을 다차원적으로 해설할 차례입니다.

1장 성경 [23]

> 1. 본성의 빛, 그리고 창조와 섭리의 사역은 하나님의 선하심과 지혜와 능력을 너무나 분명하게 드러내기 때문에 사람에게 변명의 여지를 주지 않지만, 이것들이 구원 얻기에 필요한 지식, 곧 하나님과 그분의 뜻에 대한 지식을 충분히 베풀지는 않는다. 그래서 주님께서는 기꺼이 여러 부분과 여러 모양으로 자기 자신을 계시하시고 교회를 향한 자기의 뜻을 선포하셨다. 그리고 그 후에는 진리를 보다 더 잘 보존하고 보급하며, 육신의 부패와 사탄과 세상의 악의를 대항하여 교회를 보다 더 확실하게 세우고 위로하실 목적으로 그 동일한 내용을 전부 기록하게 하셨다. 이는 성경을 절대적으로 필요하게 만든다. 하나님께서 자기 백성에게 자기 뜻을 계시하시는 이전 방식은 이제 중단되었다.
>
> 2. 성경 또는 기록된 하나님 말씀에는 구약과 신약의 모든 책이 들어있으니, 다음과 같다.
>
> 구약: 창세기, 출애굽기, 레위기, 민수기, 신명기, 여호수아, 사사기, 룻기, 사무엘상, 사무엘하, 열왕기상, 열왕기하, 역대상, 역대하, 에스라, 느헤미야, 에스더, 욥기, 시편, 잠언, 전도서, 아가, 이사야, 예레미야, 예레미야애가, 에스겔, 다니엘, 호세아, 요엘, 아모스, 오바댜, 요나, 미가, 나훔, 하박국, 스바냐, 학개, 스가랴, 말라기.
>
> 신약: 마태복음, 마가복음 누가복음, 요한복음, 사도행전, 로마서, 고린도전서, 고린도후서, 갈라디아서, 에베소서, 빌립보서, 골로새서, 데살로니

---

23) 본서의 WCF 본문은 대한예수교장로회 고신총회, 『헌법』(서울: 총회출판국, 2023)에서 활용한 것임을 밝힌다.

가전서, 데살로니가후서, 디모데전서, 디모데후서, 디도서, 빌레몬서, 히브리서, 야고보서, 베드로전서, 베드로후서, 요한1서, 요한2서, 요한3서, 유다서, 요한계시록.

하나님께서는 이 모든 책을 영감하시고 믿음과 생활의 법칙이 되게 하셨다.

3. 보통 외경(外經)이라 부르는 책들은 하나님의 영감으로 되지 않았으므로 정경에 속하지 않는다. 그러므로 하나님의 교회에서 어떤 권위도 없으며, 사람의 다른 글들 이상으로 달리 인정하거나 사용하지 말아야 한다.

4. 성경을 믿고 순종해야만 하는 권위는 어떤 사람이나 교회의 증거가 아니라 저자이고 진리 자체이신 하나님께 전적으로 의존한다. 그러므로 성경은 하나님의 말씀이기 때문에 받아들여야 한다.

5. 우리는 교회의 증거로 감동과 인도를 받아 성경을 높게 인정하고 존중할 수 있다. 또 성경이 하나님의 말씀임을 풍성하게 자증하는 논거로는, 내용의 천상적 성질, 교리의 유효성, 문체의 장엄성, 모든 부분의 일치, (모든 영광을 하나님께 돌리는) 전체의 의도, 구원의 유일한 길을 완전하게 전개하는 방식, 비할 바 없는 수많은 탁월성과 성경의 전적 완전성 등이 있다. 그럼에도 불구하고 무오한 진리와 성경의 신적 권위에 대한 완전한 설복과 확신은 말씀을 수단으로, 또한 그 말씀과 더불어 우리 마음에 증거하시는 성령의 내적 사역에서 온다.

6. 하나님의 자기 영광과 사람의 구원 그리고 믿음과 생활에 필수불가결한 모든 일들에 관한 하나님의 협의 전부는 성경에 명시적으로 기록되어 있거나, 합당하고 필연적인 추론을 통하여 성경에서 이끌어 낼 수 있다. 이 성경에다 성령의 새로운 계시이든 사람의 전통이든 어떤 것이라도 어느 때에라도 덧붙여서는 안 된다. 그럼에도 우리는 말씀에 계시된 바를 이해하여 구원에 이르게 하는 데에 성령의 내적 조명이 필수불가결함을 인정한다. 또한 하나님께 드리는 예배, 교회의 치리, 인류의 행위와 공동체에 공통적인 사안 등은 항상 준수해야 하는 말씀의 일반 법칙들을 따라, 본성의 빛과 신자의 분별력으로 규정해야 한다.

7. 성경에 있는 모든 것은 자체로서 똑같이 명백하지도 않으며 만인에게 똑같이 분명하지도 않다. 그러나 구원을 위하여 반드시 알고, 믿고 준수해야 할 바는 성경의 여러 곳에 아주 분명하게 공표되었고 열려 있기 때문에 배운 자든 못 배운 자든 통상적인 방편을 합당하게 사용하여 충분하게 이해할 수 있다.

8. 히브리어(하나님의 옛 백성의 모국어)로 된 구약과 헬라어(신약 기록 당시에 가장 일반적으로 알려진 언어)로 된 신약은, 하나님께서 직접 영감하셨고 비상한 보호와 섭리로 모든 시대에 순수하게 보존하셨기 때문에 진정하다. 그래서 종교의 모든 논쟁에서 교회는 구약과 신약에 최종적으로 호소해야 한다. 그러나 성경에 대한 권리와 흥미를 가지고 하나님을 경외하는 가운데 성경을 읽고 공부할 명령을 받은 하나님의 백성이 다 성경 원어를 알지는 못하기 때문에, 성경을 그들이 속한 각 민족의 대중어로 번역해야 한다. 그러면 하나님의 말씀이 그들 가운데 풍성하게 거하여서 그들은 하나님을 합당한 방식으로 예배하고, 또 인내와 성경의 위로를 통하여 소망을 가질 것이다.

9. 성경을 해석하는 정확무오한 법칙은 성경 자체이다. 그러므로 어떤 성경 구절의 참되고 완전한 의미(여럿이 아니고 하나이다)에 대하여 의문이 있다면, 보다 더 분명하게 말하는 다른 구절을 가지고 살피고 깨달아야 한다.

10. 종교의 모든 논쟁을 결정하고, 교회회의의 모든 결의, 고대 저자들의 견해, 사람의 교리와 사사로운 영들을 분별하고 우리가 그 판결에 승복할 수밖에 없는 최고의 심판자는 성경에서 말씀하시는 성령뿐이시다.

WCF는 하나님에 관한 해설인 신론(神論)보다 성경을 앞에 둡니다. 그러면 웨스트민스터 총회에 참가한 신학자들은 왜 성경을 이 신앙고백서 맨 앞에 둘까요? 오직 성경(Sola Scriptura)과 전체 성경(Tota Scriptura)을 통하여, 하나님과 그분의 계시를 의존하는 신앙을 강조하기 위해서입니다.[24] 그리고 하나님께서

___
24) 신원균, 『웨스트민스터 신앙고백서: 33가지 성경 핵심교리』(서울: 디다스

계신 것이라면 어디나 그분의 말씀이 있습니다. 따라서 하나님의 말씀은 하나의 본질적 신적 속성으로서, 하나님의 존재와 분리되지 않습니다.[25] 그리스도인은 하나님의 말씀인 성경으로 돌아갈 뿐 아니라, 전체 성경의 증언과 계속해서 친밀하게 대화해야 합니다.[26]

　　성경은 그리스도인이 믿고 이해해야 하는 교리의 기초이자 출발점입니다. 그리고 성경은 성도의 신앙과 순종의 삶에 있어 유일하고 가장 중요한 기초이자 규범(the rule)입니다. 따라서 천주교 교황이나 사람의 전통 혹은 신비적 체험이나 소위 직통계시는 그리스도인의 신앙과 삶의 표준이 될 수 없습니다.[27] 웨스트민스터 총회에 초청은 받았으나 불참했던 아일랜드 대주교 제임스 어서 박사는 자신이 작성한 아일랜드 신조(Irish Articles of Religion, 1615)를 다음과 같이 시작했습니다. "우리 종교의 근거와 신앙의 원리와 모든 구원의 진리는 성경에 담긴 하나님의 말씀입니다."[28] 이처럼 WCF의 맨 앞장에 성경을 두게 된 데는

코, 2017), 20. 참고로 '성경'(聖經)은 중국식 표현이며, '성서'(聖書)는 일본식 표현이라 알려져 있다. 여기서는 더 익숙한 '성경'으로 표기한다.

25) J. M. Frame, *Systematic Theology: An Introduction to Christian Belief* (Phillipsburg: P&R, 2013), 523.

26) V. P. Furnish, "Much More than 'Getting Back to the Bible: Christians must come into a Closer and Continuing Dialogue with the Total Witness of Scripture," *Engage/Social Action* 11 Jul-Aug (1983), 21-25.

27) 17세기 초부터 성경의 본문비평이 시작된 것도 WCF 1문이 성경으로 시작하는 이유라는 주장은 유해무, 『헌법 해설: 웨스트민스터 신앙고백서/대소교리문답서』(서울: 대한예수교장로회 고신총회, 2015), 79를 보라.

28) WCF가 작성되기 직전인 1645년에 제임스 어서는 교리문답식으로 52개 주제에 걸쳐 기독교의 교리를 451페이지에 걸쳐 개관했다. 그는 먼저 성령으로 영감된 성경으로 시작하고(딤후 3:15; 요일 5:9) 신론으로 넘어가기에 WCF 1-2장의 순서와 똑같다. 그리고 어서는 17장 칭의, 18장 양자, 19장 성화를 다루기에, WCF 11-13장과 순서가 동일하다. 하지만 어서는 그

웨스트민스터 총회에 참석했던 스코틀랜드 세인트앤드류스대학교 출신 조지 길레스피(George Gillespie, d. 1613-1648)의 영향도 적지 않았습니다.[29] 그는 총대들 가운데 최연소 회원 중 한 명이었습니다.

헬베틱신앙고백서(1536/1566)를 제외하면 16세기 신앙고백서는 주로 하나님 즉 신론으로 시작했습니다. 반면 17세기 신앙고백서는 성경으로 시작했습니다. 성경으로 하나님을 알 수 있기에, 이 둘의 차이점에 나타난 뉘앙스를 침소봉대하지 않도록 주의할 필요가 있습니다. 이런 차이점이 발생한 이유를 이남규는 다음과 같이 적절하게 설명합니다. 종교개혁 이전에는 성경에 대한 세밀한 논의가 없었으므로, 신학 체계를 세우기 위

의 책을 성례와 심판으로 마무리했기에, WCF의 후반부와는 순서가 다르다. 어서는 제37-40장에서 주기도문을 중심으로 기도를 집중적으로 다루었다. 어서는 각 장의 성경 증거 구절을 풍성하고도 적절히 제시했다. 그리고 어서는 각 단락의 제목을 좌우 여백에 제시하여 가독성을 높였다. 이 책은 마 25:21을 이용함으로써 마무리된다. 참고. J. Usser, *A Body of Divinitie or the Summe and Substance of Christian Religion, Catechistically propounded and explained by Way of Question and Answer* (London: The Downes and Geo, 1645), 1-2, 7.

29) 김홍만, "웨스트민스터 신앙고백서의 역사적 배경과 신학적 특징들," 81. 참고로 아래는 35세로 생을 마감한 길레스피의 어록이다. "나는 종종 나 스스로를 위안합니다. 오염된 이 나라를 주께서 정화시키실 것을 소망하며 스스로를 위로하는 것입니다. 주님께서는 분명히 그 작업을 시작하셨으며, 그 위대한 긍휼의 역사를 반드시 이루실 것입니다. 그리고 교회의 반역자들을 제거할 것입니다. 나는 교회 안에 언제나 위선자들이 섞여 있음을 압니다. 그러나 그것이 교회 안에서 악을 행하고 문제를 야기해도 눈감아 줄 수 있는 이유는 될 수 없습니다. 나는 그러한 자들에게 충고합니다. 하나님 경외함을 신중히 생각하십시오. 성경 말씀을 굳게 붙드십시오. ...... 첫째, 하나님의 원수들을 도와준다든지 악한 자들과 자리를 같이한다는 것은 주님을 최고로 불쾌하게 하는 죄악입니다. 둘째, 그 같은 죄는 주님의 백성으로 하여금 또 다른 죄를 범하도록 꼬드기는 것입니다. 셋째, 그러한 죄악은 하나님의 불같은 심판을 피할 길이 없습니다. 하나님의 은총과 심판이 나타난 후에도 여전히 돌아서지 않고 죄악을 범하는 자들에게는 전적으로 파멸뿐임을 두려워하십시오."(1648년 12월 15일, The Scots Worthies, p. 232). https://lewisnoh.tistory.com/321 (2021년 12월 31일 접속).

하여 신앙고백서의 서문에 성경 교리에 관한 진술도 거의 없었습니다. 그 후 16세기 종교개혁 당시 성경에 관한 교리가 발전했지만, 그 당시 신앙고백서들은 성경 교리를 진술할 필요성을 못 느꼈습니다. 그래서 16세기 신앙고백서들은 사도신경의 순서를 따라, 하나님으로 시작하여 창조, 구원, 그리고 교회로 나아가는 구조를 따랐습니다.[30]

WCF 1장과 WLC 1문답 그리고 WSC 1문답이 설명하는 사람의 제일 목적은 바로 성경을 통해 알 수 있습니다. WLC 1-5문답은 사람의 제일 되는 목적을 성경의 가르침에 따라 두 가지로 요약합니다. 그것은 사람이 하나님에 관해 무엇을 그리고 어떻게 믿어야 할지와 하나님께서 사람에게 요구하시는 의무와 본분입니다.[31]

사람은 일반계시(revelatio universalis)로써 피조 세계에 미치는 하나님의 존재와 능력과 신성을 알 수 있는데, 하나님의 일하심은 역사와 문화 속에도 나타납니다(시 8; 19:1-6; 89:5, 37; 104; 롬 1:20-21; 계 3:14).[32] 그러나 세상의 지혜로는 하나님을

---

30) 이남규, "벨직신앙고백서의 성경론에 나타난 칼빈주의적 성격," 『장로교회와 신학』 13 (2017), 83-84.

31) 나용화, "웨스트민스터신앙고백서의 기본적 입문," 47. 참고로 벨직신앙고백(이하 BC) 제7조에 히브리서가 암시되어 있는데, 그 내용은 성부의 최종 계시인 예수님(히 1:2), 예수님의 희생 제사를 통한 구원(히 7:27), 성도는 예수님을 통하여 성부에게로 담대히 나아감(히 4:16), 성도는 예수님 안에 나타난 하나님의 계시에 주의해야 함(히 12:28) 등이다. A. J. Coetsee, "The Book of Hebrews and the Reformed View of Scripture: Hebrews echoed in Belgic Confession Articles 2-7," *In die Skriflig* 54/2 (2020), 9-10.

32) W. J. Ouweneel, "Die Godsopenbaring in die Natuur," *In die Skriflig* 25/3 (1991), 384-85. 참고로 WCF 제1, 3, 5장의 신론에서 하나님의 복음의 총체성이 드러난다. 그리고 WCF 제21, 23, 26장의 예배와 국가관 그리고 성도의 교제에도 총체적 복음이 세상 속으로 사랑의 동기로 전파되어야 할 것을 강조한다. 박재은, "제1장 웨스트민스터 신앙고백서를 통해 살펴보는 복

알 수 없습니다(고전 1:21). 하나님의 작품인 자연을 통한 일반계시가 하나님의 능력이나 신성을 파악하는 데 어느 정도 유용한 것은 사실입니다(롬 1:20).[33] 하지만 그것으로는 구원을 얻기에 불충분합니다. 그래서 특별계시(revelatio particularis)가 필요합니다(시 19:7). 하나님께서 계시하시는 두 가지 방식인 일반계시와 특별계시는 구분은 되지만, 분리되거나 혼합되지는 않습니다.[34]

성경은 하나님의 특별한 자기 계시입니다. 이 계시의 중심에 계신 하나님 덕분에 성경 66권은 일관성이 있습니다(WCF 1:1-2).[35] 하나님은 자신의 진리를 더 잘 보존하시고 타락과 악으로부터 교회를 세우시고 지키시며 위로하시기 위하여 성경을 기록하도록 하셨습니다. 이에 관해 WCF 1:1의 설명을 들어봅시다.

주님께서는 여러 시대 다양한 방식으로 자기 자신을 계시하시고 자신의 뜻을 자신의 교회에 선언하시기를 기뻐하셨다. 그리고 후에, 그 진리를 더 잘 보존하고 전달하기 위해서 그리고 육신의 타락과 사탄과 세상의 악에 대항해 교회를 보다 더 확실하게 세우고 위로하기 위해서 동일한 진리 전체를

음의 총체성," 『총체적 복음사역의 신학과 실천』 15 (2019), 56-57.

33) 바울은 롬 1:20에서 지혜서 13:5 즉 "피조된 것들의 위대함과 아름다움으로부터, 그것들의 원래 창조자가 유추에 의해 보인다"를 반향하고 있다는 주장은 J. A. Fitzmyer, 『로마서』, *Romans*, 김병모 역 (서울: CLC, 2015), 411-12를 보라.

34) 신원균, 『웨스트민스터 신앙고백서: 33가지 성경 핵심교리』, 21.

35) C. van Dixhoorn, *Confessing the Faith: A Reader's Guide to the Westminster Confession of Faith* (Edinburgh: The Banner of Truth Trust, 2014), 5-6.

기록하기를 기뻐하셨다.[36)]

구약시대에 하나님은 선지자나 제사장, 우림과 둠밈, 그리고 꿈과 환상을 통해서 자신을 계시하셨습니다(삼상 28:6; 히 1:1-2). 그러나 신약시대에는 그런 옛 언약 시대에 활용된 계시의 수단들이 종료되었습니다. 따라서 구원을 위한 특별계시가 기록된 성경 66권을 통하여 하나님의 복음을 충분히 알 수 있습니다(딤후 3:16; 참고. BC 25).[37)] 참고로 주로 신구약 중간기(BC 430-BC 6) 동안 기록된 외경은 영감되지 않았으므로 정경과 같은 권위를 가질 수 없습니다. 하지만 외경은 성경 연구를 위한 보조 수단으로 가치가 있습니다(WCF 1:3). 그러나 천주교는 트렌트공의회(1546)에서 외경 7권을 '제2 경전'으로 공인했습니다(토빗, 유딧, 지혜서, 집회서, 바룩서, 마카비상하). 이에 반해 WLC 3문답은 성

---

36)WCF 번역은 R. C. Sproul, 『웨스트민스터 신앙고백 해설 1-3』, *Truths We confess*, Vols. 1-3, 이상웅·김찬영 역 (서울: 부흥과 개혁사, 2011)을 참조할 수 있다. 참고로 WCF의 비평 본문을 위한 정보는 J. R. Bower, *The Confession of Faith: A Critical Text and Introduction* (Grand Rapids: RHB, 2020)을 보라.

37)나용화는 지금도 계시가 지속된다고 아래와 같이 주장한다. "오늘날 교회가 복음 선포와 선교를 통해서 불신자들을 회개시켜 그리스도를 믿어 그에게로 이끄는 사역이 바로 말씀과 성령으로 말미암는 선지자이신 그리스도의 계시 활동이다. 그리고 계시의 수단(means)과 관련해서 말하자면, 일반계시의 수단으로는 사람의 본성, 자연현상, 역사적 사건들이 있고, 특별계시의 수단으로는 신현(theophany;하나님 또는 천사들의 나타남), 예언(oracles; 하나님의 말씀이 임하는 것), 이적(miracles) 등이 있다. 한국교회가 곡해하고 있는 대로, 만일 그리스도 이후로, 즉 성경책이 완성된 이후로 계시가 종결되었다고 한다면, 이 같은 계시의 수단들은 아무 쓸모가 없고, 더 이상 있어야 할 이유가 없게 된다. 그런 까닭에, 한국교회는 신학 이론상 신현과 예언과 이적을 부인하여, 천사들이 나타났다고 하거나, 하나님의 말씀을 받고 음성을 들었다 하거나, 이적이 행하여졌다고 하면 이단으로 정죄하는 어리석음을 범해왔다." 나용화, "웨스트민스터신앙고백서의 기본적 입문," 56. 하지만 나용화의 주장과 달리, 신구약 성경이 기록된 이후로, 성경과 동일한 권위를 가진 특별계시는 필요 없을 뿐 아니라 종료되었다.

경 66권으로 충분함을 다음과 같이 묻고 답합니다.

문: 성경은 일차적으로 무엇을 가르칩니까?
답: 성경은 일차적으로 사람이 하나님에 대해 무엇을 믿어야 하고,
하나님이 사람에게 어떤 의무를 요구하는지를 가르칩니다.

하나님께서 말씀하신 것을 기록한 성경의 권위는 '믿고 순종해야' 합니다(WCF 1:4). 그런데 거짓의 아비인 사탄은 에덴동산에서부터 하나님의 말씀을 믿지 못하게 하고 말씀의 권위를 의심하도록 만들어 왔습니다(창 3:1). 그러나 성경이 신적 근원을 가진 하나님의 말씀이라는 사실은 성경의 자증성(自證, autopistis)으로 분명해집니다.[38] 완전하신 하나님께서 말씀하시고 기록하도록 인도하셨기에, 성경은 하나님의 오류가 없는 계시입니다. 이 사실을 기꺼이 믿도록 성령님께서 성도 안에 조명하십니다(고전 2:11; 엡 1:17).[39]

　　성경의 계시적 차원은 역사적이고 문예적 차원보다 더 중요하기에, 바로 이 계시적 차원은 나머지 두 차원의 의미를 결정

---

38) '고려신학교 설립취지서'(1946)도 성경의 자증성을 언급한다. "신학운동(神學運動)이라고 하야 오인(吾人)은 백과사전식(百科辭典式) 종교적지식(宗敎的知識)을 교수(敎授)하는 것을 목표(目標)하지 않고 성경(聖經)의 독자적신임성(獨自的信任性 αυτοπιστις)을 믿는 개혁교신학(改革敎神學)의 원칙(原則)에 확립(確立)하야 밝히도 정(正) 부[정](不正)와 시비(是非)를 단(斷)하는 칼빈주의(主義) 신학(神學)을 수립(樹立)코자 하는 바임니다. 그리하야써 우리 교계(敎界)의 신앙사상상(信仰思想上) 혼란(混亂)을 개정(改正) 또는 통일(統一)하려고 간원(懇願)하야 마지 않슴니다."

39) 엡 1:17은 성령께서 성도에게 새로운 계시나 신비로운 지식을 주신다는 의미가 아니다. 지혜와 계시의 성령은 예수님 안에 계시된 구원의 복음과 하나님 아버지의 뜻을 더 깊게 이해하도록 도우신다(참고. 고전 2:6-16). D. A. Carson (ed), *NIV Biblical Theology Study Bible* (Grand Rapids: Zondervan, 2018), 2118.

짓습니다.[40] 다시 말해, 하나님께서 자신을 계시하신 내용이 진실하다는 사실은 사람이 역사적 증거를 확보하거나 문학적으로 본문을 분석하는 성공 여부에 달려 있지 않습니다. 따라서 불완전한 역사적 증거 등으로써 성경의 권위나 의미를 손상하지 않도록 주의해야 합니다.

　　우리는 교회의 증언 즉 WCF와 같은 공교회의 신앙고백서와 신조의 도움을 받아 성경을 최고로 존중할 수 있습니다(WCF 1:5). 성경에서 신조가 나오고, 신조에서 신학이 도출됩니다.[41] 즉 성경, 신조, 신학의 순서입니다. 성령님의 내적 증거는 성경 말씀을 통하여 성경의 무오한 진리와 권위를 성도에게 확신시킵니다(WCF 1:5). 성령은 성경의 원저자로서 성경과 함께 성도 안에 일하십니다. 이에 관해, 장호광은 아래와 같이 적절하게 주의를 줍니다.

　　성령은 우리 안에서 직접적으로서가 아니라 성경과 함께 그리고 성경을 통해 다만 간접적으로 역사한다는 말이다. 물론 그런 주장이 성령이 말씀의 속박에 묶여 있다는 것을 의미하지 않는다.[42]

성경은 하나님의 영광, 인간의 구원, 믿음, 그리고 신앙과 생활에 필요한 모든 것에 관한 하나님의 전체 경륜을 충분하고도

---

40) 참고. 통제되지 않고 임의적이며 주관적인 구약의 모형론적 해석을 반대하는 F. N. Lion-Cachet, "Die Christusgetuienis in die Ou Testament: 'N Belydeniswerklikheid," *In die Skriflig* 25/1 (1997), 99, 109-111.
41) 신원균, 『웨스트민스터 신앙고백서: 33가지 성경 핵심교리』, 26.
42) 장호광, "개혁주의 신앙고백서의 신학적 의미고찰: 웨스트민스터 신앙고백서의 성경관을 중심으로," 『신학지평』 29 (2016), 92.

분명하게 밝힙니다. 성도는 '선하고 필연적 귀결'(by good and necessary consequence)에 의해 그것들을 성경으로부터 추론할 수 있습니다(WCF 1:6). 성경을 해석할 때, 선하고 필연적인 교리적 귀결을 도출하기 위해, 그리스도인은 논리학을 적절히 활용할 필요가 있습니다. 여기서 '선한 귀결'(good consequence)은 성경 전체의 교훈에 일치하는 결론을 가리킵니다. 그리고 '필연적 귀결'(necessary consequence)은 거듭난 이성을 활용하여 성경의 의미를 논리적으로 추론함으로써 합리적으로 부정할 수 없을 정도의 결론을 가리킵니다.[43] 예를 들어, 청교도는 행위언약을 증명하기 위해 특정 본문을 사용하기보다, 성경 전체의 증거를 통해 논리적 귀결을 도출했습니다.[44] 그런데 런던 침례교회 신앙고백서(1677/1689)는 "성경에 …… 또는 건전하고 필연적인 귀결에 따라 성경에서 추론될 수 있다"라는 진술을 삭제하고, "또는 필연적으로 성경 속에 포함되어 있다"로 바꾸었습니다. 이런 변경은 침례교가 성경에 명시되지 않은 유아세례를 거부하기를 원했기 때문입니다.[45]

선하고 필연적 귀결에 관하여, 한 가지 예를 들면, 제5계명 즉 하나님께서 자녀에게 허락하신 부모를 공경하기 위하여, 자녀는 부모의 명예를 손상하지 말아야 한다는 분명하고 필연적인 귀결에 도달하게 됩니다. 스코틀랜드의 청교도 목회자 길레

---

43) 양성만, "웨스트민스터 신앙고백 1장 6절의 바르고 필연적인 귀결," 『신앙과 학문』 22/1 (2016), 182, 207; Ouweneel, "Die Godsopenbaring in die Natuur," 390.

44) J. R. Beeke and M. Jones, 『청교도 신학의 모든 것』, *A Puritan Theology*, 김귀탁 역 (서울: 부흥과 개혁사, 2015), 54.

45) Beeke and Jones, 『청교도 신학의 모든 것』, 54.

스피에 따르면, 성경을 해석하기 위해 사람은 논리적인 연역(演繹)을 활용하여 결과를 얻어야 하며, 우리 자신이 가지고 있는 이성의 힘이 아니라 그 귀결이 하나님의 진리의 뜻이기에 믿어야 합니다.[46] 성도는 거듭난 이성을 적절하게 활용함으로써 '이해를 추구하는 믿음'을 굳게 세워야 합니다. 이처럼 참된 이성과 믿음은 서로 충돌하지 않습니다. 중생한 이성은 믿음을 튼튼하게 만듭니다.

그리스도인이 반드시 믿고 준행해야 하는 구원은 어떤 성도이건 충분히 이해할 수 있도록 성경에 일관성 있고 명료하게 계시되어 있습니다(WCF 1:7). 성도가 구원을 명료하게 이해하려면 성경은 자국어로 번역되어야 합니다. 그러나 중세교회는 제롬(d. 419)의 라틴어 성경인 벌게이트(Vulgate, 405)만 공식적으로 인정했습니다.[47] 하지만 교회는 히브리어와 그리스어 성경을 올바르게 자국어로 번역하는 데 관심을 가지고 후원해야 합니다(참고. 존 위클리프와 윌리엄 틴데일). 또한 목회자는 목회하는 지역교회의 성도에게 성경을 스스로 읽고 해석하는 기초 원칙을 가르칠 필요가 있습니다. 목사는 성도가 스스로 물고기를 잡아서 요리하는 방법을 가르쳐야 합니다. 장호광이 주목하듯이, "성령의 내적 조명으로 인한 성경해석은 사유(思惟)를 통해 단순히 이해하는 수준에 머무는 것이 아니라, 이해되고 해석된 성경의 내용

---

46) 참고. J. V. Fesko, 『역사적, 신학적 맥락으로 읽는 웨스트민스터 신앙고백서』, *The Theology of the Westminster Standards*, 신윤수 역 (서울: 부흥과 개혁사, 2018), 105.

47) 제롬의 히브리어 실력은 상당했지만, 그는 초기에 아람어를 읽지 못했다. 제롬은 히브리어와 아람어를 구사하는 사람을 고용했으며, 나중에 스스로 아람어를 읽을 수 있었다. G. K. Hasselhoff, "Revising the Vulgate: Jerome and His Jewish Interlocutors," *Zeitschrift für Religions und Geistesgeschichte* 64/3 (2012), 216-17.

을 우리의 삶에 구체적으로 적용되는 실천적 영역으로까지 나아가도록" 해야 합니다.[48] 불행하게도 중세 천주교는 개인이 아니라 오직 교회만 성경의 4중 의미 즉 문자, 도덕, 풍유, 유비적 뜻을 밝히는 권위를 가지고 있다고 주장했습니다.

성경을 해석할 때, 명확하게 말씀하는 본문을 통하여 모호한 본문을 해석해야 합니다(WCF 1:9). 청교도는 한 본문에 하나의 참된 문자적 의미가 있다고 믿었기에, 중세시대에 강조했던 영적 의미는 문자적 의미를 적용한 것입니다(예. 윌리엄 퍼킨스).[49] 본문의 의미를 찾을 때 '신앙의 유비'(analogia fidei)가 중요합니다. 신앙의 유비는 구약과 신약의 통일성과 연속성 즉 성경의 유비(analogia Scripturae)와 접맥합니다.[50] 청교도가 지지한 신앙의 유비와 성경의 유비는 성경을 엉뚱하게 해석하는 것을 방지합니다. 이에 관하여 예를 들어봅시다. 신명기 14:26이 허용한 '독주'(毒酒)는 이스라엘 백성에게 가끔 생활의 활력소였지만(삿 9:13; 시 104:15), 신약 성도가 성령 충만을 받기 위해서는 그것을 마땅히 절제해야 합니다(엡 5:18). 그리고 성경해석은 억지로 자의적으로 해석하지 않아야 하며(벧후 3:16), '오직 성경'은 물론 '전체 성경'이라는 원칙에 입각해야 합니다.

싱가포르 극동신학교의 스카리아(G. Skariah)는 신앙고백서들 가운데 WCF 1:8가 처음으로 성경의 원본이 하나님의 특

---

48)장호광, "개혁주의 신앙고백서의 신학적 의미고찰," 94.

49)B. Franks, "Rightly Handling the Word of Truth: Puritan Interpretation of Scripture," *Puritan Reformed Journal* 11/1 (2019), 49.

50)청교도는 한편으로는 교부와 중세의 비평 이전 시대의 성경해석에 빚졌으며, 다른 한편으로는 문자적 의미를 강조했던 중세 후기의 성경해석을 더욱 발전시켰다. Franks, "Rightly Handling the Word of Truth," 50-51.

별한 섭리에 의해 언어적이며 만전적으로(verbal and plenary) 영감되었음을 밝힌다고 주장합니다.[51] 하나님께서 자신의 말씀을 친히 보존하십니다(시 12:6-7; 마 4:4; 5:17-19). 모든 사람은 히브리어와 그리스어를 알 수 없습니다. 구약성경 중 아람어로 기록된 본문은 에스라 4-6장, 예레미야 10:11, 그리고 다니엘 4:2부터 7장까지입니다. 그래서 성경은 모든 민족의 언어로 번역되어야 하나님의 말씀이 신자 안에 거하여 합당하게 하나님을 예배할 수 있으며(골 3:16), 성경으로부터 인내와 위로를 받아 소망을 가질 수 있습니다(롬 15:4).

성경의 원저자이신 성령님은 오류가 없으시므로 종교적 논쟁들의 최고 재판관이 되십니다(WCF 1:10; 참고. 사 8:20; 행 15:15; 28:25). 성령님께서 '최고의 재판관'(the supreme judge)이시므로, 교회 회의, 교부, 그리고 정통 신학자들은 하위 재판관들에 해당합니다.[52] 성령님은 자신이 축자적이고 유기적이며 통전적으로 (내용과 형식 모두를) 영감시키신 성경과 더불어 일하십니다.[53] 개혁주의 계시관과 인식론에 있어 영감 된 성경과 진리의 성령님에 대한 강조는 매우 중요한 특징입니다.[54] 성령께서 하나님의 말씀을

---

51) G. Skariah, "The Biblical Promises of the Verbal and Plenary Preservation of the Holy Scriptures," *The Burning Bush* 30/1 (2024), 23.

52) 이성호, 『비록에서 아멘까지』, 74.

53) J. B. Rogers는 학위논문을 단행본으로 출판했다. *Scripture in the Westminster Confession: A Problem of Historical Interpretation for American Presbyterianism* (Grand Rapids: Eerdmans, 1967). 이 단행본은 WCF가 진술하는 성경무오성을 지지하지 않는다고 주장하여 정통 장로교인들을 매우 불편하게 만들었다. WCF가 진술하듯이, 17세기에는 영어 형용사 'inerrant'(무오한)와 'infallible'(무류한)은 동의어였다. J. A. Delivuk, "Inerrancy, Infallibility, and Scripture in the Westminster Confession of Faith," *WTS* 54/2 (1992), 349, 355.

54) 신원균, 『웨스트민스터 신앙고백서: 33가지 성경 핵심교리』, 36.

조명하시는 사역을 설명하는 WLC 155를 들어봅시다(참고. 대하 34:14 이하; 느 8:8; 사 6:9).

> 문: 말씀이 어떻게 구원에 효력이 있게 합니까?
> 답: 하나님의 영은 말씀을 읽는 것과 특히 말씀의 설교를 효력 있는 방편으로 삼아 죄인들을 깨닫게 하고 책망하며 겸손하게 하실 뿐만 아니라, 그들을 자신들로부터 나오게 하여 그리스도께로 이끄시며, 그분의 형상을 본받게 하시고 그분의 뜻에 복종하게 하시며, 유혹과 부패에 대항하여 그들을 강하게 하시고, 은혜 안에 자라게 하시고, 믿음으로 말미암아 구원에 이르도록 그들의 마음을 거룩함과 위로로 견고하게 세워 가십니다.

성령의 조명 혹은 성령의 증거는 성경 주석, 과학적 탐구 그리고 철학적 분석과 상관없는 신비로운 경험입니까? 아닙니다. 성령의 조명은 "오성(悟性)을 조명하고 우리가 사물을 기독교 신앙의 본질적 내용과 더 명백하게 연관시키도록 하는 심령을 정화하고 사고를 집중시키는 활동이다."[55] 성령님은 그리스도인이 성경의 진리를 더 분명하게 알도록 인도하시고, 그 진리가 그리스도인의 삶에 녹아들도록 도우시며, 거듭난 이성과 성경적 세계관으로 만유(인간, 자연, 역사, 예술, 문학, 과학기술 등)의 목적과 가치를 이해하도록 인도하십니다.[56]

　그리스도인은 기도를 통해 성령의 조명을 받아야 합니다. 케임브리지대학교에서 수학하고 그리스어와 라틴어와 교리에 능통했던 윌리엄 휘터커(William Whitaker, d. 1595)에게 기도는

---

55)A. F. Holmes, 『모든 진리는 하나님의 진리다』, *All Truth is God's Truth*, 서원모 역 (고양: 크리스챤 다이제스트, 1991), 149.
56)Holmes, 『모든 진리는 하나님의 진리다』, 154.

성경해석에서 필수 요소였습니다(마 7:7; 약 1:5).[57] 동시에 휘터커는 성경을 해석할 때, 주제, 기록 목적, 핵심 요지, 역사적 배경, 문맥, 그리고 관련 혹은 대조되는 본문을 비교할 것을 강조했습니다.[58]

웨스트민스터 예배모범과 교회정치에 따르면, 목사는 성경 원어에 능통해야 하고, 성경과 신학 체계를 익히며, 겸손한 마음으로 기도와 성령의 조명을 사모하며 새로운 깨달음을 얻도록 힘쓰고, 일반 성도를 교화할 수 있는 은사를 구비해야 합니다.[59] 성령 충만은 곧 성령께서 조명을 충만히 주시는 것입니다. 말씀의 사역자인 설교자는 말씀의 원저자이신 성령으로 충만해야 하며, 지적, 인격적, 영적으로 발전하도록 자신을 훈련해야 합니다.

고대 그리스인들은 신(아폴로, 뮤즈 등)이 대변인과 같은 어떤 사람이나 글에 영감을 불어넣을 수 있다고 보았는데, 그런 영감은 늘 그렇지는 않으나 모든 오류를 방지한다고 믿었습니다.[60] 그리고 그리스인들은 호머(Homer, c. BC 800)의 작품을 문

---

57) 고신대학교 개혁주의학술원 (ed),『칼빈 이후 영국의 개혁신학자들』(부산: 고신대학교 개혁주의학술원, 2016), 49, 69.

58) 고신대학교 개혁주의학술원 (ed),『칼빈 이후 영국의 개혁신학자들』, 71-73.

59) 16세기 스코틀랜드 대학교의 교과과정에 따르면, 1학년에 그리스어와 라틴어, 논리학을, 2학년에 그리스-로마 고전, 3학년에 히브리어와 논리학, 4학년에 논리학, 물리학, 지리학, 신학을 개설했다. 참고. 고신대학교 개혁주의학술원 (ed),『칼빈 이후 영국의 개혁신학자들』, 107-109. 참고로 청교도가 미국에 정착하여 목사를 양성할 때, 성경 언어와 고전어와 더불어, 수사학, 윤리학, 논리학 등을 강조했다(참고. WLC 158). 물론 청교도는 확신과 능력과 교화력과 효율성 있게 설교해야 할 목사가 갖추어야 할 조건으로 경건한 영성과 코람데오 정신도 강조했다. A. D. Strange, "Comments on the Centrality of Preaching in The Westminster Standards," *Mid-America Journal of Theology* 10 (1999), 204-209.

60) 참고. C. S. Keener, "Greek versus Jewish Conceptions of Inspiration

학적-문화적 '정경'으로는 인정했지만, 그것은 유대교인과 기독교인이 구약을 하나님의 말씀으로서의 정경으로 인정하는 것과 다릅니다.[61] 스토아 철학자들은 호머의 작품의 정확성을 풍유적 방식으로 변호하려고 시도했지만, 일부 철학자는 호머의 글이 무오하지 않다고 비판했을 뿐 아니라 호머를 거짓말쟁이라고 간주하기도 했습니다.[62] 참고로 요세푸스는 권위 있고 영감된 정경은 22권으로 닫혔다고 보았는데, 이 22권은 내용이 서로 일치하지 않는 그리스 작품들과는 다르다고 주장했습니다(아피온 반박 1.37-40).[63] 알렉산드리아의 유대인 필로는 성경의 영감을 강조하는 차원에서 모세가 신명기 34장에 기록된 자신의 장례를 예언했다고 보았습니다(모세 2.291). 디모데후서 3:16-17이 밝히는 성경의 영감성은 고대 그리스 철학자들보다는 유대인들의 입장에 더 가깝습니다.

청교도는 알기 쉬운 비유와 성경적 설명을 가지고 교리문답서를 작성하여 자녀에게 하나님의 말씀을 가르쳤습니다. 총 45문에 걸쳐 222페이지 분량으로 소교리문답을 작성한 로버트 에벗(Robert Abbot, 1588-1662)이 좋은 예인데, 그는 신학적 용어를 활용하여 다음과 같이 설명했습니다.

---

and 2 Timothy 3:16," *JETS* 63/2 (2020), 222.

61) 참고. Keener, "Greek versus Jewish Conceptions of Inspiration and 2 Timothy 3:16," 219.

62) 참고. Keener, "Greek versus Jewish Conceptions of Inspiration and 2 Timothy 3:16," 220-21.

63) 참고. Keener, "Greek versus Jewish Conceptions of Inspiration and 2 Timothy 3:16," 226.

'종교의 요체를 네 마디로 표현해 보거라'는 질문으로 시작한다. 네 마디는 '나의 출생과 타락과 중생과 영화'이다. 출생(Generation)은 그 기원이 하나님이라는 사실을, 타락(Degeneration)은 아담 안에서 온 인류가 비참 가운데 처하여 있음을, 중생(Regeneration)은 자신이 그리스도 안에서 새로운 피조물로서 율법의 저주로부터 구원받고 복음의 복을 받게 된 것을, 마지막으로 영화(Glorification)의 삶은 영광의 상태에 이르기까지 새로운 삶을 살아가는 것을 각각 의미한다.[64]

여기서 로버트 에벗은 다소 어려운 신학 용어조차 언약의 자녀인 어린이들이 친근히 접하도록 의도했습니다. 모든 것을 하나님 아래에 두고 생각하려던 청교도는 열성을 다해 학업을 하면서 하나님께 더 가까이 다가간 신학생을 칭찬했습니다.[65]

　　1466-1522년에 독일어 성경은 22종이나 있었고, 이탈리아어(1471), 네덜란드어(1477), 스페인어와 체코어(1478), 카탈로니아어(1492)로 성경이 번역되었습니다.[66] 그런데 15세기 영국은 비국교도를 말살하는 정책을 폈기에, 영어로 된 성경도 금서(禁書)

---

64) 류길선, "청교도 성경 교육: 로버트 에벗(Robert Abbot, 1588-1662)의 소요리 문답서에 대한 분석," 『역사신학논총』 40 (2022), 152.

65) S. C. Henry, "A Puritan Ideal for a Seminary Student," *Duke Divinity School Bulletin* 24/3 (1959), 68-71. 참고로 공관복음 유래와 관련하여, 17세기 영국에서 한편으로는 마태우선설이, 다른 한편으로는 공관복음 기자들 간의 상호의존설을 반대하는 의견이 개진되었다. 마태우선설(Mathean priority)은 공관복음 가운데 마태복음이 맨 먼저 기록되었다는 가설입니다. 상호의존설은 공관복음의 기록자들이 자료를 서로 참고하지 않은 채로 단독으로 기록하지 않았다는 가설입니다. M. Strickland, "Seventeenth-Century Puritans and the Synoptic Problem," *Puritan Reformed Journal* 6/1 (2014), 33.

66) D. MacCulloch, 『영국의 종교개혁』, *All Things New: Writing on the Reformation*, 한동수 역 (서울: CLC, 2018), 272.

에 해당했습니다(예. 위클리프 성경[1384]). 헨리 8세는 1543년에 의회를 압박하여 상류 계층만 성경을 읽을 수 있다는 법을 만들었습니다. 그런데 그해 스코틀랜드는 평민이 성경을 소유할 수 있는 법을 통과시켰습니다.[67]

청교도는 위클리프 성경(1384), 에라스무스의 그리스어 신약성경 제3판(1522)에 기초한 틴데일의 영어 성경(1526), 마일즈 커버데일의 영어 성경(1535), 토마스 매튜의 영어 성경(1537), 제네바성경(1560), 그리고 '흠정역'이라 불리는 킹제임스역(King James Version, 1611)을 활용할 수 있었습니다. 틴데일이 이단으로 몰려 42세에 화형당한 1536년 10월 6일경, 잉글랜드의 인구는 250만 명이었고, 그가 번역한 영어 성경은 16,000부 정도 보급되었습니다.[68] 그런데 19세기에 신약 그리스어 대문자 사본이 발견되고, 20세기에 신약 주요 대문자 파피루스가 발견되었습니다. 따라서 칼빈을 비롯한 종교개혁자들과 청교도들은 공인본문 그리스어 성경(Textus Receptus, 1516), 시몬(Simon de Colines)의 그리스어 신약성경(1534), 로버트 에스티엔의 그리스어 신약성경(1546, 1549, 1550) 등을 활용할 수 있었습니다.[69]

신약성경의 원본은 코이네 그리스어로 기록되었습니다. 신약성경의 사본은 '구름의 나라' 뉴질랜드의 창공에 걸려 있는 허다한 구름처럼 무려 5,500개 이상이나 됩니다. 그리고 신약

---

67) MacCulloch, 『영국의 종교개혁』, 281.
68) MacCulloch, 『영국의 종교개혁』, 274.
69) 칼빈에게 영향을 주었을 법한 로버트 에스티엔의 그리스어 신약성경(제3판, 1550)은 비평 각주(critical apparatus)와 더불어 그리스어 대문자 사본은 D(5세기)와 L(8세기)을 포함했습니다. J. T. Riddle, "John Calvin and Text Criticism," *Puritan Reformed Journal* 9/2 (2017), 134, 144-45.

성경에서 동일한 구절에서 표기가 다른 표현을 가리키는 이문(異文)은 약 40만 개에 달합니다.[70] 콥트어와 라틴어와 같은 고대 언어로 번역된 매우 오래된 신약성경 역본들도 많습니다. 그리고 초기 라틴어와 콥트어 역본은 그리스어 성경을 문자적으로 번역했기에 원본을 추적하는 데 적지 않은 도움을 줍니다.[71] 성경 사본을 통해 원본을 복원하려는 학문적 시도를 '본문비평'(textual criticism)이라 부릅니다. 고대 언어로 번역된 성경들과 더불어, 교부의 글들도 신약성경의 원본을 복원하는 데 도움을 줍니다. 요약하면, 하나님은 원본을 사본들 안에 잘 보존해 주셨습니다.[72]

남아공 노쓰-웨스트대학교의 마쿠와(P. S. Makuwa)의 설명으로 위의 설명을 요약해 봅시다. 삼위 하나님의 권위로부터 성경의 권위가 나옵니다. 구속사의 중심이신 예수 그리스도의 권위에 교회를 인도하고 가르치는 사역이 포함됩니다(마 28:18; 요 5:39). 진리의 성령님의 권위는 성경을 기록한 후에도 독자가 명료하게 깨닫도록 조명하시는 사역으로 이어집니다(요 16:13; 벧후 1:20-21). 정경이 66권으로 확정되는 데 있어 교부의 역할이 컸지만, 성경의 권위는 그런 신앙의 사람들에게 달려있지 않습니다. 물론 성경의 기록자들과 교회의 전통도 성경의 권위 아래

---

70) M. J. Kruger (ed),『성경신학적 신약개론』, *A Biblical-Theological Introduction to the New Testament*, 강대훈 외 역 (서울: 부흥과 개혁사, 2017), 580.

71) Kruger (ed),『성경신학적 신약개론』, 583.

72) 런던에 본부를 둔 '삼위일체성서공회'(Trinitarian Bible Society, since 1831)와 KJV(1611)를 마치 영감된 성경처럼 신봉하는 자들에 관한 비평은 J. T. Riddle, "Has the Bible been kept Pure?: The Westminster Confession of Faith and the Providential Preservation of Scripture," *Puritan Reformed Journal* 11/2 (2019), 226, 229를 보라.

에 있습니다.[73]

적용 ▶ 신학이 삶의 각 영역에 무오한 하나님의 기록된 말씀인 성경을 예수님의 마음과 기도하는 자세와 사람의 필요를 이해하면서 적용하는 작업이라면, 신앙고백서의 적용도 삶의 모든 영역에 적용되어야 합니다.[76]

영감되어 권위 있는 성경이 우리의 신앙과 생활에 있어 실제로 최고의 유일한 표준입니까? 그렇게 되도록 우리는 어떤 노력을 기울여야 합니까?[77] 성경을 믿음의 표준으로 삼는 것

---

73) P. S. Makuwa, "The Authority of God takes Precedence over Scripture and Tradition," *In die Skriflig* 58/1 (2024), 4-5.

74) 여기서 '성경 증거 구절'은 필자가 선별한 것이다.

75) 딤후 3:16의 명사 '성경'은 일차적으로 구약성경을 가리키는 그리스어 명사 γραφή(그라페)이다. 그리스어 여성 복수 명사는 마가복음 12:24 등에 등장한다. Louw and Nida, *Greek-English Lexicon on the New Testament based on Semantic Domains*, Volume 1, 395.

76) Frame, *Systematic Theology: An Introduction to Christian Belief*, 8, 11.

77) 조선기독교감리회는 '교리적 선언'(1930)을 발표했다. 옛 한글체로 된 제5항

은 비교적 쉽습니다. 하지만 성경이 아니라, 자신의 이익과 같은 다른 것들이 그리스도인의 생활 표준으로 작동하지 않습니까? 우리에게 생활의 표준인 성경을 다독하고 정독하는 즐거움과 유익이 배가되려면, 올바른 성경해석을 배우고 적용하는 법을 익혀야 합니다. 성경은 그리스도인에게 '안경'이며, 하나님께 나아가다가 마주하는 미로를 벗어나도록 안내하는 '실'이자, 지혜롭고 정직하고 순결하게 훈련하는 '학교'입니다(기독교강요 1:6:3). 교회 안의 젊은 층은 설교에서 논리적 비약을 받아들이는 데 어려움을 호소합니다. 그들에게 성경의 '선하고 필연적인 귀결'을 어떻게 가르칠 수 있을까요?[78]

무신론적 자연신학은 성경에 복종하지 않는 인간 이성의 자율성을 존중합니다. 이와 달리 '기독교 학문'은 인간과 피조계의 실재를 연구할 때 성경에서 도출된 원칙을 따라 탐구합니다.[79]

하나님의 영광을 위하여 그리고 그분을 기뻐하며 살기 힘썼던 존 웨슬리는 스스로 '한 책의 사람'(homo unius libri)이라 불렀습니다. 웨슬리의 이 고백은 모든 신자에게 예외 없이 적용되어야 합니다. 미국 버지니아의 유니온신학교는 1812년에 설립되었는데, 성경과 WCF에 근거하여 교과과정을 수립했습니다.

은 "우리는 구약(舊約)과 신약(新約)에 잇는 하나님의 말씀이 신앙(信仰)과 실행(實行)에 충분(充分)한 표준(標準)이 됨을 미드며"이다. 그러나 성경은 '충분한 표준'이라기보다 '유일하고 절대 충분한 표준'이다.

78) 2024년 2월 27일에 백석대는 '신학은 학문이 아니다 연구소'를 개소했다. 이 명칭으로부터 신학자들의 메마른 지성을 경계하고 신학의 실천을 강조하여 침체한 한국교회를 살리려는 취지는 어느 정도 이해할 수 있다. 하지만 '학문의 여왕'이라 불린 신학에 왜 학문성이 필요 없는가에 대한 의문을 잠재우기 위해 추가 설명이 필요하다. 그리고 이런 연구소의 명칭은 한국교회에 퍼져 있는 반지성주의를 더 부추길 수 있다.

79) Ouweneel, "Die Godsopenbaring in die Natuur," 396-98.

그런데 1920년대에 이 신학교에 성경의 영감론을 반대하는 자유주의신학이 유입되었습니다.[80] 프린스턴신학교의 신학적 변질도 바로 이때 발생했습니다. 신학교의 변질은 성경관의 변질에서 시작합니다.

현대는 소위 '반려동물'의 전성시대입니다. 동물신학과 동물을 위한 의식(rite)을 주장하는 옥스퍼드대학교의 앤드류 린지(Andrew W. Linzey)는 다음과 같이 주장합니다. "우리는 완고한 성경 신봉자들(Bible bashers), 곧 성경을 들어 동물들을 이용하고 때리는 데 사용하는 사람들을 물리쳐야 한다."[81] 그런데 린지가 파악하는 '완고한 성경 신봉자들'은 하나님의 유일한 관심이 오직 인간이라는 한 종(種)에만 있기에, 인간은 동물을 마음대로 착취해도 된다고 믿는 사람들입니다. 린지는 이런 신봉자들 때문에 성공회를 떠난 교인들이 발생한 것 같다고 주장합니다. 이런 문제를 해결하기 위해 린지는 동물친화적 요소를 조합한 '동물성경'(Animal Bible)을 만들어야 한다고 주장합니다.[82] 그러나 만약 '동물성경'이 제작된다면 탈문맥적일 수밖에 없으며, 무엇보다 성경의 기록 목적과 중심 주제에서 이탈하게 됩니다.

그리스도인은 선교적 삶으로써 하나님의 영원한 진리의

---

80) 유니온신학교는 미국 남부 기독교의 정서를 따라, 교회가 정부 정책에 관여하기를 주저했다. 그리고 노예 제도를 두고 이 신학교 교수진의 의견이 분분했다. J. Robins, "Union Seminary in Virginia: From Westminster Calvinism to Modern Liberalism," *Puritan Reformed Journal* 15/2 (2023), 123-31.

81) A. W. Linzey, 『동물 신학의 탐구』, *Creatures of the Same God*, 장윤재 역 (대전: 대장간. 2014), 203.

82) Linzey, 『동물 신학의 탐구』, 202.

말씀을 보여주어야 합니다. 기독교 신비주의자 프란시스 살레 (Frances de Sales, 1604)가 말했듯이, 기록된 말씀과 성도의 삶은 '악보로 된 음악'과 '살아있는 목소리로 부르는 음악'의 차이와 같습니다.[83] 세상에 파송된 교회는 복음을 생생히 이웃에게 들려주고 보여주어야 합니다.

   *부록: 천주교 정경에 수록된 구약의 외경(참고. 기독교강요 4.9.14)

구약의 외경 가운데, 천주교가 정경으로 받아들이는 책들은 다음과 같습니다. (1) 토빗: BC 170경의 작품인 토빗서는 원래 아람어로 기록된 것 같으며, 그리스어, 라틴어, 히브리어, 시리아어, 콥트어, 아르메니아어로 번역되었습니다.[84] 신앙이 독실한 북이스라엘 납달리지파 출신인 토빗은 아내 안나와 외아들 토비아와 함께 니느웨로 강제로 이주당했습니다. 토빗은 니느웨에서 왕의 신하가 되어 왕실의 물자를 공급했습니다. 토빗은 동족 유대인을 돕다가 새 똥 때문에 시각 장애인이 되어 가난하게 살았습니다. 토비아는 이미 여러 차례 혼인한 경험이 있던 경건한 과부 사라와 혼인했습니다. 토빗의 예언대로 니느웨는 멸망하고 예루살렘 성전은 회복되었습니다. 토빗에는 생선의 염통과 간은 축귀의 재료로 등장합니다.[85]

---

83) 사족을 달면, 기독교 신비주의자라 해서 처음부터 끝까지 그리고 주장마다 오류를 쏟아내지는 않는다. 따라서 사람 자체가 아니라, 그 사람의 진술 자체가 참인지 아니면 거짓인지의 여부를 판단해야 한다.

84) 외경위경편집부, 『외경위경전서 상』 (서울: 기독교문화사, 1979), 595, 598.

85) 천사무엘, "[외경 이야기] 토비트와 사라의 고통 이야기," 『새가정』 7월호 (2014), 30-33; "[외경 이야기] 토비트와 사라의 결혼 이야기," 『새가정』 8월호 (2014), 30-33.

(2) **유딧:** 유딧서는 히브리어로 기록되었다가, 그리스어, 라틴어, 시리아어 등으로 번역되었습니다.[86] 유딧은 '유대인 여자'라는 뜻입니다. 아름다운 유대인 여성 유딧은 므낫세의 아내였습니다. 남편이 일사병으로 사망하자 그녀는 경건과 지혜를 겸비하여 신바빌로니아제국의 느부갓네살 왕 휘하에서 악명을 떨치던 장군 홀로페르네스의 목을 잘라 영웅이 됩니다.[87] 유딧에 하나님의 백성은 '이스라엘의 자녀'로 38회나 언급됩니다(4:1, 3, 9 등). 그들은 예배의 자유를 위해 앗수르에 맞서 하나님께서 주시는 승리를 갈구하며(5:5, 12), 자신을 언약 백성으로서 간주하면서 예루살렘 성전과 동일시합니다.[88]

(3) **솔로몬의 지혜서:** 이 책은 BC 1세기에 기록된 것으로 보이는데, 저자는 알렉산드리아에 살았던 유대인으로 추정됩니다.[89] 이 책은 단순히 '지혜서'라고 불립니다. 의인에게는 영혼 불멸이라는 지혜의 선물이 주어집니다(3:1-3). 이에 반해, 어리석음을 추구하는 악인은 사후에 영혼의 죽음이라는 형벌을 받습니다(4:9). 하나님은 세상을 사랑하시고 보존하시기 위해 이집트인과 같이 악인에게도 당장 심판을 내리시지 않고 자비를 베푸십니다(11:15-12:2). 그러나 하나님의 자비와 지혜를 깨닫기를 거부하는 악인은 결국 심판을 받습니다(12:23-27). 창세기의 인물

---

86) 외경위경편집부, 『외경위경전서 상』, 650-51.
87) 천사무엘, "[외경 이야기] 민족을 구한 여걸 유딧(1)," 『새가정』 10월호 (2014), 30-33; "[외경 이야기] 민족을 구한 여걸 유딧(2)," 『새가정』 11월호 (2014), 30-33.
88) R. S. Hobyane, "The 'People' of Israel according to Judith: A Greimassian Semiotic Reading of Judith 5:1-24," *In die Skriflig* 57/1 (2023), 3-5.
89) 외경위경편집부, 『외경위경전서 상』, 714-15.

들과 출애굽 사건에 지혜는 보호자 역할을 담당합니다.[90]

(4) 집회서: BC 180년경 히브리어로 기록된 집회서는 라틴어로 'Ecclesiasticus' 즉 '교회의 책' 혹은 '시라의 아들 예수의 지혜서'라고 불립니다. 지혜문헌에 속하는 이 책의 제목은 다양한데, 그리스어역에는 '시라의 아들' 혹은 '시라의 아들인 예수의 지혜'로, 탈무드에는 '벤 시라의 책'으로 나타납니다.[91]

법궤가 사라진 제2 성전 시기에 벤 시라는 사독 계열의 현자로서 율법을 연구하며 지혜를 가르쳤는데, '배움의 집'으로 학생들을 초대했습니다. 이 책에서 지혜와 토라는 동일시되고, 이스라엘 역사를 재해석함으로써 지혜와 역사도 결합 됩니다. 독자들이 헬레니즘에 맞서며 성전의 회복에 힘쓰도록 격려하기 위해 구약의 신앙 인물들을 칭송하는데, 여성 비하적 특성이 나타납니다.[92]

집회서 46:11-12는 구약의 사사를 이렇게 언급합니다. "각각 자기 이름을 가진 사사들 또한 그 마음이 우상숭배에 빠지지 않은 사람들이고 주님을 외면하지 않은 사람들이라. 그들을 기억하는 사람들에게 복이 있기를! 그들의 뼈가 그 누운 자리에서 되살아나기를, 그리고 영광을 받은 이들의 이름이 그들의 자손들을 통해 다시 살아나기를!" 벤 시라는 사사를 매우 높이 평가하는데, 히브리서 11:33-34, 38-39를 연상시킵니다. 하지만 사사가 우상숭배에 빠지지 않았다는 이런 과장된 평가는 입다와

---

90) 천사무엘, "솔로몬의 지혜서에 나타난 하나님의 자비 이해," 『구약논단』 22/1 (2016), 183-209.
91) 외경위경편집부, 『외경위경전서 상』, 1299.
92) 천사무엘, "집회서의 이스라엘 영웅 찬양시," 『한국기독교신학논총』 40/1 (2005), 29-51.

삼손 등에서 보듯이 정당하다고 보기 어렵습니다. [93]

　　(5) **바룩서**: 이 책의 제목을 라틴어역은 '바룩의 예언'으로, 콥트어 보하릭역은 '예언자 바룩'으로, 시리아역은 '바룩의 제2의 편지'로 소개합니다.[94] 현재 바룩서는 그리스어, 라틴어, 콥트어, 에티오피아어, 아라비아어, 아르메니아어 등으로 전해집니다.[95] 이 책은 총 6장 214절로 구성됩니다. 바벨론 포로기에 네리아의 아들 바룩이 이 책을 쓴 것으로 되어 있습니다(1:1). 하지만 저자는 BC 1세기 혹은 AD 1세기 인물로 추정됩니다. 구약에서 바룩은 예레미야의 동료이자 비서였습니다(렘 32:12; 36:4; 51:59). 이 책은 중간 부분(3:8과 3:9)에서 산문체에서 시가체로 전환됩니다. 내용을 보면, 예루살렘 멸망 후 5년에 바벨론에서 기록된 것으로 나타납니다. 2:11-19의 하나님의 자비를 구하는 기도는 오늘날 유대인이 '통곡의 벽'(The Wall)에서 드리는 기도를 연상케 합니다. 그리고 4:5-5:9에서 저자는 "낙심하지 말라"라는 말 을 반복적으로 사용하면서 위로와 격려를 줍니다.[96]

　　(6) **마카비상하**: 유대인의 독립과 종교적인 자유를 위한 용맹한 방어자였던 유다 마카비의 영웅적인 공적들을 유대인들이 노래를 불러 찬미했던 것에서 '마카비상하서'라는 이름이 붙게 되었습니다. 이 두 책은 하스몬가를 중심에 두고 BC 2세기의 유대인의 종교와 정치의 자유를 위한 투쟁사를 밝혀줍니다.

　　유세비우스와 제롬은 마카비상이 히브리어로 기록되었다

---

93)M. V. van Pelt, 『사사기』, *Judges*, 홍병룡 역 (서울: 국제제자훈련원, 2024), 37.
94)외경위경편집부, 『외경위경전서 상』, 791.
95)외경위경편집부, 『외경위경전서 상』, 793.
96)송혜경, "바룩 2서의 메시아사상," 『가톨릭신학과 사상』 88 (2023), 229-78.

고 전합니다. 이 책은 그리스어는 물론, 라틴어, 시리아어, 아르메니아어, 그리고 아라비아어로 번역되었습니다.[97] 마카비상은 BC 175년 안티오커스 에파파네스의 즉위로부터 시작하여 40여 년 후 유다 형제 중 마지막으로 시몬이 죽는 데서 끝납니다. 마카비하의 역사적인 배경은 셀류커스 4세의 통치 마지막 해인 BC 175년으로부터 니카노르의 패망 후 15년 즉 BC 160년 아달월 13일까지입니다. 마카비상이 온건한 역사가로서 이스라엘과 영웅적인 마카비 가문의 지도자들을 찬미하려 했다면, 마카비하는 마치 신학자의 설교처럼 이교에 대한 유대교의 비할 수 없는 우월성을 강조하고자 했습니다. 훗날 열심당(Zealot)은 마카비의 정신을 계승했습니다. 마카비의 공적은 11월 하순에서 12월 중순 사이에 하누카 절기 8일 동안 기념되었습니다 (참고. 요 10:22: 수전절/봉헌절 축제/등불의 축제).[98]

마카비하는 그리스어, 라틴어, 시리아어, 아르메니아어, 그리고 콥트어로 번역되었습니다.[99] 마카비하는 하시딤(Hasidim) 즉 경건한 유대인들이 셀류커스 왕조가 단행한 유대인의 이교화 정책에 저항한 이야기입니다. 에피파네스의 즉위 직전부터

---

97) 외경위경편집부, 『외경위경전서 상』, 88.

98) 쿰란문서는 마카비 가문을 미화하지 않고 비판한다(1QpHab VIII 8; IX 9; XI 4; XII 2; XII 8; 4Q171). "악한 사제에 대한 쿰란 사본의 묘사는 플라비우스 요세푸스와 1마카비에 나타나 있는 요나단 마카베오에 대한 묘사와 일치한다. 기원전 160년에 정치적 실권을 장악한 요나단 마카베오는 정통 대사제 집안인 사독 집안 출신이 아님에도 불구하고, 기원전 152년에 (셀류커스 왕조의) 알렉산더 발라스에 의해 임명되어 (합법적인 대사제를 좇아내고) 예루살렘 성전의 대사제직을 찬탈하였다(1마카 10,20-21). 그 후 요나단은 재물욕으로 말미암아 정치 권력과 종교 권력을 남용하였을 뿐 아니라, 성전의 보물들을 약탈하여 성전을 더럽혔다. 결국 요나단은 이방인의 손에 죽임을 당했다(1마카 13,20-24)." 송창현, "악한 사제 요나단 마카베오와 쿰란 공동체," 『신약논단』 11/4 (2004), 902.

99) 외경위경편집부, 『외경위경전서 상』, 200.

그 후 약 15년 사이의 이야기입니다. BC 120년경으로 이 책의 저작 연대를 잡을 수 있습니다. 마카비의 활약 덕분에 BC 142년에 유대인의 독립국가인 하스몬 왕조가 수립되었습니다. 마카비의 활약을 기념하여 하스몬 왕가는 '마카비 왕가'라고도 불립니다.[100]

마카비상하는 기독교 시대가 열리기 전에 유대교가 어떻게 발전되었는가를 밝히는 중요한 자료가 됩니다. 이 책에 하나님의 섭리와 응보의 교리가 강하게 나타납니다. 그리고 "동죄형법(jus talionis) 즉 악인은 그 악행에 대응한 형벌이 가해진다는 사상은 마카비하 전체를 통해 볼 수 있다(4:38, 42; 5:9, 10; 8:33; 9:6, 28; 13:5-8; 15:31-35)."[101] 또한 이 책에 무로부터의 창조(7:28)와 순교와 부활의 연결고리가 나타납니다(12:43-44). 참고로 마카비하 12:44-45에 죽은 자를 위한 제사가 언급되는데, 이것은 (헬라어와 히브리어 성경이 아니라, 외경을 포함하는 제롬의 벌게이트 성경을 정경으로 받아들이는) 천주교의 연옥설을 위한 유일한 증거 구절이 되었습니다.[102]

---

100) 외경위경편집부, 『외경위경전서 상』, 87.

101) 외경위경편집부, 『외경위경전서 상』, 203.

102) 천사무엘, "[신구약 중간사 성서의 중간시대] 마카비혁명(1)," 『새가정』 6월호 (2013), 62-65; "[신구약 중간사 성서의 중간시대] 마카비혁명(2)," 『새가정』 7월호 (2013), 28-31. 참고로 신약 외경(베드로행전, 바울행전, 바울묵시록 등)은 사도적 교부의 저작인 바나바 서신, 디다케, 허마의 목양서, 1클레멘트 등과 경쟁했다. 박정수, "[신약] 신약 외경이란 무엇인가?" 『성서마당』 79 (2006), 22.

2장 하나님과 거룩한 삼위일체

1. 살아계시고 참되신 하나님은 한 분만 계신다. 이 하나님께서는 존재와 완전하심이 무한하시고, 지극히 순수한 영이시며, 보이지 않으시고, 몸이나 지체가 없으시며, 정욕도 없으시고, 불변하시며, 광대하시며, 영원하시고, 불가해하시며, 전능하시고, 지극히 지혜로우시며, 지극히 거룩하시고, 지극히 자유로우시며, 지극히 절대적인 분이시다. 자기의 영광을 위하여 스스로 가지신 불변하시고 지극히 의로우신 뜻의 협의들을 따라 모든 일을 행하신다. 지극히 사랑이 많으시며, 은혜로우시고, 자비로우시며, 오래 참으시고, 선과 진리가 풍성하시고, 악과 허물과 죄를 용서하신다. 자기를 열심히 구하는 자들에게 상급을 주시는 분이시다. 그럼에도 심판에서 지극히 공의롭고 두려우신 분이시며, 모든 죄를 미워하고 범죄자를 결코 간과하지 않으신다.

2. 하나님께서는 스스로 모든 생명, 영광, 선하심, 복을 자기 안에 가지고 계신다. 또한 홀로 자기에게 자족하시며, 자기가 만드신 어떤 피조물을 필요로 하지 않으시며, 저들로부터 어떤 영광도 얻어내지 않으시고 자기 영광을 피조물 안에서 피조물을 통하여 피조물에게 나타내실 뿐이다. 하나님께서는 만물의 유일한 근원이시니, 만물이 주에게서 나오고 주로 말미암고 주께로 돌아간다. 만물 위에 주권적 지배권을 가지시고 자기가 기뻐하시는 바를 만물을 통하여, 만물을 위하여 만물 위에 행하신다. 그분 앞에는 만물이 열려있고 명백하다. 그분의 지식은 무한하고, 무오하며, 피조물에 의지하지 않으시니, 어떤 것도 우연적이거나 불확실한 것이 없다. 그분은 모든 협의, 모든 행사와 모든 명령에서 지극히 거룩하시다. 천사와 사람과 다른 피조물들은 그분이 받으시기를 기뻐하시는 여하한 예배, 경배와 순종이라도 돌려드려야 한다.

3. 신격의 일체로 한 실체와 능력과 영원의 삼위가 계시니, 곧 성부 하나님, 성자 하나님, 성령 하나님이시다. 성부께서는 태어나지도 않고 나오지도 않으시며, 성자께서는 성부로부터 영원토록 태어나시고, 성령께서는 성부와 성자로부터 영원토록 나오신다.

WCF 1장이 설명한 성경으로부터 우리는 삼위 하나님(WCF 2-5)을 알 수 있습니다. 사실 개혁주의 신앙은 성경 중심이자 하나님 중심입니다. 성경의 중심에 삼위 하나님의 존재와 사역이 있습니다. 성경의 중심 메시지는 구주 예수님을 통하여 죄인이 구원 얻는 복음입니다(요 3:16).[103]

하나님은 살아계시고 참되시며(렘 10:10; 살전 1:9) 완전하시고 무한하시며(욥 11:7-9; 시 145:3), 가장 순결한 영이시고(요 4:24) 영원하시며(시 90:2), 전능하시고(창 17:1; 신 10:17; 느 9:32; 욥 11:7) 거룩하시며(사 6:3; 계 4:8), (원하는 뜻을 모든 상황에서 행하시기에) 자유로우시고(시 115:3; 단 4:34; 욘 1:14),[104] 사랑(요일 4:8)과 공의로 충만하시며(신 10:18; 느 9:33; 시 89:14; 롬 7:12), 불변하시고(약 1:17) 유일하시며(신 6:4) 절대적이십니다(출 3:14). 하나님은 성경에 계시된 대로 자신의 불변하는 계획과 가장 의로운 뜻에 따라 역사하시기에, 우상이나 다신교를 배격하십니다(WCF 2:1; 참고. 신 5:7-9; 사 40:14; 롬 11:36; 고전 8:4; 엡 1:11; 딤전 1:17). 우상을 헛되게 숭배하는 범죄는 하나님의 참된 속성들을 거스르고 왜곡하며 파괴합니다(롬 1:25).

피조물과 절대적으로 차원이 다른 하나님은 '부분들'로 나누어지지 않습니다(WCF 2:1). 다시 말해, 하나님은 자신의 전체 속성들이 상호 작용하는 관계 안에 거하십니다. 이것을 설명하기 위해, 예를 들어봅시다. 불변하시는 하나님은 거룩하고 전지하며 영

---

103) Lion-Cachet, "Die Christusgetuienis in die Ou Testament: 'N Belydeniswerklikheid," 101. 참고로 마틴 루터가 임종의 자리에서 세 번 암송한 성경의 요절인 요 3:16의 '세상'이 '족속, 방언, 백성, 나라'처럼(계 5:9) 다양한 인종으로 구성된 제사장 나라를 가리킨다는 설명은 J. J. Williams, "So loved, So Familiar: But We shouldn't stop Contemplating what John 3:16 means," *Christianity Today* 67/3 (2023), 59-61을 보라.

104) Carson (ed), *NIV Biblical Theology Study Bible*, 1016.

원하듯이, 거룩하신 하나님도 불변하고 전능하고 영원합니다.[105]

공의로운 하나님은 죄인들의 '죄책'(guilty)을 면제하시지(clear) 않습니다(WCF 2:1). 죄책(罪責)은 잘못을 저지른 책임을 가리키며, '죄벌'과 동의어이다.[106] 이 사실을 증거하는 성경 구절은 "인자를 천대까지 베풀며 악과 과실과 죄를 용서하리라. 그러나 벌을 면제하지는 아니하고 아버지의 악행을 자손 삼사 대까지 보응하리라"입니다(출 34:7). 이 구절은 시내산에 강림하신 야웨께서 모세를 통해 출애굽한 이스라엘 백성에게 주신 말씀입니다. 야웨와 그분의 종, 모세는 시내산 아래에서 금송아지를 숭배한 이스라엘 백성에게 진노하셨습니다(출 32). 이런 우상 숭배의 전력(前歷)을 가진 이스라엘 백성의 범죄에 대해 하나님은 그들의 벌을 면제하지 않으셨습니다. 이때 모세는 이스라엘의 큰 죄를 사해달라고 야웨께 간구했습니다(출 32:31-32).[107] 야웨께서는 이스라엘 백성에게 사죄라는 은총은 주시지만, 그들의 범죄에 대하여 약 삼천 명을 죽이시는 벌을 내리셔서 보응하셨습니다(출 32:28, 34; 참고. 삼하 12:15-23). 구원받기로 예정된 죄인에게는 사죄의 은혜와 죄로부터의 해방이 필요하고, 하나님은 그런 은혜를 주십니다(요일 1:9; 계 1:5). 하지만 하나님은 자신을 거스르고 대적하는 자들에게 보복하시고 진노하십니다(나 1:2-3, 6).

하나님께서 죄인을 의롭다고 여겨주시는 것은 그 분 자신의 은혜와 자비를 따라 예수 그리스도의 의를 전가(轉嫁)해 주신

---

105)Sproul, 『웨스트민스터 신앙고백 해설 1』, 57.

106)민중서림 편집국 편,『민중 엣센스 국어사전』(서울: 민중서림, 2006), 2304.

107)출애굽 후 광야 40년 동안 우상 숭배한 이스라엘 백성은 예외 없이 구원받지 못했는지 확실히 알 수 없다. 금송아지를 비롯한 우상을 숭배한 이스라엘 백성은 3,000명(출 32:28)으로 국한되지 않았을 것이다.

덕분입니다(참고. 롬 3:21, 24, 30; 5:18).[108] 이때 우리의 죄가 예수님에게 전가된다는 사실도 기억해야 합니다(레 16:21; 요 1:29). 이처럼 예수님과 성도 사이에 '은혜로운 교환'이 발생합니다. 루터가 이름을 붙인 대로, 전가의 은혜를 입은 그리스도인은 '의인인 동시에 죄인'(simul justus et peccator)입니다. 신자가 여전히 죄인이라는 사실은 자신의 범죄를 정당화하는 구실이 될 수 없습니다. 신자는 죄를 범할 때, 하나님의 교정적 진노를 겪음으로써 사죄의 은혜를 입습니다. 그런 교정적 진노와 형벌은 신자의 범죄에 반드시 비례하지 않는데, 하나님의 긍휼과 인자하심이 크기 때문입니다(시 103:4, 10-14). 하지만 은혜언약 밖에 머무는 불신자들은 사죄의 은혜를 받을 수 없고, 하나님께서는 그들에게 죄에 대한 책임을 물으십니다(수 24:19; 나 1:15; 3:19).[109]

하나님은 자신 안에 생명(요 5:26)과 영광(행 7:2)과 선(시 119:68)과 복(딤전 6:15)을 가지고 계십니다(WCF 2:2). 성도는 생명이신 하나님을 힘입어 살며 활동하고 존재합니다(행 17:28). 하나님은 만물을 존재케 하시고 주권적으로 그것들을 섭리하시며 영광을 받으십니다(롬 11:36). 해와 달의 영광은 영원토록 그리고 완전히 영광스러운 하나님으로부터 파생합니다(고전 15:40-41; 히 1:3). 이렇게 파생된 영광을 가진 피조물들은 하나님께만 예배와 순종을 드려야 합니다(WCF 2:2; 참고. 4:11; 계 5:12-13). 그리고 하나님은 선과 복의 근원이십니다.

---

108)Sproul,『웨스트민스터 신앙고백 해설 1』, 85.
109)행위언약은 하나님과 인류의 대표인 아담 사이의 언약인데, 순종을 조건으로 영생이 약속되었다. 은혜언약은 하나님 아버지와 예수 그리스도 안에서 그분의 씨인 모든 택자가 체결했다. 정두성,『1647 대교리 I』(서울: SFC출판부, 2023), 114, 155-56.

성부는 신격 안에서 성자를 낳으셨고(begot), 성령은 성부와 성자로부터 나오십니다(proceeding; WCF 2:3). 이처럼 삼위 하나님은 '순서와 질서'에 차등이 있을 뿐 아니라, 위격에 있어 구분됩니다(마 3:16-17;[110] 요 16:7; 갈 4:6).[111] 이와 관련하여 콘스탄틴 황제가 튀르키예의 니케아에서 개최한 공의회(325, 381)는 중요한 결정을 내렸습니다. 바로 예수 그리스도께서 성부와 동일 본질[112] 즉 동일 본체(homoousios)라고 선언함으로써 이단 아리우스를 반박했습니다(참고. 요 1:1). 그리고 튀르키예의 칼케돈에서 열린 공회의(451)는 예수님을 '참 사람이며 참 하나님'(vere homo, vere Deus)이라고 단언했습니다(요 19:5; 20:28). 따라서 아리우스파가 예수님을 성부의 최고 피조물이자 성부와 유사 본질(homoiousios)이라고 주장한 것은 명백한 오류임이 드러났습니다(참고. 골 1:15).[113] 이런 의미에서 예수님의 신성을 부인하는 몰몬교, 즉 예수 그리스도 후기 성도교회와 여호와의 증인도 이단이기는 마찬가지입니다. 성부로부터 성자께서 세상에 파송되신 것

---

110) 진정한 인간으로 살기 위해 어떤 신적 권능을 포기하신 예수님의 사역에 성령님의 도움이 꼭 필요했다는 설명은 D. M. Doriani,『마태복음』, *Matthew*, 김명희 역 (서울: 국제제자훈련원, 2023), 112-13을 보라.

111) 성부 하나님에게는 성자에게 나타나는 출생과 성령에게서 볼 수 있는 발출(proceeding)이 없다. Van Dixhoorn, *Confessing the Faith*, 39; 신원균,『웨스트민스터 신앙고백서: 33가지 성경 핵심교리』, 45-46; Sproul,『웨스트민스터 신앙고백 해설 1』, 106. 참고로 WCF에 '성령'은 약 48회 등장한다.

112) '본질'(essence, substance, basic nature)은 그리스어 여성 명사 ὑπόστασις(휘포스타시스)의 번역이다(히 1:3). Louw and Nida, *Greek-English Lexicon on the New Testament based on Semantic Domains*, Volume 1, 586.

113) 골 1:15는 예수님께서 성부의 신적 자비와 사랑과 능력을 온전히 보여주신 바로 그 형상임을 강조한다. Carson (ed), *NIV Biblical Theology Study Bible*, 2142.

은 경륜적이며 실천적인 종속에 해당하지, 존재와 가치와 영광에 있어 성부에게 종속된 것은 아닙니다(참고. 요 3:34).[114] 물론 WCF는 삼위일체 하나님께서 모양만 다른 것처럼 주장하는 양태론(modalism)과 세 신들이라고 보는 삼신론(tritheism)도 거부합니다.[115]

성도는 삼위일체 하나님과 교제하면서, 사랑과 은혜와 위로를 받습니다. 먼저 성도와 교제하시는 사랑의 성부는 모든 달콤함이 흘러나오는 샘이자 모든 은혜의 원천이시므로(존 오웬), 그분의 자녀는 아버지로부터 사랑을 받습니다(고후 13:13; 약 1:17). 그 다음 성도와 교제하시는 예수님은 새 언약 즉 은혜언약의 중보자이시므로, 새 언약 백성은 그리스도로부터 은혜를 누립니다(요 1:14, 16; 고후 13:13). 마지막으로 신자는 보혜사 성령의 위로 속에 교제하며, 위로와 평안과 희락을 누립니다(요 16:6-7, 14-15).[116]

성경 근거 구절

거룩한 삼위일체: 예수께서 세례를 받으시고 곧 물에서 올라오실새 하늘이 열리고 하나님의 성령이 비둘기 같이 내려 자기 위에 임하심을 보시더니 하늘로부터 소리가 있어 말씀하시되 이는 내 사랑하는 아들이요 내 기뻐하는 자라 하시니라(마 3:16-17)

너희 중에 이와 같은 자들이 있더니 주 예수 그리스도의 이름과 우리

---

114) Sproul, 『웨스트민스터 신앙고백 해설 1』, 106.

115) 삼위 간의 구분을 부정하는 양태론(樣態論, modalism)은 구약시대의 성부는 가정에서 아버지, 성자는 회사에서 과장, 오순절 성령 강림 이후에 성령은 교회에서 집사처럼, 한 분 하나님이 다른 모양(양식)과 역할을 하시는 것처럼 잘못 설명한다(참고. 사벨리우스를 따르는 사벨리아니즘). 신원균, 『웨스트민스터 신앙고백서: 33가지 성경 핵심교리』, 46; 김은수, 『개혁주의 신앙의 기초 I: 웨스트민스터 소요리문답 해설』, 90.

116) 이 단락은 Beeke and Jones, 『청교도 신학의 모든 것』, 131-40에서 요약함.

> 하나님의 성령 안에서 씻음과 거룩함과 의롭다 하심을 받았느니라(고전 6:11)
>
> 하물며 하나님의 아들을 짓밟고 자기를 거룩하게 한 언약의 피를 부정한 것으로 여기고 은혜의 성령을 욕되게 하는 자가 당연히 받을 형벌은 얼마나 더 무겁겠느냐 너희는 생각하라(히 10:29)
>
> 거룩하다 거룩하다 거룩하다 주 하나님 곧 전능하신이여 전에도 계셨고 이제도 계시고 장차 오실 이시라(계 4:8)

적용 ▶ 삼위일체를 설교할 때 요점은 성부께서 성자를 보내셔서 성령의 능력으로 죄인을 구원하신 복음입니다(요 3:5, 16, 34).[117] 이런 삼위일체 설교에서 자신을 내어주신 하나님의 사랑을 닮아 실천하는 제자도가 나옵니다.[118] 삼위일체를 어려운 신학적 용어로 설명하지 않으려면 어떻게 해야 합니까? 성찬식을 통해서 삼위일체를 실제적인 방식으로 그리고 가시적으로 설명할 수 있습니다. 생명의 근원이신 아버지 하나님께서 생명의 떡인 자신의 독생자를 세상에 보내셨고, 믿음의 공동체는 성령을 통하여 그 떡을 생명으로 받아먹습니다.

　　하나님을 '아버지'라고 부른다면, 그분의 자녀에게 왜 위

---

117) 요 3:7, 14, 30에는 신적필연성을 강조하는 동사 "반드시 –해야 한다"(δεῖ, 데이)가 반복하여 나타난다. 하나님 나라의 백성이라면 반드시 거듭나고, 예수님은 반드시 높이 들리셔야 하며, 예수님은 반드시 흥하셔야 한다. 이 동사 뒤에 위치한 요 3:11-12와 요 3:31-32는 바리새인 니고데모와 세례 요한을 염두에 둔 말씀으로 내적 간본문이자 병행 구절이다. 하늘에서 오신 예수님은 하늘의 일 즉 성부께서 주신 계시를 증언하신다. 요 1:6-7과 3:1-2도 언어적 유사성이 많은 병행 구절이다(예. 사람, 왔다, 이름). C. Vincie, "Trinity Sunday: Understanding and Preaching It," *Liturgical Ministry* 19/4 (2010), 183; K. Vande Vrede, "A Contrast between Nicodemus and John the Baptist in the Gospel of John," *JETS* 57/4 (2014), 720-21.

118) Vincie, "Trinity Sunday: Understanding and Preaching It," 183.

로가 됩니까? 이에 관해 폴란드의 종교개혁가 요하네스 아 라스코(Johannes à Lasco, d. 1560)의 대교리문답서(1546)가 적절히 답했습니다. "성도에게 살든지 죽든지 특별한 위로를 줍니다. 다시 말해, 지존하신 하나님 곧 우리 주 예수 그리스도의 아버지께서 우리 아버지도 되시기를 원하시기 때문입니다."[119] 그리고 하나님을 '아버지'라 부를 수 있는 사람은 예수 그리스도의 구원의 은총을 영원히 받을 수 있기 때문입니다(HC 1). 1797년에 프리드릭 빌헬름 1세 왕의 초청을 받은 체코 보헤미야의 개신교인들은 베를린 남동부의 노이쾰른(Neukölln) 근교에 정착했습니다. 1835년에 이 베들레헴 개혁회가 건축한 교회당 건물 전체는 새하얀데, 벽에 적힌 HC 1문은 회중에게 큰 위로를 줍니다.[120]

삼위일체를 주제어로써 쉽게 설명할 수도 있습니다. '3P'로 설명하면, 능력(Power), 현존(Presence), 그리고 약속(Promise)입니다.[121] 삼위 하나님은 '능력'으로 우리 안에 '현존'하셔서 구원의 '약속'을 이루십니다. 고난과 한계 상황 중에서 이런 삼위일체 하나님의 주권과 광대하심과 신실하심을 묵상해 봅시다. 지금 하나님의 어떤 속성을 가장 경험하고 싶고 필요로 합니까? 아타나시우스신경(c. 450)이 결론에서 강조하듯이 삼위일체는 성도에게 죽고 사는 교리적 문제입니다.[122]

---

119) A. J. van Rensburg, "Belangrikheid van Troos in die Heidelbergse Kategismus," *In die Skriflig* 58/1 (2024), 3-4.

120) Van Rensburg, "Belangrikheid van Troos in die Heidelbergse Kategismus," 5-6.

121) Vincie, "Trinity Sunday: Understanding and Preaching It," 187. 참고로 하나님의 주권을 성경과 신학의 중심으로 보면서, 그런 주권의 세 속성을 권위, 통치, 현존으로 제시한 경우는 Frame, *Systematic Theology: An Introduction to Christian Belief*, 31을 보라.

122) "우리는 삼위일체 하나님을 믿고, 특히 그리스도를 바로 알고 믿어야 한다.

3장 하나님의 영원한 작정

1. 하나님께서는 일어날 모든 일들을 영원부터 지극히 지혜롭고 거룩하신 뜻의 협의로 자유롭고 불변하게 정하셨다. 그렇다 하여도 하나님께서는 죄의 조성자가 아니실 뿐만 아니라, 피조물의 의지에 폭력을 가한 것도 아니시며, 제2원인자들의 자유나 우연성을 제거하지 않고 오히려 세우신다.

2. 하나님께서는 예상되는 모든 형편에서 일어나겠거나 일어날 수 있는 바를 아시지만, 장래를 내다보시거나 그런 형편에서 일어날 것이라는 것을 미리 보셨기 때문에 그것을 작정하지는 않으셨다.

3. 하나님께서는 자기 영광을 나타내시려고 자기의 작정으로 어떤 사람과 천사는 영생으로 예정하셨고, 다른 이들은 영사(永死)로 정하셨다.

4. 이렇게 예정하고 미리 작정하신 천사들과 사람들은 개별적이고 불변하게 지정받았다. 그래서 그들의 수효는 고정되고 한정되었기 때문에 증감될 수 없다.

5. 하나님께서는 생명으로 예정된 자들을 세계의 기초를 놓으시기 전에 자기의 영원하고 불변한 목적과 자기 뜻의 숨겨진 협의와 선한 기쁘심을 따라 그리스도 안에서 영원한 영광에 이르게 선택하셨으니, 그들에게서 믿음이나 선행이나 견인(堅忍)을 미리 보심이 없이, 혹은 피조물에게 있는 어떤 자질이나 조건도 자기를 움직이게 하는 원인으로 삼지 않으시고, 너그러운 은혜와 사랑만으로 하시되 이들이 주님 자신의 영광스러운 은혜를 찬양하게 하셨다.

6. 하나님께서 피택자(被擇者)들을 영광에 이르도록 지명하심과 동시에, 그 영광에 이르는 모든 방편도 자기 뜻의 영원하고 지극히 너그러운 목적에 따라 미리 정하셨다. 그리하여 아담 안에서 타락했으나 피택자들은 그리스도로 말미암아 구속함을 받으며, 적절한 때에 역사하시는 성령으로 말미암아 그리스도를 믿도록 효력 있는 부르심을 받는다. 이들은 성령의 능력으로 말미암아 구원에 이르는 믿음으로 말미암아

그렇지 않는다면 우리는 구원에 이를 수 없다."(아타나시우스신경 42).

의롭다함을 받고 자녀로 입양되어 거룩하여지고 보호받는다. 피택자들 외에는 누구도 그리스도로 말미암아 구속함을 받거나, 효력 있는 부름을 받거나, 의롭다함을 받고 자녀로 입양되어 거룩하게 되거나 구원을 받지 못한다.

7. 나머지 인류를, 하나님께서는 스스로 기뻐하시는 대로 자비를 베푸시거나 그 자비를 거두시는 자기 뜻의 측량할 수 없는 협의를 따라, 만물 위에가지신 자기의 주권적 능력의 영광을 위하여, 자기의 영광스러운 공의가 찬양받도록, 그들을 지나쳐 버리시고 그들이 자기들의 죄로 인해 부끄러움과 진노에 떨어지도록 정하시기를 기뻐하셨다.

8. 이처럼 고귀한 신비를 담고 있는 예정 교리는 특별한 분별력과 신중함으로 다루어야 하며, 말씀에 계시하신 하나님의 뜻을 주목하고 그것을 순종하는 자는 효력 있는 소명의 확실성으로부터 자신의 영원한 선택을 확신할 수 있다. 그리하여 이 교리는 하나님께는 찬양과 경외와 칭송의 재료가, 복음을 신실하게 순종하는 모든 자들에게는 겸손과 부지런함과 풍성한 위로의 재료가 될 것이다.

하나님께서 작정(作定, decree)하시지 않는다면 주권적인 분이 아니며, 주권적이지 않으시다면 하나님이 아닙니다(WCF 3:1; 참고. 롬 11:33, 36; 엡 1:11).[123] 그리고 하나님은 우연으로 보이는 모든 것을 아시며, 하나님께는 아무것도 우연(偶然)이 아닙니다(참고. 욥 14:5; 요 19:11; 행 2:23).[124] 예를 들어, 요셉의 형들이 요셉을 상인들에게 팔아버린 것조차도 하나님은 자신의 작정을 이

---

123) Carson (ed), *NIV Biblical Theology Study Bible*, 2118. 참고로 '작정'은 그리스어 명사 ἐπιταγή(에피타게)의 번역이다(롬 16:26). Louw and Nida, *Greek-English Lexicon on the New Testament based on Semantic Domains*, Volume 1, 426.

124) '우연'에 근접한 그리스어 동사는 신약성경에 한 번만 등장하는 παρα-τυγχάνω(파라튕카노, to be by chance)이다(행 17:17). Louw and Nida, *Greek-English Lexicon on the New Testament based on Semantic Domains*, Volume 1, 725.

루시기 위해 선으로 바꾸셨습니다(창 50:20; 참고. 잠 16:4). 하나님
은 가룟 유다의 범죄를 자신의 주권적 계획의 일부로 허용하시
고 활용하셨습니다. 하지만 선하신 하나님은 유다에게 죄를 범
하도록 강요하시지 않았습니다(마 26:47). 하나님의 작정 가운데
예수님을 죽였던 유대인들은 주님을 쓸모없는 돌처럼 버렸지만,
성부께서는 예수님을 모퉁이의 머릿돌로 삼으셨습니다(벧전 2:7-
8).[125] 주권적인 하나님은 우리의 비극과 고통과 질병조차도 합
력하여 선으로 이루십니다(롬 8:28).[126] 하나님의 작정은 자신의
기쁜 뜻을 따라 자유롭지만, 절대적이고 불변합니다.[127] 이탈
리아 출신 종교개혁가 제롬 잔키우스(Jerome Zanchius, d. 1590)
는 "하나님의 뜻과 이유 없이는, 우리 머리털 하나라도 떨어지
지 않게 하시려고, 지극히 지혜롭게 발생할 수 있도록 허용하실
모든 악한 것도 최상의 목적을 따라 자신의 무한한 선을 위해
미리 정하셨다."라고 설명했습니다.[128] 따라서 하나님의 작정
을 믿고 예정론을 고백하는 성도라면 비관론자가 될 수 없습니
다.[129] 성도는 선하고 지혜로우신 하나님의 작정과 섭리와 뜻의
관점에서 모든 일을 바라보는 훈련을 해야 합니다.

---

125) 벧전 2:8의 아오리스트(과거) 수동태 직설법 3인칭 복수 동사 "그들이 정해졌
다"(ἐτέθησαν, 에테쎄산, they were appointed)는 하나님의 작정을 가리킨다.

126) 문맥상, 롬 8:28의 '선'은 성도가 소망 중에 인내하는 데 유익한 것이며(롬
5:25), 그리스도의 형상으로 닮아가는 데 도움이 되는 것이고(롬 8:29), 궁
극적으로 영화로운 존재로 변화되도록 돕는 것이다(롬 8:30). Carson (ed),
NIV Biblical Theology Study Bible, 2034.

127) 신원균, 『웨스트민스터 신앙고백서: 33가지 성경 핵심교리』, 50.

128) 참고. 한병수, 『거인들의 예정』(서울: 세움북스, 2022), 359.

129) 하나님의 작정이 세상과 역사 안에 일어나는 모든 일을 총괄하는 계획이라
면, 하나님의 예정은 인간의 구원과 관련된 특수한 계획을 가리킨다. 김은
수, 『개혁주의 신앙의 기초 I: 웨스트민스터 소요리문답 해설』, 112.

하나님의 예정은 무엇에 기초합니까? 그것은 어떤 조건을 충족시키는 사람의 공로가 아니라(예. 반[半]펠라기안주의와 신정통주의의 조건적 예정) 하나님 자신의 영원한 작정에 기초합니다 (WCF 3:2; 참고. 롬 8:29-30).[130] 하나님께서 에서가 아니라 야곱을 사랑하시기로 작정하신 것은 야곱이 사랑을 받을만한 조건을 충족시킬 것을 아셨기 때문이 아닙니다. 오히려 하나님께서 야곱을 긍휼히 여기셨기 때문입니다(창 25:23; 롬 9:16).

개혁주의자는 선택과 유기(遺棄)라는 이중 예정을 믿습니다 (WCF 3:5).[131] 그런데 유기를 거부하는 그릇된 이론을 '단일예정'

130) Sproul, 『웨스트민스터 신앙고백 해설 1』, 121; 신원균, 『웨스트민스터 신앙고백서: 33가지 성경 핵심교리』, 54. 참고로 반펠라기안주의(Semi-Pelagianism)는 어거스틴이 펠라기우스주의를 반대한 수도원 운동으로서 427년경에 출현했다. 이 사상은 구원에 있어서 하나님과 인간의 협력적 관점 즉 구원에 인간의 자유의지를 통하여 인간이 스스로 구원을 이룰 수 있다고 주장하다가 이단으로 정죄되었다. 반펠라기안주의는 어거스틴의 원죄론과 은총론을 받아들이지만, 거기에 펠라기우스의 사상을 혼합시켰다. 이 사상은 인간을 원죄로 인하여 스스로 구원에 이를 수는 없지만, 구원을 향해 상당한 수준에 이를 수 있는 존재로 본다. 이 사상은 펠라기안주의에 속한 것으로 여겨져, 529년 제2차 오렌지회의(Second Council of Orange)는 이를 이단으로 정죄했다. 그리고 신정통주의(neo-orthodoxy)는 20세기의 신학 중에서 개혁신학의 주요 주제(오직 은혜, 오직 성경 등)를 강조한 '정통성'과 현대의 문화와 신학적 발전을 진지하게 고려한 '새로운'의 합성어이다. 신정통주의는 역사적 탐구가 성경의 사건에 관한 절대적 확실성을 제공한다는 주장을 반대했다. 신정통주의는 하나님에 관한 인간의 경험을 신학의 출발점으로 삼지 않았다. 19세기 후반과 20세기 초반의 자유주의를 반박했다. 신정통주의는 하나님의 절대적인 초월적 타자성을 강조하기에, 하나님의 계시를 제쳐두고 하나님을 알 수 없다고 보았다. 하나님은 예수 그리스도와 구속사의 사건들을 통해서 계시하신다. 개신교 신학자 칼 바르트(1886-1968)를 필두로 하여, 제1차 세계대전 이후에 발전한 개신교 신학이다. 에밀 브루너(1899-1966), 에두아르드 투르나이젠, 폴 틸리히, 그리고 루돌프 불트만에 의하여 본격적으로 확대되었고, 라인홀드 니버(1892-1971)와 헬무트 리처드 니버(1894-1962)가 미국 교회에서 대표적인 신정통주의자로서 활동했다. S. B. Ferguson (ed), *New Dictionary of Theology* (Leicester: IVP, 1988), 456, 636. 참고로 칼 바르트의 성경 계시관의 문제점은 박윤선, "칼빈주의 최대표현인 웨스트민스터 신앙고백서와 위기신학," 『신학지남』 47/2 (1980), 96-97을 보라.

131) 동사 '유기하다'(abandon)는 그리스어 동사로 ἐγκαταλείπω(엥카탈레이포)

이라 부릅니다. 유기된 자들도 적절히 반응하면 구원받을 수 있다는 단일예정에 따르면, 하나님의 이중 예정이란 '무서운 작정'일 뿐입니다.[132] 그러나 주권적인 하나님은 이중 예정을 통해 자신의 은혜와 공의 둘 다를 나타내십니다. 따라서 사람은 이것을 부당하다고 불평할 수 없습니다. 하나님은 이집트의 바로와 같이 유기된 자들을 그들의 죄악 된 욕망에 넘겨주십니다(출 7:13; 계 22:11). 하나님은 바로에게 완고함을 새롭게 창조하실 필요가 없이, 은혜를 보류하여 그가 원하는 길을 가도록 허락하셨습니다(시 81:12). 따라서 바로의 완고함은 자신의 죄악에서 나온 자연스러운 결과였습니다. WCF를 작성한 신학자들과 그 이전의 종교개혁자들은 택자들(predestinated)을 위한 '적극적 선택'과 유기된 자들(foreordained)을 위한 '소극적 유기'를 견지했습니다(WCF 3:3).[133] 하나님은 구원하시기로 예정하신 사람들을 구원하십니다. 그러나 하나님은 유기된 자들을 그들의 죄에 버려두시지만, 불신앙으로 행하도록 강요하지 않으십니다.

택함을 받은 사람들과 유기된 자들의 숫자는 늘거나 줄지 않습니다(WCF 3:4; 참고. 딤후 2:19). 하나님의 예정으로써 그들의 수가 결정되었기 때문입니다. 성도는 전적인 은혜로 택함을 받았기에 절대 주권자이신 하나님을 마땅히 찬송해야 합니다(롬 11:33).

청교도 존 오웬(John Owen, d. 1683)을 비롯하여 많은 개혁주의자는 창조와 타락의 작정이 먼저 오고 구원에 대한 작정이 뒤

이다(히 13:5). Louw and Nida, *Greek-English Lexicon on the New Testament based on Semantic Domains*, Volume 1, 465.

132) Sproul, 『웨스트민스터 신앙고백 해설 1』, 147

133) Sproul, 『웨스트민스터 신앙고백 해설 1』, 127.

따른다는 '타락 후 예정설'(infralapsarianism)을 지지합니다.[134] 이 주장은 하나님께서 인간의 창조와 타락을 염두에 두지 않고 유기하시기로 작정하는 것은 하나님의 본성에 맞지 않으므로, 예정 교리가 창조와 타락에 대한 작정 다음에 위치한다는 입장입니다.[135] 이와 반대로 구원의 작정을 앞에 두고 창조와 타락의 작정을 뒤에 두는 이론은 청교도 윌리엄 퍼킨스와 토마스 굿윈(Thomas Goodwin, d. 1680), 그리고 칼 바르트 등이 지지하는 '타락 전 예정설'(supralapsarianism; 일명 '높은 칼빈주의')입니다. 이 전택설은 인간이 타락한 책임을 하나님에게 돌릴 여지가 있습니다. 왜냐하면 하나님께서 구원하기로 작정하셨음에도 불구하고, 인간이 타락했기 때문입니다.

> 타락 전 예정론에서 (구원) 예정은 타락 작정보다 앞서고, 타락 후 예정론에서는 타락 작정 후에 예정이 오는 것이다. 전자의 입장에서 예정 대상은 창조되고 타락할 존재(creabilis et labilis)로, 즉 창조될 가능성이 있고 타락할 수 있는 존재로 이해된다. 반면 후자의 입장에서 선택의 대상은 영원 속에서 창조되고 타락한(creatus et lapsus) 존재로 보인다.[136]

하나님은 영원하고 불변하는 목적과 비밀스러운 계획 그리고 선하고 기쁜 뜻을 따라 사람이 '그리스도 안에서' 영광에 이르

---

134) 라틴어 'supra'는 위에, 'infra'는 아래에, 그리고 'lapsus'는 타락이라는 뜻이다. Sproul,『웨스트민스터 신앙고백 해설 1』, 133. 참고로 BC와 도르트 신경(1618-19)은 타락 후 예정설을 지지하지만, WCF 3:1은 영원 전에 있었던 타락 전 예정설을 지지한다는 설명은 김종희, "타락후예정론, 개혁교회의 신앙고백적 입장인가?"『개혁논총』53 (2020), 25-26을 보라.
135) Beeke and Jones,『청교도 신학의 모든 것』, 147.
136) 김종희, "타락후예정론, 개혁교회의 신앙고백적 입장인가?" 10.

도록 선택하셨습니다(WCF 3:5; 참고. 엡 1:4-5; 2:10). 바울은 인간의 믿음과 회개와 같은 공로가 배제된 선택의 은혜를 깨닫고 에베소 교회와 함께 삼위 하나님을 송영했습니다(엡 1:6, 12). 여기서 바울이 반복하는 표현은 '그리스도 안에서'입니다(엡 1:3-4, 7, 9, 10, 12). 이것은 예수 그리스도의 중보 사역을 선택의 원인으로 간주하는 칼 바르트와 같은 만인구원론자가 선호하는 '그리스도 때문에'와 다릅니다.[137] 분명한 사실은 하나님께 자신의 목적과 계획과 뜻에 따라 죄인을 구원하시기로 작정하셨습니다.

구원을 위해 선택된 사람들은 아담 안에서 타락했고, 그리스도에 의해 구속받아, 성령의 역사로 유효한 부름을 받으며, 칭의와 양자됨 그리고 성화의 은혜를 받습니다(WCF 3:6; 참고. 롬 8:29-30). 그러므로 구원을 위한 선택을 받기 위해서 그 누구도 1%의 공로조차 내세울 수 없습니다.

우리는 이신칭의를 믿습니다. 그렇다면 믿음이 먼저이고, 칭의가 나중입니까? 성령께서 우리를 변화시켜야만 믿음이 생기고, 그 믿음의 선물로써 칭의 된다고 볼 수 있습니다. 하지만 영적인 상태의 변화인 칭의가 먼저 발생해야만, 믿음이 선물로 수반된다고 볼 여지도 있습니다. 생명책에 기록되어 선택의 은혜를 받은 성도는 예수 그리스도 안에서 자신의 의로운 신분을 감사하고, 하나님을 기쁨으로 경외하고 찬송하며, 복음을 따라 부지런히 순종해야 합니다(WCF 3:8; 참고. 눅 10:20).[138]

---

137) 신원균, 『웨스트민스터 신앙고백서: 33가지 성경 핵심교리』, 56.
138) Van Dixhoorn, *Confessing the Faith*, 58; Carson (ed), *NIV Biblical Theology Study Bible*, 1847.

적용 ▶ 구원을 위해 택정받은 성도는 하나님께서 자신의 기뻐하시는 뜻을 선하게 행하신다는 것을 신뢰해야 합니다(엡 1:4, 9, 11). 이런 신뢰에서 감사와 찬송과 소망이 풍성해집니다. 그리고 이런 신뢰에서 하나님의 뜻과 목적을 따라 살 때 진정으로 편하고 행복을 누립니다.

4장 창조

1. 성부, 성자, 성령 하나님께서는 자기의 영원한 능력과 지혜와 선하심의 영광을 나타내시기 위하여, 태초에 세상과 그 가운데 있는 보이는 것이나 보이지 않는 만물을 엿새 동안 선하게 창조하시기를, 혹은 무(無)로부터 지으시기를 기뻐하셨다.

2. 하나님께서 다른 만물들을 창조하시고 나서, 사람을 남자와 여자로 이성적이고 불멸적인 영을 구비하도록 창조하시고, 자기 형상을 따라 지식과 의와 참 거룩함으로 입히시어, 저들의 마음에 하나님의 법을 기록하시고 그것을 수행할 수 있는 힘도 주셨다. 그러나 변할 수 있는 그들의 의지가 자유를 허락받음으로 범죄할 가능성 아래 있었다. 그들의 마음에 기록된 이 법 외에도 그들은 선악의 지식을 알게 하는 나무를 먹지 말라는 명령을 받았다. 이 명령을 지키는 동안 그들은 하나님과 사귀면서 복락을 누렸고, 만물을 다스렸다.

하나님께서는 자신의 작정(WCF 3)을 어떻게 이루십니까? 바로 창조와 섭리입니다.[139] 전능하신 하나님은 만유를 창조하신 후에, 그것을 다스리시는 섭리를 작정하셨습니다. 따라서 창조론을 거부하는 (유신)진화론은 하나님의 작정을 허물뿐 아니라, 창조주 하나님을 영화롭게 하지도 않는 악한 이론입니다.[140] 진화론은 하나님의 형상으로 창조된 인간의 가치를 무시합니다. 그리고 진화론은 타락한 인간은 예수님을 통해 구원을 받아야 한다는 필요성도 무시합니다.[141]

하나님은 만유를 6일 동안 창조하셨는데, 그것들은 보시기에 심히 좋았습니다(WCF 4:1; 참고. 창 2:1-2; 출 20:11). 창조물은 하나님의 능력과 지혜와 선한 영광을 드러내어야 합니다(WCF 4:1). 바로 이 주장은 개혁파의 특징인데, 하나님의 구원 사역 이전에 이미 창조에서 하나님의 영광이 나타났습니다(WLC 1; 계 4:11). 이토록 아름다운 무로부터(ex nihilo)의 창조는 창조주 하나님의 말씀 때문에 가능했습니다(창 1:3; 롬 4:17; 히 11:3; 2마카비 7:28). 무에서 유로의 창조는 혼돈으로부터의 창조와 다릅니다. 그리고 우주 폭발 즉 빅뱅 이론은 가설이자 허구에 지나지 않습

---

139) 신약성경에서 동사 '창조하다'(κτίζω, 크티조)의 주어는 하나님이다(막 13:19; 엡 3:9). Louw and Nida, *Greek-English Lexicon on the New Testament based on Semantic Domains*, Volume 1, 514.

140) 유신진화론은 아담을 첫 인간으로 보지 않고, 무죄 상태로 있었던 적은 없으며, 하와는 아담의 갈비뼈에서 나온 적이 없다고 주장한다. 이 외에도 비성경적인 여러 주장이 있다. 아담 이전에 수천 명의 사람이 있었으며, 그들은 죽음에 종속되었으며, 아담의 범죄 후에 하나님은 자연 세계가 인간에게 적대 관계가 되도록 저주하지 않으셨다고 주장한다. 참고. 박찬호, "웨인 그루뎀의 창조론: 유신진화론 비판을 중심으로,"『창조론오픈포럼』14/1 (2020), 39.

141) Frame, *Systematic Theology: An Introduction to Christian Belief*, 203.

니다.[142]

　WCF 4:1이 천지창조를 설명한다면, WCF 4:2는 인간의 창조로 주제가 바뀝니다. 하나님께서 자신의 형상으로 창조하신 남자와 여자는 육체를 비롯하여, 이성적이고 불멸하는 영혼을 가집니다(WCF 4:2; 참고. 창 1:26-27; 2:7). 하나님의 형상은 천사나 다른 피조물에게는 해당되지 않기에, 그것은 사람에게만 허락된 은혜입니다.[143] 그런데 사람의 영혼은 피조물이므로 그 자체로 불멸하기보다, 하나님께서 그것을 존속시키시기에 불멸합니다.[144] 아담과 하와는 하나님의 부섭정(副攝政)으로서 피조 영역에 하나님의 형상인 의와 거룩함을 반영해야 하는 통치권을 받았습니다.[145] 사람은 자유의지를 올바르게 활용함으로써, 자신과 언약을 맺으신 하나님의 말씀에 순종하며, 그분의 뜻을 이루고, 그분의 영광을 위해 살아야 합니다(WLC 1). 에덴동산 중앙의 선악을 알게 하는 나무는 아담과 하와에게 창조주 하나님을 항상 기억하여 순종하도록 만드는 은혜의 표시이자 방편이었습니다(창 2:16-17; 3:6). 따라서 선악과는 아담 부부에게 족쇄를 채워 그들을 억압하기 위한 수단이 결코 아닙니다.

　인류 역사상 첫 사람인 아담이 타락한 이후에도 그의 후손의 인간성은 파괴되지 않았습니다. 따라서 사유(思惟)의 능력과 같은 '형식적 형상'(formal image)은 모든 사람에게 남아있습니

---

142)Frame, *Systematic Theology: An Introduction to Christian Belief*, 192. 참고로 로마제국에서 순교한 성도는 자신의 몸이 사자의 배에 들어가더라도 부활할 것을 믿었다. 이것은 무에서 유로 창조하신 하나님의 능력의 결과이다.

143)신원균, 『웨스트민스터 신앙고백서: 33가지 성경 핵심교리』, 64.

144)Sproul, 『웨스트민스터 신앙고백 해설 1』, 189-90.

145)Sproul, 『웨스트민스터 신앙고백 해설 1』, 193.

다. 그러나 그것만으로는 부족합니다. 하나님의 완전한 형상이자 마지막 아담이신 예수님께서 우리 안에 파괴된 하나님의 형상을 회복시켜 주셔야 합니다(골 1:15). 이런 의미에서 구원이란 하나님의 형상이 회복되는 것입니다. 이런 회복은 창조세계가 장차 소멸되지 않고 갱신될 것도 암시합니다(벧후 3:12; 계 21:1).

성경 근거 구절

창조: 천지와 만물이 다 이루어지니라 하나님이 그가 하시던 일을 일곱째 날에 마치시니 그가 하시던 모든 일을 그치고 일곱째 날에 안식하시니라(창 2:1-2)

믿음으로 모든 세계가 하나님의 말씀으로 지어진 줄을 우리가 아나니 보이는 것은 나타난 것으로 말미암아 된 것이 아니니라(히 11:3)

우리 주 하나님이여 영광과 존귀와 권능을 받으시는 것이 합당하오니 주께서 만물을 지으신지라 만물이 주의 뜻대로 있었고 또 지으심을 받았나이다 하더라(계 4:11)

적용 ▶ 찰스 다윈(d. 1882)이 갈라파고스에 고작 5주간 머문 후 내린 결론인 진화론을 반대하면 과학도 반대하는 것입니까? 아닙니다.[146] 진화를 반대한다고 해서 과학도 반대하는 것은 아닙니다. 미국의 유신진화론 단체인 BioLogos의 대표 프란시스 콜린스(Francis S. Collins, b. 1950)에 따르면, 우주는 약 140억 년 전에 무에서 창조되었으며, 생명이 탄생한 뒤로는 오랫동안 '진

---

146) 다윈의 진화론을 요약하면 다음과 같다. "우연한 기회로 '유용한 변이'를 얻은 개체는 다른 개체들보다 '생존'에 유리하며, 이런 생존이 유리한 개체들이 '번식'함으로, 덜 유리한 개체들은 '파괴'되고 생존에 유리한 개체들만 남게 된다. …… 그리고 생존에 유리한 형질을 가진 개체들은 그 유리한 형질을 다각도로 전파시키면서, 시간이 지남에 따라 새로운 종류의 개체가 된다." 신국현, 『유신진화론과의 대화』(서울: 세움북스, 2024), 28, 52-53.

화와 자연선택'으로 생물의 다양성과 복잡성이 발생했고, 진화가 시작된 이후로 초자연적 개입은 필요가 없으며, 인간은 유인원(類人猿)과 조상을 공유합니다.[147] 이런 유신진화론(theistic evolutionism)은 하나님의 형상으로 창조된 아담의 역사성과 인류의 대표이자 언약의 대표성을 부정하며, 원죄에 관해서도 성경의 가르침에서 이탈합니다.[148]

그리고 교회는 지구의 온난화를 넘어 지구 가열화(global heating/boiling)로 인한 피조물의 탄식을 해소하는데 더 큰 관심과 실천을 기울여야 마땅합니다(롬 8:22). 또한 우리는 일상에서 하나님의 형상을 어떻게 회복할 수 있을까요? 이를 위해 우리는 새로운 피조물로서 성령으로 충만하여 의롭고 진실되며 거룩한 생활을 열망해야 할 것입니다(엡 4:24).

5장 섭리

> 1. 하나님께서는 만물의 위대한 창조주로서 자기의 지극히 지혜롭고 거룩하신 섭리로 자기의 지혜와 능력, 공의, 선하심과 자비의 영광이 찬양을 받도록 자기의 무오한 예지(豫知)와 자기 뜻의 너그럽고 불변하는 협의를 따라, 모든 피조물과 행사들과 일들을 지극히 큰 것에서부터 지극히 작은 것에 이르기까지 보존하시고, 인도하시고, 정돈(整頓)하시고 다스리신다.

147)스코틀랜드 장로교 목사이자 교회사 교수인 제임스 오어(James Orr, d. 1913)와 미국의 식물학자 아사 그레이(Asa Gray, d. 1888), 미국의 유전학자 프란시스 콜린스 등에 기반을 둔 유신진화론은 하나님께서 우주를 창조하셨을 때, 생명체에게 진화하도록 능력을 주셔서 그 결과 현재의 다양한 생명체가 발생했다고 주장한다. 신국현, 『유신진화론과의 대화』, 63-64, 101-107.

148)신국현, 『유신진화론과의 대화』, 135, 231.

2. 제1 원인자이신 하나님의 예지(豫知)와작정의 관점에서 보면 만사가 불변하고 무오하게 일어나지만, 동일한 섭리로 하나님께서는 만사가 제2 원인자들의 본성을 따라 필연적으로나 자유롭게나 우연적으로 일어나도록 조정하셨다.

3. 하나님께서는 통상적 섭리에서 방편들을 사용하시지만, 자기의 기뻐하심을 따라 그 방편 없이 또는 방편을 초월하시거나 상반되는 방식으로 자유로이 일하실 수 있다.

4. 하나님의 전능하신 능력과 측량할 수 없는 지혜와 무한한 선하심은 최초의 타락과 천사 및 사람의 다른 모든 죄에까지 미치는 섭리에서 광범위하게 드러난다. 즉 단순한 허용이 아니라 다양한 처분으로 자기의 거룩한 목적을 향하여 이 모든 일들을 지극히 지혜롭고 강력하게 제한하고 때로는 조정하고 통치한다. 그러함에도 모든 허물은 하나님이 아니라 오직 피조물에게서 비롯된다. 하나님께서는 지극히 거룩하고 의로우시기 때문에 죄의 조성자나 승인자가 아니며 그렇게 되실 수도 없다.

5. 지극히 지혜로우시며 의로우시고 은혜로우신 하나님께서는 때로는 자기 자녀들을 여러 가지 시험과 그들의 마음의 부패에 잠시 내버려두신다. 그리하여 그들의 이전 죄를 징계하거나 부패의 숨겨진 힘과 마음의 거짓됨을 발견하게 하시어 그들을 겸손하게 만드시며 또 그들이 도움을 바라며 더욱 친밀하고 지속적으로 하나님을 의존하고, 장래의 모든 범죄의 기회를 대항하고 또 다른 의롭고 거룩한 목적들을 바라며 더욱더 경성하게 하신다.

6. 하나님께서는 의로우신 재판장으로서 완악하고 불경한 자들이 이전의 죄로 인하여 눈이 멀어지게 하시고 강팍하게 만드시는데, 이들에게는 지각이 밝아지게 하거나 마음에 역사하는 은혜를 허락하지 않으실 뿐만 아니라, 때로는 그들이 가진 재능까지 빼앗으시고 그들의 부패성이 죄의 기회로 삼는 대상들에 내어버리시고, 그들을 정욕과 세상의 시험과 사탄의 능력에 넘겨주신다. 그리하여 그들은 다른 이들을 부드럽게 만드시는 하나님의 방편 아래 있으면서도 스스로 강팍하여진다.

7. 하나님의 섭리가 일반적으로 만물에 미치듯이, 그것은 지극히 특별한 방식으로 하나님의 교회를 보호하고, 모든 것들이 교회의 선을 이루게 하신다.

청교도 윌리엄 펨블(William Pemble, d. 1623)과 옥스퍼드대학교에서 가르친 에드워드 리(Edward Leigh, d. 1671)는 섭리를 하나님의 자유로운 작정과 경륜에 따라서, 만물 안에서 하나님 자신께서 영광을 받으시도록 일정하고 고정된 방법으로써 모든 피조물과 그들의 기능 및 활동을 보존하고 다스리시는 것으로 보았습니다.[149]

하나님은 가장 지혜롭고 거룩한 섭리(攝理)에 의해서, 또한 오류가 없는 예지와 자유롭고 불변한 계획에 따라서, 그리고 자신의 능력과 공의와 선과 자비의 영광을 찬양하도록 만유를 돌보시고 관리하시며 통치하십니다(WCF 5:1; 참고. WSC 11).[150] 여기에 나타나듯이 WCF는 문장이 다소 길고 매우 논리적인 표현을 구사하기에, 우리는 집중하여 한 단어씩 곱씹어야 합니다. 섭리는 하나님의 작고 큰 작정(계획)이 집행되는 통치이자 경륜입니다. 이 섭리를 통해 주님 자신만 영광(soli Deo gloria)을 받으십니다(시 135:6; 마 10:29-30; 롬 11:36).[151] 하나님은 무지개 언약을 노아와 맺으시면서, 파종과 추수, 낮과 밤, 추위와 더위를 계속 주관하시겠다고 밝히셨습니다(창 8:22). 그리고 만군의 야웨께서 해로 낮을 주관하게 하시고, 달과 별로 밤을 주관하게 하시며, 바다를 뒤흔들어 파도 소리가 나도록 만드셨습니다(렘 31:35). 그런데 창조주께서 만유와 사건과 행위를 보존, 인도, 처리, 통치하

---

149) Beeke and Jones, 『청교도 신학의 모든 것』, 197.
150) 기적이 하나님의 예외적이고 비범한 사역을 보여준다면, 섭리는 하나님의 주권을 더 일상적으로 보여준다. 그러나 하나님께서 피조계를 보존하시고 다스리시는 섭리 역시 분명히 놀랍고 기적과 같다. Frame, *Systematic Theology: An Introduction to Christian Belief*, 141-42.
151) 신원균, 『웨스트민스터 신앙고백서: 33가지 성경 핵심교리』, 67.

시거나 섭리하시지 않는다고 주장하는 이신론(deism)은 실제로 무신론과 다를 바 없습니다.

성도가 하나님의 섭리를 믿는다면 큰 위로를 얻고, 마침내 하나님을 찬양할 수 있습니다. 왜냐하면 하나님은 모든 것을 합력하여 선으로 만드시는 지혜와 능력과 자비의 주님이시기 때문입니다(롬 8:28; 계 5:12). 성경에 하나님께서 섭리하심은 종종 '손'으로 나타납니다(요 10:28-29).[152] 하나님의 악력(握力)은 어떤 비교를 허용하지 않는 최강입니다.

우리를 괴롭히는 최악의 일이나 죽음조차도 하나님의 섭리를 따라 발생합니다(창 50:20; 욥 13:15; 계 11:7). 최악과 같은 일과 중요한 역사적 사건들의 배후에 하나님이 서 계십니다![153] 따라서 사랑과 공의가 결합된 섭리 신앙은 성도로 하여금 모든 상황 속에서라도 인내하면서 하나님을 송영하도록 인도합니다 (시 89:14).

섭리란 하나님의 전능하고 언제 어디나 미치는 능력으로 하 나님께서 마치 자신의 손으로 하듯이, 하늘과 땅과 모든 피

---

152) 성경에 '손'이 언급된 본문은 많다(출 7:5, 17; 9:3, 15; 수 4:24; 삼상 5:6, 7, 9, 11; 삼하 24:14; 왕상 8:42; 대상 21:13, 17; 대하 6:4, 32; 30:12; 스 7:9, 28; 8:18, 22, 31; 느 1:10; 2:8, 18; 욥 10:3, 7, 8; 12:9, 10; 13:21; 14:15; 19:21; 20:22; 시 8:6; 10:12, 14; 17:14; 18:35; 19:1; 20:6; 31:5, 15; 32:4; 37:24; 38:2; 44:2-3; 60:5; 63:8; 74:11; 75:8; 76:5; 77:10; 78:42, 54, 72; 80:15, 17; 81:14; 88:5; 89:13, 21, 25; 92:4; 95:4-5; 98:1; 102:25; 104:28; 106:26; 108:6; 111:7; 118:15-16; 119:73, 173; 136:12; 138:7-8; 139:10; 143:5; 144:7; 145:16; 전 9:1; 사 5:12, 25; 9:12, 21; 10:4, 10; 11:11, 15; 14:26-27; 29:23; 34:17; 41:20; 45:11; 49:16; 50:2; 51:17; 59:1; 62:3, 8; 64:8; 65:2; 66:2, 14; 렘 15:17; 16:21; 18:6; 21:5; 25:15; 51:7; 겔 14:9, 13; 20:22, 28; 막 6:2; 요 3:35; 10:29; 행 5:31; 7:50; 벧전 5:6; 계 1:16; 10:2, 8, 10; 20:1). 인간의 손은 하나님의 손을 당할 수 없다(대하 32:14, 15, 17, 19, 21).

153) Frame, *Systematic Theology: An Introduction to Christian Belief*, 149.

조물을 여전히 보존하고 다스리시는 것입니다. 그리하여 잎
새와 풀, 비와 가뭄, 풍년과 흉년, 먹을 것과 마실 것, 건강과
질병, 부와 가난, 참으로 이 모든 것이 우연이 아니라 아버지
와 같은 그의 손길로 우리에게 임합니다(HC 제10주일).

위의 신앙고백처럼 하나님의 계획이 불규칙 바운드처럼 일어날
수 없는 이유는 하나님께서 실수나 우연처럼 발생하는 일조차도
다스리시기 때문입니다(삼상 6:9; 삼하 1:6; 왕상 22:34).[154] 한 예로, 모
압 여인 룻이 베들레헴의 보아스 밭에서 이삭을 주운 것(룻 2:3)과
그녀가 임신한 것은 하나님의 섭리의 결과였습니다(룻 4:13).

　　하나님은 병자를 치유하실 때 약이나 의료 기술처럼 일반
적인 섭리의 수단이 없더라도, 그런 것을 초월하여 역사하실 수
있습니다(WCF 5:3).[155] 한 예로, 예수님께서 죽은 나사로를 살리
실 때, "나사로야, 나오라"(Λάζαρε δεύρο ἔξω, 라자레 듀로 엑소)는
말씀만 사용하셨습니다(요 11:43). 그런데 교회가 일반섭리만 강
조하면 합리주의에 빠지고, 특별섭리만 강조하면 신비주의의 덫
에 걸릴 것입니다.[156]

　　하나님의 주권적 뜻 곧 '허용적 작정'에 죄와 타락도 포함되
는데, 그런 것들조차 하나님의 선한 목적과 섭리 안에서 일어난
다고 믿어야 합니다(삼하 24:1; 왕상 22:22). 한 가지 예를 들어봅시

---

154) Sproul, 『웨스트민스터 신앙고백 해설 1』, 216. 참고로 WCF 5:2의 '우연적
　　으로'를 하나님의 돌보심의 섭리의 역사라고 설명한 경우는 신원균, 『웨스
　　트민스터 신앙고백서: 33가지 성경 핵심교리』, 70을 참고하라.
155) 십계명 중 제7계명과 같은 하나님의 계명에 순종할 경우, 신체와 정신과
　　심리 그리고 도덕적 건강이 증진된다는 의학적 연구 결과는 F. E. Payne
　　Jr., "Health and Medicine in the Perspective of the Westminster
　　Confession of Faith," *Christian Bioethics* 20/1 (2014), 73-77을 보라.
156) 신원균, 『웨스트민스터 신앙고백서: 33가지 성경 핵심교리』, 71.

다. 빌레몬의 종 오네시모가 주인에게 금전적 손해를 입히고 몰래 떠나버렸습니다(몬 15). 하지만 하나님께서는 빌레몬이 한때 무익했지만 유익하게 변화된 충성된 종 오네시모의 섬김을 받도록 합력하여 선으로 바꾸셨습니다(몬 1:16).[157]

종종 죄는 우연히 일어나지 않습니다.[158] 그렇다고 해서 하나님께서 악과 타락의 원인자나 조성자가 되시지 않습니다. 이와 관련된 예는 솔로몬의 아들 르호보암의 악한 통치입니다. 르호보암은 멍에를 가볍게 해달라는 백성들의 정당한 요구를 거부했는데, 이 일은 하나님께로 말미암아 난 것이었습니다(대하 10:15). 그러면 하나님께서 르호보암이 악한 결정을 내리도록 만든 원인자이십니까? 결코 아닙니다. 하나님은 르호보암에게 있던 타락한 자유의지를 활용하셔서 섭리하심으로써, 선임 왕 솔로몬(왕상 11:29-39)과 후임 왕이 저지른 악들에 대해 심판하셨습니다. "우리는 악을 행하였사오나 주께서는 진실하게 행하셨습니다"(느 9:33). 다른 예도 있습니다. 하나님께서 북이스라엘의 사악한 아합왕을 심판하시기 위해, 거짓말하는 영을 아합의 선지자 400명의 입에 넣으셨습니다(왕상 22:6, 22-23). 그렇다고 해서 하나님은 아합을 거짓으로 유혹하여 범죄에 빠지도록 만든 원인 제공자가 아닙니다. 아합왕은 미가야 선지자가 하나님의 말씀을 전할 때 듣고 회개할 수 있었기 때문입니다(왕상 22:8, 16). 하나님은 악을 제한하시고, 사용하시며, 정돈하시고, 악에서 선

---

157)빌레몬서는 그리스도인의 연합과 화해라는 복음의 신학적 핵심을 담아낸다. A. I. Wilson, 『디모데전서-빌레몬서』, *1 Timothy-Philemon*, 김영희 역 (서울: 국제제자훈련원, 2023), 346, 383.

158)창조를 부정하는 진화론자는 무한히 반복되는 우연을 가정한다. 따라서 성경적 창조와 섭리 신앙은 하나의 동전의 양면이다. 신국현, 『유신진화론과의 대화』, 154.

을 만드십니다(기독교강요 3.23.7).[159] 다른 예를 더 들어봅시다. 솔로몬이 이방 신들을 숭배하자, 하나님께서 에돔사람 하닷과 르손과 여로보암을 일으키셔서 그의 대적자들이 되게 하셨습니다(왕상 11:14, 23, 26). 솔로몬의 이런 대적들은 하나님의 신실하고 선한 백성이라고 보기 어렵습니다.

하나님은 자기 자녀를 잠시 유혹과 타락에 버려두시는데, 그들을 주님 앞에 겸비하게 만드시어 범죄를 경계하고 하나님의 의롭고 거룩한 목적에 더욱 주의하도록 하기 위함입니다(WCF 5:5). 스프로울(R. C. Sproul)은 거듭난 성도조차 상당한 정도로 불순종과 유혹에 넘어갈 수 있음을 아래와 같이 주목합니다.

> 주님은 우리가 탈선하여 불순종으로 방황하는 것을 보실 때, 때때로 우리를 아주 긴 가죽끈에 매어 아주 멀리 떠나 시련과 유혹에 노출되는 장소까지 헤매 다니도록 내버려 두실 수 있다.[160]

하나님의 영원한 '형벌적 진노'는 예수님 덕분에 성도에게 사라졌지만, 하나님의 자녀를 향한 '교정적 진노'는 진행형입니다. 이런 교정적 진노 때문에, 주님의 자녀의 영적 눈이 잠시 어두워지고 마음이 강퍅하게 되며 하나님의 은사는 빼앗길 수 있습니다(WCF 5:6; 참고. 대하 32:25; 사 6:9-10; 렘 3:3). 그러나 하나님은 남은 자들을 반드시 보존하십니다. 하나님의 이런 섭리의 결과는 교회에게 은혜와 유익을 주며, 궁극적으로 하나님 자신이 영광을 받으십니다(WCF 5:7; 암 9:8-9; 막 14:66-72; 고전 11:20; 고후 12:7-

---

159) 신원균, 『웨스트민스터 신앙고백서: 33가지 성경 핵심교리』, 73.
160) Sproul, 『웨스트민스터 신앙고백 해설 1』, 227.

9; 계 1:10). 이것을 믿는다면 교회는 극심한 고난 중에서라도 낙심하지 않을 것입니다. 스프로울은 '승리의 후천년설'을 따르는데 하나님의 통치와 보존을 믿으면서 결코 소망을 포기하지 않습니다. 이에 관하여 그의 말을 들어봅시다.

> 만약 우리가 하나님의 섭리와 그분의 교회에 대한 그리스도의 통치권을 믿는다면 우리는 낙관주의자가 될 수 있다. ......
> 왜냐하면 하나님이 자기 백성을 지금도 그리고 앞으로도 계속 보존하실 것이기 때문이다.[161]

하나님의 섭리와 통치를 불신한다면 비관주의에 빠질 것입니다. 예수님의 십자가 대속과 부활의 능력 그리고 성부의 우편에서 앉으셔서 만유를 다스리고 계심을 고백한다면, 우리는 비관주의자(pessimist)가 아니라 소망주의자(spessimist)가 될 수밖에 없습니다(참고. 로마제국의 희망의 여신 Spes). "청교도는 부패, 교리적 오류, 박해, 증가하는 분파가 만연한 시대에 살았다. 하지만 그들은 소망을 섭리에 두었다. ...... 교회는 바다에서 파도와 풍랑으로 위험에 처한 배와 같다. 하지만 신적 섭리가 조타석에 앉아 있어 배를 강하게 인도하고 보존한다(O. Sedgwick[1658])."[162]

하나님의 섭리와 사람의 의지는 어떤 관계입니까? 하나님은 자기 자녀가 선을 행하도록 소원과 은혜를 주십니다(빌 2:13). 그런데 하나님은 죄인이 좋아하는 일을 허락하시기도 합니다(행 14:16; 롬 1:24-28). 분명한 사실은 모든 사람은 자신의 결정에 책임을 져야 한다는 것입니다(신 30:15-20).

---

161)Sproul, 『웨스트민스터 신앙고백 해설 1』, 245.
162)Beeke and Jones, 『청교도 신학의 모든 것』, 210.

적용 ▶ 섭리는 거룩하신 하나님의 지혜와 능력과 사랑을 잘 보여줍니다. 그러면 우리는 어떻게 범사에 섭리 신앙을 확립할 수 있습니까? 하나님께서 원하셔야만 우리는 살 수 있고, 이것 혹은 저것을 할 수 있음을 믿어야 합니다(약 4:15). 청교도 토마스 굿윈이 말했듯이, 자신의 뜻과 지혜가 아니라, 하나님의 통치와 섭리를 겸손히 신뢰하는 사람이 바로 그리스도인입니다(잠 23:4). 섭리(providence)에는 하나님께서 앞을(pro) 보시고(vide) 성도의 필요를 따라 '공급하신다'(provide)라는 중요한 의미가 담겨있습니다.[164] 그리고 하나님의 공급은 보호로 이어집니다. 하나님의 손(手)의 섭리(攝理)를 믿는 성도라면 뜨거운 사랑을 마음에 품고 힘겨워하는 이웃에게 손을 내밀어 줄줄 알

---

163) 롬 11:36의 '주에게서'는 만유의 창조주이신 하나님을, '주로 말미암고'는 섭리자이신 하나님을, '주에게로'는 궁극적 목적이신 하나님을 가리킨다. Frame, *Systematic Theology: An Introduction to Christian Belief*, 170.

164) 동사 προβλέπω(프로블레포)는 '미리 보다'라고 직역할 수 있는데, 어떤 필요를 기대하는 사람에게 제공한다는 의미이다(히 11:40). Louw and Nida, *Greek-English Lexicon on the New Testament based on Semantic Domains*, Volume 1, 462.

아야 합니다. 하나님은 자연법칙이나 인간의 의지와 능력을 사용하셔서 자신의 섭리를 이루십니다. 그러므로 성도는 자신이 사는 환경의 변화를 분석하면서 그 안에서 일하시는 하나님을 묵상하며, 주님의 기뻐하시는 뜻이 무엇인지 늘 여쭈어야 합니다.[165] 하나님의 섭리를 모르는 것이야말로 궁극적 비참이며, 주님의 섭리를 아는 것이 가장 복된 삶입니다(기독교강요 1.17.11).

그렇다면 우리는 어떻게 하나님의 섭리에 적절히 반응할 수 있습니까? 청교도들은 하나님의 섭리가 주님의 약속과 상반된다고 느껴질 때, 그리스도인은 인내하면서 낙심을 물리치는 법을 배우고, 하나님께서 주실 더 큰 복을 기대하며, 하나님께서 베푸신 섭리의 복을 기억하며 그것을 기록해야 한다고 권면했습니다.[166] "우리의 떡은 섭리의 찬장 속에 있고, 우리의 돈은 섭리의 지갑 속에 있으며, 우리의 안전은 섭리의 싸안는 팔에 있습니다"(John Flavel[d. 1691]).

---

165)김은수, 『개혁주의 신앙의 기초 I: 웨스트민스터 소요리문답 해설』, 137. 참고로 '손', 신적 수동태, 그리고 신적 필연성(δεῖ, 데이)을 통하여 하나님의 섭리를 연구한 경우는 송영목, "요한문헌에 나타난 하나님의 섭리," in『하나님의 섭리, 어떻게 설교할 것인가?』, ed. 한국동남성경연구원 (서울: SFC출판부, 2024), 277-305를 참고하라.

166)Beeke and Jones,『청교도 신학의 모든 것』, 212-13.

6장 타락, 죄, 그리고 형벌

1. 우리의 첫 조상은 사탄의 간계와 유혹에 넘어가 금지된 실과를 먹어 죄를 지었다. 그들의 이 죄를 하나님께서는 자기의 영광을 목적으로 조정(調整)하신 후, 자기의 지혜롭고 거룩한 작정을 따라 허용하시기를 기뻐하셨다.

2. 이 죄로 그들은 원래의 의(原義)와 하나님과의 교제에서 타락하였고, 죄로 인하여 죽었으며 영혼과 몸의 모든 기능과 부분이 전적으로 더러워졌다.

3. 그들은 온 인류의 뿌리이기 때문에 이 죄의 죄책(罪責)은 전가되었고, 죄 안에서 동일한 사망과 부패한 본성은 보통 생육법으로 그들에게서 태어난 모든 후손에게 전수되었다.

4. 사람은 원래의 부패로 말미암아 모든 선을 전적으로 싫어하고, 그것을 행할 수 없으며 거역하고 전적으로 모든 악에 기울어지며, 이 원래의 부패로부터 모든 자범죄가 나온다.

5. 본성의 부패는 중생 받은 자들 안에도 현세 동안에는 남아있다. 이 부패가 그리스도로 말미암아 용서받고 죽임을 당했다. 그러나 부패 자체와 그 모든 충동은 실제로 당연히 죄이다.

6. 원죄이든 자범죄이든 모든 죄는 하나님의 의로우신 율법을 범하는 것이며 율법에 반하는 것이기 때문에, 본질상 죄인에게 죄책을 안겨 준다. 이로써 죄인은 하나님의 진노와 율법의 저주에 넘겨져 영적이고 현세적이고 영원한 모든 비참을 동반하는 사망에 처하게 되었다.

아담과 하와는 하나님과 같이 되어 자율적 존재가 되려다가 범죄와 타락에 빠졌습니다(창 3:4-5).[167] 이것은 하나님의 계획

---

167) '죄'는 사람의 본성의 불가결한 요소인 죄악된 상태를 가리키는 ἁμαρτία(하마르티아)이다(요 9:34). 그리고 '타락'(corruption, depravity)은 φθορά(프쏘라)이다(롬 8:21; 고전 15:42, 50; 갈 6:8; 골 2:22; 벧후 2:19). 그리고 '형벌'은 ὀργή(오르게)이다(롬 3:5; 참고. 행 12:19의 ἀπάγω[아파고, 판결을 내리고 형벌을 위해 사람을 이끌고 가다]). Louw and Nida, *Greek-*

에 따라 허락 속에 이루어졌습니다(WCF 6:1). 그 결과 인류의 언약의 머리와 대표자인 아담의 후손은 원의(原義, original righteousness)를 잃어버리고 하나님과의 교제에서 끊어져 죽게 되어 전적으로 부패하여 비참하게 되었습니다(WCF 6:2; 참고. 창 3:6-8; 롬 3:23;[168] 고전 15:21-22; 엡 2:1). 범죄한 사람은 하나님께서 주신 더 높은 차원의 선물인 원의(dona superaddita)를 상실하여, 몸과 영혼의 부조화를 겪으면서 육체의 정욕에 빠져 살게 됩니다.[169] 인간의 타락이 가볍게 다루어진다면, 인간의 공로와 자력 구원, 그리고 신인협동설이 고개를 슬그머니 치켜세웁니다.[170] 전적 타락 안에 전적 무능력을 위치시킨다면, 중생하지 못한 인간은 타인보다 덜 악한 일을 행할 수 있지만, 하나님을 기쁘시게 할 수는 없습니다(롬 8:7-8).[171]

우리는 아담이 인류의 대표 노릇을 제대로 하지 못했다고 비판할 수 없습니다. 왜냐하면 아담을 인간의 대표자로 선택하신 분은 하나님이시기 때문입니다.[172] 아담의 죄책을 전가 받아 태어나는 죄인들은 하나님께서 명하신 선한 것이 아

English Lexicon on the New Testament based on Semantic Domains, Volume 1, 557, 755, 771.

168) 롬 3:23의 현재시제 동사 (하나님의 영광에) '이르지 못한다'(ὑστεροῦνται, 휘스테룬타이)는 죄인이 하나님의 영광과 완전함에 도달하지 못하는 일상 생활을 설명한다. R. W. Yarbrough,『로마서』, *Romans*, 홍병룡 역 (서울: 국제제자훈련원, 2022), 121.

169) Frame, *Systematic Theology: An Introduction to Christian Belief*, 847.

170) 신원균,『웨스트민스터 신앙고백서: 33가지 성경 핵심교리』, 79.

171) Frame, *Systematic Theology: An Introduction to Christian Belief*, 866.

172) Sproul,『웨스트민스터 신앙고백 해설 1』, 262; 유해무,『헌법 해설: 웨스트민스터 신앙고백서/대소교리문답서』, 111.

니라, 자신이 원하는 것을 행하려는 죄성을 타고납니다(WCF 6:3-4; 참고. 시 14:1-3; 51:5; 143:2; 롬 3:10-12; 5:12; 고전 15:21). 원죄에는 인간의 본성이 부패했다는 사실과 더불어, 아담의 죄가 그의 후손에게 전가된다는 의미도 가집니다.[173]

창세기 5:3에 따르면, 아담이 '자기 형상 곧 모양'과 같은 아들을 낳아 '셋'이라 불렀습니다. 그때 아담은 130세였습니다. 여기서 셋은 하나님의 형상이 아니라 아담의 형상이므로, 원죄 사상이 나타납니다. 아담에게 있던 파괴된 하나님의 형상을 그의 후손이 물려받기에, 모든 사람은 죄 가운데 태어나는 것이 사실입니다. 그러므로 아담의 후손 중에 반드시 원죄와 죄 문제를 해결할 어떤 구원자가 있어야 합니다.

예수님은 성부의 뜻을 행하는 것을 양식으로 여기셨습니다(요 4:34). 하지만 중생한 사람에게도 죄성이 남아있기에, 선을 행하려는 성향은 양식이 아니라 애피타이저에 불과합니다(WCF 6:5; 참고. 요일 1:8, 10).[174] 불신자들도 선을 행합니다. 하지만 그들은 하나님의 영광이라는 선행의 동기와 목적을 모릅니다. 그리고 그들은 성경에 나타난 선행의 수단과 원칙을 모르기에 하나님을 향한 수직적 선행은 불가능합니다. 이 이유로 어거스틴은 죄성을 지닌 인간이 행한 가장 큰 덕을 '근사한 악'이라고 불렀습니다.[175] 하나님의 의로운 율법을 위반하는 원죄와 자범죄는 하나님의 진노와 비참을 초래합니다

---

173) 유해무, 『헌법 해설: 웨스트민스터 신앙고백서/대소교리문답서』, 111.

174) Sproul, 『웨스트민스터 신앙고백 해설 1』, 264.

175) Sproul, 『웨스트민스터 신앙고백 해설 1』, 269. 참고로 목사는 불신 가족이 신자를 미혹하여 주일 예배에 빠지게 하여 가족의 친교를 위한 모임으로 인도하는 것을 '근사한 악'이라고 가르칠 수 있어야 한다.

(WCF 6:6; 참고. 마 25:41; 엡 2:3; 4:18; 살후 1:8-9; WSC 14). 죄를 물질이나 실체로 간주한다면, 자칫 하나님께서 죄를 만드신 것처럼 오해할 수 있습니다. 그래서 WCF는 죄를 어떤 존재나 실체보다 하나님의 말씀인 율법에 반대되는 상태로 설명합니다.[176]

　　웨스트민스터 총회에 스코틀랜드 특사로 참석한 로버트 베일리(Robert Baillie, d. 1662)는 1646년 8월 18일에 영국이 참혹한 전쟁과 사악한 구렁텅이에 빠질 위험에 처했다고 탄식했습니다.[177] 그런데 1646년 6월 24일에 왕당파의 본거지인 옥스퍼드가 영국 의회에 항복했고, 잉글랜드와 스코틀랜드 청교도는 찰스 1세와의 내전에서 승리했기에, 베일리의 이런 탄식은 이해하기 쉽지 않습니다. 베일리는 신약시대 하나님의 선민 국가로 자처한 잉글랜드와 스코틀랜드가 하나님과 맺은 언약을 어기고 타락하여 무서운 심판을 자초한 점을 두고 참혹함과 사악함을 느꼈던 것입니다(참고. 스코틀랜드의 '국민언약'[1638]와 그것을 영향을 받은 잉글랜드 장기의회가 제출한 잉글랜드판 국민언약인 '항의'[1641]).[178] 영국이 언약을 갱신하여 하나님의 은혜를 받으려면, 무엇보다 타락한 천주교와 완전히 결별하고 교회를 개혁해야 했습니다(참고. 겔 20:37-38).

---

176) 신원균, 『웨스트민스터 신앙고백서: 33가지 성경 핵심교리』, 86.
177) 김중락, "퓨리턴의 꿈과 언약국가," 『영국연구』 23 (2010), 60.
178) 김중락, "퓨리턴의 꿈과 언약국가," 61-69.

적용 ▶ 유신진화론자는 아담의 역사성을 부인하므로, 창세기 1-3장을 역사적 사실에 대한 묘사가 아니라 신화로 치부합니다. 따라서 이 이론을 지지하면, 원죄와 타락한 인간의 비참함 그리고 마지막 아담을 통하여 죄인이 구원을 받아야 한다는 필요성은 별 가치가 없어지고 맙니다.[179]

우리 조상 아담 이래로 유전되어 온 원죄와 사람 자신이 짓는 범죄는 치명적이고 끔찍한 결과를 초래합니다. 따라서 이 세상에서는 그리스도인조차 죄의 결과로 인한 비참과 고난을 당할 수밖에 없습니다. 그러나 오직 예수 그리스도의 십자가와 부활의 복음만이 원죄와 저주와 비참과 고통을 제거할 수 있습니다. 이 사실은 청교도들이 잘 알고 있었습니다. "청교도들은 진리를 아는 것이 인간의 문제 해결의 출발점이

---

179)신국현,『유신진화론과의 대화』, 259-65.

자 삶의 방향을 제시해 주는 해결책임을 알았다. 따라서 그들이 삼위 하나님에 대한 지식의 필수성과 중요성 및 그 효력을 강조한 것은 자연스러운 것이었다."[180]

7장 인간에 대한 하나님의 언약

1. 하나님과 피조물 사이의 간격이 너무나 크기 때문에, 이성적 피조물은 창조주인 그분에게 순종해야 함에도 불구하고, 하나님께서 어떤 방식으로든 자발적으로 눈높이를 낮추지 않고는 하나님을 그들의 복락과 상급으로 향유할 수 없었다. 하나님께서는 이것을 언약이라는 방식으로 기꺼이 표현하셨다.

2. 하나님께서 인류와 맺은 첫 언약은 행위언약이었다. 이 언약에서는 완전하고 인격적인 순종을 조건으로 아담과 그의 후손에게 생명을 약속하셨다.

3. 사람이 타락하여 그 언약으로는 스스로 생명을 얻을 수 없었기 때문에 주님께서는 일반적으로 은혜언약이라 불리는 두 번째 언약을 기꺼이 세우셨다. 이 언약으로 하나님께서는 죄인에게 예수 그리스도로 말미암은 생명과 구원을 조건 없이 제시하시고, 그들이 구원을 받도록 믿음을 요구하시고, 생명으로 예정된 모든 이들에게 성령을 주셔서 그들이 자발적으로 믿고자 하며 또 믿을 수 있게 만드시겠다고 약속하셨다.

4. 은혜언약은 성경에서 유언이라는 이름으로 자주 나오는데, 이는 유언주(遺言主) 예수 그리스도의 죽음과 영원한 유산, 그리고 이 유산에 속하여 언약으로 상속받는 모든 것과 관련한다.

---

180)권혜령, "영혼돌봄의 성경적 체계 구축을 위한 연구: 청교도 문헌연구를 통한 기독교상담적 원리 고찰,"『복음과 상담』27/1 (2019), 18.

5. 이 언약은 율법시대와 복음시대에 다르게 시행되었다. 율법 시대에는 약속, 예언, 제사, 할례, 유월절 어린양, 그리고 유대 백성에게 주신 여타 모형과 규례로 시행되었다. 이것들은 오실 메시아를 예표 하였고 성령의 사역으로 그 시대에 피택자들로 하여금 약속된 메시아를 믿도록 교훈하고 세우기에 충분하고 효과적이었다. 메시아로 인하여 피택자들은 완전한 사죄와 영생을 받았으니, 이 언약을 구약이라 부른다.

6. 실체이신 그리스도께서 나타나신 복음 시대에는 말씀의 설교, 그리고 세례와 성찬인 성례 집례가 이 언약을 배포(配布)하는 규례이다. 이 규례들은 그 수효가 상대적으로 적고 보다 단순하고 외적 영광이 덜한 방식으로 시행되지만, 그 안에서 언약은 유대인이든 이방인이든 모든 민족에게 보다 더 풍성하며 증거가 분명하고 영적으로도 효과적으로 제시되니, 곧 신약이라 부른다. 그러므로 실체가 다른 두 은혜언약이 아니라, 배포만 다른 동일한 하나의 언약만이 있다.

WCF 6장은 '타락'을, 7장은 '언약'을, 그리고 8장은 '중보자 예수님'을 다룹니다. 이런 순서는 타락한 죄인을 구원하시려는 새 언약의 중보자는 예수님이시라는 사실을 가르칩니다. 다시 말해, 예수님을 통하여 이루어진 구원을 알려면 무엇보다 언약(διαθήκη, 디아쎄케)을 알아야 합니다.[181] 하나님은 '언약'(言約)이라는 수단을 통하여 복과 상급이라는 은혜를 가르치십니다(WCF 7:1; 참고. 왕상 8:56). 하나님께는 사람과 언약을 맺으실 의무가 없으십니다. 그러므로 언약 그 자체로 은혜입니다(사 55:3).[182] 대왕이신 하나님께서 스스로 겸손히 낮추셔서(출 3:8; 시 113:6) 신하인 사람들과 맺으

---

181) 여성 명사 διαθήκη(디아쎄케)는 상호 유익과 책임성을 지닌 두 당사자 간의 합의에 대한 언어적 내용을 가리킨다(눅 1:72; 갈 3:15). Louw and Nida, *Greek-English Lexicon on the New Testament based on Semantic Domains*, Volume 1, 452.

182) 하나님의 네 가지 대표적인 윤리적 속성은 사랑과 선함과 의와 거룩이다. Frame, *Systematic Theology: An Introduction to Christian Belief*, 233.

신 첫 언약은 '행위언약'입니다(WCF 7:2). '행위언약'(the covenant of works, foedus operum)은 '생명언약'(WLC, WSC), 혹은 '율법언약'(아일랜드신조 21:37)이라고도 불립니다.[183] 하나님은 아담과 그의 후손에게 생명을 얻기 위해서 순종이라는 행위를 요구하셨습니다. 하나님은 행위언약을 아담과 하와는 물론, 그들의 모든 후손과 맺으셨습니다.[184]

'행위언약'과 '율법언약'이라는 단어가 언약을 성취하는 조건을 가리킨다면, '생명언약'은 그것을 성취할 때 주어지는 상을 가리킵니다.[185] 행위언약의 또 다른 이름은 '창조언약' 혹은 '자연언약'입니다. 행위언약은 WCF가 작성된 17세기 영국의 도덕폐기자들을 염두에 두었습니다. 행위언약에서 아담과 하와의 순종이라는 행위는 언약의 기초와 조건인데, 하나님은 그런 순종의 능력을 이 부부에게 주셨습니다(창 2:17; 참고. 레

---

183) 김재성, "하이델베르크 요리문답과 웨스트민스터 신앙고백서의 언약 사상," 『한국개혁신학』 40 (2013), 45, 69. 참고로 "'행위언약'이라는 용어를 사용한 것은 (데오도르 베자와 교제했던) 케임브리지대학교에서 가르친 토마스 카트라이트(Thomas Cartwright, d. 1603)와 그의 제자이자 동료인 두들리 패너(Dudley Fenner, c. 1585)로부터 시작되었다. 이들 이후에 윌리엄 퍼킨스(d. 1602)와 제임스 우서(d. 1656)가 행위언약과 은혜언약으로 구분하여 사용하였다. 그리고 WCF가 작성될 당시. 언약신학에 존 볼(John Ball)의 'A Treatise of the Covenant of Grace'가 직접적인 영향을 주었는데, 존 볼 역시 행위언약과 은혜언약으로 구분하여 하나님의 언약을 설명하였다." 제임스 우서는 1624년에 교황주의자들을 논박하는 'An Answer to a Challenge made by a Jesuit in Ireland'를 출판했다. 참고. 김홍만, "웨스트민스터 신앙고백서의 역사적 배경과 신학적 특징들," 82-83; H. Perkins, "Reconsidering the Development of the Covenant of Works: A Study in Doctrinal Trajectory," *Calvin Theological Journal* 53/2 (2018), 292-95.

184) 정두성, 『1646 신앙고백 1: 원문으로 정리하고 성경으로 설명하기』 (서울: SFC출판부, 2022), 162.

185) Perkins, "Reconsidering the Development of the Covenant of Works," 289-90.

18:5; 롬 10:5).[186] 따라서 행위언약도 하나님의 은혜에 기초합니다(참고. 왕상 9:4-5).[187] 행위언약은 행위로 구원을 받는다는 행위구원과 관련이 없습니다. 에덴동산에서의 행위언약의 대표인 아담은 타락하고 말았습니다(참고. 시 78:37; 호 6:7). 이에 대해 김재성의 설명을 들어봅시다.

> 행위언약이라는 문맥에서 아담에게 요구된 것은 사랑의 의무를 분명하게 제정하여 놓은 것이었다. 만일 아담이 순종했다면, 자신의 창조주를 위해서 사랑언약을 이해하였더라면, 생명나무의 열매를 먹고 영원한 평안과 의로움을 확정했을 것이다. 우리 인류의 언약의 머리가 자신과 후손들의 번성을 위해서 합당한 권리를 획득했을 수 있었다.[188]

그러나 타락한 인류 가운데 구원받기로 택함을 받은 사람들과 맺은 둘째 언약은 '은혜언약' 혹은 '영원한 구속언약'(Pactum

---

186) 웨스트민스터 총회는 아담이 약속받은 보상의 특성(예. 지상의 일시적 생명 혹은 영생)과 에덴동산에서의 은혜의 위치와 같은 질문들에 열린 자세를 취했다. 그 총회는 심지어 행위언약과 모세언약의 정확한 관계(예. 모세언약은 은혜언약의 보조 차원인지, 모세언약은 겉으로는 행위언약이지만 내면적으로는 은혜언약인지)에 대한 이견들도 허용했다. 행위언약은 에덴에서 벌어진 인류 시조의 불순종에만 연관되지 않고, 더 나아가 죄와 율법의 특성 그리고 예수님을 통한 구원의 은혜도 함의한다. K. J. Drake, "J. V. Fesko on the Covenant of Works," *Presbyterion* 47/2 (2021), 146-48.

187) Sproul, 『웨스트민스터 신앙고백 해설 1』, 286. 참고로 칼 바르트, 홈즈 롤스톤 3세, 제임스 토랜스, 존 머리 등이 행위언약을 비판한 주장들과 그런 비판에 맞서 WCF의 언약을 옹호한 경우는 C. P. Venema, "Recent Criticisms of the 'Covenant of Works' in the Westminster Confession of Faith," *Mid-America Journal of Theology* 9/2 (1993), 169-98을 보라.

188) 김재성, "하이델베르크 요리문답과 웨스트민스터 신앙고백서의 언약 사상," 72. 참고로 하나님께서 아담과 맺으신 행위언약뿐 아니라, 다윗언약도 이스라엘 왕들의 순종을 전제하는 왕권 보존 언약이다(삼하 7).

Salutis)입니다(WCF 7:3). '평화협약'(council of peace)이라고 불리는 구속언약은 영원 전에 아버지 하나님께서 구원의 경륜을 작정하시고, 예수 그리스도께서 그것을 실행하시기로 협정한 언약을 가리킵니다.[189] 이렇게 특별한 구원의 은혜언약의 제1 당사자이신 구속주 하나님은 타락한 사람에게 공로를 요구하지 않습니다(WSC 20).[190] 이에 대해 김재성의 설명을 들어봅시다.

> 구속언약이라는 단어가 성경에 나오는 것도 아니요, 역시 웨스트민스터 신앙고백서에서도 명시적으로 사용된 것은 아니다. 하지만 성부와 성자 사이에 상호관계, 약속들, 조건들이 성경에 충분하게 제시되어 있다. 하나님이 인간을 향하여 가지신 영원한 구원계획은 그리스도에 대해서 맺어진 약속들의 기본이 되는 것이요 본질적으로 언약적이다(요 5:30, 43; 6:38-40; 17:4-12).[191]

죄인에게 구원의 은혜란 무엇입니까? 그것은 자신을 위해 대리적으로 순종할 분이 계신다는 사실입니다. 은혜언약은 인간의 책임만 강조한 알미니안주의자의 오류를 염두에 두면서도, 행위언약을 파기하거나 폐기 처분하지 않습니다. 따라서 은혜언약을 성취하신 새 언약의 머리(new federal head)이자 중보자이신 예수님은 전적인 순종으로써 행위언약의 요구 사항을 모두 성취

189)A. T. Selvaggio, 『웨스트민스터 총회의 유산: 단번에 주신 믿음』, *Westminster Assembly and the Reformed Faith Series 2: The Faith Once delivered*, 김은덕 역 (서울: 개혁주의신학사, 2014), 374.
190)김은수, 『개혁주의 신앙의 기초 I: 웨스트민스터 소요리문답 해설』, 167.
191)김재성, "하이델베르크 요리문답과 웨스트민스터 신앙고백서의 언약 사상," 74.

하셔야 했습니다(WCF 8:3).[192] 그리스도인은 자신이 연합해 있는 예수님의 전적인 능동적 순종의 유익을 받습니다. 사람이 완전히 이룰 수 없는 순종의 요구는 예수님 안에서 이루어집니다. 그리스도인은 예수님의 완전한 순종을 마치 자신이 온전히 순종한 것처럼 누릴 수 있습니다.

WSC 20문답에 따르면, 행위언약의 '대상'은 모든 인류이며, '대표자'는 아담이었고, '수단'은 율법이었으며, '결과'는 죄와 비참입니다. 모든 사람은 아담을 통해 행위언약을 맺어, 원죄를 전가 받았습니다. 은혜언약의 '대상'은 구원받기로 택함을 받은 사람들이며, '대표자와 중보자'는 예수님이며, '수단'은 믿음이고(롬 1:5; 16:16), '결과'는 구원과 영생입니다(롬 5:18). 성도는 예수님 안에서 은혜언약을 맺어, 주님의 의를 전가 받습니다. [193]우리 하나님은 저주를 돌이켜 복이 되게 하십니다(느 13:2).[194]

---

192) Sproul, 『웨스트민스터 신앙고백 해설 1』, 304-305.

193) 유해무, 『헌법 해설: 웨스트민스터 신앙고백서/대소교리문답서』, 115; 김태희, 『우리가 꼭 알아야 할 107가지 핵심 진리』(서울: 세움북스, 2022), 44-45.

194) "행위언약은 인간의 불순종의 죄악으로 깨어졌으나 그 언약 자체는 없어지지 않았다. 이 행위언약은 공의로우신 하나님의 성품에 근거를 두고 있기 때문이다. 하나님은 인간이 타락한 이후에도 여전히 인간에게 창조주 하나님께 완전하고 온전한 의로운 순종의 행위를 요구하신다. 그러므로 행위언약 자체는 폐하여질 수 없다. 그러므로 모든 인간은 아담의 범죄 아래 하나님의 저주 아래 있게 된 것이다. 이런 의미에서 아담은 모든 인류의 대표자로서 범죄한 것이다. 아담의 불순종의 행위로 말미암아 인간은 영생의 소망을 잃었고 죽음의 역사가 시작이 되었다. 그러나 예수 그리스도께서 이러한 하나님의 요구를 온전히 순종하셨다. 인간의 대표로 단번에 영원히 순종하신 것이다. 그래서 우리는 이 예수님을 믿음으로 그리스도의 의로운 행위의 의를 덧입어 하나님과 올바른 관계성을 회복할 수 있게 되었다. 이것이 은혜언약이다. 오직 믿음으로 은혜로 값없이 하나님의 약속, 영원한 생명과 새 하늘과 새 땅을 기업으로 받을 수 있게 되었다. 따라서 하나님의 공의와 사랑에 근거한 두 언약, 행위언약과 은혜언약, 어느 것이 더 우위에 있어야 하는가 하는 것은 있을 수 없다. 행위언약이 없이는 은혜언약이 존재할 수 없고, 은혜언약이 없이는 행위언약이 존재할 수 없다. 이런 면에서 언약의 통일성과 다양성에 대한 바른 이해가 필요하다." 정도열, "언약의 통일성

하나님은 자신의 영광과 명예를 걸고 자기 백성과 언약을 맺으십니다(시 89:28, 34; 105:8-10; 111:5:). 예를 들어, 하나님의 임재를 상징하는 횃불이 아브라함이 쪼개놓은 고기 사이로 지나감으로써, 하나님은 자신의 목숨을 걸고 언약을 체결하셨습니다(창 15:17). 언약에 자신의 목숨을 거시는 아버지 하나님은 어떤 결정적 구원의 행동을 하셨습니까? 그것은 행위언약의 결과인 죄와 저주에 빠진 자기 백성을 구하기 위해 자기 독생자의 목숨을 내어놓으시는 것입니다. 히브리서 9:16 이하는 언약을 '유언'(διαθήκη, 디아쎄케)이라 부릅니다(WCF 8:4). 유언을 남기신 예수님의 대속의 죽음으로써 택자들은 구원과 생명을 상속할 수 있기 때문입니다.[195] 예수님께서 대속을 이루시고 죽으시기 전에 남기신 유언의 결과는 무엇입니까? 그것은 성부와 택함을 받은 사람들 사이의 관계 회복과 성도가 주님의 자녀로서 누리는 샬롬입니다(요 14:1-3, 27). 구약의 예표들은 이런 관계 회복과 구원의 은혜 즉 은혜언약을 미리 보여줍니다(WCF 7:5). 어린양의 피가 문의 인방(引枋)에 발린 집 안에 있던 이스라엘 백성은 구원받았듯이, 역시 출애굽 사건을 배경으로 하는 라합의 붉은 줄이 걸린 집 안에 있던 그녀의 식구도 구원받았습니다(출 12; 수 2:18). 대속죄일에 이스라엘 백성의 죄를 전가 받은 염소는 광야의 아사셀 즉 죄의 출처인 사탄에게 보내졌습니다(레 16:26). 구약 성도는 성취되지 않은 하나님의 약속을 믿었고 장차 성취될 약속에 대한 믿음으로 의롭게 되었습니다. 하지만 신약 성도는 예수

과 다양성: 개혁주의 언약신학과 웨스트민스터 신앙고백서 언약사상 연구," (박사학위 논문, 국제신학대학원대학교, 2014), 175.

195)신원균,『웨스트민스터 신앙고백서: 33가지 성경 핵심교리』, 93.

님 안에서 성취된 구원 약속의 실재를 믿습니다.[196] 성령께서는 구약의 예표들을 통하여 오실 메시아에 대한 신앙을 옛 언약 백성에게 불러일으키셨습니다.[197] 구약과 신약의 언약은 시행 방식에 차이가 있으나(이스라엘 중심, 짐승의 피), 언약의 본질과 실체(은혜와 구원)는 똑같습니다. 신약의 복음은 구약의 복음과 율법을 더 분명하고도 영광스럽게 성취합니다. 행위언약과 은혜언약을 비교하면, 아래 도표와 같습니다.[198]

	행위언약	은혜언약
언약 체결 시점	타락 이전 창조 때	영원 안에서
언약을 시행하는 방식	한 번으로 종결	옛 언약 시대와 새 언약 시대에 다른 방식으로 시행됨
언약 당사자들	아담과 그의 자손	중보자 예수님과 구원으로 택정된 사람들
언약의 요구 사항	완전한 순종	예수 그리스도를 믿음
약 속	복과 생명	성령, 구원, 영생
하나님과의 관계	창조주와 피조물	구원자와 죄인

은혜언약의 몇 가지 특징은 다음과 같습니다. (1) 구약과 신약의 은혜언약들의 집행에 있어 구성 요소는 다릅니다. 예를 들어, 하나님께서 아브라함과 맺으신 은혜언약의 구성 요소로는 자손과 땅과 할례가 중요합니다. (2) 은혜언약의 두 당사자는 하나님

---

196)Sproul, 『웨스트민스터 신앙고백 해설 1』, 314.
197)신원균, 『웨스트민스터 신앙고백서: 33가지 성경 핵심교리』, 95.
198)이성호, 『비록에서 아멘까지』, 173.

| 웨스트민스터 신앙고백서의 다차원적 읽기

과 하나님을 믿는 신자(구원으로 택정된 백성)로 구분됩니다. (3) 은혜언약의 두 당사자 사이에 중보자 예수님이 필요합니다(히 8:6). (4) 은혜언약은 하나님의 약속과 사람의 책임을 구별합니다. (5) 은혜언약 안에서 우선하는 조건과 결과적인 조건이 구분됩니다. 우선하는 조건은 예수님과 그분의 은덕과 참 믿음입니다. 결과적인 조건은 믿음의 열매와 성장에 필요한 그리스도와의 연합, 그리고 성도의 거룩한 순종입니다. (6) 칭의와 복음에 약속된 구원의 모든 은덕은 뿌리 역할을 하는 참믿음에서 나옵니다. (7) 은혜언약 안에서 하나님과 관련되는 두 가지 방식이 구별됩니다. 첫째는 사람을 저주와 사망으로 인도하는 불신앙에 의해 특징지어지는 법적인 관계이며, 둘째는 복과 영생으로 인도하는 참믿음에 의해 특징지어지는 생명의 관계입니다.[199]

스위스의 종교개혁가 하인리히 불링거(d. 1575)를 비롯한 종교개혁자들의 언약신학을 계승한 청교도에게 구속언약(the covenant of redemption)은 어떤 의미였을까요? HC를 작성한 올레비아누스(Caspar Olevianus, d. 1587)와 츠빙글리의 동료 외콜람파디우스(Johannes Oecolampadius, d. 1531) 등이 주목했듯이, 영원 전에 삼위 하나님 사이에 인간의 구원을 위한 협의가 있었습니다.[200] 삼위 하나님은 구원을 두고 서로 협의하시는 한 분입

199)W. Bredenhof, 『알기 쉬운 은혜언약 입문』, *An Easy Introduction to the Covenant of Grace*, 손정원 역 (서울: 생명나무, 2016), 178-83. 참고로 웨스트민스터신학교(필라델피아)의 존 프레임(John Frame)에 따르면, 성경 내러티브는 세 가지 관점으로 조망되는데, 하나님의 언약(말씀이라는 규범), 하나님 나라(땅과 영역이라는 상황), 그리고 하나님의 가족(아브라함의 씨라는 실존과 존재)이다. Frame, *Systematic Theology: An Introduction to Christian Belief*, 58.

200)T. Parr, "English Puritans and the Covenant of Redemption: The Exegetical Arguments of John Flavel and William Strong," *Puritan*

니다. 한 분 하나님이 삼위로 계시기에 이런 구원의 협의가 가능합니다. 이 논의와 관련하여, 네덜란드의 코케이우스(Johannes Cocceius, d. 1669)와 영국 웨스트민스터 교회의 설교자 윌리엄 스트롱(William Strong, d. 1654)과 존 플라벨(John Flavel, d. 1691)이 중요합니다(참고. 사 53:10-12; 딤후 1:9).[201] 삼위 하나님 사이의 구속언약이 나무의 뿌리라면, 아버지 하나님께서 예수 그리스도와 주님에게 연합된 택자들과 맺으신 은혜언약은 나무의 열매입니다(사 49:8; 요 6:37; 17:2; 갈 3:16; 딤후 1:9; 딛 1:2; WLC 31).[202]

성경 근거 구절

행위언약: 선악을 알게 하는 나무의 열매는 먹지 말라 네가 먹는 날에는 반드시 죽으리라 하시니라(창 2:17)

은혜언약: 그런즉 한 범죄로 모든 사람이 정죄에 이른 것 같이 한 의로운 행위로 말미암아 많은 사람이 의롭다 하심을 받아 생명에 이르렀느니라(롬 5:18)

천사가 내게 말하기를 기록하라 어린양의 혼인 잔치에 청함을 받은 자들은 복이 있도다 하고 또 내게 말하되 이것은 하나님의 참되신 말씀이라 하기로(계 19:9)

적용 ▶ 기독교는 언약의 종교라 해도 과언이 아닙니다. 창세기 2:17의 행위언약을 필두로, 원시복음(창 3:15), 노아언약, 아브라함언약, 시내산언약과 모압언약, 다윗언약, 새 언약을 거쳐 발전합니다. 그다음 요한계시록에서는 언약궤가 등장하고

Reformed Journal 12/1 (2020), 55-60.
201)Parr, "English Puritans and the Covenant of Redemption," 63.
202)Parr, "English Puritans and the Covenant of Redemption," 66-71.

(계 11:19), 어린양과 그분의 신부 사이의 혼인언약 잔치를 거쳐(계 19:9), 하나님과 성도 간의 깨어질 수 없는 언약 문구로 마칩니다(계 21:3, 7).

성경은 옛 언약서와 새 언약서로 구성됩니다. 성도는 주일 공 예배로써 새 언약을 갱신합니다. 성찬은 언약의 식사이며, 세례는 선한 백성으로 살겠다는 언약이자 맹세입니다(벧전 3:21). 성도의 혼인식은 사랑의 언약 체결식입니다. 깨어지지 않는 영원한 구원의 언약을 믿는 것은 하나님의 언약의 자녀에게 평안과 담대함을 제공합니다. 교회교육과 설교에서 이런 풍성한 언약 신학과 신앙을 정기적으로 강조해야 합니다.

『21세기 찬송가』 248장 '언약의 주 하나님'은 고려신학교 설립자 한상동 목사(1901-1976)의 신앙고백입니다. 이 고백을 예장 고신 총무를 역임한 기독교 문학가 심군식 목사(d. 2000)가 찬송가용으로 작사했습니다. 이 찬송가는 아브라함 언약과 그 언약의 성취인 출애굽 사건 그리고 예수님을 통한 영원한 천국에 관한 약속을 고백합니다.[203] 한상동 목사는 성도가 설령 풀무 불과 사자 굴에 던져진다 해도 임마누엘의 언약(마 28:20)을 굳게 붙잡아야 한다고 설교에서 힘주어 강조한 바 있습니다(단 3; 6). 한상동 목사의 설교에 다니엘, 사드락, 메삭, 아벳느고는 하나님의 손에 붙잡혀서 쓰임 받은 믿음의 모델로 자주 언급됩니다.

---

203) 『21세기 찬송가』 248장 바로 앞 247장은 만우 송창근목사(1898-1951)의 '보아라 저 하늘에'이다. 1946년에 한상동목사가 고려신학교를 설립했는데, 그 해에 조선신학교 제4대 교장을 역임한 사람이 친일파 논란을 겪은 송창근목사이다. 신학과 신앙의 성격이 대조되는 조선신학교와 고려신학교를 책임진 두 목사의 찬송시가 『21세기 찬송가』에 나란히 자리 잡고 있다.

8장 중보자 그리스도

1. 하나님께서는 영원한 목적으로 자기의 독생자 주 예수님을 자기와 사람 사이의 중보자로, 선지자와 제사장과 왕으로, 교회의 머리와 구주로, 만물의 상속자와 세상의 심판주로 선택하고 세우기를 기뻐하셨다. 하나님께서는 이분의 씨가 되고, 정한 때에 이분으로 말미암아 구속과 소명과 칭의와 성화와 영화를 받게 하실 한 백성을 이분에게 영원 전에 주셨다.

2. 삼위일체의 두 번째 위격이신 하나님의 아들께서는 참되시고 영원하신 하나님이시며, 아버지와 한 실체를 가지시고 동등하시지만 때가 차매 사람의 본성을 취하셨는데, 인성의 모든 본질적 속성과 사람에게 공통된 연약함까지 지니셨으나 죄는 없으시다. 이분은 성령의 능력으로 동정녀 마리아의 태에서 마리아의 실체로부터 잉태되셨다. 그러므로 온전하고 완전하며 구별되는 이 두 본성, 곧 신성과 인성은 전환이나 합성이나 혼합이 아니라 한 위격 안에서 불가분리하게 함께 결합하였다. 이 위격은 참 하나님이시요 참 사람이시지만, 그럼에도 한 분 그리스도이시고 하나님과 사람 사이의 유일한 중보자이시다.

3. 주 예수님께서는 이처럼 신성과 연합한 인성에서 성령으로 한량없이 거룩하여 지셨고 기름 부음을 받으셨다. 지혜와 지식의 모든 보화를 가지셨기에 아버지께서 모든 충만이 그분 안에 거하는 것을 기뻐하셨으니, 이는 예수님이 거룩하고 악이 없고 더러움이 없고 은혜와 진리가 충만하시어, 중보자와 보증의 직무를 수행하시기에 완전하게 구비되도록 하시려는 목적을 위함이었다. 예수님은 이 직무를 스스로 지신 것이 아니라, 모든 권세와 심판권을 그의 손에 맡기시고 그것을 수행하라고 명령하신 아버지로부터 이 직무로 부르심을 받으셨다.

4. 주 예수님께서는 이 직무를 아주 기꺼이 맡으셨다. 그 직무를 실행하시려고 율법 아래 나셔서 그것을 완전하게 성취하셨다. 영혼으로는 직접 지극히 극심한 고뇌를, 몸으로는 지극히 괴로운 고난을 감내하시고, 십자가에 못 박혀 죽으셨고, 매장되셨고 사망의 권세 아래 계셨으나 썩음을 보시지는 않았고, 제삼 일에는 고난받으신 그 동일한 몸으로 죽은 자들 가운데서 부활하셨다. 또한 그 몸으로 하늘로 오르셨고 아버지의 우편에 앉아 중보기도를 하고 계신다. 그리고 세상 끝 날에는 사람과 천사를 심판하러 오실 것이다.

5. 주 예수님께서는 영원하신 성령으로 말미암아 단번에 하나님께 올려드린 자기의 완전한 순종과 자기희생으로 아버지의 공의를 완전히 속상(贖償)하셨고, 아버지께서 자기에게 주신 모든 이들을 위하여 화목뿐만 아니라 하늘나라의 영원한 유업까지 획득하셨다.

6. 그리스도께서는 성육하신 이후에야 구속 사역을 실제로 이루셨지만, 구속의 힘과 효력과 은덕(恩德)들은 피택자들에게 태초부터 모든 시대에 걸쳐 연속적으로 약속과 예표와 희생 제사에 의해, 그것들 안에서 전달되었는데, 그것들 안에서 그리스도께서는 뱀의 머리를 상하게 하는 여인의 후손으로, 창세로부터 죽임을 당한 어린양으로, 그리고 어제나 오늘이나 영원토록 동일한 분으로 계시되고 예시되셨다.

7. 그리스도께서는 중보사역에서 양성(兩性)을 따라 각 본성에 고유한 일을 그 본성으로 행하셨다. 그러나 위격의 일체성의 연고로 한 본성에 고유한 바가 성경에서 때로는 다른 본성으로 일컬어지는 위격에 돌려지기도 한다.

8. 그리스도께서는 자기가 위하여 구속을 획득하신 모든 자들에게 그 구속을 확실하고 효력이 있게 적용하시고 전달하신다. 곧 그들을 위하여 중보기도를 하시며 말씀 안에서 그리고 말씀을 통하여 구원의 비밀을 계시하시며, 자기 성령으로 말미암아 효력 있게 설득하시어 그들이 믿고 순종하게 하시며,말씀과 성령으로 그들의 마음을 다스리시며, 그들의 모든 원수를 전능하신 권세와 지혜로, 자기의 기이하고 측량할 수 없는 경륜에 지극히 잘 상응하는 방식과 방도로 정복하신다

영원 전에 아버지 하나님께서는 아들 하나님을 자신과 사람들 사이의 구속과 화해를 위한 중보자(딤전 2:5), 선지자, 제사장, 왕, 교회의 머리와 주, 그리고 만유의 후사와 세상의 심판자로 세우시기를 기뻐하셨습니다(WCF 8:1). 여기서 예수님의 정체성은 다양하게 나타납니다. 예수님은 메시아이시고 중보자이시며,[204]

---

204) 중보자(mediator)는 그리스어 명사 μεσίτης(메시테스)인데, 두 당사자의 일치와 화해를 이끌어내는 존재이다(갈 3:19; 딤전 2:5). Louw and Nida, *Greek-English Lexicon on the New Testament based on Semantic*

구약 예언이 예고한 대상이자 사도를 통해 복음을 선포하신 주체이십니다(행 1:8). 또한 예수님은 자신의 목숨을 희생 제물로 바치신 주체이십니다. 그리고 예수님은 다윗왕의 후손이시자 다윗의 나라를 영원히 다스리실 주님이십니다(시 110:1; 계 5:5).[205] 예수님은 자기 몸인 교회의 통치자요 머리이십니다(엡 4:15-16). 예수님은 만유의 후사 곧 상속자이십니다(히 1:2). 그리고 예수님은 온 세상을 심판하는 분이십니다(계 20:11-15).

성자는 성부와 동일본체(the divine consubstantiality of the Son with the Father) 즉 동일본질(homoousios)이십니다(요 10:30). 예수님의 신성과 인성은 '혼합, 혼동, 분할, 분리됨 없이' 한 위격(제2위격) 안에 서로 결합합니다(WCF 8:2). 이것은 451년 칼케돈회의에서 예수님을 '참 사람이자 참 하나님'(vere homo, vere Deus)이라고 결정한 점을 반영한 설명입니다. 그런데 성부와 성자의 동일본질과 예수님의 양성(신성과 인성)을 반대한 이단들이 적지 않았습니다. 유티케스(Eutyches. c. 380-456)를 추종한 자들은 예수님의 신성과 인성이 혼합되어 하나의 본성(physis)이 있을 뿐이라는 단성론(monophysite)을 주장했습니다.[206] 유티키아

Domains, Volume 1, 368, 503.

205)그리스도의 나라는 세상 역사 속에서 아담의 후손으로 하여금 예수 그리스도를 알도록 만드는 구원 역사로서 역동적이며 극적이다. Frame, *Systematic Theology: An Introduction to Christian Belief*, 87.

206)가이사랴의 유세비우스는 기독교 신학에서 매우 중요한 단어인 'homoousios' 가 콘스탄틴 황제의 개인적인 명령에 의해 니케아신경에 들어갔다고 주장한다. 그러나 콘스탄틴의 재위 동안에 이 단어가 엄격하게 삼위일체적 용어로 기독교 안에 정립되지 않았으며, 이집트의 영지주의 신학에서 이 단어는 정신-아버지(Nous-Father)와 로고스-아들(Logos-Son)이 구별된 존재이지만 서로 완전한 신성을 공유한다는 사상에서 기인했을 수 있다는 종교사학파의 주장은 P. F. Beatrice, "The Word 'Homoousios' from Hellenism to Christianity," *Church History* 71/2 (2002), 243-52를 보라. Beatrice는 이 용어가 3세기 중반에 사벨리우스주의자(양태론적 단일

니즘(Eutychianism)은 성육신 후에 예수님의 신성이 인성으로 완전히 변했다고 주장한다.[207] 칼케톤회의(451)가 유티키아니즘을 정죄했다. 반면, 콘스탄티노플의 대주교 네스토리우스(386-450)는 예수님의 신성을 인성으로부터 분리하여, 양성이 위격으로 연합된다는 사실을 거부했습니다.[208]

예수님은 자신의 지상 생애에서 대부분 경우에 신성을 감추셨습니다. 물론 예수님께서 행하신 특별한 기적은 주님의 신성에 관한 표현입니다.[209] 예수님께서 탄생하셨을 때 그분의 신성은 조금도 포기되지 않았고, 예수님의 신성이 인성에 더해질 때도 그분의 인성은 손상되지 않았습니다.[210] 예수님께서 죽으신 후 골고다의 무덤 안에 계셨을 때, 무덤에 안치된 육체와 낙원에 간 영혼은 분리되었지만, 그때도 신성과 인성은 분리되지 않았습니다(요 19:30-38).[211] 다시 말해, 무덤 안에 있던 주님의 시체도 하나님이시자 사람이신 예수님의 몸이었습니다. 몸을 떠나 낙원에 계신 예수님의 영혼은 하나님이시자 사람이신 예수님의 영혼이었습니다. 예수님의 신성과 그리스도의 영이신 성령님 사이에는 본질적 차이가 없다고 봐야 합니다. 예수님의 신성과 성령님은 한 분이지만, 삼위일체의 두 위격으로 구분되는 게 마땅

신론자)에 의해 처음 사용되었다고 보면서, 기독교 신학의 경우 오리겐이 이 용어를 삼위일체론에서 처음 사용했다고 주장한다.

207) 김은수, 『개혁주의 신앙의 기초 I: 웨스트민스터 소요리문답 해설』, 188.

208) '위격'은 삼위 하나님의 독립된 신성을 가리키는 용어이다. 참고로 화체설을 주장하는 천주교는 예수님의 몸과 피가 인성과 신성의 속성 교류 때문에 성찬식에 편재한다고 주장한다. 하지만 칼빈파는 영적인 실재 임재설 즉 예수님은 자신의 편재하는 신적 본성 때문에 성찬식에 임하신다고 주장한다

209) Sproul, 『웨스트민스터 신앙고백 해설 1』, 341.

210) Sproul, 『웨스트민스터 신앙고백 해설 1』, 337.

211) Sproul, 『웨스트민스터 신앙고백 해설 1』, 342.

합니다.[212)

예수님은 메시아 사역을 수행하기 위해서 성령으로 성화되셨습니다(WCF 8:3; 참고 사 61:1; 눅 4:21; 행 10:38; 계 5:6). 그런데 완전히 거룩하신 예수님께서 성화되셨다니 무슨 말입니까? 예수님께서 거룩하지 않으셨다가 성령의 역사로 거룩하게 되셨다는 의미는 아닙니다. 정두성의 말대로, "성령님의 거룩함이 예수님께서 인간이 되신 그 순간부터 온전히 드러났다는 뜻입니다."[213) 그리고 예수님의 인성은 타락하기 전의 인간 아담의 본성과 동일했지만, 성령님의 기름 부음으로 보호받음으로써 주님은 범죄하지 않으셨습니다(요 10:36; 행 10:38).[214) 그러므로 여기서 주님의 성화는 예수님의 인성에 접맥하기에 신성과 연관되지 않습니다. 성자의 신성은 그 어떤 타락으로부터 보호받을 필요조차 없기 때문입니다. 유한한 피조물이 어찌 하나님의 신성에 도전하고 해를 입힐 수 있겠습니까?

예수님께서 무죄하시기에 대속을 위해 죽으실 수 있고, 흠과 점이 없으시므로 부활하시는 것은 당연합니다. 그러므로 예수님이 속죄를 완성하셨고 승귀하셨기에 구원을 위해서 사람이 기여한 바는 전혀 없습니다(참고. '작은 사도신경'과 같은 WCF 8:4). 율법 아래 태어나신 예수님은 요단강에서 세례를 받으심으로써 스스로 죄인과 동일시하셨습니다(마 3:14-15).[215) 세례받으실 때 들린 성

---

212)Sproul, 『웨스트민스터 신앙고백 해설 1』, 343.

213)정두성, 『1646 신앙고백 1: 원문으로 정리하고 성경으로 설명하기』, 177.

214)Sproul, 『웨스트민스터 신앙고백 해설 1』, 345-46.

215)예수님은 회개해야 할 유대민족의 일원으로 오셨기에, 그들과 운명을 함께 하시고 직접 회개하러 오셨다는 설명은 Doriani, 『마태복음』, 112를 보라. 하지만 죄 없으신 예수님께서 회개하러 오셨다는 주장은 오해를 일으킨다 (참고. 느 1:4-11).

부의 음성은 예수님의 낮아지심 중에서도 높아지심을 미리 보여 주었습니다(마 3:17). 예수님의 완전한 순종은 성부의 공의를 완전히 만족시키셨기에, 성부께서 예수님에게 주신 사람들은 화목케 되었습니다(WCF 8:5; 참고 요 17:9). 예수님께서 지상 생애 전체 기간에 걸쳐 율법에 순종하신 능동적 순종과 택자들만을 위하여 십자가 위에서 고통을 감내하신 수동적 순종, 둘 다 중요합니다.[216] 구원을 위한 효력 있는 은혜를 받은 성도가 능동적이고 수동적으로 순종하신 예수님과 결합한다는 사실이 바로 복음입니다(요 10:15, 27). 예수님의 순종을 성도가 선물로 받아 자신의 것으로 누리기 때문입니다. 그래서 그리스도의 피를 천국을 여는 열쇠라고 보았던 암브로스(d. 397)는 이렇게 외쳤습니다. "예수님 안에서 즐거워하자. 그분이 하나님의 진노의 모든 잔을 마셨으므로 우리에게 남아있는 진노가 없지 않는가? …… 그리스도 안에 있는 자들에게는 죽음도, 지옥도, 정죄도 더 이상 없도다(롬 8:1)."[217]

'영국의 칼빈'인 존 오웬은 "그리스도의 죽으심에 나타난 죽음의 죽음"(The Death of Death in the Death of Christ)을 자신의 책 제목으로 붙였습니다. 젊은 시절에 7년간 집필한 이 책에서 오웬은 삼위 하나님께서 모든 사람을 대속(代贖)하려고 의도하시지 않았다고 보면서, 구원으로 택함을 받는 사람들만을 위한 제한적 구속(救贖)을 주장했습니다. 이런 대속의 수단은 예수 그

---

216) Sproul, 『웨스트민스터 신앙고백 해설 1』, 358. 참고로 Moyse Amyraut(d. 1664)는 예수 그리스도께서 모든 사람을 위해 충분히 죽으셨으나, 단지 택자들에게만 그 죽음은 효과적이라고 보았다. 하지만 예수님께서 성취하신 구원의 덕, 효과와 유익은 모든 시대에 걸쳐 성부께서 성자에게 주신 택자들만을 위한 것이다. A. C. Troxel, "Amyraut 'at' the Assembly: The Westminster Confession of Faith and the Extent of the Atonement," *Presbyterion* 22/1 (1996), 48, 51.

217) Beeke and Jones, 『청교도 신학의 모든 것』, 423-25.

리스도의 중보적 희생이었습니다. 그는 성경에 나타나는 형용사 '모든'과 '세상'을 잘못 해석하여 무제한적 대속을 주장하는 자의적인 해석을 비판했습니다(요 3:16; 히 2:9).[218]

> **성경 근거 구절**
>
> 중보자이신 예수 그리스도: 또 이르시되 진실로 진실로 너희에게 이르시되 하늘이 열리고 하나님의 사자들이 인자 위에 오르락 내리락 하는 것을 보리라 하시니라(요 1:51)
>
> 하나님은 한 분이시요 또 하나님과 사람 사이에 중보자도 한 분이시니 곧 사람이신 그리스도 예수님이라(딤전 2:5)

적용 ▶ BC 2세기에 마카비 왕조가 제사장직과 왕직을 겸하고, BC 63년에 팔레스타인이 로마제국의 지배 아래 들어갔을 때 유대인의 메시아사상이 본격화했습니다. AD 66-70년의 제1차 유대 항쟁이 수포로 돌아갔지만, 좌절과 혼란이 지속된 AD 100년경에 기록된 2바룩서에서 보듯이 유대인들 사이에 종말론적 메시아의 출현에 대한 기대감은 여전했습니다.[219] 이와 비슷한 현상이 지금도 일어납니다. 시대가 혼란스럽고 평민이 생활고로 좌절을 겪는 시대에 거짓 메시아나 자칭 예수가 나타나기 쉽습니다. 미혹을 받기 쉬운 사람들은 어떤 인물을 통해 돌파구를 찾기 원합니다. 여기에 선교적 교회의 역할이 중요합니다. 그리스도인은 이웃에게 유일한 중보자와 구주이신 예수 그

---

218)이 단락은 A. D. Nasseli, "John Owen's Argument for Definite Atonement in *The Death of Death in the Death of Christ*: A Summary and Evaluation," *SBJT* 14/4 (2010), 61-69에서 요약.

219)송혜경, "바룩 2서의 메시아사상," 『가톨릭신학과 사상』 88 (2023), 238-39.

리스도를 어떻게 소개할 수 있을까요?

성도는 포도나무이신 예수님 안에 거함이라는 언약적 연합을 잘 유지할 때만 하나님께서 기뻐하시는 삶의 열매를 맺을 수 있습니다(요 15:4-5). 우리는 중보자 예수님을 통하여 제한적 속죄(limited atonement)를 믿지만, 누가 속죄와 구원의 선택을 받은 사람인지 모릅니다. 그러므로 우리는 항상 기도하며 전도해야 합니다.[220]

9장 자유의지

1. 하나님께서는 사람의 의지에다 본성적 자유를 부여하셨는데, 이 의지는 강제당하거나 본성의 어떤 절대적 필연성 때문에 선 혹은 악을 지향하도록 결정되어 있지 않았다.

2. 사람은 순전한 상태에서 선하고 하나님을 기쁘시게 하는 일을 의지하고 행할 수 있는 자유와 능력을 가졌으나, 가변적이었기 때문에 그 상태에서 타락할 수도 있었다.

3. 사람은 죄의 상태로 타락하여 구원을 수반하는 어떤 영적 선을 향한 의지의 모든 능력을 전적으로 잃어버렸다. 그래서 본성적 사람은 선을 철저하게 싫어하고 죄로 죽었기 때문에, 스스로의 힘으로는 자신을 돌이킬 수 없고 그것을 위해 자신을 준비시킬 수 없다.

---

220) 존 프레임은 예수님의 존재를 다음과 같이 설명한다. 예수님이 특정 장소와 시간 안에 성육하셨지만, 그분은 모든 장소와 시간을 다스리신다. 예수님의 존재와 사역은 무제한적으로 적용되기에 혼인, 고난, 걱정, 부, 가난과 같은 모든 상황과 사건에 적용되어야 한다. 이것은 예수님의 만유적 속성을 보여준다. Frame, *Systematic Theology: An Introduction to Christian Belief*, 878.

> 4. 하나님께서 죄인을 회개시키고 은혜의 상태로 옮기시면, 죄 아래 처한 본성적 속박에서 그를 해방하시고 오직 자기의 은혜로 그에게 능력을 주사 그가 영적으로 선한 일에 의지하고 행할 수 있게 하신다. 그럼에도 여전히 남아있는 부패 때문에 죄인은 온전히 혹은 오로지 선한 일만을 의지하지 않고 악한 일도 또한 의지한다.
>
> 5. 사람의 의지는 영광의 상태에서만 완전하고 변함없이 자유롭게 되어 선을 행할 수 있다.

사람의 의지(will)는 태어날 때부터 악이나 의로움에 영향을 전혀 받지 않는 중립상태로 남아있습니까?[221] 아닙니다. 사람의 의지는 타락의 영향을 크게 받습니다. 그러나 타락하기 이전에 아담과 하와의 본성의 핵심적인 부분에는 '본래적 자유'가 있었습니다. 따라서 자유의지는 사람이 마치 기계처럼 프로그램화되어 결정되어 있다는 운명론과 결정론을 거부합니다(WCF 9:1).[222] 아담이 타락하기 전에 그의 의지는 하나님께 순종할 수 있었지만, 동시에 범죄할 수도 있었기에 가변적이었습니다. 예수님 안에서 거듭난 성도는 죄악 된 옛 사람을 굶겨 죽이고, 하나님을 향하는 새 사람은 복음과 기도로 먹여 살려야 합니다.

죄인은 스스로 영적 선을 행하거나 회개할 수 없습니다(WCF 9:3; 참고. 요 6:65). 그런데 네덜란드의 이단 아르미니우스(1560-1609)는 성부 하나님께서 예수님에게 나아오도록 사람에게 은혜를 주실 때, 사람은 그 은혜를 거절할 수 있다고 보았습니다.

---

221) '의지'는 그리스어로 βούλημα(불레마, 롬 9:19)와 θέλημα(쎌레마)이다(마 6:10; 엡 1:5). Louw and Nida, *Greek-English Lexicon on the New Testament based on Semantic Domains*, Volume 1, 357-58.

222) R. C. Sproul,『웨스트민스터 신앙고백 해설 2』, *Truths We confess*, Vol. 2, 이상웅·김찬영 역 (서울: 부흥과 개혁사, 2011), 14.

다시 말해, 아르미니우스는 사람이 하나님과 협력해야만 은혜를 받을 수 있다고 주장했습니다. 그러나 하나님의 유효한 부르심이라는 은혜는 하나님의 이끄심 없이 사람의 협력으로는 불가능합니다(요 6:44; 롬 8:28). 성부 하나님께서 예수님에게 오게 하여 주지 아니하시면, 그 누구도 구주를 믿거나 거듭날 수 없습니다(요 6:65). 성령께서 성도를 죄의 속박에서 해방하시고 사람의 죄악 된 의지와 기질을 바꾸시며 예수 그리스도를 갈망하도록 만드셨기에, 중생된 사람의 의지는 자신의 기질과 욕구에게 종노릇 하지 않습니다.[223] 그러나 성도는 죽고 난 후에 완전한 영광의 상태에 들어가야만, 이른바 '왕적 자유'를 누리며 선만 행할 것입니다(WCF 9:4). 하나님의 주권과 인간의 자유에 대해 정승원은 아래와 같이 잘 설명합니다.

> 인간의 자유는 하나님의 주권적 섭리에서 벗어날 수 없다. 하나님의 주권에도 불구하고 참 자유가 가능한가를 묻기 전에 먼저 하나님을 벗어나서 자유라는 것 자체가 가능한지를 물어야 한다. …… 하나님의 주권과 인간의 책임은 서로 상반되는 개념이 아니다. 인간을 인격적 존재로 인정하시기 때문에 하나님은 인간에게 자유의지를 허락하셨고, 그의 절대적 주권이 있기에 인간의 자유의지에 의미가 있다.[224]

---

223) Sproul, 『웨스트민스터 신앙고백 해설 2』, 23.

224) 정승원, "[권두언] 하나님의 주권과 인간의 자유의지," 『신학지남』 88/3 (2021), 5. 참고로 포항공대 박승배의 아래 주장을 들어보자. "신이 시간 안에 존재한다고 가정한다면, 신은 어떤 행위를 할 때 자신이 예지한 대로 행동하므로 기계처럼 정해진 바대로 행동할 뿐이라고 주장한다. 예를 들어, 신이 아담과 하와를 만든 것은 그저 자신이 예지한 바대로 행동한 결과일 뿐이다. 신은 아담과 하와를 만들지 않을 자유의지를 가지고 있지 않았기에, 필연적으로 그들을 만들 수밖에 없었다. 따라서 신은 자유의지를 가지고 있지 않다." 그런데 하나님은 컴퓨터처럼 프로그램화된 대로 행하시기

연(鳶)이 줄에 묶여 있을 때 안전하고 자유롭게 공중을 날아다니듯이, 그리스도인은 하나님의 주권을 인정해야만 참되게 자신의 자유의지를 선용할 수 있습니다. 배는 항구에 있을 때 가장 안전합니다. 그러나 항구에 정박해 있는 것이 배의 존재 이유가 될 수 없습니다. 배는 유능한 선장의 적절한 판단에 따라 항해해야 제격입니다. 참된 자유의지는 마음과 뜻을 다하여 하나님을 사랑하고 그분 앞에서 거룩하게 사는 것입니다(마 22:37; 롬 12:2).

영국에서 엘리자베스 1세와 에드워드 6세 치하에서 알미니안주의자들이 교회를 위협했지만, 청교도는 성공회가 고수하던 성직자의 의복, 예배 의식적 요소들, 그리고 교회정치 체제와 같은 아디아포라(adiaphora)를 두고 주로 논쟁했습니다.[225] 청교도가 천주교와 유사한 성공회의 모습을 볼 때, 아디아포라는 더 이상 주변적이고 부차적인 주제가 아니라 신학 논쟁의 중심에 서 있었습니다. 청교도가 볼 때, '성경의 규범적 원칙'(the regulative principle of Scripture)에서 벗어났거나 지지를 받지

에 자유의지가 없다는 박승배의 위 주장은 몇 가지 심각한 문제에 부딪친다. 첫째, 하나님은 시간에 얽매이지 않으신다. 둘째, 하나님은 인간에게 자유의지를 주셔서 그들과 상호 작용하기 원하시므로, 자신이 예지한 대로만 행하시는 기계가 아니다. 하늘의 하나님은 예지하신 것은 물론, 기뻐하시고 원하시는 의지를 따라 모든 것을 행하신다(시 115:3; 135:6). 셋째, 하나님을 기계처럼 비인격적 존재가 아니라 인격적인 분으로 인정해야 하므로, 그분에게 자유의지가 없다고 말할 수 없다(시 106:45). 그리고 일반적으로 자유의지는 하나님이 아니라 인간에게 적용되어 해당하고, 하나님에게는 그분의 예지나 뜻(의지)이 그것에 상응한다. 하나님의 자유로운 의지와 주권을 무시하는 것은 무신론자의 궤변이다. 박승배, "신의 예지와 자유의지," 『철학논총』 54/4 (2008), 277.

225) 비본질적 문제를 가리키는 아디아포라는 AD 3세기에 알렉산드리아의 클레멘트와 오리겐이 이미 주목한 주제이다. J. Fite, "Adiaphora: Theological War in Elizabethan England," *Puritan Reformed Journal* 9/1 (2017), 113-15.

못하는 아디아포라가 기독교 신앙의 본질을 왜곡하고 변질시킬 수 있었기 때문입니다.[226] 예를 들어, 예수님께서 제정하신 성찬과 세례 이외에 다른 성례를 고안한다면, 그것은 인간의 자유를 넘어서는 심각한 문제를 초래할 수밖에 없습니다. 실제로 영국 통치자들은 아디아포라를 규범화했으며, 어길 시에는 벌금이나 투옥과 같은 여러 피해를 주었습니다. 이처럼 비본질적 이슈가 명령과 규범이 된다면, 그것은 인간의 자유의지가 타락했다는 증거입니다.

성경 근거 구절

인간의 자유의지: 예수께서 이르시되 네 마음을 다하고 목숨을 다하고 뜻을 다하여 주 너의 하나님을 사랑하라 하셨으니(마 22:37)

너희는 이 세대를 본받지 말고 오직 마음을 새롭게 함으로 변화를 받아 하나님의 선하시고 기뻐하시고 온전하신 뜻이 무엇인지 분별하도록 하라(롬 12:2)

적용 ▶ 성도가 거듭난 후에도 의지가 옛 성품과 기질과 욕망에 일시적으로 종살이하는 경우가 있습니다. 성도는 일상에서 하나님의 주권을 기뻐하며, 주님께 순종하도록 계속 결단해야 합니다. 그리고 그리스도와의 강력한 연합과 성령의 도움을 간구해야 합니다.[227]

사람의 상태에 따라 그 사람이 선택할 수 있는 범위는 다릅

---

226) 1560년에 청교도가 제작한 제네바성경의 서문은 아디아포라와의 전쟁을 독려했다. Fite, "Adiaphora," 116-23.

227) 존 프레임은 예수님께서 우리를 자신과 연합시키심으로써 구원하신다고 설명한다. 그리고 예정, 소명, 중생, 믿음, 칭의, 양자, 성화, 인내, 영화의 밑바탕에 그리스도와 신자의 연합이 자리한다. Frame, *Systematic Theology: An Introduction to Christian Belief*, 913-14.

니다. '무죄한 상태'에서는 선과 악 중 하나만 선택할 수 있으며, '죄의 상태'에서는 악만 선택할 수 있고, '은혜의 상태'에서는 선과 악 둘 다 선택할 수 있으며, 마지막으로 '영광의 상태'에서는 선만 선택할 수 있습니다.[228]

10장 효과적인 부르심

1. 하나님께서는 생명으로 예정하신 모든 이들, 그리고 이들만을 자기가 정하시고 용납하신 때에 이들이 본성적으로 처해 있는 죄와 사망의 상태로부터 예수 그리스도로 말미암은 은혜와 구원으로 말씀과 성령을 통하여 효력 있게 부르기를 기뻐하신다. 이들의 마음을 밝히시어 하나님의 일을 구원에 이르도록 영적으로 알게 하시고 돌 같은 마음을 제거하시고, 살 같은 마음을 주시고, 의지를 새롭게 하시고, 전능하신 능력으로 그들이 선을 향하도록 정하시고 효력 있게 예수 그리스도께로 인도하신다. 그렇지만 그들은 은혜로 인하여 기꺼이 자원하게 되어 아주 자유롭게 예수 그리스도께로 나아간다.

2. 이 효력 있는 소명은 결코 사람 속에 미리 보여진 어떤 선행이 아니라 오직 하나님의 값없고 특별한 은혜에서 나온다. 사람은 성령으로 말미암아 소생되고 새롭게 될 때까지 이 선행에서 완전히 피동적이며, 성령으로 말미암아 소생되고 새롭게 되어야 이 소명에 응답할 수 있으며 소명에 제공되고 전달된 은혜를 포용할 수 있다.

3. 유아 때 죽은 택함 받은 아이들은 그리스도에 의해, 원하시는 때와 장소와 방식을 따라 일하시는 성령으로 말미암아 거듭나고 구원받는다. 이것은 말씀의 사역으로 외적 소명을 받기가 불가능한 피택자들에게도 해당된다.

4. 말씀의 사역으로 소명을 받고 성령의 공통적인 활동을 어느 정도 받은 자들이라도 택함을 받지 않았다면, 결코 그리스도께 진정으로

---

228) 이성호, 『비록에서 아멘까지』, 221.

나아가지 않으며 따라서 구원받을 수 없다. 하물며 기독교 믿음을 고백하지 않는 이들은 어떤 방법을 쓴다고 하더라도 구원받을 수 없다. 그들이 아무리 자신의 삶을 본성의 빛과 자기들이 고백하는 종교의 법을 따라 성실하게 꾸려나간다 하더라도 역시 그러하다. 이들이 구원받을 수 있다고 공언하고 주장하는 일은 매우 해롭고 가증스럽다.

무언가를 발생시키는 데 적절하고 '효과적'(effective)이라는 형용사는 그리스어로 ἐνεργής(에네르게스)입니다(히 4:12).[229] 그리고 '부름'(calling)은 그리스어 명사로 κλῆσις(클레시스)입니다(롬 11:29; 고전 1:26; 엡 4:1, 4; 빌 3:14; 살후 1:11; 딤후 1:9; 히 3:1; 벧후 1:10). 은혜로 충만하신 하나님께서 구원으로 초청하시는 효과적인 부르심(effectual calling)은 다른 말로 '저항할 수 없는 은혜'(irresistible grace)입니다(WCF 10:1; 참고. WLC 66). 그런데 성도도 은혜에 저항할 수 있기에, '효과적인 은혜'(effectual grace)라고 부르는 게 더 적절할 수 있습니다(사 55:11).[230] 성령의 중생하도록 만드는 사역과 조명의 역사가 없다면, 모든 사람은 어두운 마음에 빠져서 하나님의 선하심을 맛볼 수 없게 됩니다. 다시 말해, 중생하여 예수님 안에 거해야만 효과적인 부르심과 은혜를 경험하게 됩니다. 성령께서는 중생의 사역을 단독으로 행하십니다. 그런데 모든 사람이 '내적인 부르심의 은혜'를 받는 것은 아닙니다. 효과적인 은혜는 하나님의 선택 즉 예정과 관계됩니다.[231] 그

---

229) Louw and Nida, *Greek-English Lexicon on the New Testament based on Semantic Domains*, Volume 1, 163.

230) Sproul, 『웨스트민스터 신앙고백 해설 2』, 30.

231) "청교도에 있어서 구원의 서정 방식의 서술은 윌리엄 퍼킨스의 황금사슬(1592)에서 연유한다. 퍼킨스가 구원의 서정 방식을 택한 이유는 예정을 설명하려는 변증적 목적이 있었다. 인간의 행위 혹은 협력이 구원의 요소들이

렇다면 복음을 들어보지 못하고 죽은 모든 사람과 영아로 죽은 사람들은 효과적인 부르심에서 제외됩니까? 성령은 그런 사람들도 특별한 은혜로써 (자주는 아니더라도) 예수님의 공로를 적용하여 부르시고 구원하실 수 있습니다(WCF 10:3).[232] 예를 들어, 다윗은 밧세바와 낳은 첫아기가 구원받았다고 믿었습니다(삼하 12:23). 하지만 다른 종교들에도 구원이 있다고 말하는 것은 구원의 배타성을 강조하는 기독교의 복음을 크게 해칩니다(WCF 10:4).

이은선은 WCF의 구원의 서정(ordo salutis)의 특이점을 다음과 같이 설명합니다.[233] WCF는 10장 효과적인 부르심, 11장 칭의, 12장 양자, 13장 성화, 14장 구원하는 믿음, 15장 생명의 회개, 16장 선행, 17장 성도의 견인, 18장 구원의 확신이라는 순서로 진행됩니다. 이에 반해, 칼빈은 기독교강요 3권에서 중생, 믿음과 회개, 성화 그리고 칭의의 순서를 제시합니다. 그런데 WCF의 구원의 서정은 논리적이지 않아 보입니다. 왜냐하면 효과적인 부르심 뒤에 구원하는 믿음과 생명 얻는 회개를 배치하는 것이 더 타당하기 때문입니다. 그런데 WCF가 앞에 배치한 '효과적인 부르심(10장), 칭의(11장), 양자(12장)'는 하나님께서 단독적으로 행하시는 것입니다. 이에 반해, 뒤에 배치한 '성화(13장), 구원하는 믿음(14장), 생명의 회개(15장), 선행(16장), 성도

아니라, 하나님의 은혜라는 것을 설명하기 위한 것이다. 그래서 퍼킨스의 구원의 서정 방식은 치밀하게 조직적이기보다는 구원의 원인적 순서를 설명하기 위한 목적이며, 그 내용은 은혜의 실행에 초점을 두고 있다. 이러한 구원의 서정 방식의 서술은 윌리엄 에임스(William Ames)로 이어졌다." 김홍만, "웨스트민스터 신앙고백서의 역사적 배경과 신학적 특징들," 84.
232)Sproul,『웨스트민스터 신앙고백 해설 2』, 45, 47.
233)'구원의 서정'이라는 용어는 18세기에 확립되었다.

의 견인(17장), 구원의 확신(18장)'은 사람들의 순종과 관련됩니다.[234] WCF는 하나님의 단독 사역과 사람의 순종을 따라 구원의 서정을 의도적으로 배열합니다.

'청교도주의의 아버지'인 케임브리지대학교 교수 윌리엄 퍼킨스는 회심의 네 가지 준비 단계를 제안했습니다. 하나님의 말씀을 주의 깊게 들음, 하나님께서 명하시는 율법과 금하시는 율법을 인식함, 죄에 대한 확신과 찔림, 그리고 (자신 안에서) 구원에 대한 절망입니다.[235] 퍼킨스에 따르면, 이 준비 과정은 구원의 은혜가 역사하기 전에 주어집니다. 회심과 구원의 은혜는 인간의 준비 과정이라는 행위에 달려 있지 않습니다. 그러나 이런 회심의 준비 과정은 알미니안주의를 지지하는 것이 아니며 오히려 하나님의 은혜로 가능한 것인데, 인간의 의지를 북돋우는 하나님의 방편입니다.[236]

성경 근거 구절

하나님의 유효한 부르심: 내 입에서 나가는 말도 이와 같이 헛되이 내게로 되돌아오지 아니하고 나의 기뻐하는 뜻을 이루며 내가 보낸 일에 형통함이니라(사 55:11)

---

234) 이은선, "웨스트민스터 신앙고백서의 구원론: 구원의 서정을 중심으로," 『한국개혁신학』 40 (2013), 115, 124-25. 참고로 WSC가 제시하는 구원의 순서는 다음과 같다. 부르심, 거듭남, 참된 믿음, 회심, 칭의, 양자, 성화, 견인, 그리고 영화. 참고. 김은수, 『개혁주의 신앙의 기초 II: 웨스트민스터 소요리문답 해설』 (서울: SFC출판부, 2011), 41.

235) 김효남, "개혁파 언약사상과 청교도 회심준비교리," 『역사신학논총』 42 (2023), 90-91.

236) 김효남, "개혁파 언약사상과 청교도 회심준비교리," 94, 104.

> 그러므로 형제들아 더욱 힘써 너희 부르심과 택하심을 굳게 하라 너희
> 가 이것을 행한즉 언제든지 실족하지 아니하리라 이같이 하면 우리 주
> 곧 구주 예수 그리스도의 영원한 나라에 들어감을 넉넉히 너희에게 주
> 시리라(벧후 1:10-11)

적용 ▶ 성도는 성령의 역사로 효과적인 부르심의 은혜를 받았음을 기억하고 있어야 구원의 은혜 가운데 거할 수 있습니다. 그리고 그리스도인은 하나님의 성품에 참여함으로써 하나님의 택하심과 부르심을 굳게 할 수 있습니다(벧후 1:10-11).

누구나 제기할 법하고 오래된 질문을 다시 생각해 봅시다. "복음을 들어보지 못하고 죽은 사람은 중생으로 효과적인 부름을 받을 수 있습니까?" 그리고 "이순신 장군과 세종대왕 같은 의인도 지옥 갔습니까?" 이런 두 질문에 답할 때 먼저 기억할 사항은 구원을 위한 예정입니다. 하나님께서 구원하시기로 예정한 사람만 거듭남으로 부름을 받습니다. 그러므로 복음이 전파되기 이전일지라도, 하나님께서 영생을 받기로 예정된 사람을 양심이나 자연계시를 통하여, 혹은 복음 전파가 아닌 특별한 방식으로 구원하셨다고 볼 수 있습니다.

11장 칭의

1. 하나님께서는 효력 있게 불러주신 자들을 또한 값없이 의롭게 하시는데, 이들에게 의를 주입함으로써가 아니라, 이들의 죄를 용서하시고 이들을 의로운 자로 용납하심으로 의롭게 하신다. 이는 이들 속에 행한 바나 이들이 이룬 바가 아니라 그리스도의 덕분 때문이다. 또 믿음 자체, 믿는 행위나 혹은 어떤 복음적인 순종을 그들의 의로 여겨 그들에게 전가함으로써가 아니라 그리스도의 순종과 속상을 그들에게 돌림으로써 이루신다. 믿음으로 이들은 그리스도와 그분의 의를 받아 의지한다. 이 믿음은 이들에게서 난 것이 아니라 하나님의 선물이다.

2. 그리스도와 그분의 의를 받아 의지하게 하는 믿음은 칭의의 유일한 도구이다. 그러나 의롭다 함을 받은 사람에게 이 믿음만 있지 않고, 구원에 이르게 하는 모든 다른 은혜들이 항상 이 믿음을 동반한다. 즉 믿음은 죽은 믿음이 아니라 사랑으로 역사한다.

3. 그리스도께서는 친히 순종하시고 죽으심으로 의롭게 하신 모든 이들의 죄의 빚을 다 갚아 주셨고, 이들을 대신하여 아버지의 공의를 온전하고 참되고 충분하게 속상하셨다. 그러나 아버지께서 그분을 그들에게 주셨고, 그들 속에 있는 어떤 것이 아니라 그들 대신에 값없이 그분의 순종과 속상을 용납하신 만큼, 그들의 칭의는 오직 값없는 은혜에서 난 것이다. 이는 하나님의 엄정한 공의와 풍성한 은혜가 죄인들의 칭의를 통하여 영광 받게 하기 위함이다.

4. 하나님께서는 영원부터 피택자들을 의롭게 하시기로 작정하셨다. 그리고 그리스도께서는 때가 차매 그들의 죄 때문에 죽으셨고 그들의 칭의를 위하여 부활하셨다. 그럼에도 성령께서 적정한 때에 그리스도를 그들에게 실제로 연합시켜 주시기 전에는 의롭다함을 받은 것이 아니다.

5. 하나님께서는 의롭다함을 받은 자들의 죄를 계속 용서하신다. 그들이 칭의 상태로부터 타락할 수는 없지만, 자기들의 죄로 말미암아 하나님 아버지를 노엽게 할 수는 있다. 그들이 스스로 겸비하여지고 죄를 고백하고 사죄를 구하며 믿음과 회개를 갱신하여야 아버지의 얼굴 광채가 그들에게 회복될 것이다.

> 6. 옛 언약 시대 신자들의 칭의는 이 모든 면에서 새 언약 시대 신자들의 칭의와 하나이며 동일하다.

하나님은 효과적인 부르심을 은혜로 주신 사람에게 칭의(稱義)라는 또 다른 은혜를 주십니다(WCF 11:1; 참고. 창 15:6; 눅 18:14).[237] 구원은 은혜 위에 은혜가 아닐 수 없습니다. 하나님께서는 사랑으로써 역사하는 믿음(WCF 11:2)을 가진 성도에게 사죄의 은혜를 계속 주시기에, 성도는 칭의에서 멀어질 수가 없습니다(WCF 11:5; 참고. 살전 1:3). 죄인을 부르심, 의롭다고 판결하심, 그리고 죄 용서는 황금 사슬처럼 끊어지지 않고 연결되는 은혜입니다. 특별히 루터교회에게 이신칭의야말로 교회가 서거나 넘어지는 핵심 교리였으며, 교회 연합을 가능하게 만드는 조건과 같습니다.[238] 보스턴대학교의 린드버거(Carter Lindberg)가 볼 때, "루터에게 오직 믿음으로 의롭게 되는 진리 안에는 사실상 모든 것이 말해지고 이루어진 것과 같았기에, 그가 성화에 관해 말할 때마다 그것은 칭의를 논하는 것과 다름이 없었습니다."[239]

예수님의 순종과 만족(속상)을 믿는 성도에게 이신칭의가 주어지는데, 그것은 천주교가 말하는 의의 주입(注入)과 다릅니다(롬 4:25). 종교개혁의 도전에 대항하기 위해 열린 천주교의 트랜트회의(1545-1563)는 개신교의 이신칭의를 정죄했습니다. 천주교

---

237) '칭의'(δικαιοσύνη, 디카이오쉬네)는 고전 그리스어에서 정의, 정직, 혹은 판사의 기능을 가리켰다(비교. 마 5:10). F. Montanari, *The Brill Dictionary of Ancient Greek* (Leiden: Brill, 2015), 529.

238) C. Lindberg, "Modem Fanatici and the Lutheran Confessions," *Concordia Theological Quarterly* 59/3 (1995), 195.

239) Lindberg, "Modem Fanatici and the Lutheran Confessions," 195.

는 세례 때에 칭의의 은혜가 사람에게 주입된다고 주장합니다. 천주교에 의하면, 살인과 간음과 같은 대죄(大罪)를 범하지 않는 한 칭의를 유지할 수 있고, 대죄를 범하여 칭의를 상실하면 고해성사로 갱신된 칭의가 은혜로 주입됩니다.[240] 중세 천주교는 면죄부를 구매하는 것을 고해성사라는 성례에 포함된다고 보았습니다.

종교개혁가들은 죄인에게 있는 불의(不義)는 예수 그리스도에게 전가(轉嫁)되고, 예수님의 의는 믿음을 선물로 받은 사람에게 전가된다는 이중 전가를 주장했습니다(창 15:6; 롬 4:3, 5; 엡 2:8).[241] 하나님께서 불의한 죄인을 용서하시는 것은 칭의의 한

---

240) Sproul, 『웨스트민스터 신앙고백 해설 2』, 69; Beeke and Jones, 『청교도 신학의 모든 것』, 571. 그런데 천주교 안에서 갈 2:16, 3:26, 6:15를 비롯하여 갈라디아서가 가르치는 이신칭의와 그것의 결과가 천주교의 칭의론에 일치한다는 주장이 있다. 갈 2:16의 '그리스도를 믿음'으로 번역하면서, 성부에게 죽기까지 신실히 순종하신 그리스도의 대속의 고난으로 사람이 의롭된다고 밝히는 가톨릭 교리문답(Catechism of the Catholic Church, 1992)에 대해서는 보스턴칼리지의 예수회 신부 T. D. Stegman, "Justification in Galatians: A Roman Catholic Perspective," *Biblical Research* 63 (2018), 53-62를 보라.

241) 웨스트민스터 총대 가운데 그리스도의 능동적 순종의 의의 전가를 지지한 사람(J. Hoyle, G. Walker, H. Palmer, T. Goodwin, L. Seaman, W. Gouge)과 수동적 순종의 의의 전가만 지지한 사람으로 나뉘었다(T. Gataker, R. Vines, T. Temple, F. Woodcock). 대다수 총대는 그리스도의 능동적 순종의 의의 전가를 지지했는데, WCF 11:1의 '그리스도의 모든 순종'은 능동적 순종과 수동적 순종을 모두 포함한다. 그리고 '속상' 은 그리스도의 수동적 순종을 가리킨다. 그리고 구원에 이르는 믿음을 가진 성도에게만 그리스도의 능동적이며 수동적 의가 전가되기 때문에, 능동적 의의 전가를 지지하면 도덕을 폐기하는 일이 벌어질 것이라고 염려할 필요는 없다. 김병훈, "그리스도의 순종과 의의 전가와 웨스트민스터 총회," 『신학정론』 39/2 (2021), 51-54, 98. 참고로 1963-1981년에 웨스트민스터신학교(필라델피아)에서 조직신학을 가르친 노먼 쉐퍼드(Norman Shepherd)는 약 2:14-26에 근거하여 선행을 칭의에 '필요한' 요소라고 주장했으며, 그리스도의 공로가 전가에 불필요하다고 보았고, 특히 예수님의 능동적 순종은 칭의의 전가와 무관하다고 보았다. 그러나 선행은 칭의의 조건이 될 수 없으며, 예수님의 존재와 사역에 나타난 그분의 의로운 특성에 그리스도인은 연합되어 있기에 예수님의 능동적 순종을 통한 의

부분입니다.[242] 천주교는 대죄가 칭의를 파괴한다고 주장하지만, 칭의는 결코 줄거나 늘지 않습니다. 왜냐하면 그것은 성도를 위한 예수 그리스도의 완전한 의이기 때문이다. 믿음은 칭의를 위한 필요한 조건이자 충분한 조건입니다. 그러나 천주교에서는 칭의를 위한 수단으로 세례와 고해성사를 내겁니다. 그런데 엄밀한 의미에서 믿음조차 칭의의 근거일 수 없는 것은 오직 예수님의 공로와 의가 칭의의 근거이기 때문입니다. 이런 의미에서 믿음은 칭의를 위한 '도구적 원인'입니다.[243] 이신칭의의 은혜를 입은 성도는 중보자와 구속자이신 예수 그리스도와 함께 성부 하나님 앞에 설 수 있습니다. 이런 의미에서 코람데오(Coram Deo)는 일차적으로 칭의 즉 구원의 문제입니다(시 143:2; 롬 3:19-21; 참고. 1QS 11:9-12).[244] 하나님 아버지께서는 예수님께서 율법을 완전히 준수하신 것을 마치 우리의 순종처럼 간주하셔서, 우리를 자신 앞에 의로운 존재로 서게 만드십니다(롬 2:13). 다시 말하면, 칭의란 수시로 변하는 죄인의 내적 상태에 달려 있지 않기에, 이 은혜는 우리 바깥에서(extra nos) 주어지는 은혜입니다.[245] 즉 주 예수님의 의를 덧입은 죄인이 엄위로우신 하나님 앞에 담대히 설 수 있도록 만드는 변하지 않는 은혜입니다. 물론 칭의를 받은 성도는 하나님 앞에서 정직하게 살아야 합니다.

의 전가는 성경적으로 정당하다. 참고. Frame, *Systematic Theology: An Introduction to Christian Belief*, 974-75.

242) Sproul, 『웨스트민스터 신앙고백 해설 2』, 65.

243) Sproul, 『웨스트민스터 신앙고백 해설 2』, 79.

244) Lindberg, "Modem Fanatici and the Lutheran Confessions," 195; Fitzmyer, 『로마서』, 518.

245) Lindberg, "Modem Fanatici and the Lutheran Confessions," 196.

참되고 구원으로 이끄는 믿음은 죽은 믿음이 아닙니다. 그래서 그런 믿음은 반드시 성도의 삶에 선행을 일으키고 성화를 위해 분투하게 만듭니다(WCF 11:2; 참고. 약 2:21). 다시 말해, 성도의 선행은 살아있는 믿음을 증명합니다. 죄가 더한 곳에 하나님의 은혜가 더하지만, 죄의 지배에서 벗어난 그리스도인은 하나님의 은혜를 더 받으려고 죄 안에 거할 수 없습니다(롬 6:1-2). 그렇다면 사람을 죄의 압제 안으로 다시 들어가지 않도록 만드는 구원하는 믿음은 무엇으로 구성될까요? 하나님께서 구원을 위해 일하심과 영생을 주시는 복음에 대한 올바른 지식, 그 지식에 대한 동의, 그리고 복음을 주시는 하나님을 인격적으로 신뢰하는 것입니다(참고. 약 2:19).[246] WCF 11:1은 천주교와 알미니안주의가 인간의 공로를 부각시킨 칭의 교리를 논박하고, WCF 11:2는 도덕폐기론의 오류를 염두에 둡니다.[247]

성령님은 적절한 때에 택자에게 칭의의 은혜를 주십니다(WCF 11:4). 원칙적으로 칭의가 일어나는 그 순간에 성도는 모든 죄를 용서받으며, 성령의 주도로써 성화가 본격적으로 시작됩니다. 이에 대해 이승현의 설명을 들어봅시다.

바울과 갈라디아인들에게 "성령을 받았다"(갈 3:5; 4:6; 5:22-23)라는 체험은 그들이 객관적으로 증명할 수 없으므로 믿어야만 하는 어떤 주관적인 경험이 아니라, 갈라디아 공동체의 모든 구성원이 함께 공유하므로 아무도 부인할 수 없는 가장 객관적인 회심과 칭의의 증거이다.[248]

---

246) Sproul, 『웨스트민스터 신앙고백 해설 2』, 89.
247) 김홍만, "웨스트민스터 신앙고백서의 역사적 배경과 신학적 특징들," 85.
248) 이승현, "아브라함과 성령을 통해서 본 갈라디아인들의 칭의 이해," 『신약

웨스트민스터 회의의 총대 중에서 다수는 예수 그리스도의 '능동적 순종의 전가'에 동의했습니다. 그러나 독일 개혁주의자 피스카토르(J. Piscator)를 따랐던 의장 트위세, 그리고 가타커(T. Gataker)와 바인스(R. Vines) 등은 이를 반대했습니다. 반대자들은 능동적 순종은 칭의가 아니라 성화에 속한다고 간주했습니다. 그리고 그들은 능동적 순종의 전가는 그리스도인의 삶을 율법폐기론이나 도덕폐기론으로 이끈다고 보았습니다. 그러나 WCF 8:5와 19:6에서 '완전한 순종'이라는 표현이 나옵니다. 웨스트민스터 총대들은 이 표현으로써 공로 없는 자들을 위한 예수님의 능동적 순종의 전가를 담아낸 것입니다.[249]

1999년 10월 31일 독일 아우구스부르크에서 루터교세계교회연맹(LWF)과 천주교 대표가 만나, 총 22페이지에 달하는 '칭의 교리에 관한 합동 선언문'(Joint Declaration on the Doctrine of Justification)을 발표했습니다. 감리교회는 이 선언문을 지지했습니다. 하지만 미국 루터교 미주리 노회와 일부 천주교 신학자들이 에큐메니컬 운동의 결과물인 이 선언문에 반대했습니다. 이 선언문에 이신칭의를 매우 강조해 온 루터파와 그렇지 않은 천주교 간의 차이점도 발견됩니다. 이에 대해 백충현의 설명을 들어봅시다.

논단』 27/1 (2020), 244.

249) D. B. McWilliams, "The Covenant Theology of the Westminster Confession of Faith and Recent Criticism," *WTJ* 53/1 (1991), 121; 이은선, "웨스트민스터 신앙고백서의 구원론: 구원의 서정을 중심으로," 129-37.

로마(천주)교회는 칭의의 시작과 출발에서 하나님의 은혜를 언급하기는 하지만, 그 과정에 있어서 하나님의 은혜의 효력에 의하여 인간이 하나님의 칭의 행위에 어느 정도 능동적으로 동의하고, 그래서 칭의를 어느 정도 준비하고 수용하고, 그래서 칭의에 있어서 어느 정도 능동적으로 협력한다는 점을 간과하지 않으려고 한다고 볼 수 있다. ...... 로마(천주)교회는 하나님의 칭의의 은혜 자체가 온전한 의라는 점을 언급하지는 않고 다만 칭의된 자의 삶에서 선행들이 나타나야 하며 이 선행들이 은혜의 성장에 기여한다고 한다.[250]

칭의는 바울에 관한 새 관점주의자들이 주장하듯이 한 개인의 언약적 멤버쉽이 아니라, 예수 그리스도 덕분에 의롭다고 선언을 받는 것 즉 성부께서 예수 그리스도의 의를 자기 자녀에게 전기하심입니다.[251] 존 프레임은 "예수 그리스도의 대속은 우리의 죄책(the guilt of our sin)을 제거했으며, 이제는 죄의 권세를 제거하고, 언젠가는 죄의 존재를 제거할 것이다."라고 주장한다.[252] 그리고 프레임은 "칭의는 이미 우리의 것이지만, 아버지의 보좌 앞에서 언젠가 의롭다고 선언 받을 것이다. 따라서

---

[250] 백충현, "『칭의론에 관한 공동선언문(JDDJ)』을 넘어서: 칭의와 관련된 인간의 상태에 관한 쟁점 분석과 해결 모색," 『장신논단』 50/2 (2018), 127-28, 131.

[251] Frame, *Systematic Theology: An Introduction to Christian Belief*, 974. 참고로 바울에 관한 새 관점주의자는 '율법에 행위들'(롬 3:27)을 유대인의 정체성을 알리는 표지로 이해한다. 이런 새 관점의 주장에 일정 부분 동의하면서도, 종교개혁자들의 주장으로써 그것을 보완하려는 시도는 S. J. Chester, *Reading Paul with the Reformers: Reconciling Old and New Perspectives* (Grand Rapids: Eerdmans, 2017), 361을 보라.

[252] Frame, *Systematic Theology: An Introduction to Christian Belief*, 978.

과거의 칭의와 미래의 칭의가 있다"라고 주장합니다.[253] 이처럼 칭의의 전체 과정을 시초 칭의와 최종 칭의로 나누더라도, 하나님의 주권을 반드시 인정해야 합니다. 다시 말해, 칭의의 시작과 중간 진행 과정, 그리고 마지막 완성까지 하나님이 주도하심을 믿어야 합니다. 동시에 그리스도인은 칭의의 열매인 선행과 성화를 열망해야 합니다. 그리고 열망에 그치지 않고 선행과 성화를 전략적으로 수행해야 합니다.

성경 근거 구절

성도가 의롭게 됨: 아브람이 여호와를 믿으니 여호와께서 이를 그의 의로 여기시고(창 15:6)

일을 아니할지라도 경건치 아니한 자를 의롭다 하시는 이를 믿는 자에게는 그의 믿음을 의로 여기시나니(롬 4:5)

너희가 그 은혜를 인하여 믿음으로 말미암아 구원을 얻었나니 이것이 너희에게서 난 것이 아니요 하나님의 선물이라(엡 2:8)

적용 ▶ 칭의와 관련하여 찬송가 494장 '만세(萬世) 반석 열리니'가 중요합니다. "빈손 들고 앞에 가 십자가를 붙드네, 의가 없는 자라도 도와주심 바라고 생명 샘에 나가니 나를 씻어주소서." 이 가사로 찬양하다 보면, 루터의 다음 고백이 떠오릅니다. "대담하게 죄인이 되고 죄가 되시오. 하지만 더 담대히 죄와 죽음과 세상을 이기신 그리스도를 믿고 즐거워하시오."(Weimar Edition, Briefwechsel 2:372 이하).

---

253)Frame, *Systematic Theology: An Introduction to Christian Belief*, 978.

이신칭의는 구원은 물론이거니와, 성도가 하나님 나라의 원리인 회복적 정의를 구현하는 생활을 위한 기초와 같습니다. 따라서 성신형의 아래 주장에 귀 기울여 볼 필요가 있습니다.

> 바울이나 루터 모두 이신칭의를 강조하게 된 이유는 당시의 사회적인 상황에 대한 비판과 함께 정의로운 공동체, 즉 유대인과 비유대인 모두 포용하는 공동체, 교황청의 권위에 눌려서 잃어버린 자유를 되찾는 공동체를 만들기 위함이었다. 이것이 바로 '예수 그리스도에 대한 신실함(믿음)'으로 완성되는 '하나님의 (정)의'이다. 그렇다면 이제 이신칭의의 교리는 '믿음'이 어떤 윤리적인 기준과 상관없이 주어지는 구원의 표지임을 의미하는 것이 더 이상 아니다. 오히려 칭의는 정의의 다른 모습이다. 즉 정의가 칭의를 완성한다. ...... 예수님에 대한 믿음으로 성도들을 의롭게 한 성령은 그들의 육체의 욕심들과 전쟁을 벌이고, 성도 안에서 의로운 성령의 열매들이 맺히게 해준다(갈 5:6-25).[254]

위의 주장대로 예수님을 믿어 의롭게 되어 구원받은 성도는 하나님 나라의 사랑과 회복적 정의를 추구하며 성화되어야 합니다(고전 13:6). 바로 그때 그리스도인의 선행을 무시하는 이단인 구원파 방식의 '이신칭의주의'에 빠지는 것을 예방할 수 있습니다.

---

254) 성신형, "칭의에서 정의로: 이신칭의에 대한 사회윤리적 접근," 『장신논단』 50/1 (2018), 240, 258.

12장 양자

> 1. 하나님께서는 의롭게 된 모든 이들을 독생자 예수 그리스도 안에서 또한 그분 때문에 양자가 되는 은혜에 참여자가 되게 허락하신다. 이로써 그들은 하나님의 자녀의 수에 들어가며 자녀의 자유와 특권을 누리며, 하나님의 이름이 그들에게 붙여지며, 양자의 영을 받으며, 은혜의 보좌에 담대히 나아가, '아빠 아버지'라 부를 수 있으며, 불쌍히 여김과 보호를 받으며, 필요한 것을 공급받고, 아비로부터 받는 것과 같이 하나님께 징계를 받지만, 결코 버림을 당하지 않으며, 오히려 구속의 날까지 인치심을 받고, 영원한 구원의 상속자로서 약속을 유업으로 받는다.

윌리엄 퍼킨스와 차르녹과 같은 청교도는 양자(養子) 교리를 중요하게 여겼기에, WCF 제12장에서 따로 한 장을 할애합니다(참고. WLC 74; WSC 34). 하나님의 양자가 되는 놀라운 특권은 지상의 어떤 황제나 왕에게 입양되는 것보다 영광스런 일입니다. 그런데 WCF는 칭의와 성화 사이에 양자를 배치합니다.

칭의와 양자 그리고 성화와 양자는 뗄 수 없기 때문입니다.[255] 다시 말해, 칭의된 사람은 하나님의 양자이고, 거룩하신 하나님의 양자는 사탄의 자식들로부터 미움받을 용기를 가지고 성화를 열망합니다. 양자는 특권과 더불어 의무를 가집니다. 아버지 하나님을 경외하고 형제자매를 사랑하며, 때로는 아버지의 사랑의 징계를 달게 받아야 합니다(벧전 1:17).[256]

BC 2000-BC 331년경 바벨론제국의 설형(楔形)문자에 입양에 관한 기록이 남아있습니다. 입양의 대상들로는 남자, 노예,

---

255) Beeke and Jones, 『청교도 신학의 모든 것』, 622.
256) Beeke and Jones, 『청교도 신학의 모든 것』, 637.

사생아, 여성들의 네 부류입니다. 어떤 남성은 상속자로 입양되거나 입양되기 전에 수습 기간을 가지기도 했고, 노예의 경우는 입양을 통해 신분이 해방되었습니다. 사생아로 태어난 아이들은 입양을 통해 적법한 자녀로 인정되었고, 여성들은 주로 남편과 혼인할 목적으로 입양되었습니다.[257]

구약성경에 입양과 유사한 사례가 더러 나옵니다. 모세(출 2:10), 그누밧(왕상 11:20), 그리고 에스더(에 2:7)의 경우입니다. 이 세 명은 팔레스타인 밖의 입양이 보편화된 이집트나 페르시아에서 자란 공통점이 있습니다(참고. 야곱이 므낫세와 에브라임을 양자로 삼음[창 48:1-7]; 하나님께서 이스라엘을 양자로 삼으심[출 4:22-23; 지혜서 12:19-21; 3마카비 6:28]).[258] 그리고 구약에서 양자의 실례를 찾을 때, 하나님께서 자기 아들이라 부르신 다윗과 맺은 언약을 소개하는 사무엘하 7:14를 간과하기 어렵습니다(참고. 계 21:3).

AD 1세기 로마제국에도 입양(adoptio)제도가 있었습니다. 해당 그리스어 명사 υἱοθεσία(휘오쎄시아)는 '아들'과 '위치시키다'의 합성어로서, 기본적 의미는 동사 '선택하다'(to choose)에서 나왔습니다(행 7:21; 엡 1:5).[259] 로마제국에서 입양의 주요 목적은 가문의 종교와 재산을 보호할 적법한 상속자를 확보하는 데 있었습니다.[260] 양자는 누구입니까? 선택으로써 사랑받는 사람입

---

257) 이은주, "성경 속의 양자(養子)," 『종교문화학보』 17/2 (2020), 113.

258) C. W. Chang, "A Socio-Historical Study of the Adoption Imagery in Galatians," HTS Teologiese Studies 77/4 (2021), 3-4; 이은주, "성경 속의 양자(養子)," 115; 강웅산, "양자의 교리: 성경신학적-조직신학적 접근," 『성경과 신학』 74 (2015), 65-96.

259) Louw and Nida, Greek-English Lexicon on the New Testament based on Semantic Domains, Volume 1, 464-65.

260) Chang, "A Socio-Historical Study of the Adoption Imagery in Galatians," 5. 김형태는 그레코-로마의 입양에서 바울의 입양 개념을 설

니다. 갓난아기는 자신에게 공로가 있으니 입양해 달라고 양부모에게 말할 수 없습니다. 따라서 입양할 부모는 그 아기에 대한 무조건적 사랑이라는 동기로 입양할 뿐입니다(갈 3:26; 엡 1:4-5).

칭의는 죄인이 하나님의 은혜 때문에 양자로 받아들여짐에 대한 선언입니다. 그래서 칭의와 양자는 성도의 신분이 놀랍게 변화되었음을 알립니다.[261] 성부께서는 칭의를 통해 독생자 예수님의 의를 우리에게 전가해 주셔서 의롭게 여겨주시며, 더 나아가 입양으로써 우리를 자신의 맏아들이신 예수님의 동생들로 삼아주십니다.[262] 그러므로 칭의가 먼저이고 입양이 나중입니다. 즉 입양은 칭의를 뒤따릅니다. "입양이란 칭의가 성도를 분명하게 인도해 가는 '더할 나위 없는 최고의 복'(crowning blessing)입니다"(J. I. Packer). 이런 칭의의 은혜는 성도가 하나님과 화평을 누리도록 만듭니다(롬 5:1-2; 참고. WLC 74; WSC 34). 이

명하는 데 한계가 있음을 지적한다. "바울의 양자 은유는 그레코-로만 배경만으로는 완전히 이해될 수 없다. 첫째, 그리스와 로마의 양자 제도는 일반적으로 사회의 상류층 사이에서 이루어지고, 가계(family line)를 잇는다는 이 양자 제도의 주된 목적은, 죄인들을 위한 구원론적 은유인 바울의 양자 은유와 잘 어울리지 않는다. 그리스와 로마의 양자 제도는 대개 입양되는 사람보다는 입양하는 사람의 필요에 초점을 맞춘다. 둘째, 바울의 양자 은유의 그레코-로만 배경은 바울이 이 은유를 사용할 때 나타나고 있는 '지금'과 '아직' 사이에 있는 종말론적인 긴장을 설명할 수가 없다(예, 롬 8:15; 8:23). 마지막으로, 바울은 롬 9:4에서 υιοθεσία(휘오쎄시아)를 이스라엘의 언약적 특권으로 표현하는데, 이는 그레코-로만 양자 제도와는 어떤 연결점도 가지지 않는다. 그런데 이러한 결핍들은 바울의 양자 은유에 들어있는 유대적 맥락을 고려할 때 모두 해결될 수 있는 것이다." 김형태, "Newly created Children of God: Adoption and New Creation in the Theology of Paul," (Ph.D. Thesis, Durham University, 2022; 고신총회성경연구소 주최 학위논문발표회, Zoom, 2022년 8월 25일), 3.

261)조진모, "칼빈 신학에서 양자 교리의 위치,"『신학정론』27/1 (2009), 98-99.
262)16-17세기의 종교개혁 전통은 양자됨을 칭의의 일부로 보았다. R. Rollock, "Treatise on Justification," *Mid-America Journal of Theology* 27 (2016), 110; Chang, "A Socio-Historical Study of the Adoption Imagery in Galatians," 1.

런 의미에서 칭의는 평화조약과 같습니다. 물론 이런 평화는 양자(養子)의 은혜와 함께 옵니다(WCF 12:1; 참고. 요 14:27).[263] 회중교회 소속 청교도 설교자 예레미야 버로우(Jeremiah Burroughs, d. 1646)는 "오, 예수 그리스도의 하나님께서 동일하게 나의 하나님이 되며 예수 그리스도의 아버지께서 동일하게 나의 아버지가 되신다는 이 가르침 안에 있는, 영혼을 만족시키며 황홀하게 하는 위로를 누가 완벽히 표현할 수 있겠는가!"라고 입양의 복에 관해 고백했습니다.[264]

예수님을 구주로 영접하는 사람은 하나님의 자녀로 입양됩니다(요 1:12). 예수님의 십자가 대속과 사랑이 없다면 입양은 불가능합니다. 예수님께서 부활하신 주일 새벽 즉 안식 후 첫날에 막달라 마리아에게 "너는 내 형제에게 가서 이르되 내가 아버지 곧 너희 아버지, 내 하나님 곧 너희 하나님께로 올라간다 하라"고 말씀하셨습니다(요 20:17). 이제 예수님의 아버지와 하나님은 주님의 형제인 제자들의 아버지와 하나님이 되십니다. 예수 그리스도께서 이 세상에 가지고 오신 부활의 능력과 질서 안에서 열한 사도는 예수님의 형제가 되고, 성부 하나님을 아버지라 부를 수 있게 되었습니다.[265]

---

263) Sproul, 『웨스트민스터 신앙고백 해설 2』, 104.

264) Beeke and Reeves, 『청교도, 하나님을 온전히 따르는 삶』, 170.

265) 아담의 갈비뼈에서 생명이라는 뜻의 하와가 만들어졌다면(창 2:22), 예수님의 옆구리에서 생명을 상징하는 피와 물이 쏟아졌다(요 19:34). 유월절 무렵 안식 후 첫날 어두울 때(요 20:1)는 창조가 막 시작되었을 상태인 흑암의 깊음을 연상시킨다(창 1:2). 아담이 문화명령을 받았다면(창 1:28; 2:8), 예수님은 동산지기로서 부활이라는 새 생명을 세상에 불어넣어 회복된 에덴동산으로 만드신다(요 19:41; 20:15). 예수님의 부활은 세상에서 어둠과 죽음과 죄악을 말소한 새 창조의 사건이다. N. J. Schaser, "Inverting Eden: The Reversal of Genesis 1-3 in John's Passion," *Word & World* 40/3 (2020), 269-70.

하나님의 가족은 평화를 누리고, 천국을 상속하며 화평케 하는 사명을 받습니다(마 25:34). 양자의 성령을 받은 하나님의 자녀는 그리스도와 함께한 상속자로서 영광을 받기 위하여 고난도 함께 받을 각오를 해야 합니다(롬 8:14-17). 그리스도인은 하나님의 가족에 무상으로 입양되었기에, 예수님의 죽음과 부활을 모두 공유합니다.[266] 하나님의 양자들은 아버지의 긍휼, 보호, 공급, 그리고 연단을 받습니다(시 37:25; 103:13; 마 6:26-30; 빌 1:29). 아버지는 자녀가 범죄 할 경우, 교정을 위해 징계하십니다(잠 13:24).

성령님은 완전한 구속(救贖)의 날까지 하나님 자녀의 영혼에 인(印)을 치십니다(엡 1:13). 성부는 구원의 보증금이자 첫 할부금(割賦金)이신 성령님을 성도에게 주십니다. 그런데 성령님은 삼위일체의 한 위격이시므로 사실상 전액을 다 지불하신 것이나 마찬가지입니다.[267] 성부께서는 예수님과 연합된 자기 자녀를 위한 구원의 보증과 첫 할부금인 성령을 그들로부터 빼앗지 않으십니다. 유대인들은 배타적으로 양자의 은혜를 입었지만(롬 9:4), 신약시대에는 이방인을 포함하여 모든 그리스도인에게 양자의 성령께서 자녀의 명분을 확신시키십니다. 이것은 예수님께서 율법을 성취하셔서 (이방인 출신) 그리스도인을 율법의 짐과 속박에서 해방하신 덕분입니다(갈 4:4-6).[268] 성도는 첫 아담 안에서 상실한 하나님의 자녀로서의 선물과 양자의 언약(covenant of adoption)

266) Fitzmyer, 『로마서』, 804-805.
267) Sproul, 『웨스트민스터 신앙고백 해설 2』, 113.
268) Chang, "A Socio-Historical Study of the Adoption Imagery in Galatians," 9.

을 둘째 아담이신 예수님을 통하여 회복했습니다.[269] 조진모에 따르면, "칭의와 믿음이 언약 관계의 회복에 초점을 둔다면, 양자됨은 하나님과 언약 관계에 들어가서 제대로 활동할 수 있는 인격자인 의인에 초점을 둔다."[270]

성경 근거 구절

그리스도인은 하나님의 가족에 입양된 양자: 영접하는 자 곧 그 이름을 믿는 자들에게는 하나님의 자녀가 되는 권세를 주셨으니(요 1:12)

그들은 이스라엘 사람이라 그들에게는 양자됨과 영광과 언약들과 율법을 세우신 것과 예배와 약속들이 있고(롬 9:4)

적용 ▶ 아바('Aββά) 아버지께서는 양자들에게 상속자의 특권을 누리도록 조치를 취하십니다(롬 8:15). 그것은 성령님을 영원한 양자됨의 보증으로 주시는 것입니다. 성도는 '그 아들 안의 아들들'(sons in the Son)입니다. 여기서 '그 아들'(the Son)은 당연히 성부의 아들 예수님을 가리킵니다. 성도는 하나님의 부성적(父性的) 사랑을 늘 감사하며 살아야 합니다. 양자됨의 삶은 하나님 아버지의 가훈에 맞추어 복음을 따라 사랑을 실천하는 것입니다(요이 1:1-2). 사람이 예수님을 구주로 믿을 때 하나님의 가정에 입양됩니다. 그러나 하나님의 아들과 딸로서 누릴 완전한 특권은 미래에 남아있습니다.[271] 칭의처럼 입양에도 '이미'라는 과거와 '아직 아니'라는 미래의 두 특성이 있습니다.

---

269) 조진모, "칼빈 신학에서 양자 교리의 위치," 86, 88.
270) 유해무, 『헌법 해설: 웨스트민스터 신앙고백서/대소교리문답서』, 136.
271) Frame, *Systematic Theology: An Introduction to Christian Belief*, 978.

무엇보다 그리스도인이 입양한다면, 하나님께서 자신을 양자로 삼아주심이 얼마나 놀라운 사랑인지 절감하게 됩니다. 그리스도인 가운데 입양한 아기가 성장하다 보니 장애인으로 판명되는 경우가 있습니다. 그 경우 입양한 부모가 하나님께서 자기 가정이 그 장애 아기를 돌보기에 가장 적합하다고 판단하셔서 보내주셨다는 놀라운 고백을 할 수 있어야 합니다.

'엘리자베스 시대 청교도의 핵심 건축자'이자 '청교도 신학자들의 왕자' 윌리엄 퍼킨스(William Perkins, 1558-1602)는 본인이 하나님의 자녀로 입양되었는가를 판별하는 6가지 표지를 제시한 바 있습니다. (1) 하나님의 영광을 간절히 추구함, (2) 언행과 심사가 말씀과 성령의 통치를 받아 복종함, (3) 악에 대해 양심이 깨어 있고, 하나님의 뜻대로 살려는 열심이 있음, (4) 하나님의 부르심에 합당하게 반응하고, 하나님의 섭리를 의지함, (5) 믿음과 회개를 매일 새롭게 함, 그리고 (6) 성령과 은혜로써 육체의 정욕을 이김.[272]

그런데 하나님의 가정에 입양된 이후로도 자녀됨의 은혜를 누리는 데에 방해가 되는 요소가 적지 않습니다. (1) 하나님의 섭리에 대한 불평, (2) 마귀의 미혹에 빠져 자기 자신을 향하여 불평하는 것을 좋아함, (3) 하나님 아버지의 약속과 위로를 불신함, (4) 하나님을 시험하고 제한함, (5) 현재의 느낌이나 자신의 주관적인 가정(假定)에 의해 하나님과 하나님의 사랑에 대해

---

272)케임브리지대학교의 신학 교수 윌리엄 퍼킨스는 칼빈과 베자의 타락 전 선택설을 지지했으며, '다섯 가지 오직'(5 Solas)을 귀하게 간직했다. 참고. Selvaggio, 『웨스트민스터 총회의 유산: 단번에 주신 믿음』, 168-69; W. Perkins, 『황금사슬: 신학의 개요』, *A Golden Chain: The Description of Theology*, 김지훈 역 (용인: 킹덤북스, 2016), 16.

편견을 가짐, (6) 하나님의 명령과 성도의 의무에 태만함, 그리고 (7) 회의적인 질문으로 가득한 생각.[273]

케임브리지대학교 출신으로 회중교회주의자 청교도였던 윌리엄 페토는 『성령의 음성』(The Voice of the Spirit, 1654)에서 양자의 성령께서 주시는 구원의 확신을 강조했습니다.[274] 페토는 자신의 책에서 논증의 근거로 교부, 칼빈, HC 등을 인용했습니다. 참고로 페토는 "오직 은혜, 오직 믿음, 오직 그리스도, 오직 성경, 오직 하나님께 영광이"를 지지했습니다.[275]

13장 성화

1. 효력 있는 부르심을 받아 거듭난 자들은 그들 속에 새 마음과 새 영이 창조되었기 때문에 그 다음에는 참으로 인격적으로 성화된다. 그들 속에 거하시는 그리스도의 말씀과 성령으로 말미암아 그리스도의 죽음과 부활의 능력 덕분에 죄의 몸이 주관치 못하며, 그 몸의 정욕들은 점점 약화되고 죽으며, 그들은 모든 구원의 은혜 가운데서 점점 더 소생하고 강건케 되어 참 거룩함을 실천하게 되는데, 이 거룩함이 없이는 어느 누구도 주님을 뵐 수 없다.

2. 이 성화는 전인에 걸쳐 일어나지만, 현세에서는 불완전하다. 모든 지체에 부패의 잔재가 여전히 남아있어서 계속적이고 화해할 수 없는 전쟁이 거기서 일어나니, 곧 육의 정욕은 성령을 거스르고 성령은 육을 거스른다.

3. 그 전쟁에서 부패의 잔재가 한동안 훨씬 우세할 수도 있지만, 중생한 부분이 거룩하게 하시는 그리스도의 성령께서 공급하는 힘으로 이긴다. 그래서 성도들은 은혜로 자라가며, 하나님을 경외하는 가운데 거룩함을 완성해 간다.

---

273)참고. Selvaggio, 『웨스트민스터 총회의 유산: 단번에 주신 믿음』, 194-95.
274)Brown, "Samuel Petto (c. 1624-1711)," 81.
275)Brown, "Samuel Petto (c. 1624-1711)," 80.

아버지 하나님은 구원을 계획하시고, 성자 예수님은 구원을 이루시고, 성령 하나님은 구원을 적용하십니다. 사람이 협력하거나 거역할 수 없는 은혜로만 가능한 중생은 칭의를 낳고, 칭의는 성화를 낳습니다.[276] 하나님은 성도를 계속 의롭게 하시고 입양하시지는 않지만, 주님은 성도 안에 계속해서 일하셔서 성화를 이루십니다(갈 5:16-18, 22-23; 살후 2:13; 벧전 1:2).[277]

로마서 6:19에 칭의와 성화(聖化)가 함께 등장합니다. "전에 너희가 너희 지체를 부정과 불법에 내주어 불법에 이른 것같이, 이제는 너희 지체를 의에게 종으로 내주어 거룩함에 이르라"(롬 6:19).[278] 그러므로 칭의 다음에 성화는 즉시 그리고 필연적으로 따르기에, 그리스도인은 성령의 소용을 따라 예수 그리스도를 닮아가야 합니다.[279] 성도는 예수님 안에서 거룩하게 됩니다(고전 1:2). 또한 성도는 성령님 안에서 거룩하게 됩니다(롬 15:16). 거듭난 성도는 새로운 피조물인데, 예수님의 십자가 대속과 부활이 주는 은덕을 통해서 그리고 복음의 말씀과 내주하시는 성령의 역사로 성화되어 갑니다(WCF 13:1; 참고. WLC 69, 75, 77, 78; WSC 32, 35, 36, 37). 따라서 성도가 성화를 사모한다면 성령님과의 교제를 즐거워해야 합니다. 성도는 아버지 하나님의 형상(imago Dei)을 점

---

276) Sproul, 『웨스트민스터 신앙고백 해설 2』, 130.

277) Frame, *Systematic Theology: An Introduction to Christian Belief*, 985, 987.

278) 명사 ἁγιωσύνη(하기오쉬네)는 주로 하나님의 거룩을 가리킨다(롬 1:4). 그리고 ὁσιότης(호시오테스)는 생활의 거룩함을 가리킨다 (눅 1:75; 엡 4:24). Louw and Nida, *Greek-English Lexicon on the New Testament based on Semantic Domains*, Volume 1, 745.

279) 롬 8:30에 칭의 다음에 영화(榮化)가 언급된다. 성화가 생략된 이유는 여기서 칭의는 '성화에 이르게 하는 의로움'이기 때문이다. 강일상, "[바울 구원론의 탐구 10] 성화에 이르게 하는 의로움: 로마서 6장 19절," 『기독교사상』 74 (2020), 157.

진적으로 회복해 가면서 하나님을 닮아갑니다(imitatio Dei, 벧후 1:4-7).[280] 형상(imago)은 닮아가기 위해(imitatio) 있습니다.[281]

아버지 하나님께서 거룩하신 것처럼 그분의 입양된 자녀도 마땅히 거룩해야 합니다. "내가 거룩하니 너희도 거룩하라."(레 11:44; 벧전 1:15-16). 하나님의 자녀이자 성령의 전으로 사는 성도는 "하나님을 두려워하는 가운데서 거룩함을 온전히 이루어 육과 영의 온갖 더러운 것에서 자신을 깨끗하게 하자"라고 서로 격려해야 합니다(고후 6:16; 7:1). 성도는 성화를 일평생 사명처럼 추구해야 합니다. 성도는 거룩하신 하나님을 닮아가야 하기에, 죄의 지배와 죄의 몸에서 나오는 정욕에 대해 점점 죽어야 합니다(롬 6:6; 벧전 1:16; 2:24). 성도 안에 복음의 씨가 심겨져 있기에, 편하게 그리고 죄책감 없이 범죄 할 수 없습니다(요일 3:6, 9). 그러나 성도는 이 생애 동안 완전한 성화에 도달할 수 없습니다 (WCF 13:2).[282] 루터가 말한 대로, 성도는 의인이면서 동시에 죄

---

280) B. Hroboň, "A Proposal for Understanding Imago Dei as Process of Sanctification," *Communio Viatorum* 56/1 (2014), 20.

281) 존 프레임은 성도가 그리스도를 닮아갈 때, 그분의 대속을 닮은 것이 가장 심오한 모방이라고 주장한다. 예수님의 대속을 모방한다는 것은 사람이 남을 구원할 수 있다는 의미가 아니라, 하나님의 사랑을 깨달은 성도가 남을 위해 헌신하며 목숨을 바칠 수 있어야 한다는 뜻이다(요 13:34-35; 요일 4:9-11). Frame, *Systematic Theology: An Introduction to Christian Belief*, 681.

282) 존 웨슬리(d. 1791)는 성화의 과정에서 회개와 믿음으로 중생과 함께 성화가 시작되고(initial sanctification), 그리스도인의 회개와 믿음으로 온전한 성화(entire sanctification) 즉 성결해짐으로써, 마침내 영화 (glorification)의 순간적인 단계에 이른다고 보았다. 하지만 '온전한 성화' 라는 용어는 성령 충만하여 헌신과 기쁨과 순종으로 가득한 상태에 가깝다. 감리교도는 성화에 있어 '아직 아니'의 측면을 인정하지만, 이 표현은 오해의 여지가 있다. 참고. K. S. Sims, "A Spirit-filled Christian-in-the-Making: E. Stanley Jones's Views on Entire Sanctification," *Asbury Journal* 78/1 (2023), 109, 116.

인입니다(롬 7:19, 24).

성화란 성도가 하나님의 말씀에 순종하여 하나님의 영광을 드러내도록 성령님께서 주도하시는 삶입니다(WCF 16:3; 19:6; WLC 1:1). 동시에 중생 이후로 성도의 성화의 삶은 하나님의 단독 사역이 아니라 협력적입니다. 성화는 철저히 하나님께서 주도하시는 사역이지만, 성도의 기도와 말씀 묵상과 같은 애씀도 중요합니다.[283] 왜냐하면 하나님은 자신의 기쁘신 뜻을 위하여 성도 안에 소원을 두고 행하시기 때문입니다(빌 2:13). 그리고 성도가 성화를 이루려면 먼저 하나님 나라와 그분의 의를 추구하며 살 수 있어야 합니다(마 6:33). 또 성화를 위해 무엇이 필요합니까? 기도와 말씀 묵상의 훈련이 필요하고, 겸손하게 두렵고 떨림으로 구원을 이루려는 자세가 중요합니다(빌 2:12-13).[284] 그리고 성도는 마음을 새롭게 함으로 변화를 받아 하나님께 자신을 산 제물로 바치려는 열망에 사로잡혀야 합니다(롬 12:2).

성경은 자신의 노력이나 의로써 칭의와 성화를 이루려는 바리새적 율법주의를 거부합니다. 그리고 자신의 성화를 위한 노력에 무관심한 채 태평하게 사는 반율법주의나 하나님께서 다 알아서 하신다고 믿는 극단적(hyper) 칼빈주의도 거부합니다.[285]

---

283) Frame, *Systematic Theology: An Introduction to Christian Belief*, 992. 참고로 성화가 하나님께서 주도하시는 은혜로운 사역임을 강조하기 위해, 길지만 '성도의 책임 있는 참여를 수반하는 성령의 은혜로운 사역'이라 부를 수 있다(예. 안토니 후크마). 참고. 이윤석, "웨스트민스터 표준문서에 담긴 성화의 의미에 대한 고찰,"『한국조직신학논총』45 (2016), 66; 안명준, "웨스트민스터 신앙고백서의 신학적 윤리학,"『장로교회와 신학』4 (2007), 109, 115.

284) 참고. 김은수,『개혁주의 신앙의 기초 II: 웨스트민스터 소요리문답 해설』, 85.

285) 청교도 존 이튼(John Eaton)은 1630년대 초부터 도덕률 폐기론을 가르쳤으며, 토비아스 크리스프(Tobias Crisp), 존 심슨(John Simpson), 그리고

하나님의 법에 순종하는 것은 율법주의가 아닙니다. 구약 율법은 신약 성도의 생활을 위해 중요한 원칙과 같습니다.[286]

　사도 바울은 거듭난 이후에 "오호라 나는 곤고한 사람이로다. 이 사망의 몸에서 누가 나를 건져내랴?"라고 탄식했습니다(롬 7:24). 왜냐하면 바울의 생활에 성화의 속도가 제대로 이루어지지 않았기 때문일 것입니다. 이처럼 성도에게 죄의 지배는 사라졌지만, 죄의 법의 잔재는 여전히 남아있습니다(롬 7:23; 8:2). 그럼에도 예수님과 연합된 성도는 새로운 피조물이므로 죄에 대해 이미 죽었고, 계속 죽으며 성화를 경험해야 합니다.

　"적용이 없다면 구속은 구속이 아니다"(Dempta applicatione, redemptio non est redemptio)라는 명언을 기억합시다. 그렇다면 영 단번에 이루어진 그리스도 사건을 중심에 두는 구원의 역사(historia salutis)는 그리스도인에게 구원의 서정(ordo salutis)으로 지속적으로 적용되어야 합니다.[287] 구주 예수님께서 성도 안에 거하시므로, 그리스도께서 주시는 유익과 효과를 받아 누리는 성도는 구원의 서정 중에서 성화를 확실하고도 빠르게 이루어지도록 모든 것을 바쳐야 합니다(기독교강요 3.1.1; WSC 31; WLC 59-81).[288] 우리의 의이신 예수님께서 태양이라면, 칭의는

존 살트마쉬(John Saltmarsh)가 그를 이어 가르쳤다. 이런 도덕폐기론은 성공회의 신인협력 혹은 행위 구원적 주장에 대한 반동으로 보인다. 김홍만, "웨스트민스터 신앙고백서의 역사적 배경과 신학적 특징들," 92.

286)그리스도인에게 주어진 참된 자유는 아디아포라(adiaphora) 영역에 국한되지, 선과 악 중에서 어떤 것을 행할 자유를 가리키지 않는다. Sproul,『웨스트민스터 신앙고백 해설 2』, 140.

287)R. B. Gaffin Jr., "Biblical Theology and the Westminster Standards," *Westminster Theological Journal* 65/2 (2003), 171, 175.

288)Gaffin Jr., "Biblical Theology and the Westminster Standards," 172.

빛이며, 성화는 열과 같습니다(기독교강요 3.11.6). 태양에서 나오는 빛과 열은 분리할 수 없습니다.

청교도 스티븐 차르녹(Stephen Charnock, d. 1680)은 하나님의 거룩하심이란 구주 예수 그리스도 안에서 바로 세워지며, "거룩하신 하나님의 아름다움은 그리스도인을 향한 예수 그리스도의 미소 속에 나타난다"고 보았습니다.[289] 그리고 차르녹은 거룩을 두 가지로 나누었습니다. 하나는 악으로부터의 자유이며, 다른 하나는 하나님의 뜻에 전적으로 일치시키고 순응하는 것입니다.[290] 그리스도인은 하나님의 성품을 닮아 재창조되면서 영적 전투에서 이겨야 한다고 강조하는 차르녹에 따르면, 하나님은 칭의에 머무는 행복만 성도에게 주시기를 원하지 않고, 성화에 의한 은혜의 상태로 실질적인 변화를 주시기 원하십니다.[291] 차르녹은 성화를 하나님을 닮아 하나님을 위해 살아가는 것으로 보면서, 성화를 구원으로 예정 받았음을 증명하는 길이며 하나님을 영화롭게 하는 최고의 길이라고 보았습니다.[292] 그리고 성화는 그리스도인을 최후 심판대 앞에 감사함으로 설 수 있도록 훈련합니다(계 21:27).

---

289)*The Works of the Late Learned Divine Stephen Charnock*, Vols, 1-5 (1684-85) in 이한상, "스티븐 차르녹(Stephen Charnock)의 신학에서 '하나님의 거룩': 청교도 성화론의 통합적 이해를 지향함," 『역사신학논총』 19 (2010), 268.

290)이한상, "스티븐 차르녹(Stephen Charnock)의 신학에서 '하나님의 거룩'," 254.

291)이한상, "스티븐 차르녹(Stephen Charnock)의 신학에서 '하나님의 거룩'," 256.

292)이한상, "스티븐 차르녹(Stephen Charnock)의 신학에서 '하나님의 거룩'," 266-67.

적용 ▶ 청교도는 매일 개인적으로 그리고 가정에서, 또한 주일마다 공동체적으로 성화의 삶을 위해 애쓰지 않으면, 그리스도인은 성령께서 강하고 즐거운 확신을 주시기를 기대할 수 없다고 강조했습니다.[293] 성도는 하나님께서 주신 새로운 본성을 살리기 위해, 개인사와 가정에서 성경을 묵상하면서 죄를 죽이고 순종하며 살아야 합니다. 청교도에게 성찬은 성화의 은혜를 강화하는 수단이었습니다.[294] 이런 청교도의 가르침과 달리, 오늘날 교회에 성화가 더딘 교인들이 적지 않습니다. 하지만 우리는 구원에 이르는 산 믿음과 성령의 내주라는 빛나는 은혜로써 성화를 이루어 가야 합니다. 현대 그리스도인에게 구원의 은혜를 지나치게 강조하고 성화를 무시하는 도덕폐기적 경향은 무엇일까요? 그리고 습관적인 죄에서 어떻게 벗어날 수 있습니까? 부끄러움을 모르고 죄를 범하면서 윤리와 도덕을 하찮게 여기는 악한 시대의 영향을 받는 성도는 꿈에서조차 죄를 짓기도 합니다. 이것은 성도가 잠자리에 들기 전에 말씀을 묵상하고 기도해야

---

293)Beeke and Reeves, 『청교도, 하나님을 온전히 따르는 삶』, 178; Beeke and Jones, 『청교도 신학의 모든 것』, 611.
294)Beeke and Jones, 『청교도 신학의 모든 것』, 616.

할 이유입니다. 개인적 성화는 물론이거니와, 사회의 부정과 가난과 억압과 같은 문제들을 성경적으로 해결하려는 사회적 성화도 중요합니다. 김홍만은 어거스틴을 예로 들어 이 균형을 아래와 같이 적절하게 설명합니다.

> 아우구스티누스에게서 개인의 성화는 사적인 혹은 내밀한 영역에 갇혀있는 것이 아니라 사회윤리를 향하여 연계되고 확장되는 특징을 지닌다. 내면성에 '자폐' 되지 않고 역사와 사회 속으로 다시 들어가야 한다는 뜻이다. 아우구스티누스의 용어처럼, 밖으로 나가지 말고 안으로 들어가 위를 향하라는 내적 윤리를 '안으로 들어가는 윤리'라고 표현할 수 있다면, 내적 변화의 가치를 가지고 지상의 도성과 혼재된 삶속에서 실천하려는 사회윤리를 '다시 밖으로 나가는 윤리'라고 말해도 무방할 듯싶다. 안으로 들어가 위를 향한 후 다시 밖으로 나간다는 뜻에서, 내적 윤리를 생략한 채 밖으로 나가기만 하는 태도와는 분명한 차이가 있다. ...... 이와는 달리, 하나님의 도성에 속한 자들은 내적 성찰을 통한 내적 변화의 존재로서 은혜에 의한 성화의 능력을 가지고 역사적 현실 속에서 평화와 정의를 위한 노력에 관심해야 한다.[295]

내면적이고 개인적 성화는 매우 중요합니다. 하지만 그리스도인은 세상의 소금과 빛이므로 소위 '공적인 성화'도 열정적으로 추구해야 할 것입니다.[296]

---

295) 문시영, "아우구스티누스를 통해 본 개인의 성화와 사회적 성화," 『장신논단』 49/1 (2017), 321.

296) 청교도는 성경이 빚어내는 영성을 강조했지만, 계 11:3-6의 '두 증인'이라 자처한 로도윅 머글턴(Lodowick Muggleton, d. 1698)과 그의 추종자들은 설교와 기도를 부정하고 하나님의 최종 계시를 직접 받았다고 주장했다. 이 분파는 오늘날 신사도운동과 유사하다. 그 무렵 조지 폭스(George Fox,

14장 구원하는 믿음

> 1. 피택자들이 믿어 자기 영혼의 구원에 이르게 하는 믿음의 은혜는 그리스도의 성령께서 그들의 마음에 행하시는 사역이다. 이 은혜는 보통 말씀의 사역으로 일어난다. 또한 말씀의 사역과 성례의 집례와 기도로 믿음은 커지며 강화된다.
>
> 2. 이 믿음으로 신자는 말씀에 계시된 것마다 참되다고 믿으니, 하나님 그분의 권위가 그 속에서 말씀하시기 때문이며, 각 부분이 담고 있는 내용에 대해서는 각각 다르게 응답하는데, 즉 계명에는 순종하고 엄정한 경고에는, 두려워 떨며,현세와 내세에 미치는 하나님의 약속은 받아들인다. 그러나 구원에 이르게 하는 믿음의 주된 행위들은 은혜언약의 덕분에 칭의와 성화와 영생을 위해 그리스도만을 영접하고 받으며 의지하는 것이다.
>
> 3. 이 믿음은 정도가 다르며 약하거나 강할 수 있고, 자주 여러 형태로 공격을 받아 약해지기도 하지만, 최후 승리를 얻는다. 이 믿음은 많은 이들 가운데서 우리 믿음의 주요 온전케 하시는 주 그리스도를 통하여 충만한 확실성을 얻을 때까지 자라간다.

WCF 13장 성화에서 14장 구원하는 믿음을 거쳐 15장 생명의 회개로 논리가 전개되는 데에는 나름의 이유가 있습니다.[297] 김홍만이 그 이유를 WCF가 작성된 17세기 상황을 염두에 두고 아래와 같이 잘 해설합니다.

---

d. 1691)에게서 기인한 퀘이커 운동은 만인구원론 등을 주장하면서 정통 청교도 신학을 위협했다. 이런 잘못된 신학은 그릇된 영성으로 표현될 수 밖에 없다. 참고. M. A. G. Haykin, "Word and Space, Time and Act: The Shaping of English Puritan Piety," *SBJT* 14/4 (2010), 39-40.

297)여성 명사 πίστις(피스티스)는 누군가가 완전한 확신을 가진 상태이다(롬 3:3). Louw and Nida, *Greek-English Lexicon on the New Testament based on Semantic Domains*, Volume 1, 377.

WCF에서 성화 다음으로 믿음과 회개의 순서로 설명한 것에는 이유가 있다. 그것은 진정한 믿음과 회개 그리고 거짓 믿음과 회개를 구별하기 위한 것이었다. 이것은 그 당시 교회의 경건을 무너트리는 위선자들을 참된 신자들로부터 구별하기 위한 것으로부터 나온 것이다. 이러한 이유 때문에 WCF 14장의 제목은 구원하는 믿음이며, WCF 15장의 제목은 생명의 회개이다.[298]

성경에는 구원에 이르는 믿음을 가지고 살았던 구름같이 많은 증인이 있습니다(히 12:1). 믿음이라는 은혜는 말씀 사역과 성례 시행 그리고 기도에 의해 증가됩니다(WCF 14:1). 1655년에 청교도 존 윌킨스(John Wilkins) 박사는 설교에 관한 저술은 많지만, 기도를 가르치는 자료는 적다고 평가하면서 성도의 참 행복이 하나님과의 영적 교제에 달렸다고 보았습니다.[299] 윌킨스는 성도가 하나님과 교제하는 두 가지 방법으로 말씀 청취와 기도를 제시하는데. 기도는 성도의 의무이자 하나님의 선물이었습니다(롬 8:26).[300] 그리고 윌킨스는 성도가 기도할 때 영국 성공회의 공동기도서만 활용한다면, 성령의 역사를 어떤 정형화된 틀 안에 가두어버리며 초보 단계에 머물게 된다고 주장합니다.[301] 그리스도인은 거룩한 습관을 들이기 위해 부지런히 기도를 연습해야 합니다.[302] 기도 없이는 믿음이 자라지 않습니다.

---

298)김홍만, "웨스트민스터 신앙고백서의 역사적 배경과 신학적 특징들," 86.

299)J. Wilkins, *A Discourse concerning the Gift of Prayer* (London: T. M., 1655), 1.

300)Wilkins, *A Discourse concerning the Gift of Prayer*, 2-4.

301)Wilkins, *A Discourse concerning the Gift of Prayer*, 9-11.

302)Wilkins, *A Discourse concerning the Gift of Prayer*, 133.

우리 스스로 믿음을 만들어 낼 수 없기에, 구원에 이르는 믿음은 성부 하나님께서 예수님 안에서 성도에게 주신 은혜입니다(롬 3:28; 갈 2:20; 엡 2:8). 하나님은 성도가 믿음 안에 거하도록 지키십니다. 하지만 반(semi) 펠라기우스주의자는 이런 은혜를 믿음으로 받아들이기도 하고, 거부할 수도 있다고 주장합니다. 하나님께서 성도 안에 믿음을 일으키시는데, 통상적으로 생명을 불러일으키는 말씀 사역으로 믿음을 주십니다(요 6:63; 롬 10:17). 구주 예수 그리스도를 믿고 알아야 구원에 이르는 믿음을 가질 수 있습니다. "영생은 유일하신 참 하나님과 그분이 보내신 예수 그리스도를 아는 것이니이다"(요 17:3). 설교자는 복음을 최대한 충실하고 정확하게 전달해야 하지만, 결국 믿음의 효력을 일으키시는 분은 성령님이십니다. 루이스 벌코프(d. 1957)가 간파하듯이, 구원하는 믿음(saving faith)은 "성령에 의해 심령 안에서 일어나는 복음 진리에 대한 확신과 그리스도 안에 있는 하나님의 약속에 대한 진실한 의존입니다."[303]

구원에 이르는 믿음을 가진 성도는 혼자가 아니라 공동체라는 성도의 어머니의 품과 예수 그리스도의 몸에 붙어있어야 계속 성장합니다. 지역교회에는 은혜의 통로인 설교와 성례가 있습니다. 믿음의 공동체를 떠나는 것은 구원에 이르는 믿음이 없다는 증거일 수 있습니다(요일 2:19).[304] 믿음은 칭의는 물론이거니와 성도의 성화에 있어서도 중요합니다. 그리스도와 그분의 복음을 붙잡는 믿음이 중요합니다. 사탄의 공격과 성도의 범

---

303)참고. 이숙경, "구원하는 믿음의 성격에 기초한 기독교교육의 근본 원리 및 과제,"『ACTS 신학저널』28 (2016), 140.

304)H. P. Hook, "Biblical Definition of Saving Faith," *Bibliotheca Sacra* 121/482 (1964), 139

죄로 믿음이 일시적으로 약해질 수 있습니다. 굳세게 인내한다는 성도의 견인을 믿는다면 성도의 믿음은 결국 강해지고 승리하게 될 것입니다.[305] 예수님은 성도 안에 믿음을 시작하시고 완성하실 것입니다(히 12:2). 이것은 큰 은혜가 아닐 수 없습니다. 성도는 이미 구원을 얻은 사람으로서 사랑으로 역사하는 믿음(faith active in love) 즉 참되고 살아있는 믿음으로 가시적 열매를 맺으며 살아야 합니다(갈 5:6; 약 2:22).[306]

성경 근거 구절

구원에 이르는 믿음: 내가 그리스도와 함께 십자가에 못 박혔나니 그런즉 이제는 내가 산 것이 아니요 오직 내 안에 그리스도께서 사신 것이라 이제 내가 육체 가운데 사는 것은 나를 사랑하사 나를 위하여 자기 몸을 버리신 하나님의 아들을 믿는 믿음 안에서 사는 것이라(갈 2:20)

네가 보거니와 믿음이 그의 행함과 함께 일하고 행함으로 믿음이 온전하게 되었느니라(약 2:22)

적용 ▶ 구원에 이르는 살아있는 믿음을 가지고 하나님의 말씀을 듣는 사람은 복음의 '화행적'(perlocutionary) 힘에 압도되고 맙니다. 왜냐하면 본인이 들은 하나님의 명령에 순종하며, 경고에는 떨며, 현세와 내세에 대한 하나님의 약속은 즐겁게 받아들이기 때문입니다(WCF 14:2).[307] 이처럼 복음에는 우리의 행동을 변화시키는 능력이 있습니다.

---

305) Sproul, 『웨스트민스터 신앙고백 해설 2』, 186.
306) Hook, "Biblical Definition of Saving Faith," 139.
307) 최승락, "고백 언어의 특성과 웨스트민스터 신앙고백서," 『장로교회와 신학』 4 (2007), 60.

우리가 하나님 아버지께서 우리를 향해, 가지고 계신 선한 뜻을 확고하게 알수록 구원에 이르는 믿음을 가지고 감사하며 살 수 있습니다. 그러나 사랑이 충만하신 하나님 아버지의 얼굴을 바라봄으로써 얻는 믿음은 염려와 의심 때문에 공격당합니다. 예수님은 십자가 위에서 "엘리 엘리 라마사박다니"라고 외치심으로써, 아버지의 사랑을 의심하도록 만드는, 사탄의 유혹을 믿음으로 이기셨습니다(마 27:46).[308] 성부께서 우리를 대적하신다고 느껴질 때, 그분의 변함없는 자비의 얼굴빛을 구하며 믿음의 기도를 드려야 합니다. '믿음'의 반대말은 '두려움과 염려'인데, 하나님의 능력과 보호를 전혀 믿지 않는다면 유황불에 들어갈 것입니다(계 21:8). 성도가 고난 중에서 구원에 이르는 믿음을 가지고 산다면, 선교적 삶으로써 선교할 수 있습니다.[309]

　　가정과 교회학교에서 구원하는 믿음을 새 언약의 자녀에게 어떻게 가르칠 수 있을까요? 그리고 교육을 통해 학생과 자녀가 믿음을 어떻게 강화하도록 도울 수 있을까요? 우리 자녀에게 성경에 나타난 예수 그리스도와 그분의 구원 사역을 가르치며, 그들이 전인격적으로 반응하며 변화되도록 돕고, 공적 영역과 일상에서 하나님을 신뢰하며 살도록 가르쳐야 합니다.[310]

---

308) B. A. Gerrish, "The Gift of Saving Faith," *The Christian Century* 116/27 (1999), 968.

309) Gerrish, "The Gift of Saving Faith," 969.

310) 이숙경, "구원하는 믿음의 성격에 기초한 기독교교육의 근본 원리 및 과제," 143-47. 참고로 '구원'(salvation)은 사망에서 생명으로, '구속'(redemption)은 빚을 청산받음, 그리고 '구조'(deliverance)는 세상에서 천국으로 이동하는 것이라는 설명은 정두성, 『1647 대교리 I』, 202를 보라.

15장 생명의 회개

> 1. 생명에 이르는 회개는 복음의 은혜인데, 그리스도를 믿는 믿음의 교리와 마찬가지로 모든 복음 사역자들은 이 교리를 전파하여야 한다.
>
> 2. 이 회개로 말미암아 죄인은 자기의 죄가 위험할 뿐 아니라 더럽고 추악하며, 그것이 하나님의 거룩하신 본성과 의로우신 율법에 배치되는 것을 보고 느끼며, 또한 뉘우치는 자들에게는 그리스도 안에 있는 하나님의 자비를 베푸신다는 것을 깨달아, 자기의 죄를 슬퍼하며 미워하고 결국 그 모든 죄를 버리고 하나님께로 돌아서고, 하나님의 계명의 모든 길에서 그분과 동행하려는 목표를 세우고 매진한다.
>
> 3. 회개를 죄에 대한 어떤 속상이나 사죄의 원인으로 의지할 수 없고, 회개는하나님께서 그리스도 안에서 값없이 주시는 은혜의 행사이지만, 모든 죄인에게 필수적이기 때문에 회개하지 않고는 누구도 사죄를 기대할 수 없다.
>
> 4. 아무리 작아도 심판받지 않는 죄가 없는 것과 같이, 아무리 커도 진정으로 회개하는 자에게 심판을 임하게 할 수 있는 죄는 없다.
>
> 5. 일반적인 회개로 만족하지 말고 구체적인 죄를 구체적으로 회개하려고 애쓰는 것이 모든 사람의 의무이다.
>
> 6. 누구든지 하나님께 범한 자신의 죄를 사적으로 고백하고 사죄를 간구하여야 하며, 그 간구와 동시에 죄를 버림으로 자비를 얻을 것이다. 이와 마찬가지로 형제나 그리스도의 교회에 걸림돌을 놓은 자는 그 죄에 대하여 사적이거나 공적인 고백과 애통함으로 피해자들에게 자기의 회개를 표시해야 하며, 이로써 피해자들은 그와 화해하고 그를 사랑으로 받아들여야 한다.

생명에 이르는 회개는 복음의 은혜인데, 설교자는 회중에게 본을 보이면서 참믿음과 회개가 무엇인지 설교해야 합니다(WCF 15:1).[311]

---

311) '회개'에 해당하는 그리스어 명사 ἐπιστροφή(에피스트로페)는 생각의 전환을 넘어서서, 특정한 방향으로 삶의 방식을 바꾸는 행위이다(행 15:3).

오늘날 성도가 듣기 싫어한다고 해도 여전히 필요한 '선지자적 회개 설교'는 무엇입니까? 그것은 야웨께 돌아가자는 구약 선지자들의 선포를 반영하여, 성도가 직면한 문제를 부각하고, 합당한 방향을 제시하며, 행실을 돌이키는 방법과 동기를 부여하는 것입니다(호 6:1; 슥 1:3; 마 3:2; 눅 5:32; 행 2:37-38; 딤후 4:3-4).[312] 그런데 하나님의 형벌을 두려워하는 동기에서 회개하기보다, 하나님의 의로운 율법을 어긴 자신이 더럽고 혐오스러운 존재임을 깨닫고 죄에서 돌이켜 하나님과 동행하려는 상한 심령으로 하는 회개가 바람직합니다(WCF 15:2; 참고. 시 51:1-4, 17). 박철현은 회개의 수평 차원은 물론 하나님과의 수직 차원에 다음과 같이 주목합니다.

속건제에서 죄인이 자신의 행위로 인해 손해를 입은 사람에게 죄를 고백하고, 피해를 120% 보상해 준다고 해도 결코 그것으로 그의 모든 죄가 용서되는 것은 아닙니다. 그는 ...... 하나님과의 문제도 해결해야 한다. 이를 위해 그는 속건제물

Louw and Nida, *Greek-English Lexicon on the New Testament based on Semantic Domains*, Volume 1, 510. 참고로 마태복음은 예수님께서 이 세상에 오신 주요 목적을 돌이킴 즉 회개라고 제시한다. 그리스도인은 돌이킴에 합당한 열매를 맺어야 한다. 이에 관하여 이충재, 『예수님이 전파하는 돌이킴과 그 열매: 돌이킴의 말씀으로 마태복음 읽기』(서울: 다함, 2024)를 보라. 그리고 혹자는 행 2:38의 회개를 반로마제국적으로 이해한다. 회개란 '주와 신'으로 불린 황제를 숭배하던 이념과 삶에서 예수님을 주와 그리스도로(행 2:36) 모시는 삶과 세계관의 변혁이다. 다시 말해, 예수님을 죽인 로마제국의 권세자들은 법 없는 사악한 자들이었기에(행 2:23), 이런 횡포를 거부하는 삶이 회개이다. 참고. 콜롬비아신학교의 R. Nadella, "Pentecost as a Challenge to the Roman Empire's Values and Ethos," *Journal for Preachers* 41/4 (2018), 4-6.

312) 김창훈, "선지자적 회개 설교: 왜? 그리고 어떻게?" 『개혁논총』 43 (2017), 99-112.

로 숫양을 바쳐야만 한다(레 6:7).[313]

이처럼 하나님은 성도의 온전한 회개를 원하십니다. 시편 6, 32, 38, 51, 102, 130, 143편은 참회의 시인데, 회개의 태도를 가르치는 중요한 말씀입니다. 다윗이 우리야의 아내 밧세바와 간통한 후에 "내가 주께만 범죄하여"(시 51:4)라고 회개 고백한 것은 궁극적으로 간음하지 말라는 율법을 주신 하나님의 거룩하심을 공격한 것을 자백한 것입니다.[314]

천주교의 가르침에 따르면, 간음과 살인 그리고 주일 미사에 빠지는 것과 같은 큰 죄는 세례 시에 주입된 칭의의 은혜를 무효화하기에 고해성사로 칭의를 회복해야 합니다. 이 고해성사는 '영혼이 난파당한 사람을 위한 칭의의 두 번째 널빤지'라 불립니다.[315] 그리고 천주교에서 자선 행위는 칭의를 회복시키는 보속(補贖) 행위입니다. 대죄를 짓고 죽어가는 사람에게 종부 성사도 중요합니다. 천주교가 가르치는 회개의 이런 방식들로 참 회개가 가능하겠습니까? 기독교 문서인 디다케(c. AD 100)나 AD 4세기 교부 아타나시우스 등은 40일과 같이 특정 기간에 걸쳐 공식적인 금식이나 회개와 선행을 위하여 결단할 것을 강조했습니다. 그 후 16세기 중순의 트렌트공의회조차 회개의 열매인 선한 삶을 강조했습니다. 따라서 교회사를 통해 볼 때, 참된 회개와 용서를 위하여 값싼 은혜가 자리 잡을 수 없었습니다.[316]

---

313) 박철현, "웨스트민스터 신앙고백서의 참된 회개와 구약의 제사: 레 6:1-7의 속건제사 본문을 중심으로," 『개혁논총』 14 (2010), 317.

314) Sproul, 『웨스트민스터 신앙고백 해설 2』, 206.

315) Sproul, 『웨스트민스터 신앙고백 해설 2』, 210.

316) B. A. Zuiddam, "Repentance and Forgiveness: Classical and Patristic Perspectives a Reformation Theme," *In die Skriflig* 56/1 (2022), 2-11.

신약성경 저자들 가운데 누가는 누가-행전에서 회개와 관련된 용어를 약 36회나 사용합니다. 누가에 따르면, 주로 하나님 나라를 증언할 때 회개의 역사가 일어났습니다(눅 10:9, 13; 11:20, 32; 참조, 마 4:17; 눅 4:18-20). 이에 대해, 허주는 아래와 같이 자세히 설명합니다.

> 누가는 구원의 교향곡적 사건(하나님 말씀 들음-긍정적 반응-회개-예수의 이름으로 세례-죄 용서 받음-성령 받음-삶의 의식적/행위적 변화: 행 2:37-42 참조) 속에서 회개를 다룸으로써, 회개가 분명히 하나님 구원 역사의 주요 과정 요소임을 드러내고 있다. ...... 복음서에서는 성령으로 기름 부으심 받은(눅 3:21, 22; 4:1, 14, 18) 예수께서 친히 회개 메시지를 통해 잃어버린 자/죄인을 초청했다면, 사도행전에서는 동일하게 성령으로 기름 부음 받은 예수의 제자들이 회개 메시지를 선포함으로 잃어버린 자/죄인을 초청하는 연속성을 갖게 된다. ...... 회개는 구원의 역사를 이루어 가시는 삼위 하나님의 주도적 일하심에 전적으로 의존하게 된다. 하지만 동시에 회개는 하나님의 사랑과 긍휼, 특히 예수의 죽음과 부활 사건과 그 의미에 대한 인간의 철저한 인격적 반응(입술 고백과 삶의 변화)으로 나타나는 회심(구원)의 첫 단계이자 그리스도인의 계속적인 성화 된 삶의 표식(고후 7:5-16 참조)임을 또한 알 수 있다.[317]

회개 없이는 구원도 없지만, 그렇다고 회개가 구원의 근거가 될 수 없습니다(사 40:3-5; 눅 3:7-14). 믿음이 없이 칭의도 없지만, 그

---

317)허주, "회개: 한국교회 갱신을 위한 단초," 『한국개혁신학』 35 (2012), 94, 96, 108.

렇다고 믿음이 칭의의 근거가 아니라 예수 그리스도의 공로야말로 칭의의 근거입니다. 저주받을 필요가 없을 만큼 대수롭지 않은 작은 죄는 없습니다. 그리고 회개하는 자를 정죄할 만큼 큰 죄도 없습니다(WCF 15:4). 물론 어떤 죄는 다른 죄보다 더 큽니다. 한 예로, 예수님을 배반하여 넘겨준 가룟 유다의 죄는 예수님에게 사형 언도를 내린 빌라도의 범죄보다 더 큽니다(요 19:11; 참고. 마 11:20-24).

사람이 용서받을 수 없는 죄는 성령을 훼방하는 죄입니다(마 12:31-32; 눅 12:8-10). 여기서 성령을 훼방하는 죄가 무엇입니까? 예수 그리스도를 잘 알면서도 그리스도를 사탄의 사람처럼 모독하는 죄를 가리킵니다.[318] WCF가 고백한 대로, 성령께서 예수님을 성화시키셔서 범죄로부터 보호하셨고, 그리스도께서는 완전한 중보와 구원의 사역을 이루셨습니다. 바로 이 사실을 사탄의 사역으로 돌리는 성령을 훼방하는 죄는 누가 범합니까? 불신자나 명목상의 교인만 지을 수 있습니다. 히브리서에 따르면, 하나님의 아들 예수님을 다시 십자가에 못 박는 죄와 은혜의 성령을 욕되게 하는 죄도 회개할 수 있는 소망을 사라지게 만듭니다(히 6:4; 10:26-31). 두루뭉술한 일반적인 회개가 아니라, 구체적인 죄에 대해서 철저히 회개해야 합니다(WCF 15:5; 시 19:13; 딤전 1:13, 15). 한 예로, 예수님을 만나 구원의 은총을 입은 삭개오의 회개는 속여 빼앗은 것을 네 배로 갚겠다는 결단이었습니다(눅 19:8; 참고. 레 6:1-7; 민 5:5-10).[319]

---

318) 요한일서에서 영원한 사망에 이르는 죄는 예수님의 성육신과 구원 사역을 의도적으로 무시하며, 믿음의 공동체를 떠나는 것이다(요일 5:16).

319) 삭개오의 발언은 회개가 아니라 자기변호이지만, 삭개오를 회개와 영적 구원이 필요 없는 인물로 간주하는 것은 누가복음이 강조하는 회개와 용서(영

참된 회개란 무엇입니까? 그것은 사적 혹은 공적으로 죄를 고백하고, 슬퍼하며, 피해를 입은 사람을 대면하여 자신의 회개를 밝혀야 합니다(WCF 15:6; 눅 19:8). 여기서 멜란히톤이 주도한 아우구스부르크 신앙고백서(1530) 제12조를 들어봅시다.

> 참된 회개는 죄 때문에 참회하고 슬퍼하고 공포를 느끼는 것이며, 동시에 복음과 사죄 선언을 믿어야 하는데 …… 그렇게 참된 회개를 하면, 생활의 개선과 죄의 용서가 곧 따르게 되나니, 이러한 것이 회개의 열매임에 틀림이 없다(눅 3:8).[320]

회개 그 자체가 속죄를 일으키는 효과를 지니지는 않지만, 회개는 하나님께로 죄인이 돌이키는 필수적인 요소입니다.[321] 그렇다면 청교도 목회자는 회중이 생명의 회개하도록 어떻게 도왔을까요? 청교도의 목회에서 하나님의 말씀을 설교로 전하는 것은 가장 중요했으며, 이에 못지않게 제네바의 개혁자 칼빈이 수행했듯이 통전적 목회 돌봄도 중요했습니다(겔 34:15-24; 벧전 5:1-3).[322] 회중을 생명에 이른 회개로 인도하는 목회자는 다툼을 좋아하거나 성적으로 부도덕하고 술 취함과 같은 악행에서 돌이켜 생활의 본을 보여야 했습니다.[323] 따라서 자연스러운 순서

적 구원)의 중요성을 무시하는 오류라는 주장은 송일, "누가복음 19장 8절의 삭개오 발언에 대한 새로운 고찰: 자기 변호에 투영된 회개의 선행성," 『선교와 신학』 51 (2020), 128, 130을 보라.

320) 참고. 최태영, "개신교 신앙고백에서 '거룩한 삶'에 대한 이해," 『신학과 목회』 37 (2012), 8.

321) 정두성, 『1646 신앙고백 1: 원문으로 정리하고 성경으로 설명하기』, 305.

322) W. VanDoodewaard, "English Puritans and the Recovery of Pastoral Ministry," *Puritan Reformed Journal* 14/1 (2022), 117-18.

323) VanDoodewaard, "English Puritans and the Recovery of Pastoral Ministry," 120.

는 목회자의 삶이 개혁되어야만 회중의 생활도 개혁되고 회개가 가능했습니다.

존 주얼(John Jewel, d. 1571)과 윌리엄 펄커(William Fulke, d. 1589) 그리고 리차드 박스터(Richard Baxter, d. 1691) 등이 잘 간파했듯이, 무지몽매하고 불경건한 목회자가 있는 한 영국에서 종교개혁의 열매를 따기란 불가능했습니다. 이를 위해, 주얼은 목회자에게 양질의 교육을 제공하기 위해 애썼으며, 동시에 교회 치리회를 통하여 권징을 회복하는데 열심을 내었습니다.[324] 청교도에게 상대적으로 약했던 것이 목회적 돌봄이었다면, 현대 교회에 유명무실화된 것은 권징입니다.

엘리자베스 여왕 통치 때 청교도 제2세대 지도자인 퍼킨스는 스바냐 2:1-2를 통해 생생한 이미지를 동원하여 회개를 강력히 촉구했습니다.[325] 퍼킨스는 영국을 '현대판 이스라엘'처럼 간주하면서 구약 이스라엘 국가와 연결했으며, 개인 차원을 넘어 국가 차원의 회개를 촉구했습니다.[326] 물론 퍼킨스는 잉글랜드에 알곡과 더불어 가라지도 많이 있음을 인정하고, 전도를 강조했습니다.

> **성경 근거 구절**
>
> 성도의 회개: 하나님의 뜻대로 하는 근심은 후회할 것이 없는 구원에

---

324) VanDoodewaard, "English Puritans and the Recovery of Pastoral Ministry," 121.

325) S. R. Pointer, "Puritan Identity in the Late Elizabethan Church: William Perkins and a Powerfull Exhortation to Repentance," *Fides et Historia* 33/2 (2001), 68.

326) Pointer, "Puritan Identity in the Late Elizabethan Church," 69-70.

이르게 하는 회개를 이루는 것이요 세상 근심은 사망을 이루는 것이니라 보라 하나님의 뜻대로 하게 된 이 근심이 너희로 얼마나 간절하게 하며 얼마나 변증하게 하며 얼마나 분하게 하며 얼마나 두렵게 하며 얼마나 사모하게 하며 얼마나 열심 있게 하며 얼마나 벌하게 하였는가 너희가 그 일에 대하여 일체 너희 자신의 깨끗함을 나타내었느니라(고후 7:10-11)

자기 두루마기를 빠는 자들은 복이 있으니 이는 그들이 생명나무에 나아가며 문들을 통하여 성에 들어갈 권세를 받으려 함이로다(계 22:14)

적용 ▶ 많은 그리스도인을 고통스럽게 만드는 죄책감을 어떻게 해결할 수 있을까요? 범죄한 사람이 피해를 입은 사람을 대면하여 회개를 표시하지 못하는 경우는 어떻게 해야 합니까? 어거스틴은 회개를 '뉘우치지 않는 마음'(impertinence)의 반대말로서 이 세상에서 '용서받는 하나님의 복'으로 정의했습니다. 그러면서 그는 예수님 안에서 주어지는 성부의 은총과 회개로 이끄시는 성령의 사역 및 인간이 자유의지를 활용하여 새로운 삶을 열망하는 노력을 균형 있게 강조했습니다.[327] "그리스도의 의를 옷 입으면, 양심과 지옥과 진노와 그 어떤 것에서도 안전합니다. 비록 나는 날마다 죄를 짓지만, 그리스도 안에는 내 안에 있는 죄보다 더 크고도 풍성한 의가 있습니다."(리처드 십스).[328]

놀랍게도 성경에 나오는 마지막 복은 회개하는 성도가 복되다는 선언입니다(계 22:14). 칼빈은 회개와 중생이 없다면 구원도 없으며, 참 회개는 하나님의 은혜인데 성도에게 평안을 준다고

---

327) 유경동, "어거스틴(Augustine)의 회개에 대한 사유와 기독교윤리," 『선교와 신학』 40 (2016), 364-66, 371.
328) 참고. Beeke and Reeves, 『청교도, 하나님을 온전히 따르는 삶』, 161.

보았습니다. 하지만 심명석이 지적한 대로 한국교회에서 회개는 "개인적인 회개보다는 집단적인 회개에 집중되고, 삶을 바꾸는 변화의 회개보다는 눈물로 호소하고 감정을 유발하는 방법으로 이루어진다."[329]

루터보다 2살 아래인 요하네스 부겐하겐(1485-1558)은 독일 북부 지역과 스칸디나비아에 루터교를 확산했으며, 루터의 결혼식 주례자이자, 장례식 집례자였습니다. 그의 기도가 우리의 고백이 되기를 소망합니다. 정요한은 부겐하겐의 기도문 하나를 아래와 같이 소개합니다.

전능하신 하나님, 모든 위로의 아버지시여. 내 많은 죄에 따라 나를 대하지 마시고 당신의 크신 자비를 따라 대하여 주소서. 당신의 말씀을 들을 때에 당신의 성령을 허락하시옵소서. 그래서 우리 주 예수님의 위로의 언약에 따라, 내 죄를 깨닫게 하시고 내 죄 많은 삶을 알게 하시며, 진실로 당신을 찾고 마음과 양심에 안심을 얻게 하소서.[330]

위의 기도문처럼, 하나님은 회개하는 죄인에게 자신의 전능하심을 보이시고, 위로와 자비와 양심의 안심을 성령을 통해 주십니다.

---

329)심명석, "개혁주의 구원론에 있어서의 회개의 중요성과 필요성: 칼빈을 중심으로," 『성경과 신학』 50 (2009), 164-69.
330)정요한 편역, 『영적 거장들의 기도문 필사노트 1』 (서울: 세움북스, 2022), 146.

16장 선행

1. 선행은 오직 하나님께서 자기의 거룩한 말씀에 명령하신 것일 뿐이지 사람이 말씀의 근거 없이 맹목적 열심이나 어떤 선한 동기를 구실로 고안한 것이 아니다.

2. 하나님의 계명에 순종함으로 행하는 이 선행은 참되고 살아있는 믿음의 열매요 증거이다. 그리고 신자들은 선행으로 자기들의 감사를 드러내고, 확신을 굳게 하며, 형제의 덕을 세우고, 복음의 고백을 단장하며, 대적들의 입을 막으며, 하나님을 영화롭게 하니, 그들은 하나님의 만드신 바요 그리스도 예수님 안에서 선한 일을 위하여 지으심을 받아, 거룩함의 열매를 맺어 결국에는 영생을 얻을 것이다.

3. 그들이 선한 일을 행하는 능력은 결코 자신들에게서가 아니라 전적으로 그리스도의 성령에게서 나온다. 또한 선한 일을 행할 수 있으려면 이미 받은 은혜 외에, 자기의 기쁘신 뜻을 따라 그들 안에 의지하고 행하게 하시는 동일한 성령의 실제적 영향이 있어야 한다. 그러나 성령이 특별하게 움직여 주시지 않으면 어떤 의무를 수행하지 않아도 된다는 식으로 나태할 것이 아니라 오히려 열심을 내어 그들 안에 거하는 하나님의 은혜를 불일듯하게 하여야 한다.

4. 현세에서 가능한 최고도의 순종에 도달한 자들이라 할지라도 해야 할 일들 이상을 행한다든지, 하나님께서 요구하시는 것 이상을 행할 수 없다. 이처럼 그들은 의무로 행하여야 하는 일들의 수준에도 크게 미달한다.

5. 우리는 가장 좋은 행위들로도 하나님께로부터 사죄나 영생을 받을 공로를 세울 수 없다. 곧 그 행위와 내세의 영광 사이에 큰 불균형이 있고, 우리와 하나님 사이에도 엄청난 간격이 있기 때문에, 우리는 그 행위로써 하나님께 이득을 드리거나 이전에 범한 죄의 빚을 갚을 수도 없다. 그러나 우리가 행할 수 있는 모든 일을 행하였다면, 행해야 하는 의무를 행한 것뿐이요 우리는 무익한 종에 불과하며, 그 행위가 선하다면 선행은 성령에게서 나온다. 우리가 선을 행한다면 그것이 우리의 행위인 만큼 심히 많은 연약과 불완전으로 더럽혀지고 뒤섞여 있어서 하나님의 준엄하신 심판을 견딜 수 없기 때문이다.

6. 그럼에도 불구하고 신자 각자는 그리스도로 말미암아 용납받았기 때문에 그들의 선행 또한 그분 안에서 용납받을 것이다. 이는 그들이 현세에서 하나님이 보시기에 전적으로 무흠하다거나 책망할 것이 없기 때문이 아니라, 하나님께서는 자기 아들 안에서 그들을 보시면서 연약과 불완전이 많아도 진실한 마음으로 행한 선행을 기쁘게 용납하시고 갚아주시기 때문이다.

7. 중생되지 못한 자들의 행위가 그 자체로는 하나님께서 명령하신 일일 수도 있고, 자신과 남에게 유익할 수도 있을 것이다. 그렇지만 그 행위가 믿음으로 깨끗해진 마음에서 나오지 않으며, 말씀을 따라 올바른 방식으로 행해지지도 않으며 올바른 목적인 하나님의 영광을 위하여 행한 것도 아니다. 그러므로 그 행위는 죄스러운 것이요 하나님을 기쁘시게 할 수 없으며, 하나님의 은혜를 받기에 적합하게 만들지도 못한다. 그러함에도 그들이 선행을 소홀히 행하면 더 죄스러운 일이요 하나님을 더 노엽게 한다.

베드로전서에서 그리스어 형용사 $\dot{\alpha}\gamma\alpha\theta\acute{o}\varsigma$(아가쏘스)는 선행을 가리킨다(벧전 3:16). 바울은 $\kappa\alpha\lambda\hat{\omega}\nu\ \ddot{\epsilon}\rho\gamma\omega\nu$(칼론 에르곤)으로 선한 행위들을 가리킨다(딛 2:14). 김홍만은 칭의라는 은혜를 받은 그리스도인에게 선행이 왜 중요한지, 다음과 같이 설명합니다. "WCF 16장은 보통의 분량보다 많다. 그 이유는 그 당시 유행하고 있던 도덕률 폐기론주의자들을 논박하기 위한 것이다. 그래서 그리스도와의 연합이 함축하고 있는 것을 서술하였다."[331] 이처럼 WCF가 작성될 당시의 상황을 적절히 고려하는 것이 올바른 해석을 위해 중요합니다.

성도의 선행은 하나님의 계명에 순종함으로써, 참되고 살아 있는 믿음의 열매와 증거입니다(WCF 16:1). 선행은 감사를 표시하

---

331) 김홍만, "웨스트민스터 신앙고백서의 역사적 배경과 신학적 특징들," 86.

고, 확신을 강하게 하며, 공동체의 덕을 세우고, 복음에 대한 고백을 더욱 빛나게 하며, 대적들의 입을 막고 하나님을 영화롭게 합니다(WCF 16:2). 루터에 따르면, "만약 선행이 덕스러운 능력이 은혜롭고 점진적으로 주입된 결과라면, 그것은 마귀와 저주받은 자의 믿음이다. 반면 도덕적이고 외적 교화와 교정이 없는 믿음은 그리스도로 말미암은 믿음이 아니며 헛되고 무가치하며 공허한 믿음이다."[332] 천주교는 성경의 칭의와 선행에 나타나지 않는 '주입'이라는 용어를 선호합니다. 구원에 이르는 믿음이라면 반드시 교화와 교정을 거쳐서 생활의 변화라는 열매로 나타날 것입니다.

그런데 이런 선행의 능력은 사람에게 있지 않고 예수 그리스도의 영에게서 나옵니다(WCF 16:3). 인류의 대표인 아담의 후손인 인류는 근본적으로 선하지 않고 악하기 때문에 선을 산출할 수 없습니다(사 64:6; 롬 3:10). 사람은 본성적으로 가장 큰 계명인 하나님과 이웃사랑을 미워합니다. 그럼에도 성화는 하나님과 성도의 협력적인 활동이기에, 그리스도인은 선행을 무시하거나 그것에 게으르지 말고, 선행을 열망하면서 하나님의 도움을 구해야 합니다. 회개의 열매는 바로 선한 행실입니다(눅 3:7-14). 그리스도인은 선행을 완벽히 행할 수 없는 무익한 종과 같습니다(WCF 16:4-5; 사 64:6; 눅 17:10). 그럼에도 성도의 선행에는 하나님의 보상이 따릅니다(WCF 16:6). 불신자는 선을 행하더라도 바른 동기와 목적과 방식을 모른 채 행합니다(WCF 16:7). 성령께서 불러일으키신 선행에 따르는 보상이란 사람의 공로가 아니라 하나님의 은혜의 결과입니다. 선행은 하나님을 영화롭게 하여 칭의의 은혜에 보답하려는

---

332)J. D. Hannah, "The Meaning of Saving Faith: Luther's Interpretation of Romans 3:28," *Bibliotheca Sacra* 140/560 (1983), 329.

감사의 동기에서 나옵니다(참고. WCF 11장의 칭의). 그리고 참된 믿음을 가지고 하나님의 율법에 일치하는 방법으로 선을 실천해야 할 것입니다(요 14:15). 선행은 하나님 백성의 정체성을 빛나게 만듭니다(딛 2:14; 히 13:16; HC 86). 그러나 불신자는 중생하지 못했으므로 영적 선을 행할 수 없습니다.[333] 아우구스부르크 신앙고백서(1530) 제20조는 믿음과 성령이 불러일으키시는 '신앙과 선행'을 아래와 같이 강조합니다.

> 우리는 또 선한 행위를 힘써 행해야 하는데, 그것은 은혜를 얻기 위한 것이 아니고 우리가 하나님의 뜻을 행하며 그를 영화롭게 하기 위함이라고 가르친다. ...... 믿음을 통하여 성령을 받으면 마음이 감동되어서 선한 행위를 하게 된다. 그 이전에 성령을 받지 못하는 때는 마음이 너무 약하다. 더구나 가련한 인간을 많은 죄 가운데로 이끌어가는 것은 악마의 힘이다. ...... 이런 일은(거룩한 생활을 영위하려는 사람들이 실패하고 죄에 빠지는 것) 사람이 참된 믿음과 성령 없이 살면서 자기 자신의 인간적인 힘만으로 자기를 다스리려 하는 때에 생긴다.

사탄은 그리스도인의 신앙과 선행, 둘 다를 방해합니다. 하지만 그리스도인에게는 사탄을 무력화시키시는 성령님이 계십니다.

신약성경에서 각 권의 분량을 고려하면, 선행을 매우 강조하는 편지는 바로 베드로전서입니다. 이 편지의 수신자 그리스도인들은 제도권에서 용인된 선이 아니라, 예수님 안에서 믿음으로

---

333)Sproul, 『웨스트민스터 신앙고백 해설 2』, 262. 그리스도인은 불신자와 더불어 사회의 공공선을 추구할 수 있다. 그렇다면 그리스도인은 그런 공공선이 영적 선이 되도록 만들 수 있는가?

거룩하게 선을 행하다가 고난당하는 상황에 놓여 있었습니다(벧전 3:15-16).[334] 성도와 비신자의 선행은 차이가 납니다. 모든 시대의 그리스도인에게 선행이란 믿음과 소망 그리고 재림을 의식하는 가운데 세상 방식과는 구별되게 이루어져야 합니다. 성경의 선과 좋은 것은 성령 충만, 하나님 나라, 그리고 성도의 성화와 관련되는 구체적인 행위입니다(마 7:11; 눅 11:13). 유해무는 "개혁파 예정론이 사람을 결코 게으르게 만들지 않는 것처럼, 성령님이 선행에서 주도하신다고 하여 나태를 변명할 여지를 주는 것도 아닙니다."라고 말합니다.[335] 청교도는 선행으로써 세상의 소금과 빛이 되기를 원했습니다(마 5:13-14). 이것은 요즘 말로 선교적 교회(missional church)에 해당합니다. 하나님의 백성은 세상에 복된 존재여야 합니다. 퍼킨스는 마태복음 5:13의 '세상의 소금'을 이스라엘을 넘어서, 온 세상에 흩어진 이방인들의 소금으로 이해합니다(마 28:19).[336] 하지만 '세상의 소금'(τὸ ἅλας τῆς γῆς, 토 할라스 테스 게스)과 '세상의 빛'(τὸ φῶς τοῦ κόσμου, 토 포스 투 코스무)에서 '세상'은 다른 그리스어 명사입니다. 전자(τῆς γῆς, 테스 게스)는 이스라엘을 가리키고, 후자(τοῦ κόσμου, 투 코스무)는 이방인들이 거하는온 세상을 가리킵니다. 다시 말해, 그리스도인이 이스라엘 땅에서 소금 역할을 감당한다면, 이방 세상에서 빛의 역할을 감당할 수 있습니다.[337] 웨스트민스터 총대 존 레이(John Ley, d.

334) 베드로전서의 선행은 일종의 '복음의 문화화'로 볼 수 있다. 현경식, "베드로전서에 나타난 선행의 윤리,"『신약논단』18/4 (2011), 1192, 1206.

335) 유해무,『헌법 해설: 웨스트민스터 신앙고백서/대소교리문답서』, 141.

336) 참고. J. R. Beeke and P. M. Smalley, "Learning from the Puritans on Being Salt and Light," *Puritan Reformed Journal* 11/2 (2019), 163-64.

337) 송영목,『신약주석』(서울: 쿰란출판사, 2011), 29-30.

1662)가 설명했듯이, 예수님의 제자라면 소금으로서 죄로 인해 부
패하여 맛이 간 사람들에게 맛을 회복하고 보존하는 역할을 해
야 합니다.[338] 그리고 메튜 폴(Matthew Poole, d. 1679)이 주목했듯
이, 건전하고 부지런한 목회자와 거룩한 신자가 없다면, 이 세상
은 술주정꾼과 도둑과 살인자와 불의한 자들이 역겨운 냄새를 풍
겨서 순결하고 거룩하신 하나님의 코에 악취가 진동하고 말 것입
니다.[339] 그리고 세상의 빛인 성도의 역할과 관련하여, 벤자민 키
취(Benjamin Keach, d. 1704)는 "하나님의 성도는 거룩한 삶과 복음
으로써 어둠의 일들을 드러낼 뿐 아니라, 사람을 향한 그리스도
의 탁월함과 은혜와 하나님의 일들도 드러낸다"라고 설명했습니
다.[340] 여기서 산상설교의 맥락에서, 소금과 빛이 공동체적인 사
명이라는 점을 간과하지 말아야 합니다. 소금과 빛으로 부름받은
그리스도인은 '세상의 꿀'처럼 세상을 향해 입에 발린 달콤한 말
만 하지 않습니다. 그리고 설교자가 선포한 말씀은 설교자 자신과
회중에게 실천된 말씀이 되어야 합니다.

1721년경 보스턴에서 천연두가 확산하여 15%의 치사율을 보
였습니다. 그때 천연두 예방 접종을 두고 신학적 논란이 일어났
습니다. 카턴 메더(Cotton Mather, d. 1728)는 아버지 인크리즈 메
더(Increase Mather, d. 1723)에 동의하면서, 예방 접종은 하나님께
서 주신 선물이라고 강조했습니다.[341] 보스턴의 적지 않은 목회자

---

338)Beeke and Smalley, "Learning from the Puritans on Being Salt
and Light," 164.
339)Beeke and Smalley, "Learning from the Puritans on Being Salt
and Light," 164.
340)Beeke and Smalley, "Learning from the Puritans on Being Salt
and Light," 168.
341)W. B. Bowes, "Cotton Mather and the 1721 Smallpox Outbreak:

와 의사의 반대와 심지어 살해 위협에도 불구하고, 메더는 천연
두 예방 접종을 장려했고, 접종자의 치사율은 2%에 그쳤습니다.
접종은 하나님의 뜻에 배치된다고 주장한 반대자들에 맞서, 메더
는 하나님께서 성경과 자연으로 계시하신다고 믿었습니다.[342] 메
더에게 있어 의료 및 과학기술의 혁신은 하나님께서 세상에서 하
시는 일의 일부였습니다. 메더는 모든 질병이나 전염병을 하나님
의 심판이라고 보는 결정주의에 반대하면서, 질병을 치료하기 위
한 사람 편의 노력은 하나님의 선하신 섭리를 거스리는 것이 아니
라고 보았습니다.[343] 인간의 생명이 귀하기에 고통을 경감시키려
는 지혜롭고 선한 행실은 값집니다.

청교도의 선행은 경제 활동에도 나타났습니다. 퍼킨스에게 소
명이란 하나님께서 공동선을 위해 사람에게 부여하신 삶의 방식
입니다.[344] 하나님은 사람에게 은사와 지혜를 주셔서 사회의 공
동선을 이루도록 하십니다. 그런데 소명을 이루는 데 있어 큰 걸
림돌은 게으름과 탐욕입니다. 존 뉴스텁(John Knewstub. d. 1624)은
상인은 탐욕에 빠진 채로 상품의 가격을 매기지 말아야 하고, 자
신이 구입한 가격에 최대한 가깝게 팔아야 한다는 규칙을 제시했
습니다(참고. 잠 20:14).[345] 이런 청교도의 시장관과 경제관은 개신교
자본주의에 접맥합니다.

Assessing the Puritans' Crisis Response 300 Years Later," *Puritan Reformed Journal* 13/2 (2021), 210-21.

342) Bowes, "Cotton Mather and the 1721 Smallpox Outbreak," 213-14.

343) Bowes, "Cotton Mather and the 1721 Smallpox Outbreak," 215.

344) Perkins, 『황금사슬: 신학의 개요』, 251; J. B. Carpenter, "Puritans and Profits: The Puritan Economic Ethic and Ethos-A Compilation of Primary Sources," *Puritan Reformed Journal* 15/1 (2023), 80.

345) Carpenter, "Puritans and Profits," 90.

적용 ▶ 그리스도인의 선행은 하나님의 영광과 은혜에 대한 감사라는 올바른 동기와 하나님의 율법의 원칙과 방식을 따라야 합니다. 성도의 선행은 불신자의 선행과 차별성을 어떻게 보일 수 있습니까? 성도가 세상의 관습이나 기준이 아니라, 하나님의 뜻을 따라 고난 중에서라도 선을 행함으로 고난을 받는다면, 성도의 선행을 욕하는 불신자들은 부끄러움을 당할 것입니다(벧전 3;16-17).[346] 아래 진술은 성도가 깊이 새겨들어야 할 조나단 에드워즈(d. 1758)의 명언입니다.

---

346)P. A. Achtemeier, *1 Peter*, Hermeneia (Minneapolis: Fortress, 1996), 236.

사랑이 있고 없고의 문제는 성령님의 내주의 문제이다. 즉 하나님과의 인격적 교통은 사랑의 교통으로 확인된다. ...... 선한 행실은 사랑의 또 다른 이름이다.[347]

사랑에서 나오는 구제는 모든 시대의 가장 힘센 우상인 맘몬 숭배와 탐욕에 대한 치료제입니다. 가난한 자는 부자를 위한 성례이기 때문입니다. 다시 말해, 부자는 이웃의 빈자들을 사랑으로 구제함으로써 하나님의 은혜 가운데 머물 수 있습니다.[348]

코로나19가 인간의 탐욕이 초래한 재앙이기는 하지만, 전 세계를 휩쓴 이 재앙으로부터 사람의 존귀한 생명을 구하고 고통을 경감시키려는 의료계의 진솔한 노력은 그 자체로 선행이었습다. 위에서 언급한 카턴 메더의 실례는 코로나19 백신에 관한 음모론에 대해 답을 줍니다. 물론 공공의료 체계 구축, 부국과 빈국에서 벌어진 코로나 백신 접종의 심각한 격차, 제약회사와 의료계의 상업적 전술, 그리고 백신의 부작용에 대한 논의는 따로 있어야 할 것입니다.

---

347) 참고. 강웅산, "그리스도인의 삶에 있어 선한 행실에 대한 조나단 에드워즈의 강조,"『생명과 말씀』23/1 (2019), 26.

348) 교황 요한 바오르 2세(1979)와 교황 베네딕트 16세(2009)는 요한문헌에서 하나님의 가족의 가훈으로 소개하는 '진리 안의 사랑'(Caritas in Veritate)을 '사회적 사랑'으로 확대했다(참고. 요일 3:18-19). 왜냐하면 존엄한 사회적 존재인 인간이라면 신뢰와 관심을 주고받으면서 관계망을 사회로까지 확대해야만 개인의 이익을 절대화하기보다 공동선(인간의 존엄, 연대, 협력)을 구현할 수 있다고 보기 때문이다(창 2:18). M. S. Archer, "Caritas in Veritate and Social Love," *International Journal of Public Theology* 5 (2011), 273-75, 290.

17장 성도의 견인

1. 하나님께서 자기의 사랑하시는 아들 안에서 용납하시고 성령으로 효력 있게 불러 성화시킨 자들은 은혜의 상태에서 완전히 또는 최종적으로 타락할 수 없다. 은혜의 상태 안에서 세상 끝날까지 확실하게 견디며 영원히 구원을 받을 것이다.

2. 성도의 견인은 그들의 자유의지가 아니라 선택 작정의 불변성에 달려있다. 즉 이 불변성은 성부 하나님께서 값없이 베푸시는 변치 않는 사랑으로부터 나오며, 예수 그리스도의 공로와 중보의 효력에 기초하고 있고, 성령의 내주와 그들 속에 있는 하나님의 씨의 내재, 그리고 은혜언약의 본성에 의존한다. 이 모든 것에서부터 성도의 견인의 확실성과 무오성이 비롯된다.

3. 그럼에도 불구하고 성도들은 사탄과 세상의 유혹과 그들 안에 남아 있는 부패성의 우세와 자신들을 견인하게 하는 방편을 소홀히 함으로 비통한 죄에 빠지며, 한동안 그 죄에 머물기도 한다. 그리하여 하나님을 노엽게 하며 성령을 탄식하게 하여 그분들의 은혜와 위로를 어느 정도 빼앗기고, 마음이 강퍅하여지고, 자기 양심에 상처를 입고, 남을 해치고 넘어지게 하며, 일시적인 심판을 자기 위에 불러온다.

성도의 견인(堅忍) 즉 굳세게(堅) 참음(忍)에 대한 최초의 심도 있는 논의는 무엇입니까?[349] 그것은 어거스틴(d. 430)이 펠라기우스를 염두에 두고 견인에 관해 쓴 논문(428)입니다. 어거스틴은 예정하시고 선택하신 하나님의 주권적 은혜야말로 성도의 견인이 정초한 궁극적 토대라고 밝혔습니다. 그리고 그는 성도가 겸손히 하나님의 은혜를 간구하고 경험해야 하지만, 이생에서는

---

349) '인내'에 해당하는 그리스어 명사는 μακροθυμία(마크로쒸미나, 히 6:12)와 ὑπομονή(휘포모네)이다(살전 1:3). Louw and Nida, *Greek-English Lexicon on the New Testament based on Semantic Domains*, Volume 1, 307-308.

구원받았다고 확신할 수 없다고 보았습니다.[350]

최종적 배교가 가능하다고 보는 루터교의 전통을 따른 아우구스부르크 신앙고백서 제12조는 한 번 의롭게 된 사람은 하나님의 성령을 잃어버릴 수 없다는 재세례파의 주장을 비판했습니다.[351] 의인도 성령을 상실할 수 있다는 이런 주장은 마땅히 거부해야 합니다. 칼빈은 어거스틴과 루터처럼 하나님의 선택에 기초하여 견인을 논했습니다. 하지만 칼빈은 중생한 성도는 결코 구원을 상실할 수 없으며 부르심과 택하심을 확고히 하도록 진력해야 한다고 강조했습니다(참고. 칼빈주의 문서인 람베쓰 신조[Lambeth Articles, 1595]).[352] 하지만 천주교의 트렌트공의회(1547)는 그 누구도 자신이 구원의 예정을 받았다는 신비로운 사실을 소망은 하되 확실히 알 수 없다고 결정했습니다.

성도의 견인은 성도가 주체가 되어 참는 것이 아닙니다. 오히려 성도를 선택하시고 구원을 베푸시는 알파와 오메가이신 하나님께서 주시는 영원한 안전입니다(WCF 17:2; 참고. 롬 8:29-30; 빌 1:6; 히 10:36). 이 사실에 발맞추어 유해무는 "성도의 견인은 그들의 자유의지가 아니라 선택 작정의 불변성에 달려있기 때문에 확고하다. …… 그리스도께서 우리에게 일체 인내하시기 때문에, 우리도 인내할 수 있다."라고 설명합니다.[353]

---

350) 참고. J. J. Davis, "The Perseverance of the Saints: A History of the Doctrine," *JETS* 34/2 (1991), 213-14.

351) 참고. Davis, "The Perseverance of the Saints," 216.

352) Davis, "The Perseverance of the Saints," 217-18. 람베쓰 신조는 캔터베리 대주교인 존 휘트기프트가 작성한 9개의 교리 선언문인데, 칼빈주의 예정론과 칭의를 담아낸다. 이 신조의 초안 작성자는 케임브리지대학교의 윌리엄 휘태커 교수였다.

353) 유해무, 『헌법 해설: 웨스트민스터 신앙고백서/대소교리문답서』, 142, 144.

견인을 부정했던 알미니안주의자의 주장과 달리, 성도는 구원의 은혜를 상실할 수 없습니다. 배교자는 유형교회에 속한 가라지였으며, 처음부터 무형교회에 속하지 않았습니다(요일 2:19). 참된 믿음이 없어도 입으로 주 예수님을 고백할 수 있습니다(마 15:8). 성도는 사탄과 세상의 시험 때문에 일시적인 배교와 타락을 경험할 수 있지만(예. 눅 22:32의 베드로), 전적이거나 최종적으로 타락할 수는 없습니다(WCF 17:1). 성도는 시험에 들지 않도록 은혜의 수단들을 부지런히 활용해야 합니다. 성도가 은혜의 수단을 방만하게 그리고 무성의하게 사용한다면 사탄의 올무에 걸리게 될 것입니다.[354]

성도는 하나님의 신성한 성품에 최선을 다해 참여함으로써, 하나님의 부르심과 택하심을 굳게 해야 합니다(벧후 1:10). 승천하신 예수님께서 성부께서 구원하시기로 예정하신 성도 가운데 아무도 멸망치 않도록 중보기도를 하시며, 구원의 보증이신 성령을 성도에게 부어주십니다(벧후 3:9).[355] 그러므로 견인은 언약에 신실하신 삼위 하나님의 협력 사역이므로, 성도의 미래는 안전합니다. 오래 참음은 하나님의 성품이자 성령의 은사입니다(갈 5:22; 벧후 1:6). 이런 의미에서 견인은 행위언약이 아니라 은혜언약에 달려있다고 말할 수 있습니다.[356]

알미니안주의를 따르는 항론파는 새 언약의 조건인 성도의 견인 교리가 성도의 영혼과 경건에 해롭다고 보았습니다. 이 주장에 대응한 도르트신경(1618-1619)은 성도의 견인이 하나님의

---

354) Sproul, 『웨스트민스터 신앙고백 해설 2』, 304.
355) Sproul, 『웨스트민스터 신앙고백 해설 2』, 299.
356) Sproul, 『웨스트민스터 신앙고백 해설 2』, 301.

지속적인 은혜로 말미암아 양심의 평화와 위로를 확신시키고, 미래의 소망을 확실하게 만들며 열성적인 선행을 장려한다고 설명했습니다.[357] 도르트신경에 따르면, 칭의와 구원의 은혜를 주신 하나님은 예수님 안에 거하는 성도를 완전하고 최종적으로 은혜로 보존하시는 일에 실패하지 않으십니다. 그리고 하나님은 성도에게 주신 성령님을 거두지 않으시고 두렵고 떨림으로 선행에 힘쓰면서 구원을 이루도록 하십니다(요 6:37; 롬 6:8-9; 고전 1:8; 빌 1:6; 2:12; 살전 5:23; 살후 2:13-14; 3:3; 히 10:36-39; 벧전 1:5; 벧후 1:4-10; 요일 3:9; 유 1).[358] 인내와 위로의 하나님께서 성도로 하여금 어떤 상황 속에서라도 예수님을 본받게 하시기에, 그리스도인은 고난과 박해를 무서워하지 말고 믿음을 지키려고 자기 목숨을 걸 수 있습니다(롬 15:5; 살후 3:5; 계 12:11; 13:10).

불신자에게 확고하게 참는 견인의 은혜는 없습니다. 한 번 빛을 받고, 하늘의 은사를 맛보고, 성령에 참여한 바 되고, 하나님의 선한 말씀과 내세의 능력을 맛보고도 타락한 자들은 다시 새롭게 하여 회개할 수 없습니다(히 6:4-6). 불신자는 가라지로서 알곡과 함께 유형교회로 모입니다. 불신자도 하나님께서 비추시는 빛과 같은 선한 말씀으로부터 감동이나 교훈을 받을 수 있습니다.[359] 그리고 유형교회 안에서 불신자는 신자가 활용하는 성령의 은사를 목격할 수 있습니다. 그러나 불신자는 중생하

---

357)이남규, "성도의 견인에 관한 도르트 총대들의 판단," 『신학정론』37/2 (2019), 317, 325-26.

358)Yarbrough, 『로마서』, 170; 김병훈, "도르트 신경이 고백하는 성도의 견인 교리," 『장로교회와 신학』11 (2014), 224-25.

359)R. B. Compton, "Persevering and Falling away: A Reexamination of Hebrews 6:4-6," *Detroit Baptist Seminary Journal* 1 (1996), 146-53.

여 성령의 내주의 은혜로 오는 세상의 능력을 경험하며 오래 참는 신자와 전혀 다릅니다. 이런 가라지의 모습은 구약에도 나타났습니다. 출애굽한 이스라엘 백성 가운데 불기둥의 빛을 보고, 하늘에서 내려오는 양식인 만나를 먹으며, 시내산에서 주어진 언약의 율법을 들었음에도 우상 숭배한 자들이 있었습니다.

성경 근거 구절

오래 굳게 참는 성도: 오직 성령의 열매는 사랑과 희락과 화평과 오래 참음과 자비와 양선과 충성과(갈 5:22)

그러므로 너희가 더욱 힘써 너희 믿음에 덕을, 덕에 지식을, 지식에 절제를, 절제에 인내를, 인내에 경건을, 경건에 형제 우애를, 형제 우애에 사랑을 더하라(벤후 1:5-7)

사로잡힐 자는 사로잡혀 갈 것이요 칼에 죽을 자는 마땅히 칼에 죽을 것이니 성도들의 인내와 믿음이 여기 있느니라(계 13:10)

적용 ▶ 포스트모던 시대는 의심과 상대화의 물결, 자신의 불완전함, 그리고 현실의 불확실성을 증폭합니다. 그럼에도 불구하고 삼위 하나님의 계속되는 구출 작전과 우리의 오래 참음을 진지하게 묵상해 봅시다. 하나님은 복음을 실천하는 참 성도를 배교로부터 보호하십니다(요 6:37; 히 6:4-6).[360] 이런 견인 교리는 박해 중에서라도 하나님께서 맡겨주신 선교 사명을 수행하는 큰 동력이기도 합니다(계 6:10-11; 12:10-12).[361]

---

[360] P. Verster, "The Perseverance of the Saints, Persecution and Mission, and Its Implications for Reformed Churches," *In die Skriflig* 53/3 (2019), 4.

[361] Verster, "The Perseverance of the Saints, Persecution and Mission, and Its Implications for Reformed Churches," 5-6.

18장 은혜와 구원의 확신

1. 위선자와 중생하지 못한 자들이 하나님의 은총과 구원의 상태에 있다는 거짓 소망과 육적인 자부심으로 스스로를 허탄하게 속이겠지만, 그들의 소망은 사라지고 말 것이다. 그러나 주 예수님을 참되게 믿으며 그분을 신실하게 사랑하고 그분 앞에서 선한 양심을 따라 행하기를 애쓰는 자들은, 자신들이 은혜의 상태에 서 있다는 사실을 현세에서 확신하며, 하나님의 영광을 소망하며 즐거워할 수 있으니, 이 소망은 그들로 하여금 결코 부끄러움을 당하지 않게 할 것이다.

2. 이 확신은 그릇된 소망에 근거한 한갓 억측이나 그럴듯한 신념이 아니라, 틀림없는 믿음의 확신으로서 구원의 약속들에 관한 하나님의 진리와 이 약속들이 겨냥하는 은혜의 내적 증거와 우리 영으로 더불어 우리가 하나님의 자녀인 것을 증거하시는 양자의 영의 증거에 기초하였으니, 이 성령은 우리가 구속의 날까지 인치심을 받게 하는 우리 유업의 보증이시다.

3. 틀림없는 이 확신은 믿음의 본질에 속하지는 않으나, 참 신자는 오래 기다리며 많은 어려움을 겪은 후에야 그것을 소유할 수 있다. 하지만 하나님께서 값없이 주시는 바를 성령께서 그에게 알 수 있게 하시기 때문에, 비상한 계시가 없어도 통상적 방편을 적절히 사용하여 그 확신에 이를 수 있다. 그러므로 신자 각자는 온갖 열심을 다하여 자신의 소명과 선택을 굳게 할 의무를 진다. 이로써 그의 마음에는 성령 안에 있는 화평과 희락, 하나님을 향한 사랑과 감사, 순종의 의무를 다하는 힘과 즐거움이 증대하리니, 곧 확신에 속한 적합한 열매들이다. 이 확신은 사람을 결코 해이하게 만들지 않는다..

4. 참 신자는 구원의 확신을 다양한 방식으로 흔들고, 약화시키고, 일시 중단시킬 수도 있다. 이는 신자가 구원을 보존하는 일을 게을리하거나 양심을 상하게 하고 성령을 탄식하게 하는 특별한 죄에 빠지거나, 돌발적이고 격렬한 유혹에 의해서나, 하나님께서 자기 얼굴의 빛을 거두심으로 하나님을 두려워하게 되어 흑암 속에서 빛도 없이 행하는 지경에까지 갈 정도가 될 때 일어난다. 그러나 그들은 결코 하나님의 씨와 믿음의 삶과 그리스도와 형제들을 향한 그 사랑과 마음

> 의 그 진정성과 의무에 대한 양심을 송두리째 잃어버리지는 않는다.
> 이 모든 것들로부터 성령의 활동으로 인하여 이 확신이 적절한 때에
> 되살아나고, 이 모든 것들에 의해 조만간 극한적 절망으로부터 도움
> 을 얻게 될 것이다.

구원의 은혜를 확신하는 가장 바람직한 형태는 실제로 구원을
받은 사람이 구원의 확신을 가지는 것입니다(딤후 4:8). '확신'
은 그리스어로 πεποίθησις(페포이쎄시스)입니다(고후 1:15; 3:4; 8:22;
9:4; 10:2; 엡 3:12; 빌 3:4). 그리스도인이 하나님을 진심으로 믿고
신실하게 사랑하며, 선한 양심을 다해 주님 앞에서 산다면 구
원의 확신을 가지고 즐거워할 수 있습니다(WCF 18:1; 참고. 벧후
1:4-11). 구원의 확신은 성도의 성화를 촉진합니다. 그러나 구원
의 확신과 관련하여 가장 불행한 형태는 구원의 은혜가 없는
데도 거짓된 구원의 확신을 가지는 경우입니다(WCF 18:1). 그
리고 가장 안타까운 형태는 구원의 은혜가 임했음에도 구원
의 확신을 갖지 못한 경우입니다. WCF 18:2와 관련하여, 펠스
터(P. Verster)가 제시하는 아래의 개혁파 진술을 들어봅시다.

> WCF를 작성한 청교도들은 성령의 확실한 인침의 사역이 확고
> 한 은혜언약과 그리스도의 구원 사역에 근거한다고 본다. 그리
> 고 구원의 확신은 하나님께서 입양한 자녀를 버리시지 않을 것
> 이라는 객관적인 확실성에서 흘러나온다. 주님의 언약이 깨어
> 질 수 없는 것은 영원한 작정과 약속에 고정되어 있기 때문이
> 다. ...... 하나님의 선택과 언약에 대한 절대적인 약속은 약한

믿음을 강화하는 견고한 두 기둥과 같다.[362]

신약성경에서 요한복음과 요한일서의 기록 목적은 독자에게 구원의 확신을 심어주는 것이었습니다(요 20:31; 요일 5:13). 성도가 예수님과 인격적 관계를 끝까지 유지하면서, 복음을 믿고 흔들리지 않으며, 죄의 유혹을 이기고 거룩하게 살면서, 구원의 확신을 가져야 한다는 교훈은 여러 본문에 나타납니다 (요 15:1-8; 골 1:21-23; 히 3:12-14, 12:14-17).[363] 성도가 인내한다면 예수님 안에 거하면서 참신앙을 가지고 있다는 증거가 됩니다.[364] 성도는 참 마음과 온전한 믿음 즉 구원의 확신을 가지고 하나님께로 나아가야 합니다(히 10:22).[365] 그런데 권연경은 구원의 '확신'을 성도가 살아내야 하는 '현실'이라고 아래와 같이 주장합니다.

내가 하나님의 부르심을 받아 예수께로 회심하고 새로운 삶을 사는 것은 내가 살아가는 현실이지 내가 '확신'해야 할 대상은 아닌 것이다. 구약 식으로 하자면 광야 이스라엘은 출애굽이라는 엄연한 체험을 근거로 장래 가나안에 들어갈 것을 소망한다. 마찬가지로 바울이 구원을 '확신'의 대상으로

---

362)J. R. Beeke, "Personal Assurance of Faith: The Puritans and Chapter 18.2 of the Westminster Confession," *Westminster Theological Journal* 55/1 (1993), 6-8.

363)윤종훈, "존 칼빈의 구원 확신론에 관한 고찰," 『성경과 신학』 80 (2016), 160; R. A. Peterson, "The Perseverance of the Saints: A Theological Exegesis of Four Key New Testament Passages," *Presbyterion* 17/2 (1991), 97-110.

364)Peterson, "The Perseverance of the Saints," 112.

365)Frame, *Systematic Theology: An Introduction to Christian Belief,* 1003.

말하는 것은 그것이 미래 소망의 대상이라는 사실에서 연유
한다.[366]

그러나 성도는 구원의 확신을 가지고 현실을 살아가야 합니다.
그런데 권연경은 성도 자신이 구원에 대해 논리적으로 확신을
가질 것이 아니라, 자신을 구원하시기로 약속하신 하나님의 사
랑과 신실함에 대한 확신이 중요하다고 봅니다.[367] 그러나 구
원의 서정(순서)에 대한 논리적 이해는 구원의 확신을 위해 매우
중요합니다.

구원의 확신에는 신앙의 본질적 측면이 있기는 합니다. 하
지만 그 확신은 이신칭의의 결과와 열매입니다. 다시 말해, 성경
에 계시 된 대로 예수님 안에서 주어지는 성부 하나님의 구원
의 은혜를 객관적 근거라 부른다면, 성화의 실천과 성령께서 성
도 안에 은혜에 대하여 주시는 증거는 주관적 근거에 해당합니
다.[368] 객관적 근거 위에 주관적 근거가 결합 되어야 합니다.

복음과 성령의 내적 확신은 구원의 확신을 허물고 정죄하
는 사탄의 활동을 날려버립니다. 청교도 존 오웬(d. 1683)에 따르
면, 성도를 그리스도와 연합시키는 줄이신 성령님은 성도의 영
혼에 하나님의 계시를 조명하시고, 죄를 자각시키시며, 삶을 개
혁시킵니다.[369]

구원의 확신은 예수님을 구주로 믿는 것과 같이 믿음과 구

366)권연경, "바울서신에 나타난 구원의 확신," 『신학지평』 23/1 (2010), 258.
367)권연경, "바울서신에 나타난 구원의 확신," 268.
368)이진락, "웨스트민스터 신앙고백서와 구원의 확신," 『개혁논총』 14
  (2010), 167-83.
369)참고. 서재주, "믿음과 구원의 확신에 대한 성령의 사역과 역할," 『개신논
  집』 13 (2013), 102-104.

원에 본질적인 것은 아닙니다(WCF 18:3). 왜냐하면 어떤 사람은 의심으로 고통을 당하면서도 구원받을 수 있기 때문입니다. 그런데 '영혼의 어두운 밤'에 빠져 구원의 확신이 없다면 성도의 복락(예. 평강과 기쁨)이 손상을 입으며, 성화와 영적 성장에 지장이 발생합니다(요 14:1-2; 롬 5:1).

천주교는 구원의 확신이 성도를 방탕하게 만든다고 우려합니다. 그리고 천주교는 하나님의 특별한 계시가 없다면 구원의 확신도 없다고 주장합니다.[370] 그러나 성령께서 성도에게 주시는 구원의 확신은 위로와 기쁨과 평강과 사랑 그리고 순종을 뜨겁게 만듭니다(요 14:15; 롬 12:1-2). 구원의 확신은 자신의 감정 상태가 아니라, 우리 바깥 즉 구원의 복음에 달려있습니다. 특히 성도가 하나님을 닮아갈수록 구원의 확신은 강해질 수밖에 없습니다(벧후 1:10-11).

칼빈은 예수 그리스도의 속죄 사역을 통해 죄와 허물로 이미 사망하였던 성도가 죄의 세력에서 해방되어 진정한 양심의 자유와 삶의 기쁨을 경험하도록 하나님께서 일하심을 강조했습니다(기독교강요 3.20.7; 요 3:16; 롬 5:8; 히 9:15 주석).[371] 따라서 구원의 확신을 위한 객관적 근거는 바로 예수 그리스도이십니다. 그

---

370) Sproul, 『웨스트민스터 신앙고백 해설 2』, 338.
371) 윤종훈, "존 칼빈의 구원 확신론에 관한 고찰," 173. 참고로 칼빈에게 구원의 확신에서 믿음은 확실한 지식과 굳은 신뢰이다. 그러므로 성도는 구원의 복음을 알아야 하고, 자신을 위한 예수 그리스도를 신뢰해야 한다(요 15:27). 칼빈에게 구원의 확신의 근거는 성도 바깥에서 오는데, 성부의 자비, 예수님을 믿어 사죄 은혜를 받고 하나님의 가족에 입양됨, 그리고 성령의 믿음 주심과 신앙고백이다. 칼빈에게 구원의 확신을 가지는 방법은 성경과 기도와 성례이다. 성도는 성경을 통해서 구원의 복음을 알고 믿으며, 기도로 구원의 확신이 강화되고, 성례와 예배를 귀하게 여기는 것이다. 선행은 구원에 이르는 믿음의 열매이다. 안재경, "칼빈의 구원확신에 대한 소고," 『조직신학연구』 22 (2015), 149-62.

분께서 '희생양'이 되셔서 신자에게 영생과 구원을 믿도록 역사하십니다(기독교강요 2.16.5-6). 그리고 성도에게 성례는 구원의 확신을 강화하는 수단입니다(기독교강요 4.1.1).

중세 천주교는 선행을 통한 구원과 성화를 저해한다는 이유로 구원의 확신을 위법으로 결정했습니다.[372] 루터는 구원의 확신이 신앙의 본질이라기보다는 그리스도인의 현재 삶에 해당하고, 성도의 미래의 상태는 불확실하다고 인정했습니다.[373] 칼빈이 제시하는 구원의 확신은 루터보다 더 선명합니다.

굿윈과 오웬 그리고 조셉 카릴(Joseph Caryl, d. 1673) 같은 청교도는 성도가 하나님의 영광과 더불어 열망하는 가장 달콤한 것인 구원에 관한 참된 확신이 흔하지 않다고 보았습니다.[374] 성경에서 구원을 확신한 인물들이 그러했듯이, 모든 성도는 구원의 확신을 더욱 추구하고 자신의 소유로 삼아야 합니다(욥 19:25-26; 시 17:15; 고후 13:5; 딤후 4:7-8; 벧후 1:10). 청교도들은 구원을 확신을 가지려면, 하나님의 약속(요 3:16; 6:37; 행 16:31; 요일 5:13)과 신실하신 하나님께서 주시는 구원의 은혜에 대한 성령의 내적 증거는 삶에서 열매를 냄(사랑, 기도, 죄와 싸움, 순종, 예수님과의 교제, 감사, 기쁨), 그리고 성령의 직접적인 증거(롬 8:16)가 중요하다고 보았습니다.[375]

---

372)참고. 윤종훈, "존 웨슬리(John Wesley)의 구원확신론에 대한 개혁주의적 고찰," 『신학지남』 88/4 (2021), 277.

373)참고. S. Grosse, "Salvation and the Certitude of Faith: Luther on Assurance," *Pro Ecclesia* 20/1 (2011), 84.

374)참고. J. S. Greenbury, "Pastoral Reflections on Assurance in English Puritan Thought," *Puritan Reformed Journal* 13/1 (2021), 114-22.

375)Greenbury, "Pastoral Reflections on Assurance in English Puritan Thought," 115-16.

현재 칭의와 최종 칭의를 구분하는 존 웨슬리에 따르면, 구원의 확신은 예수님의 선물이자 성령의 내주로 가능하며 성도의 믿음 증진과 삶의 변화에 필수 요소입니다. 하지만 그 확신은 이신칭의와 직접적 연관성이 없는 별개 요소이며, 반(半) 펠라기우스주의처럼 성도의 범죄는 영생의 상실을 초래할 수 있습니다.[376]

그러나 위에서 살핀 대로 이것은 시초 칭의가 반드시 최종 칭의(구원의 완성)로 이어진다고 본 칼빈의 주장과 다릅니다.

성경 근거 구절

구원의 은혜: 오직 이것을 기록함은 너희로 예수께서 하나님의 아들 그리스도이심을 믿게 하려 함이요 또 너희로 믿고 그 이름을 힘입어 생명을 얻게 하려 함이니라(요 20:31)

구원의 확신: 이제는 그의 육체의 죽음으로 말미암아 화목하게 하사 너희를 거룩하고 흠 없고 책망할 것이 없는 자로 그 앞에 세우고자 하셨으니 만일 너희가 믿음에 거하고 터 위에 굳게 서서 너희 들은 바 복음의 소망에 흔들리지 아니하면 그리하리라 이 복음은 천하 만민에게 전파된 바요 나 바울은 이 복음의 일꾼이 되었노라(골 1:22-23)

적용 ▶ 우리는 어떻게 하면 구원의 은혜와 확신을 늘 확인하며 살 수 있을까요? 성도가 구원의 확신이 약해질 때, 성령 하나님은 입양하신 자기 자녀가 절망하지 않도록 위로하시고 확신을 주시며 인도하실 것입니다(롬 8:15-17).[377] 불신자를 포함하여 한

---

376) 윤종훈, "존 웨슬리(John Wesley)의 구원확신론에 대한 개혁주의적 고찰," 288, 291, 300.

377) Frame, *Systematic Theology: An Introduction to Christian Belief*, 1006.

국인의 약 60%는 내세를 믿습니다. 그런데 기독교인에게 내세를 부정하고 현세에만 목을 매는 경향은 없습니까? 지역교회에서 성도가 구원과 부활을 확신하도록 영적이고 목회적인 돌봄이 필요합니다.[378)]

19장 하나님의 율법

1. 하나님께서는 아담에게 한 법을 행위언약으로 주심으로 그와 그의 모든 후손에게 인격적이며, 전적이고 엄밀하고 지속적인 순종의 의무를 지우셨고, 언약 성취에 생명을 약속하셨고 파기에 사망을 경고하셨으며, 그에게 언약을 지킬 수 있는 힘과 능력도 부여하셨다.

2. 이 율법은 그가 타락한 후에도 여전히 의(義)에 관한 완전한 법칙이었고, 하나님께서는 이 법과 같은 의의 법칙을 시내산에서 십계명으로 주시고 두 돌판에 새기셨다. 첫 네 계명들은 하나님을 향한 우리의 의무를, 나머지 여섯 계명들은 사람을 향한 우리의 의무를 담고 있다.

3. 보통 도덕법이라 불리는 이 법 외에도 하나님께서는 미성숙한 교회인 이스라엘 백성에게 여러 예표적인 규례들을 담고 있는 의식법을 기꺼이 주셨다. 이 의식법의 한 부분은 그리스도와 그분의 은혜와 활동과 고난과 은덕들을 예표하는 예배에 대한 것이고, 또 한 부분은 도덕적 의무에 대한 교훈을 제시한다. 모든 의식법은 새 언약 아래에서는 이제 폐기되었다.

4. 하나님께서는 정치 조직체이기도 한 이스라엘 백성에게 여러 가지 재판법도 주셨는데, 이것은 그 백성의 신분과 더불어 폐지되었다. 이제 이 법은 일반적인 공정성이 요구하는 것 말고는 누구에게도 더 이상 구속력을 지니지 않는다.

---

378)참고. 임종 전에 성찬을 시행할 경우 유익이 있음을 강조하는 유현숙, "죽음의 두려움을 통해 본 구원의 확신과 목회적 돌봄," 『신학과 실천』 58 (2018), 484, 488, 492.

5. 도덕법은 의롭다함을 받은 자들이나 그 밖의 사람들까지도 순종하도록 정해져 있다. 즉 그 안에 담겨있는 내용의 입장에서뿐만 아니라 그 법을 주신 창조주 하나님의 권위의 관점에서 보더라도 그러하다. 그리스도께서도 복음에서 이 법의 구속력을 조금도 해소하지 않으셨고 오히려 크게 강화하셨다.

6. 참 신자들은 행위언약으로서의 율법 아래 있지 않고 그 법에 의해 의로워지거나 심판받지는 않는다 하더라도, 이 법은 자기에게나 타인에게 크게 유익하다. 이는 이 법이 삶의 법칙으로서 그들에게 하나님의 뜻과 그들의 의무를 알려주고, 그들의 본성과 마음과 삶이 죄로오염되어 있다는 것을 더 발견하게 하여, 그들이 법대로 행하도록 지시하고 정하기 때문이다. 마찬가지로 그들은 이 법으로 자신을 살핌으로써 더욱더 죄를 확신하게 되며 죄 때문에 겸손해지고 죄를 미워하게 되고, 자기들이 그리스도를 필요로 한다 는 것과 그분의 완전한 순종을 더욱 더 분명하게 직시하게 된다. 마찬가지로율법은 중생한 자들에게도 쓸모가 있는데, 이는 율법이 죄를 금함으로 그들의 부패성을 제어하기 때문이다. 그리고 율법의 위협들은 비록 그들이 율법에서 경고한 저주에서 자유함을 얻었다 하더라도, 그들이 죄로 인해 받아야 할 마땅한 벌이 무엇인지, 자기들이 죄 때문에 어떤 환난을 현세에서 당하게 될지를 보여주는데 이바지한다. 마찬가지로 그 법의 약속들은 하나님께서 순종을 인정하신다는 사실과 (행위언약으로서 율법에 의하여 그들의 몫으로 이 복들이 주어지는 것이 아니라 하여도), 그 법을 준행함으로 어떤 복들을 기대할 수 있는지를 보여준다. 마찬가지로 법이 선을 장려하고 악을 금하기 때문에 어떤 사람이 선을 행하고 악을 멀리한다 하여도, 이것이 그가 율법 아래 있고 복음 아래 있지 않다는 증거가 될 수 없다.

7. 위에서 말한 율법의 여러 용도도 복음의 은혜에 배치되지 않으며 오히려 복음과 순조롭게 부합한다. 그리스도의 성령께서 사람의 의지를 복종하게 하시어 율법에 계시된 하나님의 뜻이 요구하는 바를 자유롭고 기꺼이 행할 수 있게 하시기 때문이다.

하나님은 창조 직후에 첫 사람 아담에게 행위언약으로서 율법을 주셨습니다.[379] 그리고 아담에게 순종할 의무와 더불어 지킬 수 있는 능력도 주셨습니다(WCF 19:1).[380] 율법은 모세 시대가 아니라 창조 때로 거슬러 올라가기에, 한 남자 아담과 한 여자 하와 간의 결혼도 하나님의 선한 율법에 따른 것입니다. 그리고 살인 금지도 모세 이전에 노아에게 주신 하나님의 선한 성품에서 나온 율법입니다(창 9:6). 살인을 금하는 율법은 하나님의 형상을 지닌 인간의 존엄을 보존하기 위해 제정되었습니다. 그리고 형이 죽으면 남동생이 형수와 결혼한다는 시동생 결혼법도 모세 이전인 족장 야곱 당시에 있었습니다(창 38:8). 신약시대에도 율법은 하나님 백성의 성화를 위한 내용과 규범으로서 중요한 역할을 합니다.[381]

아담이 인류의 대표로서 언약을 파기한 이후, 하나님은 시내산에서 십계명의 형식으로 율법을 주셨습니다(WCF 19:2; 참고. 출 19-23). 하나님께서 모세에게 시내산에서 율법을 주셨을 때, "-를 하라" 혹은 "-를 하지 말라"와 같이 보편적이며 절대적인 정언법(apodictic law)을 주셨습니다. 이와 더불어, 구체적인 판례와 사례에 기초한 재판법 즉 결의법(casuistic law)도 주셨습니다. 그리고 하나님은 영원한 도덕법도 주셨습니다. 또한 예수 그

---

379) 명사 νόμος(노모스)는 사람이 행해야 할 바를 규정하는 정형화된 규칙이다. 참고로 특이한 표현인 '계명의 법'(νόμος ἐντολῆς, 노모스 엔톨레스)은 구약 제사장과 관련된 율법을 가리킨다(히 7:16). Louw and Nida, *Greek-English Lexicon on the New Testament based on Semantic Domains*, Volume 1, 426; P. T. O'Brien, *The Letter to the Hebrews* (Grand Rapids: Eerdmans, 2010), 264.

380) WCF 19장의 율법의 'equity'의 개념을 자연스러운 정의 그리고 사랑의 황금률과 같은 지속적인 가치의 빛에서 이해한 경우는 H. G. Cunningham, "God's Law, 'General Equity' and the Westminster Confession of Faith," *Tyndale Bulletin* 58/2 (2007), 311을 보라.

381) 신원균, 『웨스트민스터 신앙고백서: 33가지 성경 핵심교리』, 185.

리스도의 존재와 사역을 예표하는 의식법(ceremonial law)을 미성숙한 구약의 교회에게 주셨습니다(WCF 19:3). 구약의 희생 제물로는 영원한 속죄가 불가하기에, 구약 제의법은 그리스도께서 영 단번에 이루신 희생 제사를 내다보았습니다. 예수님의 성육신과 AD 70년 예루살렘 성전의 파괴 사이의 구약과 신약이 중첩된 시기는 구속사에서 특별합니다. 이 중첩 기간에 구약의 제의법은 여전히 효력을 발생했습니다(예. 행 15:29의 피를 함유한 고기를 먹지 말라).[382] 그러나 중첩기에 새 언약에 맞지 않는 구약의 요소는 점차 사라져 갔습니다(요 3:30).

앞에서 언급했듯이, 신정정치 하에 있던 이스라엘 백성에게 재판에 필요한 율법이 주어졌습니다. 그러나 신약시대에 그것의 시효는 만료되었습니다(WCF 19:4). 그런데 하나님께서 직접 통치하신 신정시대인 구약의 재판법이나 시민법을 현대 사회에 그대로 적용하려는 신율주의(theonomy)가 20세기 중순에 등장했습니다. 하지만 이것을 주장한 사람들은 구약과 신약의 연속성만 강조하다가 율법의 정신을 잃어버리고, 신약에서의 율법이 성취된 것을 오해하고 말았습니다.[383] 하나님의 법인 신율(神律)을 오늘날도 그대로 적용하려는 경향은 옛 언약을 성취하신 예수 그리스도의 법을 무시하고, 새로운 율법주의를 조장합니다. 예수님 당시에 바리새인들이 할례를 강요한 것은 신약시대의 전형적인 율법주의의 예입니다.

---

382)예루살렘 공의회가 결정한 피를 함유한 고기를 먹지 않음은 이방인 그리스도인이 피를 먹지 않으려 했던 유대인 그리스도인을 배려한 조치였다(레 7:26; 17:12; 행 15:29). B. J. Vickers, 『사도행전』, Acts, 박문재 역 (서울: 국제제자훈련원, 2021), 373.

383)Sproul, 『웨스트민스터 신앙고백 해설 2』, 375.

예수님은 율법 아래에 태어나셔서 율법 아래에 매여있는 자들을 속량(贖良)하시고, 그들이 하나님의 아들이라는 명분을 얻도록 하셨습니다(갈 3:23; 4:4-7). 그리스도로부터 자유를 받은 성도는 율법의 종노릇 하는 데서 벗어나야 합니다(갈 5:1). 율법을 완전하게 준수하신 예수님은 구약의 도덕법을 더욱 강화하셨습니다. 그리고 예수님은 모든 율법이 가지고 있던 원래 의미와 의도 그리고 목적을 완전하게 달성하셔서 생명과 성령의 법이 되도록 만드셨습니다(WCF 19:5; 참고, 마 5:17-18; 롬 8:2; 10:4; 고전 9:21; 갈 6:2).[384] 그러므로 구약 율법은 신약의 그리스도의 법과 비교할 때 상대적이고 잠정적입니다.[385] 이것을 실천적으로 설명한다면, 구약을 성취하신 예수 그리스도의 법이란 성도가 사랑하며 살기 위하여 필요한 원칙인데, 그 원칙은 골고다 십자가의 사랑에서 나타났습니다.[386] 물론 그리스도의 법처럼 구약 율법의 핵심도 사랑입니다.

율법은 신약 성도에게 거룩한 삶의 규칙과 방향을 제공합니다. 그뿐 아니라 부패를 억제하는 데도 유용합니다(WCF 19:6). 율법 자체가 선하고 다양한 기능을 가짐에도 불구하고, 그것은 사람을 구원하지 못합니다. 구원은 그리스도의 복음을 믿음으로써만 가능합니다. 하나님의 뜻을 보여주는 율법의 용도는 무엇입니까? 율법은 복음의 은혜를 반대하지 않고, 성도가 감사함으로 성화의 열매를 맺도록 규범을 제공하기에 복음의 은혜를

---

384)최갑종, "소위 "예수, 율법(토라), 그리고 제자들: 마태복음 5:17-20을 중심으로," 『신약논단』19/2 (2012), 408-409.

385)조경철, "그리스도인들에게 '모세의 율법'은 어떤 의미가 있는가?: 바울의 율법이해를 보는 하나의 시각," 『신학과 세계』95 (2019), 111.

386)조경철, "그리스도인들에게 '모세의 율법'은 어떤 의미가 있는가?" 143.

감미롭게 만듭니다(WCF 19:7).[387] 예수님 안에서 율법은 복음의
은혜와 조화를 이루며, 그런 조화는 달콤하기까지 합니다. 주
예수님을 달콤하게 맛보려는 사람이라면 구약 율법에서도 주님
의 선하심을 미리 발견해야 합니다. 율법은 하나님의 감미로운
사랑의 말씀이므로, 성도가 그것을 주야로 묵상할 때 놀랍고
복된 선물임을 알게 될 것입니다(시 1:1-2; 계 1:3). 성도는 그리스
도의 법을 거울과 빛으로 삼아 자신을 살피고, 자신의 죄를 깨
달으며, 겸손하게 순종을 다짐해야 합니다(시 119:105).

다수의 청교도는 율법과 복음을 각각 구약과 신약의 시기
로 나누되 연결했습니다. 그래서 청교도가 볼 때, 율법은 복음
을 포함하고, 복음은 율법을 포함했습니다.[388]

'뉴잉글랜드 교회의 영적 아버지'이자 '초기 뉴잉글랜드의 가
장 사랑받는 신학자'였던 윌리엄 에임스(William Ames, d. 1633)
는 하나님의 법은 하나님의 주권적인 뜻인데, 그것은 인간이
준수해야 할 권위 있는 명령의 형식으로 주어진다고 보았습니
다.[389] 그리고 그는 사회-정치적 영역으로부터 법을 이해했기
에, 그에게 하나님의 법에 참여해야 하는 자연(도덕)법(natural
[moral] law)은 항상 인간의 도덕 영역과 사회-정치적 구조와 연

---

387)신원균, 『웨스트민스터 신앙고백서: 33가지 성경 핵심교리』, 192.

388)Beeke and Jones, 『청교도 신학의 모든 것』, 385. 참고로 반율법주의와
도덕폐기주의를 반대했던 퍼킨스는 갈라디아서 주석에서 율법과 복음 간
의 대립을 계속 견지하는데, 이것은 행위언약과 은혜언약을 구분한 데서 기
이한다. 그는 구약 율법이 신약 성도의 삶에 긍정적 역할을 한다고 주장했
기에, 율법의 제3 기능을 인정했다. I. Bronkema, "William Perkins on
the Law and the Gospel," *Puritan Reformed Journal* 15/2 (2023),
38-39, 44.

389)L. W. Gibbs, "The Puritan Natural Law Theology of William
Ames," *Harvard Theological Review* 64 (1971), 41.

관되었습니다. 그리고 에임스는 이차적으로 자연법을 밀물과 썰물 그리고 계절의 변화와 같은 자연 규칙의 영역에 유비적으로 적용했습니다.[390] 그리고 모든 인류에게 언제나 적용되어야 하는 도덕법의 요약은 십계명인데, 하나님 사랑과 이웃사랑을 가르치는 십계명은 이성적 존재인 사람이 지켜야 하는 자연법과 무관하지 않습니다.[391]

성경 근거 구절

하나님의 뜻인 율법: 내가 율법이나 선지자를 폐하러 온 줄로 생각하지 말라 폐하러 온 것이 아니요 완전하게 하려 함이라 진실로 너희에게 이르노니 천지가 없어지기 전에는 율법의 일점일획도 결코 없어지지 아니하고 다 이루리라(마 5:17-18)

믿음이 오기 전에 우리가 율법 아래 매인 바 되고 계시될 믿음의 때까지 갇혔느니라 이같이 율법이 우리를 그리스도에게로 인도하는 몽학선생이 되어 우리로 하여금 믿음으로 말미암아 의롭다함을 얻게 하려 함이니라(갈 3:23-24)

---

390)Gibbs, "The Puritan Natural Law Theology of William Ames," 43-45.

391)Gibbs, "The Puritan Natural Law Theology of William Ames," 4. 참고로 청교도 안에서 율법에 순종하는 것과 칭의의 관련성에 대해 약간 이견이 있었다. 케임브리지대학교 출신으로 (성부만 참 하나님이라 주장하는) 소시니안주의자라고 비판을 받았지만 율법의 행위로 칭의가 불가능하다고 믿은 앤서니 워턴(Anthony Wotton, d. 1626)은 예수님께서 구약 율법에 순종하신 '적극적 의'(active righteousness)는 자신의 대제사장직에 적합하도록 만들었으며 성부를 기쁘시게 했다고 보았다. 그는 그리스도의 능동적이고 적극적 의는 성자 자신에게만 고유하게 속하는 것이므로 신자에게 전가된 것으로 아니라고 보았다. 워턴이 볼 때, 신자가 사죄와 구원을 얻는 것은 (그리스도께서 성취하신) 행위의 법이 아니라 성부 하나님의 자비에서 나오는 그리스도의 대속(즉 수동적 순종)의 은혜로만 가능하다. 굿윈은 도덕법의 적용을 제한하려고 시도했는데 워턴의 주장을 의존했다. 참고. D. Parnham, "The 'Antinomianisme' of the 'Red Dragon': John Gooswin's Flight from the Moral Law," *Westminster Theological Journal* 79 (2017), 274-75, 281.

적용 ▶ AD 2세기 중엽의 순교자 저스틴은 황제 안토니우스 피우스(138-161)에게 기독교의 진리를 변증하기 위해서 편지를 보냈습니다. 그는 편지에서 그리스도인이 자신의 신조를 옹호하는 방식을 알기 원한다면 그들의 '정절'을 살펴보라고 권면했습니다.[392] 오늘날 성도는 하나님의 말씀을 따르고 준행하는 신앙과 관련 신조를 정절로써 잘 반영하고 있습니까?

20장 그리스도인의 자유와 양심의 자유

> 1. 그리스도께서 복음 아래에서 신자들을 위하여 값 주고 사신 자유에는 죄책과 하나님께서 심판하시는 진노와 도덕법의 저주로부터의 자유, 악한 현세와 사탄의 속박과 죄의 지배와 환란의 불행과 사망의 쏘는 것과 음부의 승리와 영원한 심판으로부터 구출 받는 것, 하나님께 담대하게 나아감, 종의 두려움이 아니라 자녀의 사랑과 자발적인 마음으로 하나님을 순종함 등이 있다. 이 모든 것은 율법 아래 있던 신자들에게도 동일하였다. 그런데 새 언약 하에서 신자의 자유는 확장되어 그들은 유대교회가 복종했던 의식법의 굴레에서 자유로우며, 율법 아래 있던 신자들이 통상적으로 참여한 것보다 은혜의 보좌에 더욱더 담대하게 나아가며, 하나님의 너그러운 성령과 더욱 풍성하게 교제하는 데까지 이르렀다.
>
> 2. 하나님께서는 홀로 양심의 주인이시며, 믿음과 예배의 문제에서 자기 말씀에 조금이라도 배치되거나 덧붙여진, 사람이 만든 교리와 계명으로부터 양심이 자유하게 하셨다. 그러므로 그런 교리를 믿거나 그런 계명을 순종하는 것은 양심의 참 자유를 배반한다. 맹신과 절대적이며 맹목적인 순종을 강요하는 것은 양심의 자유뿐만 아니라 이성을 파괴하고 말 것이다.

---

392)Sproul, 『웨스트민스터 신앙고백 해설 2』, 365.

3. 기독자의 자유를 빌미로 삼아 죄를 자행하거나 모종의 정욕을 품는 자들은 이로써 기독자의 자유의 목적, 즉 우리가 대적의 손에서 해방받았기 때문에, 우리 사는 날 동안 주님 앞에서 두려움 없이 거룩하고 의롭게 그분을 섬기게 하려는 목적을 파괴한다.

4. 하나님께서 제정하신 권세와 그리스도께서 값 주고 사신 자유로써 서로를 파괴하지 않고 서로 지지하고 보존하는 것이 하나님의 의도이기 때문에, 기독자의 자유를 빌미로 삼아 시민적이든 교회적이든 어떤 합법적인 권세나 그 권세의 행사를 반대하는 자들은 하나님의 규례를 저항하는 셈이다. 그런 의견들을 발표하거나 그런 행위를 지속하는 것은 본성의 빛, 믿음과 예배와 교제에 대하여 기독교가 밝힌 원리, 그리고 경건의 능력과도 배치된다. 또한 그런 그릇된 의견과 행동들은 그 자체로나, 이것들을 발표하고 지속하는 방식에서도 그리스도께서 교회 안에 확립하신 외적 화평과 질서를 파괴한다. 그런 자들은 교회의 권징과 국가기관의 권세에 의해 합법적으로 문책받고 피소되어야 마땅하다.

WCF 20-31장은 교회론을 자세히 다룹니다. 이를 위해 총 12장에 걸쳐서 많은 분량을 할애합니다. 스프로울은 교회가 누려야 하는 자유를 17세기 맥락에서 잘 설명합니다. "그 당시 세상 통치자와 교회의 지도자들에 의해서 예배의 형식 혹은 의식과 예전이 강요된 상황을 고발하는 것이다. 즉 영국 국교회와 로마 가톨릭교회의 전횡적인 횡포를 강하게 비판하는 것이다."[393] 개혁파 교회의 모습은 국교회와 천주교의 그것과 분명히 다를 수밖에 없습니다.

예수님께서 복음 아래에 사는 성도를 위해 주신 자유는 무엇입니까? 그것은 죄책, 정죄하는 진노, 그리고 도덕법으로부터

---

393)김홍만, "웨스트민스터 신앙고백서의 역사적 배경과 신학적 특징들," 87.

의 자유이며, 죄와 사탄의 지배 그리고 영원한 지옥으로부터의 구원입니다(WCF 20:1). 하나님께서 우리에게 주시는 자유는 예수님께서 성취하신 구원의 열매이기도 합니다(요 8:32; 갈 5:1-2).[394] 타락한 사람에게도 자유의지는 여전히 존재하지만 참된 자유는 없습니다. 그리스도는 자신의 피 값으로써 죄와 그것의 결과인 정죄와 죽음으로부터 성도를 해방하셨습니다. 그리고 그들을 사셔서 제사장 나라와 성령님의 전으로 삼으셨습니다(고전 6:19-20; 계 1:5). 따라서 성도의 영원하거나 일시적인 죄책은 오직 십자가와 부활의 은혜 속에서만 해결될 것입니다(요일 1:9).[395]

우리 양심의 주인은 오직 하나님뿐이시며, 성도는 하나님의 말씀에서 벗어나는 그 어떤 인간의 교리와 계명에서 마땅히 해방되어야 합니다(WCF 20:2).[396] 루터는 찰스 5세가 주관한 보름스 회의(the Diet of Worms, 1521년 4월 18일)에서 하나님의 말씀과 그리스도의 복음에 자신의 양심이 사로잡혀 있다고 다음과 같이 주장했습니다. "저는 달리 아무것도 할 수 없습니다. 여기 제가 서 있습니다. 따라서 하나님이시여 저를 도

---

394) 동사 ἐλευθερόω(엘류쎄로오, 요 8:32-33)와 형용사 ἐλεύθερος(엘류쎄로스, 고전 7:22)는 기독론적 특성이 강하다. 그리스도께서 죄와 종살이로부터 사람을 자유롭게 하시고, 자유롭게 된 사람은 그리스도의 종이 될 때 진정한 자유의 극치를 맛본다. 참고로 고전 그리스어에서 죽음은 비참으로부터의 자유였다. Louw and Nida, *Greek-English Lexicon on the New Testament based on Semantic Domains*, Volume 1, 742; Montanari, *The Brill Dictionary of Ancient Greek*, 660.

395) Sproul, 『웨스트민스터 신앙고백 해설 2』, 397.

396) 옳고 그름을 판단하는 심리적 능력을 가리키는 양심은 그리스어로 συνείδησις(쉬네이데시스)이다(롬 2:15). 일부 언어에서 양심은 '내면의 음성'이라고 불린다. Louw and Nida, *Greek-English Lexicon on the New Testament based on Semantic Domains*, Volume 1, 324.

우소서. 아멘(Ich kan nicht anderst, hier stehe ich, Gott helff mir, Amen)."[397] 루터의 용감한 선언처럼, 그리스도의 영적 삶이나 내면의 양심을 결정할 외부적 요인은 복음뿐입니다. 루터는 교황이나 주교가 단 한 가지 법령을 통해서라도 그리스도인의 동의 없이 내적 자유를 주관하려 한다면, 그것은 '폭군의 영'을 사용하는 것이라고 비판했습니다.[398] 루터에게 있어, 그리스도인은 하나님 앞에서 의롭게 살려고 노력해야 하지만, 양심이 정죄와 죽음에서 자유롭게 되는 근거는 그리스도의 구속이었습니다(요 8:36).[399] 그리스도인은 하나님께서 기뻐하시고 선하고 완전한 뜻을 행할 때만 임마누엘의 도움으로 담대하게 자유를 누릴 수 있습니다.

성령님은 성도의 거듭난 양심에 죄를 자각시키시고 회개로 이끄십니다. 그런데 사람이 고안해낸 교리나 (바리새적) 전통이 강요하는 맹목적인 복종은 사람의 양심의 자유를 파괴합니다. 양심의 자유에는 아디아포라(adiaphora)의 영역이 있습니다. 따라서 이런 비본질적이고 중립적 사항을 세부적으로 규정한다면 자칫 율법주의에 빠질 수 있습니다.[400] AD 1세기 로마교회는 "우상에게 바친 제물을 먹을 수 있는가?"라는 아디아포라의 문제를 두고, 서로 논쟁했습니다. 그것을 먹을 수 있

---

397)"여기 제가 서 있습니다"(hier stehe ich)라는 진술은 루터 이후에 복음주의와 세속주의 내러티브에서 자유, 양심, 문명화를 서로 강화해 갔다. S. L. Young, "How Luther became the Mythical 'Here I Stand' Hero," *Lutheran Quarterly* 16 (2022), 67.

398)참고. J. Elowsky, "Christian Freedom and the Government," *Concordia Journal* 47/2 (2021), 12.

399)Elowsky, "Christian Freedom and the Government," 13.

400)신원균,『웨스트민스터 신앙고백서: 33가지 성경 핵심교리』, 199.

었던 믿음이 강한 성도는 채소만 먹던 연약한 성도를 용납하면서 업신여기거나 실족시키지 말아야 했습니다(롬 14:1-3, 15-22).

그리스도인이 자유하려는 목적은 두려움 없이 거룩하고 의롭게 사는 것입니다(WCF 20:3; 참고. 눅 1:74-75). 다시 말해, 하나님께서 성도에게 자유를 주신 목적은 성도의 성화 곧 하나님 앞에서의 거룩한 삶을 위해서입니다. 따라서 그리스도인은 자유라는 명목으로 방종이나 게으름에 빠져서는 안 되며, 하나님께서 세우신 합법적인 권세에 불복종해서도 안 됩니다(WCF 20:4).[401] 물론 초대교회를 박해한 로마제국, 그리고 종교개혁자들을 박해한 중세 신성로마제국과 같은 악마화 된 권세도 엄연히 존재합니다. 정당한 권세를 업신여긴 성도는 당회(consistory)에 소환되어 소명(疏明)하고 재판받으며 징계받아 회개해야 합니다(WCF 20:4; 참고. 고전 5:5).

하나님과 그분의 복음을 진정으로 믿을 때만 '거듭나고 자유로운 양심'을 가지고 살 수 있습니다. 그리고 더 나아가 하나님과 타인과의 관계 속에서 자신을 올바로 성찰하면서 복음을 실천할 수 있습니다.[402] 죄의 노예 상태에 빠져있는 한 그 누구도 양심의 자유를 경험할 수 없고, 자신을 올바로 반성하며 실천하는 것도 불가능합니다. 청교도 리차드 십스(Richard Sibbes, d. 1635)가 올바르게 간파했듯이, 성도가 하나님의 섭

---

401) 미국장로교 총회는 1788년에 정교분리의 원칙에 입각하여 일부(WCF 20:4; 23:3; 31:1-2)를 수정하여 채택했고, 한국장로교 총회는 1917년에 미국 장로교회가 수정한 대로 채택했다. 따라서 한국 장로교에 미치는 미국의 영향이 지대했다. 나용화, "웨스트민스터신앙고백서의 기본적 입문," 40.

402) 이동익, "제2차 바티칸 공의회 문헌들에 나타난 그리스도인의 양심," 『Catholic Theology and Thought』 38 (2001), 43.

리를 신뢰할 때, 자신이 자유롭게 결정하더라도 그것은 철저히 하나님 앞에서 해야 합니다.

> 하늘을 우러러 허락과 능력과 관용을 구하면서 우리의 일을 시작해야 합니다. …… 그러므로 우리는 모든 일에서 거룩해야 하며, 우리의 거룩함을 교회당에 나아오는 것에만 국한하거나 제한하지 마십시오. 그러나 언제 어디서나 우리는 그리스도인이며 항상 하나님의 임재 안에 있으므로, 하나님의 눈앞에 가만히 서서 하나님께서 보시기를 바라시는 일 외에는 아무 것도 하지 맙시다. …… 우리는 하나님의 인도를 기대할 수 없는 어떤 일도 해서는 안 됩니다.[403]

자유케 하는 복음과 양심은 하나님의 현존을 세상에 드러내는 선교적 사명을 위해 그리스도인에게 주어졌습니다.[404] 이런 의미에서 인간의 마음에 새겨진 양심은 '선교적 하나님의 형상'(image of the missional God)의 일부입니다.

성경 근거 구절

그리스도인의 자유: 우리가 원수의 손에서 건지심을 받고 종신토록 그의 앞에서 성결과 의로 두려움이 없이 섬기게 하리라 하셨도다(눅 1:74-75)

진리를 알지니 진리가 너희를 자유롭게 하리라(요 8:32)

---

403) 청교도는 정치와 같은 공적 영역의 사안에 관해 결정을 내릴 때, 하나님의 섭리는 물론 기도, 양심, 회의 등을 종합적으로 활용했다. Richard Sibbes, "Of the Providence of God," in B. Donogan, "Godly Choice: Puritan Decision-Making in Seventeenth-Century England," *Harvard Theological Review* 76/3 (1983), 307, 334.

404) 이동익, "제2차 바티칸 공의회 문헌들에 나타난 그리스도인의 양심," 47.

> 이것으로 말미암아 나도 하나님과 사람에 대하여 항상 양심에 거리낌이 없기를 힘쓰나이다(행 24:16)
>
> 그리스도께서 우리를 자유롭게 하려고 자유를 주셨으니 그러므로 굳건하게 서서 다시는 종의 멍에를 메지 말라 보라 나 바울은 너희에게 말하노니 너희가 만일 할례를 받으면 그리스도께서 너희에게 아무 유익이 없으리라(갈 5:1-2)

적용 ▶ 하나님의 형상으로 창조된 인간은 존귀하기에 양심의 자유를 가질 권한이 있습니다.[405] 그런데 선한 양심의 자유는 복음 진리에서 벗어날 수 없으며, 그 진리를 탐구하고 세상 속에서 실천하려는 올바른 목표에 부합해야 합니다(벧전 3:16). 코로나19와 같은 재난의 시대일수록 교회에게 신앙과 양심의 자유가 중요한데, 교회를 대상으로 하는 정부의 방역 지침이 통제인지 아니면 간섭인지 판별하는 지침도 필요했습니다. 그리스도인은 자신의 양심이 어두워지고 오류에 빠지지 않도록 무지와 완고함을 늘 경계해야 합니다. 그리스도인의 자유가 포스트모던의 상대화 경향과 잘못된 조합을 이루지는 않습니까? 현대인은 자신의 정욕을 충족시키기 위해 자유를 빌미로 삼습니다.[406]

---

405) 천주교의 『사목헌장』 16항에 따르면, 양심은 인간의 '안방'이요 하나님과 함께 하는 '지성소'로서 거기로부터 하나님의 음성이 들려온다. 그리고 천주교는 자유의지를 가지고 행동하는 양심의 자유도 중요시하는데, 성도는 올바른 양심의 판단을 위해 진리를 부단히 연구해야 한다고 본다. 그런 양심이 존중되는 것은 그 사람 자체가 존중받는 것이다. 이동익, "제2차 바티칸 공의회 문헌들에 나타난 그리스도인의 양심," 46-47, 58-62.

406) 보수 개신교나 개혁교회에서 신학 교수는 대체로 남성 목사로서 박사학위 소지자이다. 그들은 교수이기 전에 예수님 안에서 새롭게 창조된 그리스도인과 목사로서 자신의 언행과 심사 그리고 연구의 자세와 결과를 양심에 거리끼지 않도록 주의해야 한다. 그렇게 하지 않는다면 가르침의 대상인 신학생을 비롯하여 동료와 교회를 크게 실족시킬 것이며, 성도의 사랑의 교제는 훼손되고 만다. 그리고 신학 교수는 자신의 무지와 교만과 독단으로 남을

기독교대학은 신앙과 학문의 통합을 통해 삶과 사상의 모든 분야에서 성경적 세계관을 개발하는데 관심을 두기에, 이질적 세계관들이 지배하는 다원대학(multiversity)이 아니라 통일된 세계관과 통일된 교육목표가 있는 진정한 통일대학(university)을 추구합니다.[407] 모든 진리는 예수 그리스도의 진리(골 2:3)라는 신념을 가진 그리스도인은 문화명령을 수행합니다(창 1:28). 그리스도인이 문화명령을 수행하는 목적은 하나님의 영광입니다(WLC 1). 그리고 유일하게 반성할 줄 아는 존재인 인간은 가치중립적 명제를 고수하지 않고 가치를 평가하면서, 신앙과 학문의 통합과 학제 간의 통합과 학문과 삶의 전 영역의 통합을 책임성 있게 이루어내는 능력을 갖추고 있습니다.[408] 기독교대학은 교리를 주입하는 신학교가 아닙니다. 성육하신 예수 그리스도께서 자연과 인간의 역사에 자신의 자취를 남겨두셨기에 그 안에서 진리를 발견하기 위해서는 '학문의 자유'가 있어야 합니다.[409] 다시 말해, 성경은 신앙과 실천의 최종 규범이지만, 성경에 만사에 관한 모든 진리가 완전히 드러나 있지 않기에 기독교학문에는 책임성 있는 자유가 중요합니다.[410] 기독교학문은 무책임하게 모든 것을 허용하지 않고, 또한 모든 것을 억압하면서 속박하지도 않습니다. 그런데

　　실족하게 만드는 경우 연자 맷돌을 매고 바다로 들어가는 것이 낫다는 주님의 엄중한 경고를 새겨들어야 할 것이다(눅 17:1-2). 이 원칙은 지역교회의 목회자에게도 마찬가지로 적용된다.

407) A. F. Holmes,『기독교대학의 이념』, *The Idea of Christian College*, 박진경 역 (대구: 기독교대학설립동역회출판부, 1989), 16-18.
408) Holmes,『기독교대학의 이념』, 38-40.
409) Holmes,『기독교대학의 이념』, 72.
410) Holmes,『기독교대학의 이념』, 73.

정부나 교육부가 재정적 후원과 평가를 무기로 삼아 기독교 대학의 교과과정이나 독특성 그리고 대학의 존폐를 억압하는 형국이 벌어지지 않습니까? 이에 맞서 신앙과 학문의 공동체인 기독교대학은 어떻게 대처해야 합니까?

어떤 훌륭한 목회자는 "오늘날 설교자에게 자유가 없다"라고 탄식했습니다. 설교자는 자신이 속한 지교회와 교단의 신앙고백과 신학에 동의합니다. 하지만 교인의 특정 정치적 성향이 설교자의 양심과 성경적 목소리를 잠재우고 옥죄이고 있지 않습니까? 역으로, 설교자가 자신의 주관적 견해를 회중에게 강요함으로써 양심의 자유에 손해를 입힐 때도 적지 않습니다(참고. 요 8:32; 딤전 1:19). 이런 두 현상은 지교회는 물론, 선교단체에서도 일어날 수 있습니다.

21장 종교적 예배와 안식일

1. 본성의 빛은 만물 위에 주권과 통치권을 가지시고, 선하시며 만물에 대해 선을 행하시는 한 분 하나님께서 계심을 보여준다. 따라서 마음과 목숨과 힘을 다하여 그분을 경외하고 사랑하고 찬양하고 부르며 의뢰하고 섬겨야 한다. 그러나 참 하나님께서는 자기에게 예배드리는 것에 관한 받음직한 방식을 직접 제정하시고 자기가 계시하신 뜻으로 제한하셨으니, 사람의 고안물이나 상상, 혹은 사탄의 제안을 따라, 혹은 보이는 형상 아래에서, 혹은 성경에 지시되어 있지 않은 방식으로 하나님을 예배해서는 안 된다.

2. 종교적 예배는 하나님, 곧 성부, 성자와 성령께 드려야 하며, 천사나 성인(聖人)이나 어떤 피조물이 아니라 오직 그분에게만 드려야 한다. 타락 이후에는 중보자가 계셨으니, 다른 어떤 이가 아니라 오직 그리스도의 중보로 예배해야 한다.

3. 하나님께서는 감사와 더불어 종교적 예배의 특별한 순서인 기도를 모든 사람에게 요구하신다. 기도가 받아지려면 성자의 이름으로, 그분의 성령의 도우심으로, 그분의 뜻을 따라, 총명과 공경과 겸손과 열심과 믿음과 사랑과 인내로써 하되, 목소리를 사용한다면 알아들을 수 있는 언어로 드려야 한다.

4. 기도는 합법적인 사안과 생존하거나 이후에 생존할 모든 부류의 사람들을 위하여 할 수 있으나, 죽은 자들이나 사망에 이르는 죄를 범한 것으로 알려진 자들을 위하여서는 할 수 없다.

5. 통상적으로 하나님을 예배하는 다른 순서로는, 경외함으로 행하는 성경 봉독, 건전한 설교, 하나님을 순종함으로 총명과 믿음과 공경으로 말씀을 신실하게 경청함, 마음의 감사가 담긴 시편 부르기, 그리스도께서 제정하신 성례를 합당하게 집례함과 그에 상응하는 참여 등이 있다. 이 외에도 종교적 서약과 그리고 서원, 진지한 금식과 특별한 기회에 드리는 감사 등도 거룩한 종교적 방식으로 여러 기회와 시기에 행하여야 한다.

6. 현 복음 시대에 기도나 종교적 예배의 어떤 순서도 행하는 장소나

향하는 곳에 매여있지 않으며 더 잘 받아들여지는 것도 아니다. 그러나 매일 가정에서나 은밀하게 홀로, 그리고 어디서나 영과 진리로 하나님을 예배할 수 있다. 또한 하나님께서 말씀이나 섭리로 요청하실 때 공적 집회에서 더 엄숙하게 예배할 수 있으니, 이런 집회를 부주의나 임의로 소홀히 하거나 저버리지 말아야 한다.

7. 일반적으로 하나님을 예배하기 위해 적정한 비율의 시간을 구별하는 것이 자연적 법칙이거니와, 하나님께서는 자기의 말씀에서 적극적이고 도덕적이며 항구적인 계명으로 모든 시대 모든 사람에게 부과하시사 특별히 칠일 중에 하루를 안식일로 지정하시고 자기를 위하여 거룩하게 지키라고 하셨다. 이날은 창세로부터 그리스도의 부활까지는 한 주간의 마지막 날이었는데, 그리스도의 부활부터는 주간의 첫날로 바뀌었으며, 성경은 그날을 주일이라 부르며 세상 끝날까지 기독자의 안식일로 계속될 것이다.

8. 이 안식일은 사람이 마음을 합당하게 준비하고 일상 용무를 미리 정돈한 후에, 행동과 말, 세상의 일들과 오락에 관한 생각을 떠나 하루 종일 거룩한 안식을 누릴 뿐만 아니라, 행동과 말과 생각을 종일토록 공사 간에 하나님을 예배하고 부득이한 일과 자비를 베푸는 의무에 몰두함으로, 주님께 거룩하게 지킬 수 있다.

청교도에게 예배의 근본 원리는 참되신 하나님을 아는 것이었기에, "하나님을 올바로 알지 못하는 자는 그분을 올바로 예배할 수 없다. 그는 자신의 머리로 만든 우상이나 마귀를 예배할 뿐이다"(윌리엄 퍼킨스).[411] 그런데 1559년에 엘리자베스 1세는 예배 통일법(Act of Uniformity)을 반포했습니다. 이를 통해 천주교식 예전(예. 아침과 저녁의 기도인 조과와 만과 그리고 일과들)을 공식화했으며, 이것을 위반하는 경우 무거운 벌금형이나 최대 종신형

---

411) 참고. Beeke and Reeves, 『청교도, 하나님을 온전히 따르는 삶』, 203-204.

에 처해 졌습니다.[412]

천주교의 트렌트공의회(1546)는 예수님께서 사도와 교회에게 교리와 예배의 문제를 결정할 권한을 주었다고 선언했습니다. 하지만 웨스트민스터 예배모범은 천주교를 반대하는 취지를 표방하기에, 혼인식에서 천주교 전통인 결혼반지 교환을 금했습니다.[413] 그리고 천주교도인 메리 1세 즉 '피의 메리'(Bloody Mary, d. 1558)의 박해를 피해 제네바로 도피한 영국인들이 제네바 시편가를 배워 영국에 시편 찬송을 도입했습니다. 그러나 웨스트민스터 신학자들은 시편가만 불러야 한다고 주장하지 않았습니다.[414]

웨스트민스터 회의의 총대들은 신앙고백서와 대소교리문답서보다 15개 주제로 구성된 예배모범(the Westminster Directory for Public Worship)을 먼저 완성했습니다. 인간의 고안이 아니

412) Fesko,『역사적, 신학적 맥락으로 읽는 웨스트민스터 신앙고백서』, 431.

413) Fesko,『역사적, 신학적 맥락으로 읽는 웨스트민스터 신앙고백서』, 452. 참고로 19세기 성공회 성직자의 의복에 대한 신학적 토론이 있었는데, 일반적으로 사제복은 고대의 일상복이나 로마제국의 공식적 의복 혹은 축제 의복에서 기원했다. 중세 시대 사제들의 의복은 그들이 초대교회로까지 거슬러 가는 연속성을 확보하려고 시도했으며, 심지어 구약의 레위인 의복을 재생산하는 의미를 부여하기도 했다. 참고. R. F. Littledale, "The Dean of Westminster on Ecclesiastical Vestments," *Contemporary Review* 25 (1874), 572-73, 584, 590.

414) 17세기 청교도 교회의 주일 공예배의 예전은 다음과 같았다. (1) 죄의 고백, (2) 사죄를 위한 기도, (3) 시편송, (4) 조명을 위한 기도, (5) 성경 봉독, (6) 설교, (7) 세례와 성혼 선포, (8) 긴 기도, (9) 주기도, (10) 사도신경 낭독, (11) 시편송, (12) 복의 선포. 청교도는 예배에 시편을 주로 불렀지만, 하나님의 영광을 드러내고, 성도의 영성을 고양하기 위해 성경적인 찬양을 계발했다. 참고. 서나영, "마음의 경건: 청교도 영성 안의 찬송과 기도시의 역할 고찰,"『성경과 신학』91 (2019), 344, 354; J. R. Beeke, "The Transforming Power of Puritan Doctrinal Preaching: The Westminster Directory and Its Application for Today," *The Master's Seminary Journal* 32/2 (2021), 289.

라 오직 성경의 원칙에, 입각하여 작성된 예배모범은 1644년 12월 27일에 완성되었으며, 1645년에 영국 의회, 스코틀랜드교회 총회, 그리고 스코틀랜드 의회의 승인을 받았습니다. 1645년 4월 17일, 영국 의회는 이 예배모범으로 공동기도서(the Book of Common Prayer)를 대체했습니다.[415]

웨스트민스터 예배모범은 설교에 관해 다음과 같이 안내 지침을 제시합니다. 설교자는 히브리어와 그리스어와 라틴어, 논리학과 과학, 그리고 조직신학을 습득해야 했습니다. 설교의 도입부는 본문에 나타난 교리의 요점을 간명히 소개합니다. 청교도의 강해 설교는 무엇보다 성령의 구원하시는 능력에 의해 청중의 삶을 변화시키는 교리를 본문의 근거를 가지고 설득력 있게 설명하는 작업이었습니다. 마지막으로 설교를 적용하는 목적은 교훈을 위해, 거짓 교리를 반박하기 위해, 성도의 의무를 수행하도록 권면하기 위해, 죄를 책망하기 위해, 그리고 위로하기 위함이었습니다.[416]

창조주이시자 섭리자이신 하나님은 선하시므로 사람은 삼위 하나님께서 제정하시고 계시하신 뜻대로 그분을 경외하고 예배하며 섬겨야 합니다(WCF 21:1-2).[417] 이를 위해 예배를 위한

---

415)이 단락은 Beeke, "The Transforming Power of Puritan Doctrinal Preaching," 288에서 요약함.

416)이 단락은 Beeke, "The Transforming Power of Puritan Doctrinal Preaching," 290-93에서 요약함. 참고로 웨스트민스터 예배모범은 설교 전의 기도에 적그리스도와 오스만투르크의 압제에서 교회를 보호해달라는 내용을 포함했다. 이것은 '적그리스도'라는 용어가 넓게 활용된 증거이다. 장대선, 『웨스트민스터 예배모범 스터디』(서울: 고백과 문답, 2018), 61, 79도 참고하라.

417)예배자는 하나님께 충성하는 겸비한 태도를 갖춘 사람인데, 해당 그리스어 명사는 προσκυνητής(프로스퀴네테스)이다(요 4:23). Louw and Nida, *Greek-English Lexicon on the New Testament based on Semantic*

안식일(σάββατον, 사바톤)이 필요합니다(마 12:2, 11).[418] 죄인들은 자연계시를 통해 나타난 유일하신 하나님을 영화롭게 하고 경배하기보다, 피조물을 대체물로 삼아 더 섬깁니다(출 20:3; 롬 1:21, 25). 아론의 두 아들 나답과 아비후는 하나님의 재가(裁可)를 벗어난 방식으로 제사하다가 심판을 받아 사망했습니다(레 10:1-7). 그리고 하나님은 자신이 요구한 바를 따르지 않은 채 진행된 이스라엘 백성이 지킨 절기를 미워하셨습니다(암 5:21). 교회의 예배는 철저히 성경의 원칙에 일치해야 합니다.

감사로 드리는 기도는 성부의 뜻을 따라, 중보자 예수님의 이름으로, 그리고 탄식하시면서 성도의 기도를 인도하시는 성령의 도움으로 드려야 합니다. 이때 소리를 내어 기도할 경우 알아들을 수 있는 말로 해야 합니다(WCF 21:3). 여기서 '알아들을 수 있는 말'은 방언을 염두에 둔 표현이 아닙니다. 대신 17세기 당시 라틴어로 진행된 천주교의 미사와 기도를 비판합니다.[419] 일반 성도는 라틴어를 알아들을 수 없었기에, 모국어로 드리는 기도가 중요했습니다. 기도는 하나님의 뜻을 이해하면서, 경외와 겸손으로, 그리고 열정과 믿음 그리고 사랑과 인내로 드려야 합니다(WCF 21:3; 참고. 눅 18:1-8; 요일 5:14).[420] 살아 있는 사람과 앞

Domains, Volume 1, 540.

418) 안식(ἀνάπαυσις, 아나파우시스)은 온유하고 겸손하신 예수 그리스도께 배울 때 가능하다(마 11:29). Louw and Nida, *Greek-English Lexicon on the New Testament based on Semantic Domains*, Volume 1, 261.

419) Sproul, 『웨스트민스터 신앙고백 해설 2』, 455.

420) 웨스트민스터 예배모범(1645) 가운데 설교 전의 기도는 스트라스부르와 제네바의 조명을 위해 드린 비교적 간명한 개혁주의 예전을 탈피해 버렸다. 대신 스코틀랜드교회의 예전의 영향을 반영하여 목회기도처럼 매우 복잡하고 길어져서 널리 활용되기에는 한계가 있었다. 1681년에 개정된 '설교 전의 기도'는 (1) 우리의 범죄와 영적 맹인과 마음의 완악함 그리고 하나님의 진노를 받기에 합당함에 대한 고백기도, (2) 예수 그리스도로 말미암

으로 존재할 사람들을 위해 기도하되, 죽은 자를 위한 기도는 금지됩니다(WCF 21:4). 따라서 천주교의 장례식에서 죽은 자를 달래는 기도는 넌센스입니다. 기독교는 '기도교'라 불리며, 조지 뮬러는 성도에게 가장 중요한 결핍은 기도라고 일갈했습니다.

예배 중에 성경 읽기는 경건한 두려움으로, 건전한 설교와 설교 경청은 순종과 이해와 믿음과 경외심을 가지고, 시편 찬송은 은혜로운 마음으로, 성례는 그리스도께서 제정하신 대로 적절하게 시행하는 것이 통상적인 예배의 요소들입니다 (WCF 21:5).[421] 이 사항을 더 살펴봅시다. 성도는 공사(公私) 간에 하나님을 경외하는 자세로 성경을 읽어야 합니다. 설교는 '건전하게' 즉 성경적으로 시행될 때, 회중은 그 건전한 복음을 청종할 것입니다. WCF는 은혜로운 마음으로 불러야 할 시

은 사죄와 화해와 은혜에 대한 고백기도, (3) 성령의 회복을 위한 사역에 대한 기대를 담은 기도, (4) 성화와 유대인과 이방인의 복음화 그리고 적그리스도의 패망과 재림을 위한 기도, (5) 엄숙동맹과 언약을 위한 기도, (6) 국내외 교회와 국가 지도자들을 위한 기도, (7) 안식일로서 주일과 성례의 올바른 활용을 위한 기도, (8) 조명을 위한 두 문단의 기도(첫째, 회중이 말씀을 듣고 은혜와 지식이 자라 선행에 힘쓰며 주님과의 교제가 깊어지는 유익을 얻도록, 둘째, 설교자에게 지식과 신실함과 열정과 적절한 말씀을 주시도록)로 구성된다. J. A. Novak, "In Thy Light shall We see Light: The Prayer for Illumination in the Reformed Liturgical Tradition," (Ph. D. Thesis, Fuller Theological Seminary, 2015), 85-86, 125.

421) 윌리엄 퍼킨스와 그의 수제자격인 윌리엄 에임스(William Ames, 1576-1633)에 따르면, 설교자는 성령의 나타남과 역사를 기대하면서 간절히 기도해야 하고, 설교는 그리스도 중심이되 평이해야 하며, 타락한 사람의 양심에 강력하게 도전하는 성령의 능력이 제시되어야 한다. 그런데 퍼킨스는 설교문을 암기하여 웅변하듯이 설교하는 것은 인간의 부패한 감정을 부추기고, 실수를 범하며, 성령의 인도를 방해한다고 보았다. 퍼킨슨이 볼 때, 설교자는 하나님을 경외하며, 회중을 사랑하고, 온화함과 덕을 갖추어야 했다. 에임스는 설교자는 회중의 형편을 잘 분석해야 하고, 회중은 마음을 집중하여 설교를 듣고 결단하는 마음을 품어야 할 것을 강조했다. 참고. 주도홍, "청교도의 설교 이해: 퍼킨스와 에임스를 중심으로," 『성경과 신학』 67 (2013), 240-42, 254.

편가를 언급하지만, 예배 중에 신약성경의 찬송가나 일반 찬송가도 활용할 수 있습니다(참고. 눅 1-2장의 찬송가들; 엡 5:19; 계 5:9-10; 19:1-6). 성례를 순수하게 보존하기 위해서는 무엇보다 목회자의 역할이 필요한데, AD 1세기 고린도교회에 성찬은 '위험한 식사'였습니다(고전 11:20-34). 전쟁 중에 목사가 없는 포로수용소와 같은 예외적 경우에, 목사 이외의 성도가 성례를 집례할 수도 있을 것입니다.[422] 어느 시대이건 모든 성도는 예수님의 몸의 지체들로서 성령님과 하나님의 실재 임재로 충만한 예배를 위해 모이기를 힘써야 합니다(요 4:23; 고전 12:12 이하; 히 10:25).

종교적 맹세와 서원, 엄숙한 금식, 특별한 경우의 감사, 그리고 절기를 따른 회집은 가능하고 중요합니다(WCF 21:5). 여기서 '맹세와 서원'은 신앙고백과 세례 때의 서약 등을 가리킵니다. 그리고 성탄절과 승천일과 같은 구속사를 따른 절기도 유의미합니다. 참고로 도르트 교회질서(1619)가 송구영신을 위해 회집을 허락한 것은 새로움을 새 창조자이신 예수님이 아니라 시간 중심으로 해석한 그리 좋지 않은 결정입니다.[423]

구약 안식일은 신약시대에 한 주의 첫날인 주일 즉 '기독교의 안식일'(the Christian Sabbath)로 대체되었습니다(WCF 21:7). 따라서 WCF는 하나님의 창조 사역과 안식으로 거슬러 올라가는 안식일 규정과 주일을 거룩하게 지키는 것을 영원한 도덕법

---

422)Sproul,『웨스트민스터 신앙고백 해설 2』, 468.
423)그리스도인이 구정을 맞이하여 "새해 복 많이 받으세요"라고 말하는 것은 어불성설이다. 한 해가 시작된 지 40-50일이 지났는데, 또다시 '새로운 해'의 '복 타령'을 하는 것은 시간에 얽매인 기복신앙 그 이상, 그 이하도 아니다.

으로 간주합니다(비교. 골 2:16).[424] 성도는 주일의 안식을 통하여 하나님의 창조 사역을 회상하고, 천국을 맛보며, 장차 있을 자신의 구원이 완성될 것을 기대합니다. 이를 위해, 빈자들이 안식해야 하는 날에도 노동할 수밖에 없도록 만드는 사회구조의 개혁이 필요합니다(창 2:1; 느 13:15-22; 사 58:13-14; 렘 17:21-27).[425] 주일예배를 위해 마음을 합당하게 준비하고, 일상 일을 미리 정돈하며, 직업에 관한 생각과 일 그리고 오락을 그치고 예배와 선행에 힘써야 합니다(WCF 21:8; 참고. 사 58:13).

　예수님께서 의도적으로 안식일에 영과 육을 고치신 이유는 무엇입니까? 그것은 참 안식이 무엇인지 교훈하시기 위해서였습니다(마 12:9-14; 막 3:1-6; 눅 6:6-11). 예수님 당시 안식일만큼 영육의 안식을 교훈 받기에 적절한 날이 있겠습니까? 주일에 예배와 심방과 구제와 더불어, 성도가 육체적으로 휴식을 취하는 것도 중요합니다. 누구든지 하루를 잘 쉬어야 일상에서 숨을 돌릴 수 있기 때문입니다(출 23:12).

　1618년에 제임스 1세는 청교도들이 경건하게 주일을 지키지 못하도록 '주일에 오락과 스포츠를 장려하는 선언'(A Declaration to encourage Recreations and Sports on the Lord's Day)을 반포했습니다. 이에 맞서 청교도들은 주일에 오락을 거부하며 저항했습니다.[426] 주일에 오락과 스포츠를 강요하는 정책은 1633년과

---

424)Sproul, 『웨스트민스터 신앙고백 해설 2』, 475.

425)박경철, "안식일, 지켜야 하는가? 무엇을 그리고 어떻게?: 구약성서가 말하는 안식일 계명의 의미," 『기독교사상』 51/2 (2007), 80-81.

426)신원균, "스코틀랜드 신앙고백서와 웨스트민스터 신앙고백서의 교회론적 구조와 언약신학적 특징에 관한 연구," 87; 허순길, 『벨기에 신앙고백 해설: 개혁교회 신앙고백』, 354.

1637년에도 계속 유지되었습니다. 이에 맞서 웨스트민스터 회의에 모인 청교도는 엄격한 주일 성수를 강조할 수밖에 없었습니다(창 2:1-2; 히 3-4). 엄격한 주일 성수는 청교도가 16세기 후반에서 17세기까지 영국교회를 개혁하는데 동반된 하나의 특징이었습니다.[427] 그렇다면 청교도는 모든 오락이나 레저를 거부한 엄격한 율법주의자였을까요? 다시 말해, 청교도는 시간을 허비하도록 만드는 레저와 쾌락을 반대하는 사람입니까? 그들은 즐거운 여가를 경계하기 위해 울타리를 넓게 세우고 담장을 높이 세웠습니까? 윌리엄 버킷(William Burkitt, d. 1703)은 하나님께서 자신을 감찰하심을 기억하고 모든 일상에서 청지기로 살기를 힘썼습니다.[428] 청교도는 레저 자체를 죄악시하거나 반대하지 않았습니다. 대신 그들은 레저를 포함하여 모든 행동과 결정은 심각한 범죄를 초래할 수 있음을 인지했습니다. 그래서 그들은 여가 활동 중에도 자신의 영적인 복지와 경건을 잊지 않았습니다.[429] 그리고 청교도는 하나님의 창조 세계 안에서, 그리고 주님의 새 창조의 은혜 안에서 신중하게 즐거워하기를 좋아했습니다.[430] 종종 사람은 레저에 과도하게 몰입하거나 중독에 빠지기도 합니다. 합법적인 여가나 레저라 할지라도, 그것은 자칫 예배의 대상 즉 우상이 될 여지가 있습니다.

청교도는 예배를 어떻게 준비했을까요? 그들에게 예배를 준비하는 원칙은 성경이었습니다. 그들은 성경이 제시하는 방

---

427) Beeke and Jones, 『청교도 신학의 모든 것』, 746.
428) C. Burchett, "Serious Joy: The Puritan Heritage of Leisure," *Puritan Reformed Journal* 10/2 (2018), 211.
429) Burchett, "Serious Joy," 219.
430) Burchett, "Serious Joy," 220.

식대로 하나님께 영광을 드리기를 원했습니다.[431] 청교도의 주일 신학의 기초를 놓은 리차드 그린햄(Richard Greenham, d. 1594)에 따르면, 주일은 하나님께서 창조하신 후에 안식하신 원칙에 입각하며, 예배를 위해 구별된 날이고, 세상 끝 날까지 지켜야 할 주님의 날이다.[432] 주일 성수는 그리스도인에게 족쇄가 아니라 의무인데, 무엇보다 그것은 공동체가 은혜가 풍성하신 하늘 하나님을 알현하여 기쁨과 안식과 특권을 누리는 복이었습니다. 웨스트민스터 예배모범 중 "II. 하나님의 공중 예배를 위한 회집과 자세에 관하여"에 따르면, 게으름이나 여타한 개인적인 모임을 구실로 공적 예배에 빠지지 않아야 하고, 예배 중에 귓속말, 인사, 의논, 졸거나 눈에 거슬리는 행동, 그리고 목사나 회중에게 방해가 되는 행동은 삼가야 했습니다.[433]

> **성경 근거 구절**
>
> 예배와 안식일: 내가 또 레위 사람들에게 몸을 정결하게 하고 와서 성문을 지켜서 안식일을 거룩하게 하라 하였느니라 내 하나님이여 나를 위하여 이 일도 기억하시옵고 주의 크신 은혜대로 나를 아끼시옵소서 (느 13:22)
>
> 안식 후 첫날 일찍이 아직 어두울 때에 막달라 마리아가 무덤에 와서 돌이 무덤에서 옮겨진 것을 보고(요 20:1)
>
> 주의 날에 내가 성령에 감동되어 내 뒤에서 나는 나팔 소리 같은 큰 음성을 들으니(계 1:10)

---

431)D. Kauflin, "Guarding Your Steps: The Puritan Practice of Preparing for Public Worship," *Puritan Reformed Journal* 9/2 (2017), 252.

432)Kauflin, "Guarding Your Steps," 253.

433)장대선, 『웨스트민스터 예배모범 스터디』, 31.

적용 ▶ 청교도에게 주일은 '영혼의 장날'(the market day of the soul)이었습니다(토마스 왓슨). 왜냐하면 주일은 한 주를 살기 위해 가장 맛있고 영양분이 넘치는 은혜의 음식을 먹는 복된 날이기 때문입니다.[434] 영혼을 위해 거래하는 날인 주일마다 성도는 영혼을 위한 값진 진주를 얻어야 합니다. 그리고 청교도는 주일을 '예배를 위한 안식일'이라 불렀습니다. 그렇습니다. 주일은 세상 일과 근심과 죄에서 자유하는 날입니다(출 20:8). 그리스도인은 기도와 묵상으로써 영적 유익이 넘치는 주일예배가 되도록 준비해야 합니다.[435] 그런데 주일이 설이나 추석 연휴와 맞물리는 경우, 주일 오전에만 예배를 드리고 오후 예배는 생략하는 경우가 많습니다.[436] 오후 예배를 생략함으로 고향을 찾아 이동하거나 가족과 함께 시간을 보내도록 배려합니다. 그리고 교회는 가정예배 순서지를 만들어 주보(週報) 안에 넣어줍니다. 이처럼 오후 예배를 취소하는 다른 실제 이유는 여자 성도

---

434) Beeke and Reeves, 『청교도, 하나님을 온전히 따르는 삶』, 226. 참고로 예수님께서 성육하셨지만 배교와 위선의 위험이 여전히 도사리고 있는 말세(딤후 3:1-5)에 설교자는 설교를 목회의 중심에 두어야 하고, 회중은 말씀의 사역자가 자기 교회에 있다는 것을 당연하게 여겨서는 안 된다(딤후 4:2). S. Joseph, "The Reformed Pastor as a Minister of the Word," *The Burning Bush* 30/1 (2024), 59-61.

435) Kauflin, "Guarding Your Steps," 262-66.

436) 1888년 12월 23일에 언더우드 선교사가 피어선 선교사에게 보낸 편지에 "주일에는 항상 1시간 이상 동안 엄숙하고 진지하게 예배를 드리는 사람들로 가득 차 있습니다"라는 언급은 새문안교회의 주일예배는 오전에만 시행된 것으로 보인다. 그런데 제임스 게일 선교사는 언더우드가 참석한 주일 오후 2시의 예배를 언급했다. 1890년대에 소래교회는 주일에 세 번 예배(오전 10시, 오후 2시, 7시)를 드렸다는 기록도 있다. 이 세 번은 각각 전통적 예배, 성경 공부, 그리고 전도집회로 나눌 수 있다. 그 당시 조선의 기독교인에게 6대 의무가 있었다(주일 성수, 금주, 신자 간의 혼인, 노름과 마작 금지, 금연, 노예 소유 금지). 참고. 박용규, "한국교회 예배의 변천, 역사적 고찰," 『성경과 신학』 63 (2012), 117-26.

가 점심 식사를 준비하기 어려운 데 있습니다. 주일 오후 예배를 시행하지 않는 교회가 늘어나면서, 이런 현상은 확대될 것으로 예상됩니다. 하지만 이렇게 민족의 명절이 주일예배를 폐하는 경우는 개혁교회에서 찾아보기 어렵습니다.

개혁교회는 대체로 주일예배가 시작되기 전에 광고합니다. 즉 광고하고 예배가 시작됩니다. 하지만 다수의 한국교회는 예배 중에 교회 소식을 전합니다. 그렇다면 광고는 예전의 한 요소일까요? 광고는 예배 전에 하는 것이 좋습니다. 왜냐하면 광고로 성도의 특별한 형편을 알려 회중의 기도를 요청하며,[437] 교회를 방문하여 함께 예배를 드리는 성도를 소개하고, 성찬에 참여할 수 있는 방문자를 언급하며, 외부 설교자를 소개하는 것은 예배 전이 적절하기 때문입니다. 한국교회의 경우 예배를 시작하는 시간이 지나서 교회당에 도착하는 경우가 적지 않기에, 편의상 광고는 모든 교인이 모여 있는 때인 예배 후반부에 합니다. 광고를 비롯하여, 하나님의 현존을 누림으로써 언약을 갱신하는 예배의 특성에 부합하지 않는 요소가 있다면 마땅히 개혁해야 합니다(요 4:23-24).[438]

예장 고신의 『예전예식서』(2015)는 주일 예전에 '성경의 봉독, 찬양대 찬양, 설교'의 순서를 제시합니다. 성경의 봉독과 설교가 다른 예전 순서에 의해 분리된 것은 바람직하지 않습니다.

---

437)주보에 실린 광고를 보면서, 설교자가 설교 후에 목회기도를 하는 것도 좋다.

438)한국교회에서는 장로 임직식 때 가운을 임직하는 장로에게 증정하는 경우가 있다. 아마 성찬식 때 장로가 분병 및 분잔을 담당하도록 배려하는 차원일 것이다. 하지만 장로와 집사의 임기를 주로 3년으로 제한하는 (남아공) 개혁교회의 경우, 성례식 때 가운을 착용하지 않으며, 대체로 빵과 포도주는 집사가 나눈다. 말 그대로 집사(deacon)야말로 섬기는 일꾼(diakonos)이기 때문이다.

그리고 성경의 봉독과 설교 앞에 '조명을 위한 기도'가 없습니다. 예장 합동의 『표준예식서』(2010), 기장의 『희년예배서』(제3판, 2015), 그리고 감리교의 『새 예배서』(개정판, 2011)도 동일한 문제를 노출합니다. 그리고 기독교대한성결교회의 『예배와 예식서(Ⅰ): 교회의 예배와 성례전』(개정판, 2019)은 성경의 봉독과 설교 사이에 '봉헌, 봉헌기도, 찬양대 찬양'이 길게 위치합니다.[439] 참고로 1930-45년경 그리고 해방 직후에도 주일 예전 중에 성경 봉독과 설교 사이에 광고나 찬양과 같은 다른 순서가 들어감으로 말씀 사역의 자연스런 흐름을 깨고 말았습니다.[440]

강복 선언(benediction)은 예배가 성도를 세상으로 파송하는 시간임을 나타냅니다. 그리스도의 몸을 이루는 지체들은 동일한 선교적 사명을 지닌 채로 세상으로 나아갑니다. 이에 대해, 민장배의 해설을 들어봅시다. "세상이라는 삶의 자리에서 함께 예배자다운 행동을 하도록 해야 한다. 또한 적극적으로 삶의 현장에서 예배자의 삶을 살아갈 수 있도록 다양한 봉사활동 단체와 연계 프로그램에 참여하게 함은 물론 복음을 전파하

---

439) 개선되어야 이런 사항을 유재원, "한국 개신교 예식서에 나타난 주일 예배 비교 연구,"『신학사상』195 (2021), 127-32는 지적하지 않는다.

440) 박용규, "한국교회 예배의 변천, 역사적 고찰," 143. 참고로 교회력(church calendar)은 삼위 하나님께서 성취하신 구원의 은혜를 달력에 굵직하게 새겨 놓은 것이다. 절기마다 예전색(liturgical color)을 고려해야 한다. 성탄절과 부활절에는 승리의 흰색, 고난주간과 성령강림절은 붉은색, 그리고 그 외의 기간은 성장을 상징하는 녹색을 사용한다. 대강절(advent)에는 매 주일 보라색에서 흰색으로 점차 색의 변화를 주기 위해 양초 4개를 활용할 수 있다. 그리고 성찬식에서는 대속의 피를 상징하는 붉은 색과 사죄의 승리를 상징하는 흰색의 조합이 적절하다. 설교자는 흰색, 붉은색, 녹색, 붉은색과 흰색이 섞인 넥타이를 장만하여 교회력에 맞추어 착용한다면, 회중에게 시각적 교육을 할 수 있다. 설교자는 성찬식 내내 부활과 재림의 소망이 빠진 채로 고난 찬송가만 반주하지 않도록, 미리 피아노나 오르간 반주자에게 정보를 제공해야 한다.

는 증인으로 살아가도록 해야 한다."[441]

　청교도는 회중이 설교를 듣는 바람직한 태도를 강조했습니다. 회중은 주일 즉 '영혼이 장날'에 나타날 하나님의 위대한 일을 기대해야 합니다. 주일을 준비하는 성도의 영혼은 '기도의 옷'을 입어야 합니다. 하나님의 말씀을 먹고자 하는 왕성한 식욕을 가지고 교회당으로 가야 합니다(벧전 2:2). 교회당에 말씀이 울려 퍼지도록, 회중은 하늘에서 말씀하시는 하나님을 묵상해야 합니다. 교회당이 적들(근심, 정욕, 냉담함 등)이 설교를 방해하기 위해 우글거리는 전쟁터임을 기억해야 합니다.[442] 그리고 성령을 의지하면서, 사랑과 기대하는 마음과 순종과 실천하려는 마음을 가지고 교회당에 나아가야 합니다(히 2:1; WLC 155).[443] 그리고 청교도는 예배 후에 부모가 자녀에게 설교를 숙지시키도록 권면했습니다.

　웨스트민스터 예배모범의 "X. 주일을 거룩하게 함에 대하여"는 주일 오전과 오후 예배 사이 시간을 알차게 보낼 수 있는가를 설명합니다. 그것은 성경을 읽고, 설교를 되뇌이며, 자녀에게 교리문답을 하며, 기도와 찬송과 병자 심방과 구제와 자선을 행할 것을 권면합니다.[444]

---

441)민장배, "구약 제사 의미에 따른 현대 예배 방안,"『신학과 실천』44 (2015), 57.

442)웨스트민스터 예배모범은 설교자가 낭독하고 인용하는 것 외에는 회중이 다른 것을 읽지 않도록 규정한다. 그런데 설교 중에 주보를 읽거나, 심지어 SNS에 시간을 허비하는 교인이 있다. 장대선,『웨스트민스터 예배모범 스터디』, 31.

443)이 단락은 Beeke and Reeves,『청교도, 하나님을 온전히 따르는 삶』, 238-43에서 요약.

444)웨스트민스터 예배모범 중 "XII. 병자의 방문에 관하여"는 "아프고 괴로울 때는 하나님께서 곤고한 심령들로 그분의 말씀을 전할 특별한 기회를 목사에게 하나님의 손길로서 이끌어 주신 때이다. …… 사탄도 역시 그러한 이점을 취하여, 그들에게 더욱 괴롭고 무거운 유혹으로, 더욱 짐을 지우는 때이

한병철과 월터 브루거만이 간파하듯이, 불안한 경쟁 속에서 자신을 착취하기까지 실적을 중시하는 사회는 '피로사회'입니다(전 1:8). 특별히 복음의 능력과 위로 가운데 주일예배와 교제 중에 누리는 안식이야말로 피로사회의 치료제가 될 것입니다(히 4:12).[445] 오늘날 주일예배와 결혼 예식은 하나님 중심과 하나님의 영광에서 이탈하여 '청중과 하객'의 즐거움을 추구하지는 않습니까? 주일 교회당 근처의 식당과 카페에 종사하는 사람들은 주일 오전 예배 후에 그곳을 찾는 교인들 때문에 신앙을 가지기 어렵지 않습니까? 주일에 상품을 생산하고 소비하는 것은 상품을 숭배하는 행위와 같습니다. 기독교인이 주일에 불신자들로 하여금 노동을 유발한다면 그들을 사랑하지 않는 행위가 될 것입니다.

다. 그러므로 목사는 병자를 심방하면, 지극한 사랑과 온유함으로, 그의 심령에 영적인 선을 행하되 ......"라고 설명한다. 장대선,『웨스트민스터 예배모범 스터디』, 167, 205.

445)최성수, "한병철의 '피로사회' 이론에 대한 기독교 신학적 고찰과 대응방안 모색으로서 안식일 개념에 대한 연구,"『장신논단』45/4 (2013), 212-16; 이종록, "[서평 (1)] 욕망의 현실, 안식의 허구- 퇴장의 시점을 놓친 한 신학자가 뻘쭘하게 말하는 안식하기: 월터 브루그만의『안식일은 저항이다』, 복있는사람,"『기독교사상』7월 호 (2015), 190-97.

22장 맹세와 서원

1. 합법적 서약은 종교적 예배의 한 부분으로서 정당한 경우에 서약자가 하나님을 엄숙하게 불러 자기가 단언하거나 약속하는 바의 증거자로 세우며, 자기가 서약한 바의 진위(眞僞)를 따라 심판하여 주실 것을 청하는 것이다.

2. 하나님의 이름으로만 서약해야 하며, 거룩한 두려움과 경의로써 그분의 이름을 불러야 한다. 그러므로 영화롭고 두려운 그 이름으로 망령되이 경솔하게 서약하거나 무엇을 서약하든 그 이름 외의 어떤 다른 이름으로 서약하는 것은 죄스러우며 가증스럽다. 그러나 중요한 사안이나 특별한 경우에 옛 언약 시대뿐만 아니라 새 언약 시대에도 서약은 하나님의 말씀으로 그 정당성을 보장받는다. 앞에서 말한 그런 경우에 합법적 권위가 부과한 합법적 서약은 행해야 한다.

3. 서약하는 자는 누구나 그처럼 엄숙한 서약의 무게를 제대로 주목해야 하며, 자기가 온전히 진리라고 확신하는 것만을 공언해야 한다. 누구든지 선하고 옳은 일, 옳다고 믿는 일, 자기가 실제로 행할 수 있고, 그리고 행하려고 결심한 일 외에는 그 어떤 일에 관해서도 서약으로써 자신을 구속하지 않아도 된다. 그러나 합법적인 권위가 부과한 선하고 정당한 일에 연관된 서약을 거부하는 것은 죄가 된다.

4. 서약은 평이하고 상식적인 말로 하되, 애매하거나 심중 유보가 없어야 한다. 죄를 범하게 강요하는 서약은 안 되지만, 죄스럽지 않는 어떤 것을 서약하였다면 자기에게 손해가 될지라도 마땅히 이행하여야 한다. 이단이나 불신자에게 서약하였다 하더라도 그것을 깨뜨릴 수 없다.

5. 서원은 약속을 수반하는 서약과 같은 성질을 지니며, 동일한 종교적 신중함으로 서원해야 하고 동일한 신실성으로 이행하여야 한다.

6. 서원은 여타 피조물이 아니라 하나님께만 해야 한다. 서원이 받아지려면 믿음과 의무의 양심으로 이미 받은 자비를 감사하거나, 없던 것을 얻기 위하여 자발적으로 서원하여야 한다. 이로써 우리는 우리가 이행하여야 하는 의무들과 여타 다른 일들이 서원에 합당하게

> 이바지한다면, 그리고 이바지하는 동안에 우리는 그러한 의무들과 일들에 우리 자신을 더 엄중하게 얽매어야 한다.
>
> 7. 하나님의 말씀이 금하시는 것, 말씀이 명하는 어떤 의무를 방해하는 것, 자신의 힘이 미치지 못하는 것, 그리고 서원 이행을 위해 하나님께 받은 능력의 약속이 없는 것 등은 서원하지 말아야 한다. 이 점에서 로마교회 수도원의 평생 맹세, 청빈과 순명(順命) 서원은 보다 높은 완전의 단계와는 무관하기 때문에 신자로서는 빠질 필요가 없는 미신이고 죄스러운 올무일 뿐이다.

하나님 앞에서 주님을 경외하는 마음으로 시행하는 합법적인 맹세는 예배의 한 부분입니다(WCF 22:1-2). 그러나 예수님의 제자들은 하나님의 보좌인 하늘, 하나님께 제사드리는 도구인 제단, 그리고 큰 임금이신 하나님의 성인 예루살렘 성전으로도 도무지 맹세하지 말아야 했습니다(마 5:33-37; 참고. 마 23:16-18).[446] 여기서 하늘, 제단, 예루살렘은 하나님을 가리키는 표현들입니다. 그러므로 하나님을 두고 하는 맹세가 자신의 책임 회피를 위한 수단으로 변질되지 않도록 주의해야 합니다.[447] 성도는 하늘로나 하나님의 발등상인 땅으로나, 아무 다른 것으로도 맹세하지 말아야 합니다(출 20:7; 레 19:12; 약 5:12; 참고. 삿 11:30-40의 입다의 경솔한 서원).[448] 피조물을 두고 맹세하는 것은 피조물에게

---

446) 동사 ὄμνυμι(옴뉘미)는 신적 존재를 두고 자신의 진술이 진실함을 확증하는 것이다(마 5:34). Louw and Nida, *Greek-English Lexicon on the New Testament based on Semantic Domains*, Volume 1, 441.

447) 박종기, "진실한 삶으로 맹세가 더 이상 필요하지 않게 하라: 마태복음 5장 33-37절," 『성경연구』 11/2 (2005), 61.

448) 사사 입다의 서원은 자기 딸이 평생 처녀로 살다 죽도록 내버려 두었기에, 그의 가계는 끊어지고 말았다. 이것은 한 가정을 넘어 이스라엘 전체가 쇠락하는 모습을 투영한다. M. J. Smith, "The Failure of the Family in Judges, Park 1: Jephthah," *Bibliotheca Sacra* 162 (2005), 296-98.

신적 속성을 부여하는 범죄입니다.[449]

예수님께서 책망하신 '고르반'(κορβᾶν)은 맹세자 스스로가 저주하면서 물질적으로 부모를 봉양하는 것을 실제로는 거부했던 악행이었습니다(마 15:5; 막 7:11).[450] 그런데 성경은 합법적인 맹세를 금하지 않으며, 하나님께서도 맹세하셨습니다(창 14:22; 22:16; 28:20-22; 50:24; 출 6:8; 민 6:2; 21:2; 수 21:43; 삼상 1:11; 사 54:9; 욘 1:16; 미 7:20; 마 12:39; 막 8:12; 히 3:11; 6:13; 계 10:6).[451] 한 예로, 하나님을 경외했던 사도 바울은 자신이 동족 유대인들의 구원에 지대한 관심을 가지고 있음을 하나님 앞에서 맹세로 확언했습니다(롬 9:1-4; 참고. 롬 1:9; 고후 1:23; 계 10:6). 이처럼 성도는 자신이 진리라고 확신하는 것만 조심하면서 맹세해야 합니다(WCF 22:3; 참고. 삼상 1:26; 25:26; 왕하 2:2). 맹세는 분명한 말로써 표현되고 지켜져야 하는데, 심지어 이단자나 불신자에게 한 맹세도 어겨서는 안 됩니다(WCF 22:4; 참고. 전 5:5). 서약을 어기는 것과 하나님의 이름으로 거짓 증언한다면 그것은 하나님의 이름을 헛되게 만드는 범죄, 곧 제3 계명을 어기는 행위입니다(출 20:7). 헛된 맹세와 같이 무익한 말은 심판의 대상입니다(마 12:36). 그리고 성도에게 맹세할 필요가 없을 정도로, 진실된 말을 하는 것이 중요합니다(마 5:37; 약 5:12).

---

449)Sproul, 『웨스트민스터 신앙고백 해설 2』, 510.

450)G. W. Buchanan, "Some Vow and Oath Formulas in the New Testament," *Harvard Theological Review* 58/3 (1965), 324.

451)Buchanan, "Some Vow and Oath Formulas in the New Testament," 324-26. 참고로 구약의 맹세에 의하면, 대체로 서원자는 긴박한 상황 속에서 하나님과의 특별한 관계를 부각하면서 하나님께서 도우신다면 지체함 없이 자신이나 물건을 바치겠다고 서약한다. R. T. Hyman, "Four Acts of Vowing in the Bible," *Jewish Bible Quarterly* 37/4 (2009), 236-37.

성도는 하나님만을 두고 맹세해야 합니다(참고. 민 5:11-31; 느 10:29; 단 9:11). 성경에는 하나님을 두고 맹세하지 않은 경솔한 경우도 있습니다(삼상 14:24; 시 24:4). 그리고 맹세는 자발적으로 하되, 믿음과 양심적 의무감에 입각하여 하나님의 은혜에 감사함과 원하는 바를 얻도록 해야 합니다(WCF 22:6; 참고. 벧전 3:21). [452] 성경이 금지한 것을 두고 맹세할 수 없으며, 자신의 능력을 넘어서는 것도 서원할 수 없습니다(WCF 22:7). 이런 이유로 천주교가 영구적인 독신, 청빈, 그리고 규칙적인 복종을 맹세하는 것은 미신적이며 죄악 된 덫일 뿐입니다(WCF 22:7). 성경은 독신의 은사를 가진 사람에게만 독신을 허용합니다(고전 7:7). 그러나 가톨릭대학교 신학과는 예비 사제를 위해 '성과 독신'이라는 과목을 개설합니다.

성경 근거 구절

맹세와 서원: 오직 너희 말은 옳다 옳다, 아니라 아니라 하라 이에서 지나는 것은 악으로부터 나느니라(마 5:37)

내 형제들아 무엇보다도 맹세하지 말지니 하늘로나 땅으로나 아무 다른 것으로도 맹세하지 말고 오직 너희가 그렇다고 생각하는 것은 그렇다 하고 아니라고 생각하는 것은 아니라 하여 정죄 받음을 면하라(약 5:12)

세세토록 살아계신 이 곧 하늘과 그 가운데에 있는 물건이며 바다와 그 가운데에 있는 물건을 창조하신 이를 가리켜 맹세하여 이르되 지체하지 아니하리니(계 10:6)

---

452)고대 이집트의 람세스 2세와 하티의 무와탈리스(Muwatallis) 간의 종주권 언약에 양측이 섬긴 신들이 증인으로 등장했다. 마리(Mari) 문서에 따르면, 나귀를 죽인 후 언약의 식사를 거행함으로써(참고. 창 15), 맹세로 체결한 언약을 준수하는 것은 목숨을 거는 엄중한 일임을 표현했다. 참고. M. R. Lehmann, "Biblical Oaths," *ZAW* 81/1 (1969), 75-76.

적용 ▶ 죄와 악이 많은 사회에서 국가는 질서를 유지하기 위해 모든 국민에게 법정 등에서 맹세를 요구하기도 합니다.[453] 요즘 혼인식은 사랑의 서약이 아니라, 유흥을 위해 이벤트화됩니다. 그리고 안타깝게도 이혼으로 말미암아 무효가 되고 마는 결혼 서약이 많습니다. 그리고 부모가 아들을 목회자로 바치겠다는 서약으로 인해, 그 아들이 방황하는 경우도 적지 않으므로, 자신이 아닌 사람을 두고 하는 서약은 매우 신중해야 합니다. 그리스도인에게 서약할 필요 없이 일상 대화가 맹세만큼 신성한 것이 되려면, 어떻게 해야 합니까? 평소에 말을 주의하고, 자신의 능력을 과신하지 말고, 거짓말을 멀리하는 훈련을 해야합니다(마 5:36-37).

---

453) 이 질문에 긍정하는 경우는 G. Meier, 『마태복음』, *Matthäus-Evangelium*, 송다니엘 역 (서울: 진리의 깃발, 2017), 199. 참고로 2002년 6월, 미국 캘리포니아의 제9 행정법원은 국기에 대한 맹세가 위헌이라고 판결했지만, 반발이 일자 하루 만에 결정을 보류했다. 1954년에 아이젠하워 대통령이 삽입한 '하나님 아래 하나의 국가'라는 표현이 미국 헌법이 보장하는 정교분리 원칙에 위배된다는 취지의 판결이었다. 임재훈, "[해외교육소식]국기에 대한 맹세가 위헌?: 미국의 정교 분리 논쟁의 딜레마," 『중등우리교육』 8월 호 (2002), 30-31.

23장 국가 위정자

1. 온 세계의 대주재시요 왕이신 하나님께서는 자기의 영광과 공공의 선을 위하여 국가 공직자를 자기 아래 그리고 백성들 위에 세우셨으며, 이를 위하여 그리고 선한 자들을 보호하고 격려하며 악인들을 징벌하실 목적으로 그들을 칼의 권세로 무장시키셨다.

2. 그리스도인이 공직자로 부름을 받을 때 그 직무를 받아들이고 수행하는 것은 합법적이다. 직무를 행함에 있어서 그 나라의 건전한 법을 따라 특히 경건, 공의, 평화를 유지하여야 하며, 이러한 목적을 위해서는 현 신약시대에서도 정당하고 불가피한 경우에 전쟁도 합법적으로 수행할 수 있다.

3. 국가 공직자들은 말씀과 성례의 집례나 천국의 열쇠권을 전유(專有)하거나, 믿음의 사안에 조금이라도 개입하여서는 안 된다. 그러나 양육하는 아버지처럼 우리 공동의 주님의 교회를 보호하되, 어떤 교파를 다른 교파보다 우대하지 않아야 하며, 모든 교역자가 폭력이나 위험에 처함이 없이 그들의 신성한 활동을 다 수행할 수 있는 온전하고 자유롭고 논란의 여지가 없는 자유를 누리게 하여야 한다. 그리고 예수 그리스도께서 자기 교회 안에 정규적인 치리와 권징을 정하셨기 때문에, 어떤 국가의 법이라도 어떤 기독자들의 교파의 자원 회원들이 그들의 고백과 믿음을 따라 치리와 권징을 적절히 이행하는 것을 간섭하거나 방해하지 말아야 한다. 국가 공직자의 책무는 자기 백성의 인신과 명예를 보호하는 것인데, 이를테면 어떤 사람도 종교 혹은 불신앙이라는 명분으로 다른 어느 누구에게 어떤 모욕, 폭행, 학대, 상해를 가하는 일이 없게 해야 하는 것과, 모든 종교적 혹은 교회적 집회도 방해나 교란당함이 없이 개최할 수 있도록 질서를 유지하는 것이다.

4. 백성의 의무는 공직자를 위하여 기도하며, 그들을 존경하고, 세금과 여타 부과금을 바치고, 그들의 합법적인 명령을 순종하며, 양심상 그들의 권위에 복종하는 것이다. 불신앙이나 종교의 차이가 공직자의 정당하고 합법적인 권위를 무효화 할 수 없으며, 공직자들에 대한 정당한 순종에서 백성을 제외시킬 수 없으며, 교역자 또한 예외는

아니다. 더구나 교황은 통치 중에 있는 공직자에게나 그들의 백성 중 어느 누구에게도 어떤 권세나 재치권(裁治權)을 행사할 수 없다. 더 군다나 교황이 그들을 이단이라고 판결하거나 어떤 다른 구실로든 그들의 통치권이나 생명을 빼앗는 일은 결코 있을 수 없다.

온 세상의 최고 왕이신 하나님은 자신의 영광과 공공선(public good)을 위해 무엇을 세우셨습니까? 바로 자신 아래 그리고 백성 위에 칼의 권세를 가진 국가 위정자들을 세우셨습니다(WCF 23:1; 참고. 시 110:1; 요 19:11; 롬 13:1, 4). 여기서 위정자(爲政者)는 단순하게 말하면 정치를 하는 사람을 가리킵니다.[454] 그런데 정부가 정치 영역에서 왕이신 하나님의 통치를 벗어날 경우, 히틀러의 나치 정권처럼 광포해집니다(참고. 단 4:25). 견제와 균형을 중요하게 여기는 정부 체제라면 권력을 분립하여 독재 정권화되는 것을 예방해야 합니다.

　구약 이스라엘에서는 국가와 교회를 일치시키는 신정체제였고, 중세 천주교는 교회가 국가 권력을 지배했으며, 재세례파는 국가와 교회를 철저히 분리했습니다. 예수님은 교회와 국가라는 두 왕국을 모두 다스리십니다. 말하자면, 예수님은 목자이시고 교회와 국가의 지도자들은 목동들입니다(마틴 부써). 종교 다원화 시대인 현대에 '교회의 국가화'나 '국가의 교회화'는 바람직하지 않습니다. 예수님은 두 왕국의 왕이시므로 교회를

---

454) 위정자(administrator)는 무언가에 대해 권위와 책임을 가지고 있다. 명사 οἰκονόμος(오이코노모스)는 신약 서신서에서 하나님의 청지기라는 긍정적 취지로 사용된다(고전 4:1; 벧전 4:10). Louw and Nida, *Greek-English Lexicon on the New Testament based on Semantic Domains*, Volume 1, 477.

통해 자신의 왕권을 국가 영역에도 확장해 가십니다. 두 왕국론 (two kingdoms doctrine)을 지지하는 루터는 그리스도인이 국가의 영역에 진출할 수 있다고 보았습니다. 루터보다 칼빈이 더 강조했듯이, 정부와 정치 영역은 그리스도인이 소명을 이루기 위해 진출해야 할 자리입니다. 온 세계의 왕이신 예수님은 성령과 복음에 의해 다스려지는 그리스도인의 공동체를 법에 의해 다스려지는 국가의 영역 안으로 파송하시기 때문입니다. 그리스도인은 정치와 정부를 악하고 더러워 멀리해야 할 세속 영역이라 단정하지 말아야 합니다.

기독교 공직자는 나라의 건전한 법률에 따라서 경건, 정의, 그리고 평화를 유지해야 합니다(WCF 23:2). 위정자 즉 정치인과 지도자급의 행정관은 정의롭고 거룩한 하나님의 사역자여야 합니다. 올바르고 필요한 경우에 국한하여, 국가는 정당한 전쟁을 할 수 있습니다(WCF 23:2). 재세례파는 평화주의를 지향했기에 군 복무와 모든 전쟁을 반대했습니다. 그러나 정당한 방어를 위한 최후 수단으로서의 전쟁은 국가 위정자의 의무입니다. 17세기 영국과 달리 오늘날 종교 다원화 국가에서 기독교 정당은 합당합니까? 기독교의 이름을 건 정당의 부패나 역기능은 가늠하기 어려울 것입니다. 대신 그리스도인이 정치인으로 활동하는 것은 WCF의 원칙에 부합합니다.

국가 위정자가 설교하거나 성례를 시행하거나, 천국 열쇠의 권세를 취하는 것은 금지됩니다(WCF 23:3).[455] 한 예로, 남 유다

---

455)WCF 22:3은 국가와 교회를 분리한 미국 방식으로 개정되었다. 원래 영국식 고백서는 국가가 이단을 제압하고, 부패한 예배를 금지하거나 개혁해야 한다고 밝혔는데, WCF 작성자들은 장로교가 영국의 국교로 채택되기를 바랐기 때문이다. 지금도 영국 (여)왕이 상징적으로 성공회의 수장이다. 다원

의 왕 웃시야는 제사장의 몫인 분향을 시행하다가, 하나님으로부터 심판이 임하여 나병에 걸렸습니다(대하 26:16-21). 요한계시록을 예로 든다면, 하나님은 창조, 구원, 보존, 심판을 위해 절대적이고 궁극적 권위를 행사하시므로 영원히 영광을 받으시기에 합당합니다(계 1:5; 4:2-3, 11; 5:1, 5; 11:15, 17; 19:15).[456] 국가가 교회를 강압하고, 악한 짐승처럼 그리스도인을 박해한다면 하나님의 심판이 임할 것입니다(계 13:1; 참고. 요 19:15-16). 그리고 자신을 신격화하여 경배를 받으려는 세상의 악한 권력가들의 권세는 사상누각에 불과합니다.

국가에게는 교회가 '충분하고 자유롭고 의문의 여지가 없는' 자유를 누리도록 할 의무가 있습니다(WCF 23:3). 그러나 국가가 우상숭배나 살인과 같이 부당한 억압을 강요할 경우, 교회는 그 명령에 불복종해야 합니다(출 1:15-21; 단 3:12-18; 행 4:19). 교회는 위정자를 위해 기도하고 그 사람의 인격을 존중하고, 세금을 바치며, 적법한 명령에 순종해야 합니다(WCF 23:4; 참고, 롬 13:7; 딤전 2:2). 종교개혁의 전통을 이어받은 17세기 청교도 신학자들이 볼 때, 교황에게는 위정자를 이단으로 판단하거나 다른 구실을 내세워 정죄할 수 있더라도, 위정자의 통치권이나 생명

화 및 다종교 국가에서 WCF 23장을 적용하기는 거의 불가능하다. R. C. Sproul, 『웨스트민스터 신앙고백 해설 3』, *Truths We confess*, Vol. 3, 이상웅·김찬영 역 (서울: 부흥과 개혁사, 2011), 33.

456) 계시록의 신적수동태는 만사를 주관하시는 하나님의 권위를 강조한다(6:2, 4, 8, 14; 7:2; 8:2, 7, 8, 12; 9:1, 3, 4, 5; 10:7; 11:1, 2, 19; 12:5, 8; 13:5, 7, 14, 15; 15:5; 16:8, 12, 19; 19:8; 20:4). A. E. Stewart, "Authority and Motivation in the Apocalypse of John," *Bulletin for Biblical Research* 23/4 (2013), 550-56. 참고로 틴데일신학교의 Stewart는 예수님의 조속한 하나의 방문(parousia)을 재림이라고 잘못 해석한다(예. 계 1:7; 2:25; 3:11).

을 빼앗을 권한은 없었습니다(WCF 23:4).

재세례파는 의지의 자유와 성령의 조명에 근거한 성경해석에 있어 개인의 자유를 강조하고, 구약성경보다 우월한 신약성경을 존중하고 신약성경이 가르친다고 본 자발적 공산주의를 지지하면서 이자(利資)를 반대하며, 교회와 국가의 분리와 종교의 자유는 모든 사람의 권리임을 강조했습니다.

도르트회의(1618-1619)가 개최되기 전에 네덜란드는 스페인의 통치를 받았습니다. 네덜란드 남부의 주들이 친스페인 '아라동맹'(Unie van Atrecht, 1579)을 맺자, 북부의 주들은 오렌지공 윌리엄의 형 얀 판 나소(Jan van Nassau)를 중심으로 '위트레흐트(Utrecht) 연합'(1579)을 체결했습니다. 위트레흐트 연합의 조약에 따르면, 시민들은 개인의 재산과 권리를 보호받고, 종교적인 문제로 천주교의 조사나 박해를 받지 않으며, 신앙의 자유를 보호받아야 했습니다.[457] 네덜란드 북부의 주들은 천주교를 따른 스페인 제국이 교회에 부당하게 간섭하지 못하도록 단호하게 조치를 취한 것입니다. 청교도는 천주교에 가까운 영국 성공회의 부당한 간섭을 거부했습니다. 제국의 황제이건 총독이건 간에, 예수 그리스도를 머리로 모신 교회의 신앙 양심을 옥죄일 수 없는 법입니다.

17세기 미국 청교도 가운데, 신정(神政)체제를 주장한 존 카튼(John Cotton, d. 1652)과 교회와 국가의 분리를 주장한 로저 윌리엄스(Roger Williams, d. 1683)는 교회와 국가의 관계를 두고

---

457) 이 단락은 안인섭, "도르트 총회(1618-1619) 직전 시대의 네덜란드 교회와 국가 관계의 배경 연구," 『한국개혁신학』 57 (2018), 290-95에서 요약.

20년 이상이나 논쟁했습니다.[458] 1635년 10월에 정교분리를 반대했던 매사추세츠 정치인들에 의해 윌리엄스는 그 지역에서 추방당하고 말았습니다. 카튼은 성경을 모형론으로 해석하면서 구약 이스라엘과 뉴잉글랜드의 청교도 사이에 연속성을 강조하면서, 국가가 국민에게 참 종교를 강요할 수 있다고 보았습니다.[459] 카튼에게 청교도 행정관은 구약 이스라엘의 왕들을 계승한 사람들이었고, 그가 속한 청교도 회중교회는 초대교회의 계승자였습니다. 이에 반해, 윌리엄스는 성경을 모형론적으로 해석하면서도 구약의 그림자는 실체이신 예수님께서 오심으로써 폐지되었다고 보았습니다.[460] 이 두 청교도의 논쟁으로부터 교회가 정부와 올바른 관계를 정립하려면 올바른 성경해석에서 출발해야 한다는 사실을 배울 수 있습니다.

1646-1659년에 걸쳐 오웬은 영국 의회를 향해 구약과 신약의 여러 본문을 가지고 예언자적 설교를 했는데(대하 15:2; 사 6:5; 14:32; 56:7; 렘 15:19-20; 겔 17:24; 단 7:15-16; 12:13; 합 3:1-9; 행 16:9; 롬 4:20; 히 12:27 등), 그것은 사회-정치-종교의 변혁을 의도한 공공신학적 설교였습니다.[461] 오웬은 구약 선지서 설교를 자주 했는데, 용기를 내어 위정자의 권력 남용 등을 꾸짖었고, 주권적인

---

458) 김주한, "교회와 국가관계의 유형론 논쟁: 존 카튼과 로저 윌리엄스를 중심으로," 『한국기독교신학논총』 62/1 (2009), 227.

459) 김주한, "교회와 국가관계의 유형론 논쟁: 존 카튼과 로저 윌리엄스를 중심으로," 231.

460) 김주한, "교회와 국가관계의 유형론 논쟁: 존 카튼과 로저 윌리엄스를 중심으로," 235.

461) A. Towner, "What would John Owen say to Government?: Public Theology in Owen's Sermons to the Nation (1646-1659)," *Global Anglican* 135/1 (2021), 17-18.

하나님을 신뢰하면서 하나님 나라를 추구할 때 주어지는 안전과 질서에 대해 외쳤습니다.[462] 그리고 뉴잉글랜드의 청교도 설교자들은 선거를 위한 성경적 지침을 설교로 설명했습니다. 이러한 공적 강단(public pulpit)은 청교도가 수행한 공공신학의 진면모입니다.[463]

1649년 2월 17일에 영국 의회는 국무회의(the Council of State)를 설치했고, 크롬웰(d. 1658)을 의장에 임명했습니다. 크롬웰은 영국 공화국의 호국경(護國經)으로서 행정부의 수반이 되었고 총사령관직도 맡았습니다. 크롬웰을 중심으로 1660년에 왕정복고가 이루어질 때까지 성인(聖人)의 지도를 받는 '성도의 국가'(the godly nation)를 이루어 사회를 개혁하려고 시도했습니다.[464] 여기서 '성인'은 하나님의 섭리에 따라 성도를 인도하는 의회 의원, 관료, 성직자, 그리고 군인을 가리킵니다.[465] 그리고 여기서 '성도'에 장로교도, 독립교도, 그리고 침례교도가 포함되었지만, 천주교도, 분파주의자(퀘이커, 소시니안 등)와 국교도는 제외되었습니다. 크롬웰의 호국경 체제에서 일시적인 성인으로 간주된 군인은 사회의 무질서를 바로잡고, 부패한 성직자를 조사하여 해임하기도 했습니다. 하지만 이런 사회개혁은 의로운 성직자나 옥스퍼드대학교의 신학 교수가 해임되는 등 사회의 여러 갈등을 초래했고, 다른 의견이나 이상을 가진 사람들의 반대

---

462)Towner, "What would John Owen say to Government?" 30-31.
463)T. Cline, "New England Election Sermons: A Model for a Public Pulpit," *Unio cum Christo* 7/2 (2021), 65-84.
464)김중락·김호연, "크롬웰의 이상사회 정책과 그 성격," 『대구사학』 76 (2004), 364-67.
465)김중락·김호연, "크롬웰의 이상사회 정책과 그 성격," 368.

에 직면했습니다.

교회와 국가의 관계를 다루는 BC 36(1561)의 설명은 도르트 교회질서 28(1619)에서 발전되었습니다. BC의 작성자 귀도 드 브레는 인간의 타락 때문에 하나님으로부터 칼을 위임받은 위정자들이 필요하고, 그들은 이단을 처벌하고 교회를 보호해야 한다고 설명합니다. 이 교훈을 이어받은 도르트 교회질서는 "교회를 위하여 정부가 가지는 의미와 중요성은 하나님께서 부여하신 소명을 다하는 데 있습니다. 정부는 법적 질서를 유지함으로써, 종교적이며 영적 기관인 교회가 하나님께서 주신 소명을 자유롭게 성취하도록 돕는 것입니다."라고 밝힙니다.[466] 하지만 드 브레와 도르트 교회질서는 교회와 정부가 어떤 협력 관계를 구체적으로 맺어야 하는지 설명하지 않습니다. 남아공 화란개혁교회(DRC) 교회법 제65조(1998)가 밝히듯이, 교회와 정부는 각각의 고유 영역을 유지하되, 상호 존중하면서 협력해야 합니다.

1620년 무렵에 매사추세츠 남동부의 뉴 플리머스(New Plymouth)의 회중교회는 민주적 성향을 지향했으나(참고. 초대교회의 투표 방식), 1630년대 매사추세츠 북쪽(Massachusettes Bay)의 회중교인은 교회와 국가의 민주적 체제를 반대했다는 평가가 있습니다.[467] 그런데 매사추세츠 북쪽 지역의 사역자로서 웨스트민스터 총회에 초대받은 존 카튼은 교회와 국가에서 민주주의 체제가 적절하지 않다고 보았지만, 교회의 대의정치 제도

---

466) P. J. Strauss, "Kerk en Burgerlike Owerheid: Die Nederlandse Geloofsbelydenis en Drie Kerkordes," *HTS Teologiese Studies* 77/4 (2021), 7.

467) M. J. Larson, "Church and State among the Puritans in Massachusetts Bay," *Puritan Reformed Journal* 15/2 (2023), 64-65.

에서 중요한 임무를 수행하는 치리 장로의 역할을 인정했습니다.[468] 여기서 교회의 목사와 치리 장로는 독재자들이 아니라 교회의 머리이신 예수 그리스도의 청지기들입니다. 그리고 존 카튼은 교회와 정부가 서로 긴밀하게 협력하되, 서로의 영역을 혼동하거나 침범하지 말아야 한다고 주장했습니다.[469] 매사추세츠에서 리차드 매더(Richard Mather, d. 1669)와 존 카톤이 주도하여 작성한 회중교회 정치체제에 관한 '캐임브리지 강령'(Cambridge Platform, 1648) 제17장이 이를 설명합니다.[470] 교회정치 체제를 어떻게 이해하는가는 세상 정부를 이해하는 방식과도 무관하지 않습니다.

뉴잉글랜드에서 참된 기독교 사회를 건설하기 원했던 청교도에게 어떤 정치신학이 있었을까요? 뉴잉글랜드의 지도자였던 존 윈쓰롭(John Winthrop, d. 1649)은 다윗 언약의 구절인 사무엘하 7:10을 인용하면서, 하나님의 명령에 순종한다면 경건한 사회를 건설할 수 있으며 결국 하나님께서 그 지역에 복을 주실 것이라고 믿었습니다.[471] 따라서 뉴잉글랜드에 정착한 청교도에게 정부의 일과 영적 일은 상반되지 않았습니다. 그러나 이런 이상적인 정치신학은 그리 오래 지속되지 못했습니다.

---

468)Larson, "Church and State among the Puritans in Massachusetts Bay," 73, 81.

469)Larson, "Church and State among the Puritans in Massachusetts Bay," 77.

470)Larson, "Church and State among the Puritans in Massachusetts Bay," 78.

471)F. Evans, "What He hath planted He will maintain: The Political Theology of John Cotton," *Puritan Reformed Journal* 15/2 (2023), 48-51.

청교도의 언약신학은 질서의 문제와 연관되고, 사회를 통제하는 수단이라는 분석이 있습니다. 예를 들어, 퍼킨스와 그를 따르는 청교도들은 하나님과 언약을 맺었으나 타락한 영국을 도덕화하여 갱신하려고 시도했습니다.[472] 이런 국가 언약(national covenant) 개념은 16세기에 영국과 스코틀랜드에서 정치적으로 표현되었기에, 올리버 크롬웰(Oliver Cromwell, d. 1658)은 찰스 1세에 맞서 청교도 혁명(1649)을 일으킬 수 있었습니다. 청교도에게 참된 시민의 자유는 위정자의 통치로 말미암아 하나님의 법에 따른 통치에 동의하는 것인데, 그것은 선하고 정의롭고 정직해야 했습니다.[473] 청교도의 언약신학에서 정의(justice)란 근본적으로 하나님의 법에 순종하는 것이었는데, 덕과 공동선도 하나님의 법에 순종하는 것으로 판명이 났습니다.[474] 요약하면, 청교도에게 정의는 덕이며, 크게는 거룩한 나라 안에서 그리고 작게는 직업 안에서 드러나야 하는 공동선은 정의의 한 측면이었습니다.[475] 그래야만 공평하고 서로 신뢰할 수 있는 정의로운 사회를 이룩할 수 있었습니다.

---

472) E. C. Gardner, "Justice in the Puritan Covenantal Tradition," *Annual of the Society of Christian Ethics* 6/1 (1988), 92, 95.

473) Gardner, "Justice in the Puritan Covenantal Tradition," 96. 참고로 세인트앤드류스대학교의 존 뮈르(John Muir)의 영향을 받은 존 낙스는 '피의 메리'와 같은 천주교 통치자가 개신교도를 박해하고 우상 숭배한다면, 백성이 그런 통치자를 자리에서 끌어내릴 수 있다고 보았다. 낙스는 장로교가 국가종교가 되어 국가가 그 교회를 보호해야 하고, 국가 권력은 이단을 처벌해야 한다고 보았다. H. L. Osgood, "The Political Ideas of the Puritans," *Political Science Quarterly* 6/1 (1891), 10, 12.

474) Gardner, "Justice in the Puritan Covenantal Tradition," 97.

475) Gardner, "Justice in the Puritan Covenantal Tradition," 99.

성경 근거 구절

하나님께서 세우신 국가 위정자: 각 사람은 위에 있는 권세들에게 굴복하라 권세는 하나님께로 나지 않음이 없나니 모든 권세는 다 하나님의 정하신 바라 ...... 모든 자에게 줄 것을 주되 공세를 받을 자에게 공세를 바치고 국세 받을 자에게 국세를 바치고 두려워할 자를 두려워하며 존경할 자를 존경하라(롬 13:1, 7)

임금들과 높은 지위에 있는 모든 사람을 위하여 하라 이는 우리가 모든 경건과 단정함으로 고요하고 평안한 생활을 하려 함이라(딤전 2:2)

요담이 그의 아버지 웃시야의 모든 행위대로 여호와 보시기에 정직하게 행였으나 여호와의 성전에는 들어가지 아니하였고 백성은 여전히 부패하였더라(대하 27:2)

적용 ▶ 칼빈에 의하면, 하나님은 타락한 국가를 심판하시기 위해 악하고 무능한 통치자를 세우십니다. 그리고 악한 폭군은 인간의 죄를 벌하기 위해 하나님께서 사용하시는 채찍과 같습니다(칼빈의 딤전 2:2 주석). 그리스도인은 무한한 권력을 부여받은 바 없는 악한 통치자가 돌이켜 선정을 베풀도록 기도해야 하며, 성경에 비추어 상황에 따라 그리고 제한적으로 악한 권세에 불순종할 결심도 해야 합니다.[476]

코로나19 상황에서 "국가가 충분하고 자유롭고 의문의 여지가 없이 교회의 자유를 보장하는가?"라는 질문에 그리스도인 사이에도 답이 나뉘었습니다. 교회는 이와 유사한 일이 일어날 것을 감안하여, 여러 각도로 연구하여 대응해야 할 것입니다. 유해무는 한국교회가 국가와 맺은 관계가 일관성이 결여되

---

[476] 이 단락은 박희석, "권두언: 칼빈의 국가관," 『신학지남』 (2012), 7-13을 요약함.

고 상황에 따라 달라진 점을 아래와 같이 적절하게 비판합니다.

> 지난 세기 말에 한국은 유신정권과 독재 권력과의 투쟁을
> 통하여 민주화를 이루었는데, 그 당시 한국의 보수교회는
> 정교분리를 내세우면서 유신정권과 독재 권력을 비호하면
> 서 투쟁을 불사하던 교파와 그 교인들을 비판하였다. 그런
> 데 민주화 이후 21세기 들어 보수 정권 하에서 한국교회와
> 소수의 교인들은 언제 그랬냐 싶을 정도로 정교일치에 가까
> 운 발언도 하고 처신한다. 두 태도 모두 고백서를 따르는 자
> 세는 아니다. 오히려 개혁신앙에 입각한 정당을 만들어 교
> 회가 아니라 교인이 합법적인 정치 활동으로 공직자로 선출
> 받고 활동하는 운동을 전개해야 한다.[477]

그런데 개혁신앙에 입각한 정당의 설립과 활동을 수행하려면,
먼저 개혁신앙과 기독교 세계관 등을 숙지하고 실험해야 합니
다. 그리고 이성호는 한국교회가 정치 과잉에 빠졌다고 다음과
같이 비판합니다. "최근에는 정치에 대한 무관심보다는 오히려
정치 중독 현상이 교회를 망가뜨리고 있다. …… 가장 극단적인
예는 설교 시간에 정치적인 견해를 일방적으로 표방하는 것이
다."[478] 불행하게도 젊은이들이 그렇게 정치에 과잉 노출된 교
회를 떠나버렸다는 소식이 종종 들려옵니다. 설교자가 꼭 필요
한 경우 정치 사안을 언급하려면, 그 사안에 대한 성경적 원칙
을 찾아 설명하고 회중이 그것을 올바로 적용하도록 지혜를 발
휘해야 합니다.

---

477) 유해무, 『헌법 해설: 웨스트민스터 신앙고백서/대소교리문답서』, 181.
478) 이성호, 『비록에서 아멘까지』, 461.

24장 결혼과 이혼

1. 결혼은 한 남자와 한 여자 사이에 이루어진다. 남자가 두 사람 이상의 아내를 동시에 두거나, 여자가 두 사람 이상의 남편을 동시에 두는 것은 다 합법적이지 않다.

2. 결혼은 남편과 아내가 서로 도우며, 적법한 자녀를 통하여 인류를 증가시키고, 거룩한 자손을 통하여 교회를 왕성하게 하기 위해, 그리고 부정(不貞)을 막기 위해 제정되었다.

3. 판단력을 가지고 동의를 표할 수 있는 모든 사람이 결혼하는 것은 합법적이다. 그러나 그리스도인은 의무적으로 오직 주님 안에서만 결혼하여야 한다. 그러므로 참된 개혁신앙을 고백하는 자들은 불신자, 로마교 신자나 여타 우상숭배자와 혼인할 수 없다. 또한 경건한 자들은 삶이 현저하게 악하거나 저주받을 이단을 계속 추종하는 자들과 혼인하여 대등하지 않은 멍에를 메지 말아야 한다.

4. 말씀에 금지된 가까운 촌수의 친인척끼리는 결혼할 수 없다. 사람의 어떤 법으로나 당사자의 동의로도 근친결혼을 합법화하여 부부로 동거하게 할 수 없다.

5. 약혼한 후에 범한 간음이나 음행이 혼인 전에 발각되면, 순결한 편은 약혼을 파기할 수 있는 정당한 근거를 갖는다. 혼인 후의 간음의 경우, 순결한 편이 이혼 소송을 제기하고, 이혼 후에는 간음을 범한 편이 죽은 것처럼 다른 이와 재혼하는 것은 합법적이다.

6. 사람의 부패는 하나님께서 결혼으로 짝지어 준 사람들을 부당하게 나누려는 논거들을 연구해 내곤 하지만, 간음 혹은 교회나 국가 공직자조차도 대책을 마련할 수 없는 고의적인 유기 외에는 결혼 유대를 파기할 수 있는 충분한 이유가 없다. 그 경우 공적인 질서를 따라 절차를 밟아야 하며, 당사자들을 그들 각자의 의지와 분별력에만 내버려두지 말아야 한다.

웨스트민스터 예배모범의 "XI. 혼인 예식"에서, 혼인은 성례가 아니며 교회 안에만 있는 제도가 아니지만, 인류의 공통적인 제도이며 사회의 공공의 관심사라고 밝혔습니다. 이어서 예배모범서는 혼인은 주님 안에서, 하나님 말씀의 지도를 따라, 목사가 주례하면서 복을 비는 기도를 함이 마땅하다고 설명합니다. 그리고 목사는 혼인 3주일 전에 회중에게 공표하여 알려야 했습니다.[479]

결혼 즉 혼인은 한 남자와 한 여자 사이에 이루어져야 합니다(WCF 24:1).[480] 창세기에 보면, 한 남자와 한 여자 간의 결혼은 하나님께서 친히 제정하신 제도로서 온 세상에 생육하고 번성하라는 문화명령 이후에 주어졌습니다(창 1:28; 2:20-25; 참고. 딤전 3:2; 히 13:4).[481] 따라서 혼인해야 하는 적극적인 이유는 부부가 합력하여 문화명령을 수행하는 것입니다(참고. 잠 2:17).[482] 하나님은 일부다처를 기뻐하시지 않고 인간의 죄성을 참작하여 그

---

479) 장대선, 『웨스트민스터 예배모범 스터디』, 187-91. 조선예수교장로회 예배모범(1934)의 '혼례'에 나타난 설명은 웨스트민스터 예배모범의 해당 설명과 거의 동일하다.

480) 명사 γάμος(가모스)는 혼인한 상태를 가리킨다(히 13:4). 롬 7:2의 ἀπὸ τοῦ νόμου τοῦ ἀνδρός(아포 투 노무 투 안드로스)는 '남자의 법으로부터'이다. 이 법은 한 여자를 한 남자에게 혼인 관계로 묶는 규정을 가리킨다. Louw and Nida, Greek-English Lexicon on the New Testament based on Semantic Domains, Volume 1, 427, 456.

481) 스트라스부르의 개혁자 마르틴 부처는 '가정 전문가'라 불리는데, 성불구자나 특별한 환자를 제외하면 결혼할 것을 명했다. 그는 혼인식에서 집례자가 부부에게 안수할 것을 제안했다. 부처는 결혼의 목적을 자녀 생산으로 국한하지 않고, 부부가 모든 것을 공동으로 소유하며 서로 모든 것을 제공하여 봉사하고, 성적 결합의 기쁨을 누리는 것으로 간주했다. 그리고 그는 남편이 1년 이상 행방불명일 경우 그리고 성관계를 거부하거나 불가능할 경우 그리고 한센병과 같은 경우는 합당한 이혼 사유로 간주했지만, 배우자의 (반복되지 않은) 불륜이나 불치병 등도 서로 용납할 것을 권면하여 이혼 사유에서 제외할 정도로 이혼을 적극 반대했다. 박희석, "결혼과 재혼에 관한 마틴 부처의 사상," 『신학지남』78/3 (2011), 183-87, 193-99.

482) 노영근, "웨스트민스터 신앙고백서에 나타난 그리스도인들의 결혼관," 『개혁논총』14 (2010), 252.

것을 허용하셨습니다. 물론 성경은 동성 사이의 결혼도 허용하지 않습니다.

부부는 서로 도와서 인류와 거룩한 씨들의 모임인 교회가 번성하도록 하며, 혼인으로써 부정(不淨)을 예방해야 합니다(WCF 24:2; 참고. 창 2:18; 12:2; 갈 3:7, 13; WLC 138-139).[483] 영광과 위엄에 있어 동등하신 삼위 하나님 사이에 종속의 원리가 나타납니다. 마찬가지로 부부는 동등하지만, 아내는 남편의 머리 됨을 인정하고 복종해야 합니다(엡 5:22).[484] 부부의 결합은 쾌락을 배제한 채 자손의 번성만을 목표로 삼지 않기에, 천주교가 피임을 반대하는 것은 근거가 없습니다. 부부 관계 안에서 성적 쾌락이 충족되어야 하므로, 독신의 은사가 없어 정욕이 불타는 사람은 혼인해야 합니다(고전 7:2, 9).

예비부부가 사려 깊은 분별력을 갖추고 결혼에 동의할 경우, 그들은 주님 안에서 합법적으로 혼인해야 합니다(WCF 24:3). 그리스도인은 천주교도나 우상숭배자, 악행으로 소문난 사람, 이단자, 그리고 근친과는 혼인하지 말아야 합니다(WCF 24:3-4; 참고. 고전 5:1). 그리스도인 부부는 영적 전투를 수행하기 위해 복음을 떠난 악인들이나 이단과 혼인해서는 안 됩니다(왕상 11:4; 고후 6:14). 아담과 하와 당시에는 근친결혼이 불가피했습니다. 따라서 근친결혼 금지법은 그 후에 확립되었습니다. 미국 장로교회는 1887년 총회에서 WCF 24:4의 근친결혼 금지를 삭제했는데, 결과적으로 근친결혼에 대한 경계를 모호하게 만들

---

483)노영근, "웨스트민스터 신앙고백서에 나타난 그리스도인들의 결혼관," 253.
484)Sproul, 『웨스트민스터 신앙고백 해설 3』, 53.

고 말았습니다.[485)]

결혼 전에 간음이나 간통이 발각되면 약혼을 깨트릴 수 있고, 결혼 후 간통한 경우, 혼인의 결합을 깨트릴 사유가 충분합니다(WCF 24:5; 참고. 마 1:19; 5:32; 19:9). 배우자가 상대편을 유기할 경우도 이혼 사유에 해당합니다(신 24:1; 고전 7;15).[486)] 그러나 예수님 당시의 힐렐학파처럼 자유롭고 진보적인 이혼관은 금물입니다. AD 1세기에 랍비 힐렐은 혼인의 사유를 많이 만들어내어 기혼 여성의 형편을 더 어렵게 만들고 말았습니다. 이혼은 자신의 의사(意思)나 재량에 따라 임의로 처리하지 말아야 하고, 교회의 공적이고 질서 있는 절차를 따라야 합니다(WCF 24:5). 이혼의 이유와 절차는 성경이 명하는 원칙을 따라야 합니다. 그러나 이혼의 사유가 정당하더라도 반드시 이혼해야 하는 것은 아닙니다.[487)] 혼외정사는 육체와 정서와 종교, 그리고 재정 등 모든 면에서 하나가 되어야 할 부부 관계에서 오직 육체의 성관계에서만 합일하려는 오류입니다. 하나님의 영광이야말로 혼인의 가장 중요한 목표가 아니겠습니까!

마틴 루터(d. 1546)는 창세기를 강해하면서 16세기에 만연했던 간음과 성적 타락을 보고 비통함을 금하지 못했습니다(LW 5:322). 루터는 그리스도인의 혼인과 가정에서의 생활을 진지하게 고찰하면서, 부부가 자연스러운 성욕을 친밀한 관계 안에서

---

485)이은선, "한국장로교회의 웨스트민스터 신앙고백서와 대소요리문답의 수용," 117.

486)'이혼'과 관련된 그리스어 단어들(ἀπολύω[아폴뤼오], λύσις[뤼시스], ἀφίημι [아피에미])의 바탕에는 보내고 분리하는 의미가 있다(마 5:31; 고전 7:11, 15, 27; 딤후 2:19). Louw and Nida, *Greek-English Lexicon on the New Testament based on Semantic Domains,* Volume 1, 394-95, 457.

487)Sproul, 『웨스트민스터 신앙고백 해설 3』, 63.

누리고, 경건한 자녀를 낳으며, 부부의 신의를 지킬 것을 강조했습니다(LW 54:25; 고전 7:9 주석).[488] 루터가 볼 때, 혼인은 독신의 은사가 없는 사람에게 소명과 같았고, 혼인은 두 당사자는 물론 도시와 사회 전체에도 중요했습니다. 부부의 성관계와 자녀 출산은 참되신 하나님께서 주시는 선물인데, 이것이 없다면 가정과 도시와 경제와 온 세상은 텅텅 비고 타락하게 될 것입니다(LW 4:293; LW 54:222-223).[489] 루터가 보기에, 간통은 지구에서 가장 큰 도둑질이자 강도질이며, 세상을 부패시키고, 결혼을 미워하는 사탄의 뜻을 즐거워하는 짓이었습니다(LW 4:295). 따라서 간통에는 형벌이 따라야 합니다. 하지만 간음한 사람이 회개하면 용서를 받을 수 있고, 그 사람은 그리스도 왕국의 구성원으로 인정받아야 합니다(요 8:1-11 설교; LW 23:314).[490] 첨언하면, 종교개혁자들과 청교도는 혼인을 성례로 보지 않았습니다.

청교도는 혼인한 부부가 온 마음을 다하여 인내하면서 달콤하게 사랑할 것을 권면했습니다.[491] 혼인에 관해 책 두 권을 쓴 윌리엄 왓틀리(William Whately, d. 1639)는 기독교 신앙을 가지고 하나님을 경외함으로써 서로 돕는 부부의 사랑을 '마음의 왕'이라 불렀고, 부부는 가정과 지갑과 마음과 육체에 있어 하나가 되어야 한다고 주장했습니다(엡 5:25-26).[492] 그런데 터툴리

---

488) 참고. B. D. Magyar, "Luther on Marriage, Adultery, and Its Punishment: A Brief Comparison with Calvin's Thoughts," *Stellenbosch Theological Journal* 9/1 (2023), 3.

489) Magyar, "Luther on Marriage, Adultery, and Its Punishment," 3.

490) Magyar, "Luther on Marriage, Adultery, and Its Punishment," 12.

491) J. R. Beeke and P. M. Smalley, "Puritans on Marital Love," *Puritan Reformed Journal* 12/1 (2020), 156.

492) Beeke and Smalley, "Puritans on Marital Love," 157-60.

안과 암브로스와 그리고 제롬은 부부의 성관계에 범죄가 끼어들 여지가 있다고 경계했습니다. AD 5세기 무렵부터 천주교의 사제는 혼인하지 않았는데, 독신을 혼인보다 더 높이 평가했습니다. 이에 반해 청교도는 성경이 명하는 혼인을 지지했으며, 부부의 성관계는 하나님의 선물이라고 보았습니다.[493]

> ### 성경 근거 구절
>
> 결혼: 여호와 하나님이 아담에게서 취하신 그 갈빗대로 여자를 만드시고 그를 아담에게로 이끌어 오시니 아담이 이르되 이는 내 뼈 중의 뼈요 살 중의 살이라 이것을 남자에게서 취하였은즉 여자라 부르리라 하니라 이러므로 남자가 부모를 떠나 그의 아내와 합하여 둘이 한 몸을 이룰지로다(창 2:22-24)
>
> 이혼: 나는 너희에게 이르노니 누구든지 음행한 이유 없이 아내를 버리면 이는 그로 간음하게 함이요 또 누구든지 버림받은 여자에게 장가드는 자도 간음함이니라(마 5:32)
>
> (만일 갈라섰으면 그대로 지내든지 다시 그 남편과 화합하든지 하라) 남편도 아내를 버리지 말라(고전 7:11)

적용 ▶ 부부의 갈등과 이혼을 줄이고 예방하기 위하여 결혼 사전 및 사후의 교육이 중요합니다. 이런 두 종류의 교육은 결혼 생활 동안 예상치 않게 발생할 문제에 대처하도록 돕습니다. 특히 혼인 이전의 교육이 중요하다는 점은 아무리 강조해도 지나치지 않습니다. 공정환의 말을 들어봅시다. "부부가 결혼을 위해 결혼 신고 이전에 결혼 전 준비교육을 이수하고 이수증을 제출하는 부부에게만 구청에서는 혼인신고가 가능하도록 제도

---

493)Beeke and Smalley, "Puritans on Marital Love," 165-66.

를 마련하는 것이다."[494]

　그리스도인의 혼인식은 하객(賀客)을 즐겁게 만드는 이벤트
가 아닙니다. 오히려 하나님과 증인들 앞에서 행하는 사랑의 언
약입니다. 재정 파산과 같은 경제적인 이유로 인한 합의 이혼도
조심해야 합니다. 힐렐처럼 이혼의 사유를 무분별하게 확장하
지 않도록 주의를 기울여야 합니다. 건강한 가정은 가족 안에서
하나님 나라를 경험합니다. 이를 위해 가정은 일종의 '신학공동
체'여야 합니다. 이 사실을 전형준의 아래 진술이 잘 풀어 설명
합니다.

> 크리스천 부모들은 자녀들을 신학적으로 가르쳐야 한다.
> 그것은 자녀교육의 목적이 자녀들의 성공이 아니라, 자녀들
> 을 하나님을 경외하며 섬기는 자로 키우는 것을 의미한다.
> 하나님이 자녀들의 하는 일의 이유가 되고 목적이 되도록
> 가르쳐야 한다. 이처럼 가정은 신학적인 공동체이다. 부모
> 는 청소년 자녀들에게 삶의 모든 순간이 하나님의 시간이
> 란 것을 가르쳐야 한다. 그리스도인의 가정은 단순히 주일
> 에만 신학적으로 생각해서는 안 된다. 매일 매일이 신학적
> 이 되어야 하는 것이다.[495]

　혼인의 중요 목적이 경건한 자녀를 출산하는 것이기에, 훌륭
한 배우자감은 좋은 아버지와 좋은 어머니가 될 수 있는 사람입
니다. 혼인의 목적 중 하나가 자녀 출산이기에, 이성호는 "교회

---

494)공정환, "이혼예방을 위한 결혼전 준비교육의 필요성 고찰: 이혼율 증가에
　따른 공공부조의 증가와 기독교교육을 중심으로,"『기독교교육정보』66
　(2020), 117-18.
495)전형준, "청소년 자녀 교육을 위한 기독교 상담학적 조명,"『복음과 상담』
　14 (2010), 57.

는 결혼식 전에 신랑 신부에게 결혼의 목적에 대해서 동의를 얻어야 할 것이다. 만약 결혼하기 전에 자녀 출산을 완강히 거부한다면 교회는 그 결혼식 주례를 거부해야 할 것이다."라고 힘주어 자신의 의견을 피력합니다.[496] 부모는 출가한 자녀가 그들의 자녀를 주님의 교양과 훈계로 양육하도록 관심을 가지고 기도해야 합니다. 그런데 세상은 자녀교육에 성공하려면, 신앙이 아니라 할아버지의 재력이 중요하다고 가짜뉴스를 확산합니다.

청교도는 "가족들과 함께 성경 읽는 것과 기도하는 것, 경건 서적을 읽는 것을 확인하고 특히 주일에 교회에서 가족들과 시간을 보내고 집에 돌아가서는 교리문답서를 암송하고 설교 소감을 나누도록 하는 등 '가정을 개혁'하는 일을 매우 중요시하였다."[497]

오늘날 인구절벽과 출산율 급감은 지방 소멸을 넘어 국가 소멸이라는 참사를 예고합니다. 이런저런 이유로 비혼주의자들이 늘어갑니다. 이런 현상의 부정적 결과는 사회 전반에 나타납니다. 예를 들어, 교육대학교는 인기가 시들어 가고, 유치원은 요양병원으로 탈바꿈하며, 정부는 '늘봄학교'라는 어린이 종일 돌봄 서비스를 준비하고(2024년), 대다수 대학은 신입생을 유치하는데 쩔쩔매고 있습니다. 국가 소멸과 대학의 신입생 확보의 어려움과 같은 현실 문제도 중요하지만, 언약 백성인 그리스도인은 성경적 혼인의 원칙을 배우고 실천해야 합니다.

---

496)이성호, 『비록에서 아멘까지』, 484.
497)권혜령. "영혼 돌봄의 성경적 체계 구축을 위한 연구," 68.

25장 교회

> 1. 공교회 또는 보편적 교회는 무형인데, 과거와 현재와 미래에 머리인 그리스도 아래 하나로 모이는 택함 받은 사람들의 전체이며, 이 교회는 그리스도의 신부요 몸이며, 만물 안에서 만물을 충만하게 하시는 분의 충만이다.
>
> 2. 유형교회 역시 복음 하에서 공교회요 우주적 교회인데, 전 세계에서 참 믿음(종교)을 고백하는 모든 자들과 그들의 자녀들로 이루어지며, 주 예수 그리스도의 나라이며, 하나님의 집이요 권속이며, 이 교회를 떠나서는 특별한 경우가 아니고는 구원받을 가능성이 없다.
>
> 3. 그리스도께서는 이 보편적인 유형교회에 교역과 말씀과 하나님의 규례를 주심으로 현세에서 세상 끝날까지 성도들을 모으고 보호하려 하셨고, 또 자기 약속을 따라 자기의 임재와 성령으로 말미암아 교역과 말씀과 규례가 효력 있게 그 목적을 이루게 하신다.
>
> 4. 이 공교회는 때로는 더 잘 보이기도 하고 때로는 덜 보이기도 하였다. 개체 교회는 이 공교회의 일원으로서 더 또는 덜 순수하게 복음의 진리를 가르치고 수용하고 규례를 집례하며 공예배를 드리는 정도에 따라 더 또는 덜 순수하다.
>
> 5. 천하에서 지극히 순수한 교회라 하더라도 혼합과 오류에서 벗어날 수 없다. 더러는 그리스도의 교회임을 멈추고 사탄의 회가 될 정도로 타락하였다. 그럼에도 불구하고 이 땅에는 하나님의 뜻을 따라 그분을 예배하는 교회가 항상 있을 것이다.
>
> 6. 교회의 머리는 주 예수 그리스도뿐이시다. 로마 교황은 결코 교회의 머리일 수 없으며, 오히려 교회 가운데서 그리스도와 하나님을 대적하여 자신을 높이는 적그리스도요 죄의 사람이며 멸망의 자식이다.

웨스트민스터 총대들은 교회론을 두고 1646년 2월 16일부터 3월 4일까지 논의했습니다. 총대들은 성공회에 반대하는 비국교도(nonconformists)였지만, 자신이 지지하는 교회의 정치형태는 획일적이지 않았습니다. 장로교의 노회를 반대하는 독립파 혹은 비분리주의 회중주의자들도 있었습니다(예. 5명의 반대하는 형제[Five Dissenting Brethren]). 사무엘 페토(Samuel Petto, 1711)와 같은 회중주의자는 일반성도 가운데 설교의 은사가 있는 사람은 노회의 목사 고시를 거치지 않고도 설교할 수 있다고 보았습니다.[498]

보편교회 혹은 우주적 교회는 보이지 않는데, 머리이신 예수 그리스도 아래에 하나로 모여들었고, 모여들고, 모여들 전체 택자들입니다(WCF 25:1; 계 7:9; 14:1; 21:2, 9-10).[499] 구원의 예정을 받은 사람으로 구성되는 무형교회는 왜 보이지 않습니까? 사람은 남의 마음과 영적이며 신앙적 상태를 알 수 없기 때문입니다. 보이지 않는 보편교회는 예수님의 신부요 몸이며, 만유를 충만케 하시는 그리스도의 충만입니다(WCF 25:1; 참고. 엡 1:23; 5:32; 계 21:2). 거룩하고 보편적이며 사도적인 무형교회 안에는 가라지가 있을 수 없습니다.[500] "교회는 하나님 나라의 지휘 본부인데, 예수님 안에서 하나님을 따르고 예배하는 공동체이다."[501]

유형교회는 복음 아래에서 '보편적'인데, 세계 도처에서 참종교를 신봉하는 하나님의 자녀로 구성됩니다(WCF 25:2; 참고. WLC 62). 그런데 기독교강요와 WCF에 영향을 준 아일랜드 신

---

498)Brown, "Samuel Petto (c. 1624-1711)," 82.

499)명사 에클레시아(ἐκκλησία)는 멤버십이 상호 작용하는 그리스도인의 모임이다(고전 1:2). 에클레시아는 신약시대 이전부터 '-로부터 부름을 받은 사람들'이라는 의미가 아니라 회원권을 가진 사람들의 회집을 가리켰다. Louw and Nida, *Greek-English Lexicon on the New Testament based on Semantic Domains*, Volume 1, 126-27.

500)Sproul, 『웨스트민스터 신앙고백 해설 3』, 67.

501)Frame, *Systematic Theology: An Introduction to Christian Belief*, 99.

앙고백서 68-69조와 스코틀랜드 신앙고백서(1560)는 가시적 교회의 보편성을 언급하지 않습니다. 그렇다면 WCF는 가시적 유형교회의 보편성을 언급함으로써 무엇을 의도했습니까? 유형교회가 연대하여 잉글랜드 국가교회에 맞서기를 원했던 것 같은데, WCF는 그 당대의 교회 상황을 반영했습니다(참고. 잉글랜드와 스코틀랜드의 엄숙동맹).[502] 유형교회는 그리스도의 나라요, 하나님의 집이요, 가족입니다(WCF 25:2; 참고. 요 1:12; 롬 8:15; 엡 2:21-22; 계 21:7). 그러나 유형교회와 그리스도의 나라는 구분하는 게 마땅합니다. 왜냐하면 하나님 나라 안 중앙에 교회가 위치하기 때문입니다. 유형교회는 천국 자체라기보다 무형교회와 하나님 나라를 세상에 보여주는 공동체입니다.

예수 그리스도께서는 세상 끝날까지 성도를 모으고 온전케 하기 위해서, 유형교회에게 직분과 성경과 성례를 주셨습니다(WCF 25:3). 예수님은 자신의 임재와 성령을 통하여, 유형교회의 직분과 사역을 효력 있게 만드십니다(WCF 25:3). 파라처치(para-church)와 같이 유형교회 바깥에도 구원이 가능하지만, 그것은 흔하지 않다고 보아야 합니다.[503]

---

502) 엄숙동맹(嚴肅同盟, 1643)은 왕당파와 싸우고 있던 잉글랜드의 의회파가 스코틀랜드 군대의 힘을 빌리기 위하여 맺은 협정이다. 잉글랜드는 장로교에 입각한 의회제를 통하여 두 지역을 연합시키는 데 노력하겠다고 약속했다. 참고로 가시적 교회의 보편성은 웨스트민스터 교회정치(1644)의 'one general church visible'(하나의 보편적이며 가시적인 교회)이라는 표현에도 나타난다. S. R. Jones, "The Invisible Church of the Westminster Confession of Faith," *Westminster Theological Journal* 59/1 (1997), 74, 83-84; 김요섭, "웨스트민스터 신앙고백서의 교회 정의와 그 역사적 의의," 『한국개혁신학』 40 (2013), 156, 176; R. D. Anderson, "Of the Church: An Historical Overview of the Westminster Confession of Faith, Chapter 25," *Westminster Theological Journal* 59/2 (1997), 180, 190.

503) Sproul, 『웨스트민스터 신앙고백 해설 3』, 76.

유형교회의 순수함의 정도는 복음 교리의 가르침, 성례의 시행, 공 예배의 순수한 시행에 달려있습니다(WCF 25:4).[504] 그리고 권징으로써 복음 교리와 성례와 예배의 순수성이 보존되어야 합니다. 그만큼 복음 교리를 가르치고 성례를 집례하는 목사의 역할은 매우 중요합니다.

오웬은 교회의 직분자들 가운데 가장 중요한 목사의 책무를 다음과 같이 설명합니다. 말씀을 설교하여 양떼를 먹임, 양떼를 위해 계속하여 열렬히 기도함, 성례를 거행함, 복음 교리를 보존하고 변증함, 영혼의 회심을 위해 힘씀(설교는 회심을 위한 규례; 딤전 4:16), 신자들의 필요를 보살핌(심방, 구제 등), 그리고 양떼를 경건한 삶으로 인도함.[505]

청교도 목사 가운데 사랑과 용기와 결단력을 갖춘 탁월한 사역자들이 많았습니다. 예를 들어, 케임브리지대학교 출신 청교도 목사 에드워드 데링(Edward Dering, 1540-1576)은 엘리자베스 여왕과 주교들의 죄를 꾸짖는 설교를 한 후 설교권을 박탈당하는 우여곡절을 겪었고 몇 년이 지나 36세에 사망했습니다. 그가 남긴 마지막 어록 가운데 일부를 소개하면, "하나님의 말씀을 가지고서 꾸물거리지 말고, 그것을 가볍게 여기지도 마십시오. 말씀이 임할 때 자기 혀를 사용하는 사람은 복됩니다."[506] 이처럼 청교도 목사는 육신의 정욕과 세속적 성공에 밝은 사

---

504) 존 프레임은 주일예배를 시작하면서, 회중을 향하여 "교회를 이 공간으로 데려와서 감사합니다"라고 인사하기도 한다. Frame, *Systematic Theology: An Introduction to Christian Belief*, 1019.

505) Beeke and Jones, 『청교도 신학의 모든 것』, 739-40, 779.

506) J. R, Beeke, "Unprofessional Puritans and Professional Pastors: What the Puritans would say to Modern Pastors," *Puritan Reformed Journal* 6/1 (2014), 183-84.

악한 전문가가 아니었고, 하나님의 말씀을 위해 목숨을 걸었고 고난 중에도 주님을 의지하고 찬양했던 사역자였습니다. 청교도 목사들의 심령을 울리는 설교는 진지한 연구와 기도에서 나왔습니다. 또한 청교도는 죄인의 회심을 비롯한 목회 사역을 위해 성령을 전적으로 의지했습니다. 목회야말로 이 세상에서 최고 사역이라고 믿은 토마스 왓슨(Thomas Watson, d. 1686)은 "설교자는 사람의 마음 문을 두드리나, 성령은 열쇠를 가지고 와서 그 문을 여신다. ...... 우리의 불평은 사탄의 음악이다"라고 말했습니다.[507]

청교도는 강해설교자였기에, 본문의 의미를 찾는 데 열중했습니다. 그리고 리차드 백스터와 존 번연이 고백했듯이, 청교도 설교자는 먼저 자신에게 설교하기를 좋아했습니다.[508] 그리고 회중을 사랑하지 않고서는 설교자는 자신의 소명을 감당하지 못한다고 보았습니다. 설교자는 탕자와 같은 회중도 하나님의 사랑으로 품어야 했습니다(눅 15:11-32).[509] 그래야 회중은 성경과 성령과 열정에 흠뻑 적셔지기 때문입니다.

하늘 아래 지상의 가장 순수한 교회라도 혼합과 오류 아래 있습니다(WCF 25:5). 다소 순수한 유형교회는 어거스틴이 말한 바대로 알곡과 가라지가 섞인 '혼합된 몸'(corpus permixtum)입니다. 유형교회는 사탄의 회당으로 전락할 수 있지만, 하나님을 예배하는 교회는 항상 존재합니다(WCF 25:5; 참고. 계 2:9). 그리고 주 예수 그리스도만 교회의 머리이므로, 교황은 교회의 머리

507) Beeke, "Unprofessional Puritans and Professional Pastors," 186-87, 191.
508) Beeke and Jones, 『청교도 신학의 모든 것』, 806.
509) Beeke and Jones, 『청교도 신학의 모든 것』, 807.

일 수 없습니다(WCF 25:6; 참고. 엡 1:22). 웨스트민스터 총대들은 교황을 '적그리스도'로 간주합니다. 하지만 신약성경에서 '적그리스도'는 예수님의 성육신을 부정하는 가현설주의자를 가리킵니다(요일 2:18; 요이 1:7).

토마스 왓슨은 신약 서신서들을 따라 교회를 '자유하는 어머니의 자녀'(갈 4:26), '하늘의 예루살렘'(히 12:22), 그리고 '새 예루살렘 성'이라고 보았습니다(계 21:2). 그에게 '예루살렘의 영광'은 다름 아니라 그리스도의 몸이자 신부인 교회의 영광입니다.[510] 여기서 왓슨은 바울서신과 일반서신 그리고 계시록의 관련 본문들을 훌륭하게 연결하여 영광스러운 교회를 설명합니다.

신원균은 WCF의 '언약적 교회론'의 7가지 특징을 다음과 같이 요약합니다. (1) 교회의 본질은 언약의 주체와 대상을 강조한 예정론에 기초하여, 하나님께서 영원 전에 선택하신 백성들로 정의합니다. (2) 예배는 은혜언약을 하나님의 백성에게 구체적으로 적용하고 집행하는 실천적 표현 수단입니다. (3) 교회정치는 언약의 사명자로서 장로정치를 기본원리로 삼았고, 이 토대 위에서 당회, 노회, 총회라는 교회회의의 단계적 구성을 강조하므로 교회정치의 체계성을 높였습니다. (4) 성례는 언약의 성취와 발전을 이루는 '은혜의 수단'이며, 언약의 부패를 막기

---

510) 이 단락은 1661년에 토마스 왓슨이 저술한 *Jerusalem's Glory: A Puritan's View of what the Church should be* (Ross-shire: Christian Focus, 2002)의 주요 내용이다. 왓슨은 교회가 언덕 위의 도시로서 역할을 수행하려면, 영적인 바벨론 포로에서 벗어나기 위해 먼저 회개해야 한다고 가르쳤다. 참고로 『21세기 찬송가』 제236장 "우리 모든 수고 끝나"의 증거 구절은 계 21:2인데, '새 예루살렘성'을 예수님의 신부가 아니라 장소라고 오해한다. 이 찬송가는 이른바 천국환송예배(발인예배)에서 애창된다. 찬송가 151장 "만왕의 왕 내 주께서"는 '영국 찬송가의 아버지'라 불리는 청교도 목사 아이작 왓츠(Isaac Watts, d. 1748)가 1707년에 작사했다.

위한 '권징의 수단'도 중요합니다. (5) 국가는 언약의 집행자이자 하나님의 사자이지만, 위정자의 언약적 책임의 역할과 범위는 제한됩니다. (6) 교회 직분은 언약 실천의 사명자와 보존의 책임자이며, 직분자들의 언약적 책임에 대한 고유한 범위와 유기적 관계를 조직적으로 제시합니다. (7) 언약의 순수성을 판단하는 교회의 표지는 언약 책인 성경을 바르게 설교하는 것과 언약 성취의 의식적 도구인 성례의 정당한 집행으로 제한합니다.[511]

존 낙스가 주축이 되어 작성한 스코틀랜드 신앙고백서(1560)의 첫 표지에 마태복음 24:14가 적혀 있었습니다. 이것은 스코틀랜드 장로교회가 창조 이래로 재림까지 모든 참 교회와 연대하려는 의지를 표방한 것이었습니다.[512] 그러나 마태복음 24:14는 예수님의 재림을 가리키지 않고, 예루살렘 성전의 파괴로 유대인 국가의 종말을 예고합니다. 스코틀랜드 신앙고백서는 교회의 정의(16-18장; 참고. 16장은 비가시적인 승리의 보편교회; 17장은 전투하며 승리하는 교회와 영혼의 불멸, 18장은 가시적 교회의 표지들), 교회의 권위(19-20장), 성례론(21-23장), 그리고 교회와 국가론(24-25장)을 상세히 다루었습니다.[513] 이런 순서는 WCF의 순서인 23장 국가 위정자, 25장 교회, 26장 성도의 교제, 27장 성례, 28장 세례, 29장 성찬, 30장 교회의 책벌(권징)과 유사하다고 보기 어렵

---

511) 신원균, "스코틀랜드 신앙고백서와 웨스트민스터 신앙고백서의 교회론적 구조와 언약신학적 특징에 관한 연구," 278-79.

512) 김요섭, "스코틀랜드 신앙고백 교회론의 구조적 특징과 신학적 의미 연구," 『성경과 신학』 68 (2013), 193.

513) 스코틀랜드 장로교회의 제2치리서(1578)는 목사의 교리, 장로의 치리, 그리고 집사의 분배라는 교회 정치의 세 요소를 제시했다. 이런 구분은 군주정치가 아니라 의회정치 혹은 민주정치에 영향을 주었다. 장대선, 『스코틀랜드 장로교회의 제2치리서』 (서울: 고백과 문답, 2019), 47-48.

습니다. 각 신앙고백서는 독특한 삶의 정황(sitz im leben)을 가지는 법입니다. 그래서 16세기 종교개혁 이래로, 각 나라는 독자적인 신앙고백서를 가졌습니다.

16세기 스코틀랜드의 교구 사제는 1년 사례비로 20파운드를 받았는데, 적절한 연간 생계비는 약 90파운드였습니다.[514] 고위직 사제를 제외하고 다수의 교구 사제들은 생계를 위해 이중직을 찾아야 했고, 그들의 학문적이고 도덕적 수준은 하락했습니다. 스코틀랜드의 저지대보다 고지대의 교회 상황은 더 좋지 못했지만, 15세기에 설립된 대학들을 중심으로 종교개혁 사상이 유입되었습니다.[515] 1603년에 제임스 6세 겸 1세가 잉글랜드의 국왕이 된 후에 그는 스코틀랜드교회도 잉글랜드교회처럼 만들기 원했습니다.[516] 1618년에 제임스 6세는 예수님의 생애 중 탄생, 죽음, 부활, 승천, 그리고 성령강림을 기념하도록 5개 성축일을 준수하도록 결정했습니다. 장로교 목사들은 5개 성축일을 천주교 의식으로 간주하여 거부했지만, 제임스 6세를 이길 수 없었습니다.[517] 하지만 예수님의 성탄과 죽으심과 부활과 승천은 천주교의 의식이 아니라, 구속사의 다이아몬드와 같기에 신약교회가 기념해야 마땅합니다. 그리고 성령강림주일도 개신교회에 중요하기는 마찬가지입니다.

514) 김중락, 『스코틀랜드 종교개혁사: 존 녹스에서 웨스트민스터 총회까지』(서울: 흑곰북스, 2017), 36.
515) 김중락, 『스코틀랜드 종교개혁사: 존 녹스에서 웨스트민스터 총회까지』, 37-38.
516) 김중락, 『스코틀랜드 종교개혁사: 존 녹스에서 웨스트민스터 총회까지』, 204.
517) 김중락, 『스코틀랜드 종교개혁사: 존 녹스에서 웨스트민스터 총회까지』, 209.

성경 근거 구절

무형교회: 교회는 그의 몸이니 만물 안에서 만물을 충만케 하시는 자의 충만이니라(엡 1:23)

이 일 후에 내가 보니 각 나라와 족속과 백성과 방언에서 아무도 능히 셀 수 없는 큰 무리가 나와 흰 옷을 입고 손에 종려 가지를 들고 보좌 앞과 어린 양 앞에 서서(계 7:9)

유형교회: 고린도에 있는 하나님의 교회 곧 그리스도 예수 안에서 거룩하여지고 성도라 부르심을 받은 자들과 또 각처에서 우리의 주 곧 그들과 우리의 주 되신 예수 그리스도의 이름을 부르는 모든 자들에게(고전 1:2)

이르되 네가 보는 것을 두루마리에 써서 에베소, 서머나, 버가모, 두아디라, 사데, 빌라델비아, 라오디게아 등 일곱 교회에 보내라 하시기로(계 1:11)

적용 ▶ 유형교회와 무형교회를 적절히 구분하는 것은 교회론을 설명하는 데 도움이 됩니다. 전도가 어려워지더라도, 지역교회는 유형교회에 속하지 않은 무형교회가 믿음의 공동체 안으로 들어오도록 전도해야 합니다. 그러나 선교단체를 파라 '처치'(church)라 부를 경우에 주의해야 하며, 그런 단체는 지역교회와 연합하여 교회 중심으로 사역을 전개해야 합니다.[518]

개혁교회 헌법의 모체(母體)라 할 수 있는 도르트 교회질서(1619)에서 목사에 대한 항목은 상세합니다. 여기서 담임목사 청빙(請聘)의 원칙을 살펴봅시다. '청빙'(invitation)은 '부탁하여 부름'을 뜻하기에, 널리 알려서 모집하는 '공모(公募)'가 아닙니다. 공모 즉 공개모집은 성경적입니까, 아니면 민주적 방식입니까,

---

518) 교회 정치의 선한 모델을 '예배, 전도, 그리고 사랑의 실천'이 어우러진 모델로 찾는 경우는 Frame, *Systematic Theology: An Introduction to Christian Belief*, 1024를 보라.

아니면 세속적 방식입니까? 한국교회에 만연한 교회성장주의
는 제왕적 지도력을 갖춘 목사를 원합니다. 그래서 목사 청빙에
교회의 양적 성장을 이룰 수 있는 스펙을 갖춘 목사를 찾거나
스카웃 하려는 유혹이 있습니다. 담임목사를 모실 때, 추천(행
11:25-26; 롬 16:1)과 공모를 혼용하는 방식을 따르는 경우도 적지
않습니다.

무엇보다 우선적으로 청빙은 '하나님의 부름'을 확인하고
교회가 그것을 수행하는 과정입니다.[519] 그리고 청빙 과정에
'아래로부터의 부름' 즉 회중의 바람과 기대와 요구도 무시할
수 없습니다. 위로부터의 부름과 아래로부터의 부름은 청빙 하
려는 교회 회중 전체가 진지하게 기도해야 확인할 수 있습니
다.[520] 그렇다면 바람직한 청빙 절차는 무엇입니까? 이 질문에
답하려면 목사가 누구인지 그리고 그의 임무가 무엇인지 살펴
보아야 합니다.

목사를 포함하여 교회의 모든 직분자는 승천하신 예수님께
서 주신 선물입니다(엡 4:10-12). 목사의 주된 임무는 그리스도의
양 떼를 하나님의 말씀으로 양육하고 보호하고 감독하여, 성도
를 온전케 하여 봉사의 일을 하게 함으로써, 결국 그리스도의
몸을 세워 그리스도의 왕권을 만유 안에 공공-선교적으로 충
만하게 하는 것입니다(요 21:15; 롬 12:7; 고전 12:28; 엡 4:12; 딤전 3:2-
7; 벧전 2:25; 5:2-3).[521] 목사는 교회를 위해 기도하며, 설교와 성

519)김남석, "목사청빙에 대한 목회윤리적 반추(反芻)," 『대학과 선교』 24/6 (2013), 139.
520)길레스피의 목회자 청빙 과정은 고신대학교 개혁주의학술원 (ed), 『칼빈 이후 영
    국의 개혁신학자들』, 308-309를 보라.
521)류호영, "목회자의 소명/사명에 대한 성경-신학적 이해," 『신학과 실천』
    49/5 (2016), 206.

례와 권징을 시행합니다. 이런 목양을 위해 위로부터의 소명과 지역교회로부터의 부름이 있어야 합니다. 목사는 당회, 공동의회, 그리고 제직회의 회장을 맡고, 비법인 사단의 대표와 교회학교의 교장도 맡습니다.[522] 그리고 목사의 자원, 헌신, 그리고 모범적 생활이 없이는 불가능합니다. 목사의 영적 권위 혹은 권세는 유일한 직분자이신 예수 그리스도께서 주시는 것입니다. '권세'에 해당하는 그리스어 명사 '엑수시아'(ἐξουσία)는 전치사 '에크'(ἐκ, -로부터)와 명사 '우시아'(ουσία, 존재)의 합성어로 '존재로부터'입니다. 다시 말해 목사의 권위는 자신의 인격에서 나옵니다.[523] 원칙상 교단 소속의 목사라면 담임목사 청빙의 자격을 갖추게 됩니다.

한편, 당회원(시무장로)이 청빙위원회가 된다면, 시간을 단축할 수 있지만, 특정 후보를 두고 서로 대립할 수 있고, 당회가 제안한 최종 후보가 공동의회(교인총회)에서 부결될 수 있습니다. 다른 한편, 장로와 안수집사 대표, 서리집사 대표, 청년 대표로 청빙위원회를 구성하는 경우는 어떻습니까? 이 경우는 다수의 의견을 반영하다 보니 시간이 많이 소요되며, 전체 의견을 반영하여 하나로 모으기 쉽지 않습니다. 공개적이고 투명한 청빙 절차는 모두 성경적입니까? 공모를 통해 지원한 후보자들의 설교와 목회계획서를 분별하는 청빙위원회의 전문성이 종종 문제가

---

522) 김성진·유연유, "담임목사 청빙유형에 따른 절차 공정성 연구: 헤드헌팅 유형을 중심으로," 『신학과 실천』 32 (2020), 826-27. "지교회는 담임목사를 청빙하고, 노회는 지교회의 청빙에 대하여 승인 혹은 거부를 할 뿐이라는 점에서, 비록 종교적으로는 담임목사 위임의 주체를 노회라고 할 수 있겠으나, 법적으로는 지교회가 담임목사 위임의 주체라고 하는 것이 타당할 것이다." 김성은, "개신교회 담임목사의 법적 지위에 관한 연구," 『법학연구』 32 (2021), 88.
523) 김남석, "목사청빙에 대한 목회윤리적 반추(反芻)," 133.

됩니다.[524]

　그렇다면 바람직한 청빙 절차는 무엇입니까?[525] 그 절차를 하나로 답하기 어렵습니다만, 다음 단계를 추천해 봅니다. (1) 담임목사 청빙을 준비하는 당회는 교회의 현안문제와 교회의 방향성을 분석해야 합니다.[526] "교회 방향성은 후임 목사를 청빙하는 절차에서 가장 중요한 핵심과제로 그 교회의 방향성에 가장 적합한 준비된 후보자를 선정하기 위함이다. 이는 교회의 목회 방향을 계승 발전할 수 있기 때문이다."[527] (2) 청빙위원회를 구성합니다. 청빙위원회의 워크숍과 전 교인 대상으로 청빙 교육을 시행합니다. (3) 청빙위원회가 한마음이 되도록 영적으로 준비하며, 공정하고 객관적인 청빙 절차를 세워, 교인들과 소통을 이어가야 합니다.[528] (4) 청빙위원회는 교인이나 덕망

---

524) 구약성경 선지자들의 소명 장면이나(렘 1:5) 복음서에서 예수님께서 제자들을 부르시는 장면에서 보듯이(마 4:19), 하나님께서 특정인을 일방적으로 부르시는 방식을 취한다. 따라서 후보자가 지원하는 공모 방식은 사실상 성경에서 찾아보기 어렵다. 김성진·유연유, "담임목사 청빙유형에 따른 절차 공정성 연구," 832.

525) 예장 고신의 전국장로연합회와 기독교보가 공동 기획한 "목회자 청빙 이렇게 하자"가 2024년 1월에 기독교보에 연재되었다.

526) 화란 개혁교회(GKN)는 목사를 청빙하려는 교회가 청빙을 지원하는 전문팀에게 그 교회의 장점과 헌신도와 문제, 지난 5년간의 교회 사역, 목사를 지원한 내역 등을 기술하여 제시한다. "Missieprofiel Format voor Gemeenten," 1; Steunpunt Kerkenwerk, "Handreiking Beroepingswerk: Nederlandse Gereformeerde Kerken," (2024), 7.

527) 김성진·유연유, "담임목사 청빙유형에 따른 절차 공정성 연구," 842.

528) 목사 청빙을 지연시키는 몇 가지 이유와 해결 방안은 다음과 같다. (1) 청빙위원들은 위원장의 눈치를 보거나 인간적 친밀감에 의존하지 말고, 정직하고 개방적이어야 함, (2) 교회의 사명이나 목회에 관한 제안서는 후보 목사가 청빙 전에 제시하기보다 새로운 목사가 사역을 시작한 지 최소 1년이 지난 후에 회중과 협력하여 수립하는 것이 좋음, (3) 후보자가 제출한 서류를 검토하기 위하여 담당 팀이 1-2주 안에 신속히 마친 후, 청빙 후보 목사의 면담으로 넘어가야 함, (4) 서류상 나타난 경력보다는 청빙하려는 교회에 적합한 사역의 자질, 즉 능력, 언변, 지도력 등을 고려해야 함, (5) 후보자 한 명을 충분히 접촉하여 소명을 확인하는 작업을 마치기 전에 다른 후보자들을 거론하여 비교하여 경쟁시키는 것은 금물임.

있는 외부 추천인들로부터 추천서를 받아 후보자들을 확보합니다.[529] (5) 후보자를 압축하기 위해, 후보자의 설교를 청취하고,[530] 신학교 동기들로부터 평판을 듣고, 현재 사역 중인 교회나 기관을 방문할 수 있습니다.[531] (6) 최종 후보자 한 명을 공동

D. Carlson, "A Faster Pastor Six Ways to improve the Search Process," *Congregations Fall* (2008), 36-37.

529) 남아공 개혁교회(GKSA)는 회중이 담임목사 후보자를 추천하고(주로 한 교회에서 5년 이상 목회 중인 자를 추천한 동기를 간단히 언급함), 가장 많이 추천된 목회자를 청빙위원회(당회)가 접촉한다. 후보자는 보통 3명을 선정하고, 첫 후보자가 수락하지 않으면 두 번째 후보자를 접촉하거나, 새로운 후보자를 물색한다. 이런 방식이 가능한 이유는 이 교단의 지역교회가 약 300개로 많지 않기 때문이다. 화란 개혁교회(GKN)는 회중이 목사를 (적어도 2주간) 추천하고 (청빙 광고에 응하지 않는 목사를 배제하지 않게 됨), 약 3주 동안 회중이 추천한 후보자들의 설교를 청취하고 목회 중인 교회를 방문하는 등 정보를 확보하는 동시에, 목사 청빙 광고를 하여 전문적인 청빙 지원팀의 도움을 받아 (대략 목사 2명의 조언을 참고하여) 약 3명 정도로 후보자를 압축한다. 그 후 한 명씩 접촉하되, 최종 한 명으로 압축한다. 공동의회를 앞두고, 최종 후보자에게 숙고하도록 3주 정도의 시간을 준다. 3명에 들지 못했지만 광고를 보고 지원한 후보자들에게는 청빙위원회가 예의를 갖추어 설명한다. Steunpunt Kerkenwerk, "Handreiking Beroepingswerk: Nederlandse Gereformeerde Kerken," 10-12; "Model voor Plaatselijke Regeling voor de Roeping van Een Predikant," 1. 북미 기독개혁교회(CRCNA)는 '목사 탐색 과정'(Pastor Search Process)이라 부르면서, 온라인상 데이터베이스화된 정보를 공개하여 후보 목사와 해당 교회가 소통하며 진행한다. https://www.crcna.org/pcr/churches/pastor-search-process (2024년 3월 1일). 자신의 이익을 추구하는 정치적 인물이 추천하지 않도록 주의해야 한다.

530) 화란 개혁교회(GKN)의 경우, 청빙 후보자가 시무하는 교회 예배에 참석하여 점검할 항목들은 다음과 같다. 각 연령층의 성도를 대하는 목회적 자세, 설교 전달, 본문 주해, 찬송과 기도 등 통일된 예전으로 이끄는 능력, 예배 후 성도를 대하는 자세 등. "Bijlage 6. Leidraad voor het Horen van de Predikant," 1-5. 그리고 청빙 후보 목사가 사역 중인 교회의 회중에게 물어볼 사항도 여러 가지이다. 설교 만족도, 목사의 젊은이 사역과 교리문답 교육 방식, 회의 진행, 문제점과 비판에 대처하는 능력, 지도력, 장점, 보완점 등이다. "Bijlage 7. Leidraad voor Gesprek met Gemeenteleden," 1.

531) 화란 개혁교회(GKN)의 경우, 청빙위원회는 청빙 후보자에게 이름, 출생 연월일, 가족 사항, 이전 및 현재 목회지에서 사역 기간을 요청한다. 그리고 인터뷰할 때, 설교, 예전(영성), 목회적 돌봄, 양육, 교회를 세우는 리더십, 대 사회 사역, 그리고 개인적 관심사로 항목을 나누되, 각 항목에 세부 질문을 준비한다. "Bijlage 5. Leidraad voor Kennismakingsgesprek met Predikant," 1-3.

의회에 추천합니다.[532] 이런 절차를 거친다면, 후보자로부터 이력서나 자료를 요청할 필요는 없게 됩니다.[533] 후보에 오른 목사들을 공개 경쟁시켜서는 안 됩니다.[534] 추천된 후보자가 청빙되지 않을 경우, 그들의 사역에 어려움이 초래되는 경우가 많기 때문입니다. 따라서 공동의회에 추천할 최종 후보 1인을 선정하기까지, 매우 신중해야 합니다.

하나님께서 예비하신 좋은 목사를 청빙하는 것만큼이나, 청빙하는 교회 회중의 경건과 영적 준비도 중요합니다. 한 마디로, 담임목사의 동역자가 되려는 교회의 성숙한 영적 토양을 갖추는 것이 중요합니다. 청빙의 원칙과 절차를 보면, 그 교회의 영적 토양과 성숙도를 가늠할 수 있습니다.[535]

---

532) https://www.kosinnews.com/news/articleView.html?idxno=30095 (2024년 2월 11일 접속).

533) 청빙위원회가 후보 목사에게 꼭 필요한 자료를 요청한다면, 내용을 검토할 능력을 갖추는 게 관건이다. 검토를 위해 목사나 신학교수의 자문을 구할 수 있다. 참고로 제네바 교회법(1541) 제1조 "목회자와 선출에 관하여"에 따르면, 목사들과 장로들이 교리(특정 주제나 성경 본문 주해를 심사)와 생활을 검증한 후보자를 회중에게 소개하고, 회중이 적어도 8일간 더 심의하고 금식기도를 거쳐 주일 오후 예배 때 선출했다. https://www.apuritansmind.com/creeds-and-confessions/the-genevan-book-of-church-order/ (2024년 3월 2일 접속).

534) 한신대 김남석은 임시당회장을 비롯하여 같은 노회 소속의 덕망 있는 목회자 두세 명을 담임목사 추천 위원으로 둘 수 있다고 보면서, 노회가 후보자의 정보를 가지고 있으므로 청빙위원회가 후보자에게 여러 서류를 요청하거나 심지어 후보자의 아내(사모)에게 정보를 요청하는 것은 금물이라고 본다. 그리고 김남식은 소위 '선보는 설교'는 목사의 핵심 임무인 설교의 취지를 왜곡하고, 한 번의 설교를 듣고 판단하는 것은 지극히 주관적이라고 반대한다. 김남석, "목사청빙에 대한 목회윤리적 반추(反芻)," 147, 150.

535) 좋은 목사(pastor bonus)는 오랜 기간에 걸친 좋은 신학 연계 교육의 결과물이다. 그런 청교도 목사는 '박사'보다 '하나님 말씀의 사역자'(VDM: Verbum Dei Minister)라 불리기를 더 명예롭게 여겼는데, 신학대학원의 목회학 석사 3년이라는 속성 과정으로는 빚어지지 않는다. 송영목, "고신대학교 신학 학사(B.Th.)와 목회학 석사(M.Div.)의 연계 교육과정 제안: 개혁주의 공적·선교지향적 신학 교육을 중심으로," (고려학원 이사회 주관 신대원 캠퍼스를 활용한 신학 연계 연구발표회 발제논문, 고신대학교, 2024년 2월 15일), 1-20.

26장 성도의 교제

1. 머리이신 그리스도와 성령으로 말미암아 믿음으로 연합하고 있는 모든 성도는 그리스도의 은혜, 고난, 죽음, 부활과 영광 안에서 그분과 교제한다. 또한 사랑으로 서로 간에도 연합하였기 때문에 서로의 은사와 은혜에도 참여함으로 서로 교제한다. 이들은 공사(公私) 간에 속사람으로나 겉사람으로도 다른 지체들의 선에 서로 이바지해야 하는 의무를 진다.

2. 성도는 고백으로 서약했으니, 하나님께 드리는 예배나, 상호 덕을 세우기 위해 행하는 여타의 영적 봉사에서, 또한 필요에 따라 힘이 닿는 대로 외적인 짐들을 서로 덜어줌으로써 거룩한 친교와 교제를 계속 유지해야 한다. 이 교제는 하나님께서 기회를 주시는 대로 어느 곳이든 주 예수님의 이름을 부르는 모든 자들에게까지 확장해야 한다.

3. 성도가 그리스도와 누리는 이 교제가 그들을 어떤 방식으로든 그분의 신격의 실체에 참여하게 하거나, 또 어떤 측면에서든 그리스도와 동등하게 만드는 것도 아니다. 이 두 가지 중 하나라도 긍정하는 것은 불경하고 망령된 일이다. 또한 성도로서 서로 나누는 교제는, 성도 각자가 재산에 대하여 가지는 권리와 소유권을 빼앗지도 않고 침해하지도 않는다.

성도는 자신들의 머리이신 예수님과 연합되어 있습니다. 그리고 성도는 성령으로 말미암아 믿음을 통해 주님의 은혜, 고난, 죽음, 부활, 영광 안에서 주님과 교제합니다(WCF 26:1).[536] 성도는 연합시키는 띠와 같은 성령님의 역사로 말미암아, 주 예수님과

---

536) 코이노니아(κοινωνία)는 친밀한 상호관계를 가리킨다(요일 1:3). 그리고 동사 '남과 교제하며 살다'(συναλίζομαι, 쉬나리조마이)는 식탁 교제를 배경으로 이해할 수 있다(행 1:4; 참고. 요 6:26). Louw and Nida, *Greek-English Lexicon on the New Testament based on Semantic Domains*, Volume 1, 508.

거룩한 교제 곧 신비로운 연합을 나눕니다(고후 13:13). 아버지 하나님께서 예수 그리스도를 위하여 성도에게 은혜를 주신 것은 믿을 뿐 아니라, 주님을 위하여 고난도 받게 하려 하심입니다(빌 1:29; 참고. 요 16:33; 골 1:24; 계 1:9). 그리고 성도는 형제자매와 사랑으로 연합되어 은사와 은혜 안에서 교제하며 의무를 수행해야 합니다(WCF 26:1). 성도의 사귐은 하나님의 아들 예수 그리스도와 더불어 누리는 것이므로, 구별된 교제의 중심에 항상 예수님께서 계십니다(요일 1:3). 성령은 각 성도 안에 내주하셔서 서로 사랑하며 교제하도록 일하십니다(고전 13; 고후 13:13). 더 나아가 지역교회 간의 교제도 중요합니다(행 11:29-30).

성도는 예배와 덕을 세우는 영적 봉사에 있어, 각양 능력과 필요에 따라서 여러 일을 서로 도우면서 교제해야 합니다(WCF 26:2; 참고. 행 2:43-47; 롬 12:15; 고전 12; 14). 이런 교제는 각 처에서 주 예수님의 이름을 부르는 모든 사람에게로 확대되어야 마땅합니다(WCF 26:2; 참고, 고전 1:2).

성도가 그리스도와 교제하는 것은 주님의 신적 본질에 참여하거나 주님과 동등하게 되는 신격화가 아닙니다(WCF 26:3). 그리고 성도의 교제로 말미암아 성도의 재산과 소유에 대한 소유권이 상실되거나 침해되어서는 안 됩니다(WCF 26:3). 따라서 성도는 탐심의 발로로 남의 유형 및 무형 재산을 도둑질하지 말아야 합니다(엡 4:28).

명사 '교제'(κοινωνία, 코이노니아)의 그리스어 어근은 어떤 것에 누구와 함께 참여한다는 뜻의 κοιν(코인)입니다.[537] 고린도후

---

537)J. D. Douglas (ed), 『새 성경 사전』(서울: CLC, 1996), 148, 508.

서 13:13의 삼위일체적 복의 선포에서 맨 먼저 '주 예수 그리스도의 은혜'가 언급됨으로써, 바울은 고린도교회에서 일어난 자신의 사도성 논란을 잠재우려 합니다(고후 11:5; 12:11; 참고. 롬 16:20; 고전 16:23). 왜냐하면 예수님의 은혜로써 자신이 박해자에서 사도가 되었기 때문입니다. 두 번째로 언급된 '하나님의 사랑'은 바로 앞 13:11에도 나타납니다. 바울은 성부의 뜻과 사랑 덕분에 사도로서 사역을 감당했습니다(참고. 고전 1:1; 고후 1:1; 유 20). 마지막으로 '성령의 교제'는 성도와 성령 사이의 교제는 물론, 성령께서 촉진하시는 성도 간의 교제도 가리킵니다.[538] 고린도후서 13:13의 τοῦ ἁγίου πνεύματος(투 하기우 프뉴마토스, 성령의)는 τοῦ κυρίου Ἰησοῦ Χριστοῦ(투 퀴리우 이에수 크리스투, 주 예수 그리스도의)와 τοῦ θεοῦ(투 쎄우, 하나님의)처럼 주어적 속격입니다. 따라서 보혜사 성령님께서 주도하시는 교제는 분열과 은사의 오용에 빠지기 쉬운 공동체에게 위로와 하나됨과 지혜와 책망 등을 주십니다(참고. 빌 2:1).[539] 바로 앞 고린도후서 13:11은 성령님께서 성도의 마음을 같이하여 평안하게 만들고 계심을 암시합니다. 예수님께서 자기 몸 된 교회에게 주시는 은혜는 성부의 사랑이 나타난 것이므로, 은혜와 사랑은 서로를 보완합니다(참고.

---

538) 청교도 존 오웬(1616-1683)에 따르면, 그리스도인은 아들 하나님과는 구원의 은혜를 통하여 교제하고, 아버지 하나님과는 구원으로 선택하신 사랑을 통해 교제하며, 성령님과는 내주하셔서 능력으로 위로하심을 통해 교제한다. D. Ortlund, 『고린도후서』, *2 Corinthians*, 홍병룡 역 (서울: 국제제자훈련원, 2022), 337.

539) 박창환. "바울의 축도: 고후 13:11-13." 『성경연구』 2/7 (1996), 9-10, 14. 참고로 『21세기 찬송가』 208장 '내 주의 나라와'의 제4절에 '교회의 위로'는 영어 원문에 없다. 대신 작사자는 '교회의 하늘 가는 길들'(her heavenly ways)과 '교회의 사랑과 찬송의 노래들'(her hymns of love and praise)을 소중히 여긴다고 고백한다.

롬 5:5).[540] 그리고 예수님의 사랑과 성부의 은혜는 성령께서 성도와 교제하실 때 그들을 깨닫게 하시고 나누어 주시는 선물입니다.

WCF 26장은 그리 강조하지 않지만, 성도의 교제에서 기도가 중요합니다(행 1:14; 2:42). 사도신경의 고백대로, 성도의 교제를 믿는다면 교회는 함께 기도해야 합니다. 기도는 그리스도인 개인의 경건한 삶에 중요한 요소이지만, 동시에 공동체의 독특한 교제를 가능하게 만들기 때문입니다. 사도 바울에게서 잘 볼 수 있듯이, 기도는 시간과 공간을 초월하여 성도의 교제를 가능하게 만듭니다(엡 1:16-17). 사막교부도 기도 신학을 발전시켰습니다. 성도의 교제의 중심에 삼위 하나님이 계십니다. 성도의 기도를 통한 교제에서도 마찬가지입니다. 교회가 하나님과 수직적 기도를 통해 교제한다면, 그것으로부터 올바르고 풍성한 수평적 교제를 경험할 수 있습니다. 성부께서 의도하셨고, 성자께서 형성하시고 모범을 보이셨으며, 성령께서 감동을 주시는 참된 기도는 성도의 교제를 강하게 만듭니다(엡 6:18-19; 빌 2:1의 '성령의 교제'[κοινωνία πνεύματος, 코이노니아 프뉴마토스]).[541]

거대한 공룡과 같았던 영국 성공회에 맞선 청교도는 하나님의 형상을 가진 거듭난 성도와 맺은 친교와 동반자 의식에 근거하여 개혁을 추구했습니다(벧전 2:5).[542] 청교도가 살던 위협

---

540) 박창건, "고린도후서 13장 13절에 관한 小考," 『신학과 세계』 35 (1997), 56, 59-60.

541) J. M. Houston, "Prayer as the Gift and Exercise of Personal Relationships," *Crux* 21/3 (1985), 4-8.

542) J. Olivetti, "The Puritan Practice of Friendship and Cooperation," *Puritan Reformed Journal* 11/1 (2019), 131, 133.

과 박해의 시대일수록 그리스도인도 약한 존재이므로 사랑을 주고받고, 자신의 은사를 교회의 공공선을 위해 활용하고, 성화를 위해 서로 도와야 했습니다.[543] 청교도가 교제를 유지하고 촉진하는 방법은 무엇이었을까요? 사람의 내면적 가치에 주목하면서 친구를 지혜롭게 선택하기, 하나님께서 가슴에 품도록 허락하신 경건한 동료를 위해 기도하기, 남을 진정으로 사랑하기, 호의를 베풀기, 진리 안에서 하나 되기, 열린 자세로 겸손하고 인내하기, 그리고 어려운 주제를 두고 토론하기 등이었습니다.[544]

그리스도인이 교제하려면, 먼저 성경과 예수 그리스도 중심의 예배로부터 원칙을 배워야 합니다. 왜냐하면 골로새서 3:16이 교훈하듯이, 그리스도인은 올바른 지식을 갖추어야 자원함으로써 하나님께 합당한 영광을 예배로 드릴 수 있기 때문입니다(윌리엄 퍼킨스). 청교도에게 예배의 세 구성요소는 말씀, 성례 그리고 기도(시편 찬송)였습니다.[545] 그리고 성경의 절정에 해당하는 계시는 예수님이시고, 예수님께서 사람이 되셨기에 죽으시고 부활하심으로써 성도가 은혜의 하나님과 친밀하게 교제할 수 있기 때문입니다.[546] 예배와 교제의 기초는 중보자와

---

543)Olivetti, "The Puritan Practice of Friendship and Cooperation," 135.

544)Olivetti, "The Puritan Practice of Friendship and Cooperation," 139-45.

545)J. R. Beeke and P. M. Smalley, "Why We need to listen to the Puritans on Christ-Centered Worship," *Puritan Reformed Journal* 14/1 (2022), 102, 108.

546)Beeke and Smalley, "Why We need to listen to the Puritans on Christ-Centered Worship," 100.

구주이신 예수님 안에서 나타난 하나님 아버지께서 주신 구원의 은혜에 대한 감격입니다. 성도의 교제는 하나님에 대한 올바른 지식, 예수님 안에 나타난 구원에 이르는 믿음, 그리고 신령한 예배에 달려있다고 말해도 과언이 아닙니다.

적용 ▶ 성도가 더불어 누리는 교제는 교회의 예배, 봉사, 교육, 그리고 선교에 나타나야 할 중요한 가치입니다. 유태화는 성도의 온전한 교제를 어렵게 만드는 대형 회집의 문제점을 아래와 같이 지적합니다.

주일예배를 1부 2부 3부 4부 5부 6부로 나누어서 갖는 교회들은 어떤 의미에서 교회의 본질적인 모습과는 너무나도 심각하게 동떨어진 모습을 취하고 있는 셈이다(참고. 마 5:23-24). ...... 대형회집으로 예배를 유지하면서도 소그룹화해서 작은 공동체 내에서의 사귐을 동반함으로써 문제를 임시적으로 해결하려는 시도는 시뮬레이션과 같은 가상의 교회일 뿐만 아니라 일종의 현상 유지(status quo)를 위한 소극적인

태도에 지나지 않는다.[547)

따라서 한 지역교회의 규모에 대한 지침을 설정하여 그것을 공유하고 실천하려는 노력이 확산 되어야 합니다.[548) 하나의 지역교회에서 성도의 교제는 무엇보다 성찬식으로 잘 나타나야 합니다. 그리고 믿음의 공동체 안에서 빈자를 위하여 물질을 나누며 서로 온전하고 충만하게 사귀려면 비대면 방식이 아니라 대면을 통해서 가능합니다(요이 12; 요삼 13-14). 지역교회 간의 연합과 교제를 통해 공교회성을 강화하려면, 하나님 중심의 경제관, 청지기 자본주의, 그리고 공동체주의에 대한 논의와 실행이 필요합니다.

---

547) 유태화, "삼위 하나님의 교제로서 교회의 본질과 현황 목회 모색," 『성경과 신학』 75 (2015), 129, 133.
548) 현유광은 하나의 지역교회의 적정 교인 수를 150명으로 제안한다. 현유광, "지역교회의 적정 규모(規模 size)는?" http://reformedjr.com/board05_04/755875 (2022년 6월 22일 접속).

27장 성례

1. 성례는 은혜언약의 거룩한 표와 인이며, 하나님께서 직접 제정하셔서 그리스도와 그분의 은덕을 재현하고 그분 안에 있는 우리의 권리를 확인하며, 교회에 속한 자들과 세상에 속한 나머지 사람들 사이에 있는 차이를 가시적(可視的)으로 나타내며, 자기 말씀을 따라 그리스도 안에서 성도들이 하나님을 엄숙히 섬기게 하기 위한 것이다.

2. 모든 성례에는 표와 표상된 내용 사이에 영적 관계, 즉 성례전적 연합이 있다. 그 때문에 전자의 명칭과 효과가 후자에 귀속된다.

3. 올바르게 시행된 성례 안에서 혹은 그 성례로 인하여 나타난 은혜는, 성례 안에 있는 어떤 능력에 의해 부여되는 것은 아니다. 성례의 효력 역시 집례자의 경건이나 의도가 아니라 성령의 역사와 제정의 말씀에 달려있다. 그 제정의 말씀은 성례 집례의 권한을 부여하는 규정과 더불어, 성례를 합당하게 받는 자들이 누릴 은덕에 대한 약속도 담고 있다.

4. 우리 주 그리스도께서 복음서에서 제정하신 성례에는 두 가지가 있으니 곧 세례와 성찬이다. 이 두 성례는 아무나 베풀 수 없으며, 합법적으로 임직 받은 말씀의 사역자(목사)만 베풀 수 있다.

5. 구약의 성례도 그것이 표상하고 나타내는 영적인 내용에 있어서는 신약의 성례와 실체적으로 동일하다.

하나님께서 제정하신 성례는 은혜언약에 대한 거룩한 표(票)와 인(印)입니다(WCF 27:1). 세례와 성찬은 은혜언약이라는 실재를 가리키지만, 그렇다고 해서 실재 자체는 아닙니다. 성례는 실재를 가리키며, 더 나아가 하나님께서 자신의 소유로 삼으신 성도에게 치는 인입니다. 세례는 성령의 내적 인침(내적 확신)에 대한 외적인 표(공동체 앞에서 가시적인 증표)와 같습니다. 예수님께서 최후 만찬에서 친히 성찬을 제정하셨습니다(마 26:26-28; 기독교강요

253

4.14.1). 그리고 성례는 (1) 그리스도께서 주시는 은덕을 나타내고, (2) 주님에 대한 우리의 참여와 연합을 확증하고, (3) 성도와 성도가 아닌 사람을 구분하며, (4) 하나님의 말씀을 따라 하나님을 섬기는 일에 성도를 엄숙히 참여하도록 만듭니다(WCF 27:1). 그러므로 성례에 참여하는 성도는 주 예수님과 교제하며, 하나님을 계속하여 섬기도록 은혜를 받습니다.

성례에는 그 표와 그 표가 의미하는 것 사이의 영적인 관계 혹은 성례전적 결합이 있습니다(WCF 27:2). 성도는 세례로써 삼위 하나님의 새 피조물임을 확인하고, 성찬으로써 영적 힘을 공급받습니다. 이처럼 올바르게 사용되는 성례에는 은혜가 임합니다. 그런데 성례의 효력은 성령과 성례를 시행하는 말씀에 달려있지, 집례자에게 있는 것은 아닙니다(WCF 27:3). 이 이유로 경건하지 못한 집례자에게서 세례를 받은 사람은 세례를 다시 받을 필요가 없습니다. 성자는 성부께서 주신 권한을 받아 성례를 친히 제정하셨고, 성령님은 은혜와 능력을 참여하는 성도에게 나눠주십니다.[549]

두 가지 성례 즉 세례(βάπτισμα, 바프티스마)와 성찬(εὐχαριστία [유카리스티아])은 합법적으로 안수 받은 말씀의 사역자만 베풀 수 있습니다(WCF 27:4; 참고. 막 1:4).[550] 목사는 지역교회의 불법적인 오용으로부터 성례를 보호하고 책임져야 합니다(고전 11:30).[551] 그

---

549)Sproul, 『웨스트민스터 신앙고백 해설 3』, 129.

550)고대 그리스어에서 명사 εὐχαριστία(유카리스티아)는 감사드림 혹은 감사 제사를 가리켰다(비교. 행 24:3; 고전 10:16). Montanari, *The Brill Dictionary of Ancient Greek*, 873; *BDAG* (Chicago: The University of Chicago Press, 2003), 416.

551)스코틀랜드 장로교회 제2치리서 4장 7조에 따르면, 목사만 성례를 주관 수 있으며, 교회의 박사(교사)는 집례할 수 없다고 규정한다. 그리고 스코틀랜

런데 천주교의 성례는 무려 7개입니다. 세례, 견진(堅振, 성령으로 충만해짐), 성찬(영성체), 고해, 신품(사제와 수녀의 임직), 혼인, 그리고 종부(도유 혹은 고해를 마지막으로 적용하는 성사)입니다. 이 가운데 5개는 주님께서 직접 제정하시지 않았습니다. 모든 천주교인이 7가지를 다 받을 수도 없습니다. 천주교의 7성례 중 하나만 비판해 보면, 성경에서 혼인은 성례가 아니라 창조 질서에 해당합니다.

구약의 성례들은 그것들의 의미와 표현하는 영적인 것들에 관하여, 그리고 그것들의 본질에 있어 신약의 성례와 동일합니다(WCF 27:5). 구약의 그림자에 해당하는 성례들에는 할례와 유월절 식사 그리고 대속죄일의 의식이 대표적입니다. 이 모두는 피와 관련 있습니다. 생후 8일 된 남자 아기의 포피를 자를 때 나오는 피, 유월절 어린양의 피, 그리고 대속죄일에 번제로 드려진 염소입니다. 이것들보다 더 중요한 것은 예수님이 흘리신 대속의 보혈입니다.

참고로 청교도들은 WCF가 작성되기 이전의 통치자였던 칼빈주의자 제임스 1세(d. 1625)에게 천주교의 전례와 예식을 악

드 장로교회 총회(1580)는 목사가 교회의 박사(교사)의 직분으로 옮기려면 목사의 직분을 포기할 것을 결의했다. 장대선,『스코틀랜드 장로교회의 제2치리서』, 92-93, 107. 참고로 17세기 중순 영국 성공회의 경우, 목사의 자격은 24세 이상 대졸자로서, 회중 앞에 3일간 설교하고 목사 고시를 치르기 전에 윤리적 삶에 관한 추천서를 제출해야 했다. 웨스트민스터 총대들은 유능하고 하나님의 지혜와 열정으로 충만한 경건한 설교자를 세우려고 애썼으며, 영국교회처럼 목사의 임직 나이를 최소 24세로 결정해야 하는지를 두고 이견이 있었다. 청교도에게 성령을 의지하여 그리스도를 중심으로 하는 설교는 외적이며 일상적인 은혜의 방편이었다. C. van Dixhoorn, *God's Embassadors: The Westminster Assembly and the Reformation of the English Pulpit, 1643-1653* (Grand Rapids: RHG, 2017), 78, 105-106, 120-26, 150.

습이자 질병이라고 소개하면서, 하나님께서 이 왕에게 그것들을 치유하는 의사 역할을 맡기셨다고 권면했습니다.[552] 이 악습에는 개인적으로 세례를 시행하는 것이 포함되었습니다(예. 어머니가 죽어가는 아기에게 세례를 베풂). 그러나 청교도의 이런 청원을 접한 국교도들인 옥스퍼드의 학자들은 교황주의자는 물론 청교도를 '삼손의 여우들'이라고 부르며 혼란과 파괴를 야기한다고 비판했습니다.[553]

성경 근거 구절

성례: 그들이 먹을 때에 예수께서 떡을 가지사 축사하시고 떼어 제자들에게 주시며 이르시되 받아서 먹으라 이것은 내 몸이니라 하시고 또 잔을 가지사 감사 기도 하시고 그들에게 주시며 이르시되 너희가 다 이것을 마시라 이것은 죄 사함을 얻게 하려고 많은 사람을 위하여 흘리는 바 나의 피 곧 나의 언약의 피니라(마 26:26-28)

이에 명하여 수레를 멈추고 빌립과 내시가 둘 다 물에 내려가 빌립이 세례를 베풀고(행 8:38)

적용 ▶ 청교도 에벗은 자신의 소교리문답 제34문에서 기도가 설교와 성례를 효율적으로 만든다는 사실을 "기도는 너의 믿음이 자라게 하는 탁월한 수단이 아니니?"라고 물은 후, 이렇게 설명했습니다. "그러므로 내 아이야 만일 네가 믿음을 가지고 그 믿음을 풍부하게 가지려면 마땅히 기도를 다른 모든 수단(말씀과 성례)에 더해야 함을 명심하거라. 오! 하나님의 말씀과 성

---

552) 강미경, "제임스 1세의 청교도 정책," 『대구사학』 108 (2012), 140.

553) 스코틀랜드 장로교로부터 부정적 인상을 받은 제임스 1세는 청교도가 지지한 예정설에 관해서도 모호한 입장으로 정치적 태도로 처리했다. 그리고 제임스 1세는 주일 오후에 스포츠를 장려하여 청교도의 엄격한 주일 성수를 반대했다. 참고. 강미경, "제임스 1세의 청교도 정책," 142, 145, 148.

례를 가진다는 것은 얼마나 편안한 일인지 모른다. 하지만 이러한 것들은 결코 하나님의 복된 도움 없이는 너의 영혼에 친근하게 역사하지 않는단다. 이것들은 기도에 의해서만 얻어지는 것이란다."[554]

민장배에 따르면, "성만찬은 감사로서의 식사, 종말론적 잔치, 즐거운 공동체적 식사, 구원의 신비로서의 식사, 해방과 사회정의로서의 식사라는 신학적 의미를 가지고 있음을 정기적으로 교육하고 거행한다면, 성만찬이 주는 기쁨과 풍성함을 경험할 수 있다."[555] 그런데 성찬이 '해방과 사회정의로서의 식사'입니까? 민장배의 주장과 달리, 예수님께서 제정하신 성찬은 해방신학을 지지하지 않습니다.

오늘날 특히 대형교회는 성례에 적절히 울타리를 쳐야 합니다. 타 교회에서 대형교회로 수평 이동이 많고 교인의 이명증이 유명무실하게 된 실정이므로, 무흠한 교인인지 확인할 길이 없습니다. 하지만 지역교회에서 세례교인만 수찬 회원이라는 원칙은 변하지 않습니다.

---

554) 류길선, "청교도 성경 교육: 로버트 에벗(Robert Abbot, 1588-1662)의 소요리 문답서에 대한 분석," 168.
555) 민장배, "구약 제사 의미에 따른 현대 예배 방안," 54.

28장 세례

1. 세례는 신약의 성례로서, 예수 그리스도께서 제정하셨고, 수세자(受洗者)를 유형교회에 엄숙하게 가입시킬 뿐만 아니라, 그가 그리스도께 접붙혀짐과 중생과 사죄와 예수 그리스도를 통하여 하나님께 자신을 봉헌하여 새로운 삶을 살 수 있게 하는 은혜언약의 표와 인이다. 이 성례는 그리스도께서 친히 지시하셨기 때문에 그분의 교회에서 세상 끝날까지 계속되어야 한다.

2. 이 성례에서 사용하는 외적 요소는 물이며, 합법적으로 소명을 받은 복음의 사역자가 이 물로써 수세자에게 성부와 성자와 성령의 이름으로 세례를 베푼다.

3. 수세자를 물에 잠기게 할 필요는 없다. 그 사람에게 물을 붓거나 뿌림으로 세례를 올바르게 시행할 수 있다.

4. 그리스도를 믿는 믿음과 그분에게 순종을 실제로 고백하는 자들뿐만 아니라, 한 편이나 양편이 믿는 부모를 둔 유아도 세례받을 수 있다.

5. 이 성례를 모독하거나 소홀하게 대하는 것은 큰 죄이다. 하지만 세례 없이는 중생이나 구원을 받을 수 없다든지, 또는 세례만 받으면 누구나 확실하게 중생을 받게 된다고 말할 수 있을 정도로 세례에 은혜와 구원이 불가분리적으로 결합되어 있지는 않다.

6. 세례의 효력은 집례하는 그 순간에만 국한되어 있지는 않다. 그렇지만 이 성례를 바르게 집례하면 약속된 은혜가 제공될 뿐만 아니라, 약속된 은혜가 속한 사람들에게(어른이나 아이를 불문하고), 하나님의 뜻의 협의를 따라 그분이 정하신 때에, 성령께서 실질적으로 은혜를 나타내시고 수여하신다.

7. 세례의 성례는 누구에게든지 단 한 번만 베풀어야 한다.

세례는 당사자를 유형교회에 엄숙히 가입시키고 예수님에게 접붙여서, 새 생명 가운데 살도록 만드는 은혜언약의 표와 인입니다(WCF 28:1). 세례 요한은 유대인들에게 세례를 베풀어, 그들이 예수 그리스도를 영접하도록 회개를 준비시켰습니다. 중생은 죄인을 새 피조물로 창조하는 행위인데, 이것은 세례가 의미하는 바이기도 합니다.[556] 사람은 죄 사함의 표인 세례를 통해 유형교회의 정식 구성원이 됩니다. 그것은 교회의 머리이신 예수님에게 접붙여지는 것이기도 합니다. 하지만 유형교회의 구성원이 된다고 해서 반드시 무형교회의 회원이 되는 것은 아닙니다. 유형교회의 세례교인 중 가라지가 얼마든지 있기 때문입니다.

목사는 물을 사용하여 삼위일체의 이름으로 세례를 베풉니다(WCF 28:2). 그런데 세례의 방식은 침례 혹은 뿌림도 가능합니다(WCF 28:3). 빌립이 예루살렘에서 가사(Gaza)로 가던 건조한 광야에서 에티오피아 내시를 침례의 방식으로 세례를 베풀었는지는 확실하지 않습니다(행 8:36-38).

부모 중 적어도 한편이 신자인 경우, 유아도 세례를 받아야 합니다(WCF 28:4). 청교도는 언약신앙을 강조하면서도 회심과 부흥을 강조했습니다. 그런데 부모 둘 다가 아니라 한 사람만 그리스도인이어도 유아세례를 베풀 수 있다는 설명은 언약신앙의 후퇴이자 '반쪽언약'(halfway covenant)에 해당하지 않는지 검토해 볼 일입니다.[557] 구속사에서 볼 때, 유아세례는 구약 할례에 뿌리를 둡니다. 아브라함은 아들 이삭에게 할례를 베풀었고, 이삭의 믿음은 할례를 받은 이후에 나중에 생겼습니다(창 17:9-14; 22:1-19). 마찬가지로 유아에게 하나님의 소유와 신앙의

---

556) Sproul, 『웨스트민스터 신앙고백 해설 3』, 158.
557) 참고. 홍성달, "청교도 신학에 나타난 성령의 사역과 북한선교," (박사학위논문, 국제신학대학원대학교, 2015), 57.

표를 먼저 주어야 하고, 믿음은 그 아이가 성장한 후에 생깁니다.

신약교회는 '손으로 하지 않은 그리스도의 할례'를 받아 예수님과 함께 죄에 대해 죽고 의를 위하여 살아납니다(골 2:11-12). 여기서 '손으로 하지 않은'은 지상적이고 물질적이지 않다는 뜻입니다(단 2:34; 막 14:58; 행 7:47; 고전 5:1). 그러므로 신약교회는 초월적이며 영적인 할례를 받습니다(참고. 신 10:16과 렘 4:4의 '마음의 할례').[558] 세례는 그리스도의 할례로서 '육의 몸을 벗는 것'입니다(골 2:11). 여기서 '육의 몸'(τοῦ σώματος τῆς σαρκός, 투 소마토스 테스 사르코스)은 죄로 물든 옛 사람의 전체를 가리키므로, '육의 무할례'(τῇ ἀκροβυστίᾳ τῆς σαρκός, 테 아크로뷔스티아 테스 사르코스)는 범죄로 인한 죽음을 의미합니다(골 2:13). 그러므로 세례는 옛 존재 전체 즉 육의 몸을 '벗음'(ἀπέκδυσις, 아페크뒤시스)이므로, 새 사람을 입어 종말론적으로 새롭게 창조되는 것을 의미합니다(골 3:9-10).[559] 예수 그리스도께서 시행하시는 할례인 세례는 예수님께서 성령으로 죄인을 거듭나게 하시고 새 사람을 입혀주시는 은혜입니다. 이 은혜는 예수님께서 십자가의 대속을 통하여 악한 사탄의 세력을 무장해제 시키셨기에 (ἀπεκδύομαι, 아페크뒤오마이) 가능합니다(골 2:15).

빌립보의 간수와 백부장 고넬료의 온 권속이 세례를 받았기에 아이들도 거기에 포함되었을 것입니다(행 10:2, 47-48; 16:33).[560] AD 200년경에 유아세례는 보편화되었기에, 이 성례가

---

558) 김영호, "그리스도의 할례: 골로새서 2:11-12에 대한 주해적 연구," 『신학정론』 38/2 (2020), 436-37.
559) 김영호, "그리스도의 할례," 439-40.
560) 참고. Vickers, 『사도행전』, 284.

그 이전 사도 시대에도 널리 퍼졌음을 짐작할 수 있습니다.[561] 하나님은 모세가 자기 아들에게 할례를 행하지 않은 것을 책망하셨습니다(출 4:23-26). 마찬가지로 교회는 은혜언약을 기억하면서, 유아세례를 비롯하여 은혜의 방편을 존중하고 활용해야 합니다. WCF는 유아세례 반대(antipaedobaptism)를 주장한 재세례파와 침례교도를 비판합니다.[562]

세례 없이도 구원은 가능합니다. 세례받은 사람이 모두 중생한 것처럼 구원과 세례를 불가분하게 연결할 수는 없습니다(WCF 28:5). 구원의 본질적인 요인은 믿음이지 세례가 아닙니다. 십자가 위에서 예수님은 세례받지 않은 강도에게 구원을 약속하셨습니다(눅 23:42-43).

세례를 올바르게 사용하면, 약속된 은혜가 제공되며, 성령으로 말미암아 세례를 받는 택자들에게 하나님께서 정하신 때에 은혜가 주어질 것입니다(WCF 28:6). 그리스도인이 세례를 받을 때, 하나님과 증인들 앞에서 선하게 살겠다고 결단하며 맹세해야 합니다(벧전 3:21). 순교자 저스틴(d. 165)은 '첫 변증서'(First Apology)에서 물로 씻음을 받는 사람에게 성령께서 조명하시므로 세례를 '계몽'(enlightenment)이라 불렀습니다.[563] AD 2세기 저스틴 당시에 어떤 개종자(neophyte)가 세례를 받으면, 꿀과 우

---

561) 유아도 성령께서 주시는 중생과 변화의 은혜를 입을 수 있으며, 중생한 유아에게 믿음은 적어도 씨처럼 존재하며, 정신지체(발달장애)를 겪는 사람에게도 세례가 가능하다는 주장은 Sproul, 『웨스트민스터 신앙고백 해설 3』, 167, 173-74를 보라.

562) Beeke and Jones, 『청교도 신학의 모든 것』, 844-45; J. D. Moore, "The Westminster Confession of Faith and the Sin of Neglecting Baptism," *Westminster Theological Journal* 69/1 (2007), 84-85.

563) C. Wepener, "The Ancient Catechumenate: A Brief Liturgical-Historical Sketch," *Stellenbosch Theological Journal* 9/1 (2023), 5.

유를 먹고, 세례받은 사람을 기다리고 있던 형제자매가 그 사람을 위해 기도하고, 키스와 교제를 나눈 후에 세례교인들과 함께 성찬을 거행했습니다. 그 무렵 세례받기에 적절한 시기는 부활절이었고, 세례식 후에 1주일간 목욕을 금했습니다. 터툴리안(d. 240)은 부활절과 더불어 성령강림절도 세례의 적기로 간주했습니다.[564] 그 당시 세례교육(Catechumenate) 기간은 무려 3년이었는데, 세례를 받은 사람이 다른 사람의 세례교육을 담당할 정도로 오랫동안 훈련을 시켰던 것입니다(참고. 사도전승 17). 그리고 로마제국이 기독교를 박해하던 고난의 시절에, 세례를 받아 예수님을 주님으로 모시고 일상에 사는 것은 황제숭배에 맞서는 큰 결단이었기에 장기간 세례교육이 필요했습니다.

성경 근거 구절

세례: 또 그 안에서 너희가 손으로 하지 아니한 할례를 받았으니 곧 육의 몸을 벗는 것이요 그리스도의 할례니라 너희가 세례로 그리스도와 함께 장사되고 또 죽은 자들 가운데서 그를 일으키신 하나님의 역사를 믿음으로 말미암아 그 안에서 함께 일으키심을 받았느니라 (골 2:11-12)

물은 예수 그리스도께서 부활하심으로 말미암아 이제 너희를 구원하는 표니 곧 세례라 이는 육체의 더러운 것을 제하여 버림이 아니요 하나님을 향한 선한 양심의 간구니라 (벧전 3:21)

---

564) '이집트 교회질서'(Egyptian Church Order)라 불리는 사도전승(Apostolic Tradition, AD 215) 20-21에 따르면, 아이, 성인 남자, 그리고 성인 여자 순으로 침례를 베풀었고, 세례받는 사람에게 안수하고 감사의 기름과 축귀의 기름을 바르기도 했다. Wepener, "The Ancient Catechumenate," 6-8.

적용 ▶ 대한예수교장로회 통합 교회는 발달장애인에게 세례를 베푸는 기준을 정했습니다. 그리고 2021년 총회에서 예장 합동 교회는 유아세례를 받지 못한 아이를 위해, 주로 초등학생을 대상으로 하는 '어린이 세례'를 결정했습니다(참고. 행 16:15, 33).[565] 이것은 유아세례와 성인세례 사이의 거리를 줄이고, 감소하고 있는 어린이들의 신앙교육을 적극적으로 배려하고 시행하려는 차원으로 해석됩니다.[566] 하지만 이성호는 이에 대해 다음과 같이 적절히 문제점을 지적합니다. "세례는 보편성을 지녀야 하는데, '어린이 세례'는 교회의 보편성을 크게 해치고 있다. 세례받은 7살 어린이가 교회를 옮길 때 어떻게 교적을 처리해야 할까? 어린이 세례를 시행하지 않는 교회는 그 어린이를 어떤 신분으로 받아야 할까?"[567]

---

565) 유아세례는 줄고 어린이 세례와 성인 세례에 해당하는 늦은 세례가 늘어가는 "독일교회에서 세례를 구분한다면 출생에서 2세까지 유아세례, 2-15세 미만까지 늦은 세례(Spaettaufe) 그리고 15세 이후에 받는 성인세례가 있다. 나이에 따라 구분하기는 하지만 나이와 상관없이 언제든지 세례를 받을 수 있다." 참고. 어린이 세례와 어린이의 성찬 참여를 긍정하는 조용선, "어린이세례를 통한 기독교교육적 가능성 모색," 『장신논단』 41 (2011), 378, 386.

566) 조용선, "어린이세례를 통한 기독교교육적 가능성 모색," 381.

567) 이성호, 『비록에서 아멘까지』, 556.

29장 성찬

1. 우리 주 예수님께서는 배신당하시던 밤에 성찬이라 불리는 자기 몸과 피의 성례를 제정하시어 자기 교회에서 세상 끝 날까지 준행하게 하셨다. 이는 주님께서 죽으심으로 자기 자신을 제물로 바치신 일을 항구적으로 기억하게 하며, 참 신자에게 미치는 그 희생의 은덕들, 그분 안에서 그들이 누리는 영적 양식과 성장, 그들이 그분께 다하여야 할 모든 의무를 이행하는 데까지 나아갈 것을 인(印) 치려함이다. 또한 성찬은 그들이 그분과 더불어 나누는 교제와 그분의 신비적 몸의 지체로서 서로 나누는 교제의 띠요 보증이다.

2. 이 성례로 그리스도께서 성부께 제물로 바쳐지지 아니하며, 산 자와 죽은 자들을 사죄하는 실제적 희생 제물이 되지도 아니 하신다. 성찬은 다만 그분께서 십자가에서 단번에 자기를 바치신 일을 기억함이며, 이 일에 감사하여 할 수 있는 모든 찬양으로 하나님께 영적인 보답을 하는 것이다. 따라서 로마교회가 미사라 부르는 제사는 그리스도의 유일한 희생 제사, 곧 피택자들의 모든 죄를 위한 유일한 화목제에 대한 지극히 가증스런 모독이다.

3. 주 예수님께서는 이 성례로 자기 사역자들이 자기가 제정하신 말씀을 백성에게 선포하고, 기도하고 빵과 포도주를 축사하여 통상적 용도로부터 거룩한 용도로 구별하고, 떡을 취하여 떼며, 잔을 취하여 그들도 서로 나눌 뿐만 아니라 두 가지를 다 수찬자에게 주게 하셨으나, 회중 가운데 참석하지 않은 자에게는 주지 말 것을 명하셨다.

4. 다음과 같은 행동은 이 성례의 본성과 그리스도의 제정과는 위배된다. 즉 사적 미사 곧 이 성례를 신부(神父)나 다른 이로부터 홀로 받는 일이며, 잔을 백성에게 주지 않는 일, 떡과 포도주를 숭배하는 일, 숭배를 목적으로 떡과 포도주를 들어 올리거나 행진을 하는 일, 다른 유사 종교적 용도를 위하여 보관하는 일 등이다.5. 그리스도께서 제정하신 용도를 위하여 바르게 구별된 이 성례의 외적 요소들은 십자가에 달리신 그분과 관계를 가지기 때문에, 참으로 그리고 오직 성례전적으로만 그 요소들은 스스로 재현하는 것들의 이름, 곧 그리스도의 몸과 피라고도 종종 칭해진다. 그러나 이 요소들은 실체와 본성에 있어 전(前)과 같이 실로 여전히 떡과 포도주로만 존재할 뿐이다.

5. 그리스도께서 제정하신 용도를 위하여 바르게 구별된 이 성례의 외적 요소들은 십자가에 달리신 그분과 관계를 가지기 때문에, 참으로 그리고 오직 성례전적으로만 그 요소들은 스스로 재현하는 것들의 이름, 곧 그리스도의 몸과 피라고도 종종 칭해진다. 그러나 이 요소들은 실체와 본성에 있어 전(前)과 같이 실로 여전히 떡과 포도주로만 존재할 뿐이다.

6. 떡과 포도주의 본성이 신부(神父)의 봉헌이나 다른 방법으로 그리스도의 몸과 피의 실체로 변한다는 소위 화체설은 성경뿐만 아니라 상식과 이성에도 모순되며, 성례의 본성을 뒤엎고, 과거에도 그랬고 현재에도 갖가지 미신과 실로 끔찍한 우상숭배의 원인이다.

7. 이 성례의 가시적 요소에 외적으로 참여함으로써 합당하게 성찬을 받는 자들은 믿음으로 인하여 내적으로 그리고 참으로 참여하며, 그냥 육적이거나 몸으로만이 아니라 영적으로 십자가의 그리스도와 그분의 죽음이 주는 모든 은덕을 받고 먹는다. 이때 그리스도의 몸과 피는 빵과 포도주 안이나 그것들과 더불어 또는 그것들 아래에 몸으로나 육적으로 임재하지 않는다. 오히려 그리스도의 몸과 피는 그 규례 안에서 실재(實在)로, 그러나 영적으로 신자들의 믿음에 임한다. 이것은 마치 요소들이 외적 감각들에 감지되어 임하는 것과 같다.

8. 무지하고 사악한 자들이 이 성례로 외적 요소들을 받는다 하더라도, 그들은 요소들이 표하는 바를 받지 못하고, 오히려 부당하게 접근하여 주님의 몸과 피를 범함으로 자신의 심판을 초래한다. 그러므로 무지하고 불경한 자들은 그리스도와의 교제를 즐기기에 합당하지 않을 뿐만 아니라 주님의 성찬상에 앉을 자격도 없으며, 여전히 무지하고 불경한 채로 있으면서도 이 거룩한 신비에 스스로 참여하든지 참여를 허락받는 것은 그리스도께 큰 죄를 범하는 일이다.

세례에서 성도와 예수님의 '연합'이 가시적으로 나타난다면, 성찬에서는 성도와 예수님의 '교제'가 가시적으로 드러납니다.[568] 예수님은 십자가에서 죽으시기 전날 밤에 자신의 몸과 피의 성

---

568)이성호, 『비록에서 아멘까지』, 567.

례를 제정하셔서 교회가 세상 끝날까지 기념하여 지키라고 명령하셨습니다(WCF 29:1; 참고. 눅 22:15 이하; 고전 11:23-26). 예수님과 12 사도가 나눈 최후의 만찬은 유월절 식사인데, 복음서 기자들은 식사 메뉴로 양고기를 언급하지 않습니다. 왜 그럴까요? 예수님 자신이 유월절 어린양이시기 때문입니다(요 1:29; 고전 5:7; 벧전 1:19).[569] 예수님은 구약 유월절에 희생된 어린양의 실체이시므로, 주님은 신약 성도에게 새로운 출애굽을 주십니다. 이런 의미에서 성찬은 하나님 나라에 들어온(막 14:25) 새 출애굽 공동체를 위한 새 언약의 감사 식사입니다(렘 31:34). 구약시대에 유월절 식사는 가족 단위로 거행했습니다. 마찬가지로 성찬은 하나님의 가족이 함께 즐깁니다. 그래서 하나님의 가족은 "하늘 아버지와 맏형(예수님)의 감독과 보호 아래 주의 만찬에 참여합니다."[570]

주님은 자신의 죽으심의 은혜를 성도에게 인치시기 위해, 그리고 교회가 주님에게 행해야 하는 모든 의무에 참여하도록 하기 위해, 그리고 교회가 한 몸의 지체로 교제하도록 성찬을 제정하셨습니다(WCF 29:1). 예수님의 죽음은 뱀의 머리를 깨고(창 3:15), 성부께서 요구하시는 공의를 만족시키시며, 택자들의 구원과 화해를 성취하기 위함입니다. 성찬은 예수 그리스도께서 성취하신 과거의 구원 사역을 돌아보고, 현재의 구원을 누리고 전하며, 어린양의 혼인잔치와 구원이 완성될 것을 소망하며 내다봅니다.[571]

---

569) G. P. Waters, 『성찬 신학』, *The Lord's Supper*, 강대훈 역 (서울: 부흥과 개혁사, 2019), 116.

570) Waters, 『성찬 신학』, 125.

571) Waters, 『성찬 신학』, 125. Frame, *Systematic Theology: An Introduction*

성찬은 어떤 희생 제사를 다시 드리는 것이 아니며, 십자가에서 이루어진 주님의 영 단번의 제사를 기념합니다(WCF 29:2). 골고다 십자가에서 일어난 영 단번의 희생제사는 구원을 다 이루신 것이므로, 속죄를 위한 희생이 반복될 여지는 없습니다(요 19:30; 히 9:26).

성찬식에 말씀의 사역자는 관련 말씀을 선포해야 합니다(WCF 29:3). 그리고 집례자는 기도하며, 축사하고, 떡과 잔을 회중에게 나눠주어야 합니다(WCF 29:3).

사적인 미사에서 성찬을 시행하거나, 잔을 회중에게 주기를 거부해서는 안 됩니다(WCF 29:4). 천주교가 회중에게 잔을 주지 않는 것은 영적 음료를 빼앗는 오류입니다(기독교강요 4.17.47). 또한 떡과 포도주를 숭배하거나 종교적 용도로 남겨두어서는 안 됩니다(WCF 29:4). 이런 진술은 WCF가 작성될 당시의 천주교의 잘못된 관행을 염두에 둔 것입니다.

떡과 포도주는 그리스도의 살과 피라고 불리지만, 실체와 본질에서 이전과 동일하게 여전히 참된 떡과 포도주입니다(WCF 29:5). 여기서 WCF는 천주교의 화체설을 반대합니다.

화체설은 성경에 모순될 뿐 아니라, 일반 상식과 이성에 맞지 않는 주장으로서 미신과 우상숭배의 원인입니다(WCF 29:6). 천주교를 비판하는 WCF가 현대의 종교 간의 에큐메니칼 대화에 방해가 된다고 주장하는 자들도 있습니다. 하지만 17세기 상황을 통해 현대 교회는 정통 복음을 파수하기 위하여 교훈을 얻어야 마땅합니다. 루터는 예수님께서 인간적인 살과 피로 떡

to Christian Belief, 1069; Sproul,『웨스트민스터 신앙고백 해설 3』, 187-88.

과 포도주 안에, 아래에 그리고 통하여 현존한다는 공재설을 주장했습니다. 다시 말해, 루터는 떡과 포도주에 비가시적인 그리스도의 몸과 피가 추가된다고 보았습니다. 화체설과 공재설은 예수님의 인성에 신성을 부여하여(속성의 교류) 몸의 편재성을 만들어 내는 오류를 범합니다.[572] 그러나 성경적 교훈은 성찬 중에 예수님의 인성은 승천하신 하늘에 여전히 계시고, 예수님은 신성으로써 성찬에 영적으로 그리고 실제로 임하신다는 것입니다.[573]

칼빈의 개혁파와 WCF는 예수님의 양성을 구별하지 분리하지는 않습니다(참고. 칼케톤회의). 믿음으로 성찬에 참여하는 사람들은 영적 그리고 내적으로는 예수님의 죽으심의 모든 유익을 받아먹습니다(WCF 29:7). 예수님은 영적으로 또한 실제로 성찬에 임하십니다(WCF 29:7). 이것은 칼빈이 주장한 영적-실제적 임재설과 일치하므로, 츠빙글리의 단순한 기념설과 다릅니다.

합당하지 않게 성찬에 참여하는 사악한 자들에게는 떡과 포도주가 의미하는 실재가 주어지지 않으며, 그들은 주님과 교통을 누리기에 부적합하고 자신의 파멸을 자초합니다(WCF 29:8; 참고. 고전 11:29-30). 성찬의 의미를 인지하지 못하거나 회개하지 않은 채로 아무런 준비 없이 떡과 포도주라는 물질을 먹는 것은 무의미하고 더 나아가 위험한 행위입니다.

청교도 교회가 성찬을 자주 시행하지 못한 이유는 예배가 설교 중심이었고, 성찬에 참여할 수 있는 성도의 엄격한 준비와

---

572)Sproul, 『웨스트민스터 신앙고백 해설 3』, 204.
573)Doriani, 『마태복음』, 801. 그리스도인이 성찬에서 예수님의 신성과 교제할 때, 예수님의 몸은 하늘에 있지만 주님의 인성을 포함하여 전체 그리스도와 교제하는 것과 같다. 따라서 교회는 천국 잔치인 성찬에서 예수님의 전체 존재를 만나게 된다고 볼 수 있다.

높은 윤리를 강조했으며, 성도의 수가 늘어나자 분병 및 분병 위원들이 부족했기 때문입니다.[574] 칼빈을 비롯한 종교개혁자들이 천주교에 맞섰다면, 청교도는 천주교의 잔재가 남은 성공회에 맞섰습니다.[575] 청교도의 성찬론을 칼빈의 주장과 비교하면, 아래와 같은 특성이 있습니다.[576]

> 칼빈보다 더 철저한 반-형식주의(anti-formalism)와 반-미신(anti-superstition)적 자세, 그리고 성경 아닌 그 어떤 인위적인 것도 배제하며 구체적인 삶에 있어서의 성경의 윤리적 실천을 강조한 것이 청교도 성례 신학의 대표적 특징이라고 하겠다.

오웬의 성찬 이해를 요약하면, "하나님께서 자기 백성에게 보이는 사랑의 거룩한 드라마"와 같습니다. 왜냐하면 성찬에서 그리스도를 믿는 사람이 그리스도를 경험하고 그리스도에게 참여하는 드라마와 같기 때문입니다.[577] 이런 드라마를 만끽하려면, 성찬에

---

574) 정승원, "청교도와 한국 장로교회의 성찬 실행 횟수에 대한 신학적 고찰," 『성경과 신학』 63 (2012), 219-20.

575) BC의 저자 귀도 드 브레는 1567년에 순교하기 전, 투옥 중에 성찬에 관한 논문을 썼다. 그는 개신교도가 천주교 당국에 의해 심문을 받더라도, 예수님께서 성찬에 육체로 임하신다는 그릇된 주장에 맞서도록 성경과 교부의 글을 암기할 것을 권했다(참고. BC 34-35). 그리고 귀도는 공재설을 따르던 독일의 루터파와 손을 잡고 필리페 2세에 맞서려고 애쓴 화란의 오란여 공(prince of Orange)을 지원했다. 이때도 귀도는 공재설을 지지하지는 않았지만, 루터파에게 육체적 임재설을 함께 반대하는 조건으로 연대하여 천주교 집권자에게 저항할 것을 제시했다. 귀도는 영적 식사인 성찬에서 표징(떡과 포도주)과 실체(예수님)가 구분되어야 하지만 분리되지 않는다고 주장했다. 강병훈, "귀도 드 브레의 성찬론 연구 소개," (제105차 한국복음주의신학회 온라인 신학포럼, 2024년 3월 9일), 4, 6, 8.

576) 정승원, "청교도와 한국 장로교회의 성찬 실행 횟수에 대한 신학적 고찰," 217.

577) Beeke and Jones, 『청교도 신학의 모든 것』, 858.

참여하기 전에 의미를 배우고 갈망하며 묵상해야 합니다. 그래야 그리스도인은 성찬에 참여함으로써 믿음에서 자라가고 구원의 확신을 강화할 수 있습니다(벧후 3:18).

적용 ▶ 성찬에서 만나는 그리스도와 설교에서 만나는 그리스도는 다를 수 없습니다. 성찬은 설교를 대체할 수 없으며, 설교를 보충합니다.[578]

유대 문헌인 2바룩 29:3-8은 유대인들이 기대했던 메시아의 잔치, 즉 미래에 있을 종말론적 축제의 모습을 잘 보여줍니다. 이 잔치에는 남은 자들이 초대를 받습니다. "마지막 때에 일어나야 할 일들이 완결되고 나면 메시아가 출현하고 메시아의 만찬이 펼쳐질 것이라고 한다. 만찬에 올라갈 양식은 태초의 두 괴물 레비아탄과 베헤못, 갖은 열매와 포도주, 치유의 이슬과 천상의 만나라고 한다."[579] 그런데 신약성경은 메시아 예수님께

---

578)Beeke and Reeves, 『청교도, 하나님을 온전히 따르는 삶』, 213.
579)송혜경. "바룩 2서의 메시아사상," 250.

서 배설하는 잔치는 주님의 재림 이후에 시작된다고 밝히지 않습니다. 오히려 예수님께서 공생애 당시부터 예수님과 성도 간의 혼인 잔치는 시작되었습니다(막 2:19). 선교적 교회는 혼인 잔치와 영적 허니문의 달콤한 꿀이 떨어지는 맛을 이웃에게 보여주어야 합니다. 이를 위해, 신랑 예수님의 사랑을 받는 그리스도인 신부는 정기적으로 시행되는 성찬을 통해 은혜를 누려야 합니다. 유대인들이 레비아탄과 베헤못을 메시아 잔치의 메뉴로 여긴 점이 흥미롭습니다. 그리스도인의 성찬식도 악과 죄를 이길 것을 사모하고 다짐하는 시간이어야 합니다. 또한 유대인들은 치유의 이슬을 먹기를 원했는데, 교회의 성찬은 영과 육 그리고 관계의 치유를 대망하는 시간이기도 합니다. 성찬식 즉 하늘 잔치는 기적과 치유와 생명과 기쁨을 참여자들이 대망하도록 격려합니다. 성도가 예수님과 연합된 성찬을 통해 악을 이기고 통전적 치유를 경험한다면, 세상에 흩어져서 선교적 사명을 감당할 수 있습니다.

목회자는 성찬의 선교적 의미를 가르침으로써, 성찬의 백성이 선교적 소명을 삶의 영역에서 이루도록 안내해야 합니다, 김신구는 성찬의 선교적 의미를 아래와 같이 설명합니다.

성찬으로 모인 공동체의 정체성을 더욱 견고케 하고, 진정한 연합을 도모하여 '선교적 코이노니아'(Missional Koinonia)를 이룬다. 또한 자신의 살과 피를 아낌없이 나누신 '그리스도의 실제적 임재'를 통해 선교적 백성이 교회 안과 밖에서 나누어야 할 것이 무엇인지에 대한 성경적 가르침과 통전적 선교의 책임을 갖게 한다. 그 때문에 예수와 하나 된 교회는 성찬을 통해 '하나님의 선교'를 위해 파송 받았다는 소명을 강화해주

고 격려하며 그 안에서 서로의 삶을 경축하는 선교적 행위를 나눠야 한다.[580]

복음주의나 개혁주의 교회에서 신앙을 고백하지 않은 어린이가 성찬에 참여하는 경향이 있습니다.[581] 그러나 매우 위험한 식탁이 되기 쉬운 성찬에 참여하려면, 예수님께서 베푸시는 식탁의 의미를 제대로 알고 믿어야 합니다.

누가-행전은 식탁교제를 자주 언급합니다. 놀랍게도 지중해에서 폭풍을 만나 이리저리 흔들리며 가라앉는 배에서도 성찬은 가능합니다(행 27:34-38). 오히려 그리스도인에게 위기가 닥쳤기에 성찬이 필요합니다. 1912년에 승객 1,635명을 태운 호화유람선 타이타닉호가 침몰할 때, 악단이 "내 주를 가까이 하게

580)김신구, "선교적 성찬(Missional Eucharist)의 신학적 구성요소와 예전에 관한 연구: 존 웨슬리(John Wesley)의 성찬신학과 선교신학적 관점에서," 『선교신학』 61 (2021), 24, 41. 김신구의 다음 주장도 들어보자. "성찬은 그리스도의 고난에만 초점을 둔 편향된 이해에서 선교적 공동체가 종말론적 잔치에 직접 참여하는 능동적인 선교적 성찬이어야 한다. 이를 위해서는 예전적 거룩성에 선교적 통전성을 상기할 수 있는 접촉점 마련이 필요하다. 모이는 교회에서 흩어지는 교회로의 과정이 단순히 집례자의 선언에서 그칠 것이 아니라 수직적 체험과 변화를 경험하고, 교제와 연합, 복음의 통전성을 서로 나눔으로써 수평적 화해와 사회적 책임에 대한 존재론적 정체성을 고취하고 강화하는 성찬이 되도록 해야 한다."2024년 3월 31일 명성교회당에서 열린 부활절 연합예배에 윤석열대통령은 성찬의 떡과 포도주에 참여했다. 참석자들은 대통령의 축사에 '아멘'으로 화답했다. 4월 7일에 윤대통령은 서울 은평구 진관사에서 참배하고 조계종 총무원장과 아기 부처를 목욕하는 관불(灌佛)의식을 거행했다. 기독교 연합예배에 성찬이 제대로 보호받고 있는지 의문이며, 불신 대통령이 성찬을 모독했다는 비판의 목소리가 적지 않았다. 참고. "[사설] 성찬을 모독하지 마라," (http://reformedjr.com/board05_01/1739672; 2024년 4월 8일 접속).

581)스코틀랜드교회 총회는 1992년부터 (10살 이하) 어린이가 성찬에 참여할 수 있도록 허용했다. 최근에 이 주제를 두고 성경과 WCF를 통해 목회적, 신학적, 교회적, 법률적으로 검토하여 지역교회가 적극 수용하도록 추진하고 있다. The Church of Scotland, "Report of the Theological Forum," 2-3.

함은"(찬송가 338장)을 연주했다면, 알렉산드리아호의 선장과 선주와 백부장보다 더 탁월한 리더십을 발휘한 바울은 성찬과 유사한 것을 거행합니다.[582] 그런데 사도행전 27:34-36의 '음식 먹기', '구원', '감사하다', '떡', '떼다', 그리고 '받아 먹다'는 성찬 용어입니다(참고. 눅 24:35; 고전 11:23-24).[583] 영화 타이타닉(1997)은 빙하에 부딪혀 배가 침몰할 때, 사람들이 식당으로 몰려가서 1등석 승객에게 제공된 민트 소스를 곁들인 양고기, 구운 새끼오리, 크림 당근, 따뜻한 밥, 차가운 비네그레트 소스를 곁들인 아스파라거스, 초콜릿과 바닐라 케이크, 그리고 프렌치 아이스크림으로 마지막 식사를 했다고 말하지 않습니다. 성찬은 환난당한 사람을 구원하고 보호하여 안전한 항구로 안내하는 잔칫상입니다. 성만찬 예배가 있는 주일이야말로 가장 훌륭한 '영혼의 장날'입니다.

---

582)Contra C. S. Keener, *Acts*, Volume 4 (Grand Rapids: Baker, 2015), 3642-43.

583)교회당 입구에서 안쪽(chancel)으로 가는 길을 라틴어 'navis'(배)에서 유래한 'nave'(네이브)라 부른다. 캔자스주 센트럴침례신학교 신약학 교수 D. M. May, "Eating Supper on a Sinking Ship: Acts 27:27-38," *Review and Expositor* 16/3 (2019), 255-58. May교수는 스승 에릭 러스트(Erik Rust, 1910-1992)의 일화를 소개한다. 제2차 세계대전 중인 1940년 9월부터 1941년 5월까지 독일 공군은 런던에 폭탄을 투하하여, 시민 약 4만 명이 죽었다. 런던 지하철에 대피한 30세의 젊은 침례교 목사 에릭 러스트(남침례신학교 기독교철학과 구약 교수)는 거기서 옥스퍼드대 구약 박사학위 논문을 썼고, 같은 교회 성도와 성찬을 거행했다. 이 장면은 안락하고 편안한 장소에서 성찬을 거행하는 현대 성도에게 생소하지만, 누가와 바울에게는 낯설지 않은 광경이다. 가족에게 중한 질병이 닥치고, 사랑하는 사람이 먼저 떠나면, 누구든지 서 있기도 어렵고 흔들리는 인생에서 균형을 잡기 어렵다. 고난 중에 포기하지 말고, 오히려 세상을 이기신 예수님과 연합해야 한다. 성도에게 마지막 말은 '고난'이 아니라, 죽음을 이기신 부활의 예수님께서 베푸시는 만찬의 '떡과 잔'이어야 한다. 우리는 구원 방주에 올라탔지만 인생의 풍랑을 종종 마주하기에, 성찬을 자주 거행해야 한다.

30장 교회의 책벌(권징)

> 1. 주 예수님께서는 자기 교회의 임금이시요 머리로서 국가공직자와는 구별하여 교회 직원들의 손에 치리를 맡기셨다.
>
> 2. 이 직원들에게 천국의 열쇠를 맡기셨는데, 그들은 이 열쇠로써 정죄하기도 하고 사죄할 수도 있으며, 회개하지 않는 자에게 말씀과 권징으로 천국을 닫고, 회개한 죄인에게는 필요에 따라 복음의 사역과, 권징의 해벌로 천국을 열어 줄 권한을 가진다.
>
> 3. 교회의 권징은, 과오를 범한 형제를 교정하여 다시 얻기 위함이며, 다른 이들이 같은 과오를 범하지 않도록 방지하며, 누룩이 온 덩어리에 퍼지지 않도록 제거하며, 그리스도의 명예와 복음에 대한 거룩한 고백을 옹호하며, 또 하나님의 언약과 그 언약의 인(印)들을 사악하고 완악한 범죄자들이 더럽히도록 교회가 방치할 때, 교회에 임할 하나님의 진노를 막기 위하여 필요하다.
>
> 4. 이 목적을 보다 효과적으로 이루기 위하여 교회의 직원들은 범죄의 성격과 죄인의 과실을 고려하여 권계, 일시적 수찬 정지, 출교 조치 등을 취하여야 한다.

WCF 29장 성찬 다음에 제30장 책벌(責罰)이 뒤따르기에, 책벌 즉 권징(勸懲)은 성찬을 보호합니다.[584] 교회의 왕이며 머리이신 주 예수님은 교회정치를 정하셔서, 국가 위정자와는 다른 교회 직원들의 손에 맡기셨습니다(WCF 30:1). 웨스트민스터 총대들은 교회와 국가라는 구별되는 두 실체를 두 왕국론을 따라 이해했습니다.[585]

---

584) 명사 νουθεσία(누쎄시아)는 훈계를 가리킨다(엡 6:4). 동사 παιδεύω(파이듀오)는 징계하여 교육한다는 뜻이다(고전 11:32; 고후 6:9; 딤전 1:20; 히 12:6, 10; 계 3:19). Louw and Nida, *Greek-English Lexicon on the New Testament based on Semantic Domains,* Volume 1, 467.

585) 두 왕국론(two kingdoms doctrine)은 하나님께서 세계를 두 가지 방법

교회 직원들에게 천국의 문을 열거나 닫는 천국 열쇠들 곧 그리스도의 권세가 위탁되었습니다(WCF 30:2). 예수님께서 신앙을 정확히 고백한 베드로에게 약속하신 천국 열쇠들은 설교와 권징입니다(마 16:19; 18:15-20).[586] 그러나 천국 열쇠들은 교무장로(목사)와 치리장로를 중심으로 활용되어야 마땅하지만, 그것은 설교 말씀을 실천하고 봉사해야 하는 집사와 일반 성도와 결코 무관하지 않습니다. 여기서 권징은 교회 안에서 행해지는 영적 차원의 권징입니다.[587] 참고로 천주교가 주장하는 공덕(功德) 창고와 면벌부, 그리고 고해(告解)로써는 천국이 열리지 않습니다.

칼빈은 하나님의 이름을 존귀하게 하며, 예수님의 몸인 교회의 순수성과 거룩성을 유지하고, 죄인을 회개시키기 위해 권징이 필요하다고 보았습니다(고전 5:5-6; 엡 5:27; 기독교강요 4:12).[588]

으로 통치하신다고 가르친다. 루터에 따르면, 하나님께서 상호 분리된 영적 정부와 세속 정부를 통하여 교회와 세계를 구별된 방식으로 통치하신다. 참고로 한국 천주교는 제2차 바티칸공의회(1962-65)가 교회의 사회 참여를 결정한 이래 '천주교 정의구현 전국 사제단'(1974)을 중심으로 사제의 정치 개입이 이루어졌다. 이 단체는 정치 개입이라는 비판에 대해, 대 사회적 윤리 책무를 수행한다고 스스로 변호했다. 1960년부터 1990년 초반까지 천주교는 일반 성도를 중심으로 이와 유사한 조직을 결성하여 활동했다. 박준영, "가톨릭 교회 정치세력화의 문제점: 정교분리 담론을 중심으로,"『종교문화연구』10 (2008), 89-90.

586)Doriani,『마태복음』, 550.

587)정두성,『1647 대교리 I』, 285.

588)참고. 신복윤, "칼빈의 권징론,"『신학정론』27/1 (2009), 40-42. 참고로 마르틴 부처는 천국 열쇠가 "정당하게 집행되는 성경적인 치리공동체(그리스도인 공동체)가 가시적으로 건립될 수 있었던 배경에는 다양한 요소들이 서로 복잡하게 얽힌 채 역동적으로 상호작용하고 있었음을 상기할 필요가 있다. 특히 (성경적 근거 이외에도) '자발주의'와 '평신도의 참여'를 강조하며 시의회와 교구민의 지지를 호소하고, 이와 동시에 (슈말칼덴 전쟁으로 인해) 악화되는 정세를 하나님의 엄중한 심판으로 경고하며 도시민에게 '그리스도인 공동체' 건립의 타당성을 납득시킨 부쩌의 집요한 설득의 과정이 눈에 띈다." 참고. 안상혁, "열쇠의

바빙크는 "목사, 장로, 집사의 직분과 연관하여 그리고 선지자, 왕, 제사장으로서의 그리스도의 삼중직과 관련하여 교회의 권세를 세 가지 권세, 즉 교도권(말씀과 성례의 봉사), 통치권(다스림과 징계의 봉사), 자비의 권세 혹은 봉사로 구분한다."[589] 그리고 바빙크는 천국 열쇠들을 말씀과 성례의 시행 그리고 권징은 물론이거니와(마 16:19; 28:19), 범위를 아주 많이 확대했습니다. 천국 열쇠들은 천국에서 무엇이 적용될지 결정하고(마 16:19), 죄를 사하거나 사하지 않고(요 20:23), 모든 것을 판단하고(고전 2:15), 형제들을 가르치고 위로하며 권고하고(골 3:16), 다른 사람들의 유익을 위해 은사를 사용하며(롬 12:4-8; 고전 12:12 이하), 기적을 행함(막 16:17-18) 등 광범위합니다(『개혁교의학』 4:462-63). 하지만 천국 열쇠들에 판단과 위로와 권고와 기적 행함 등을 포함시키는 것은 성경적 근거가 약합니다.

권징이 필수적인 것은 범죄한 형제자매를 되돌려 잃어버리지 않고 다시 얻기 위함이며, 범죄의 누룩을 공동체에서 제거하기 위해서입니다(WCF 30:3). 권징은 하나님의 형벌적 진노가 아니라 교정적 진노입니다. 다시 말해, 하나님의 회복적 정의에 해당합니다. 권징은 예수님의 명예와 성도의 믿음의 고백을 옹호하고 하나님의 진노를 예방합니다(WCF 30:3).

당사자의 범죄와 과실(過失)의 성격에 따라, 권징은 권계(勸誡), 수찬 정지, 혹은 출교로 신중히 결정되어 시행되어야 합니다(WCF 30:4; 참고. 고전 5:5; 갈 4:30). 각 단계마다 권징이 더 필요 없도록 회

권세: 마틴 부쩌와 스트라스부르크 교회의 권징, 1523-1549," 『신학정론』 32/1 (2014), 231.

589) 참고. 박태현, "교회의 권세, 열쇠권: 헤르만 바빙크의 견해를 중심으로," 『신학지남』 88/2 (2021), 251.

개가 이루어진다면 가장 이상적입니다.[590]

1638년에 아프리카 노예가 뉴잉글랜드에 처음으로 도착했고, 1680년에 매사추세츠 인구의 3%는 노예였습니다. 놀랍게도 조나단 에드워즈와 같은 청교도 역시 노예를 소유했습니다. 뉴잉글랜드에 노예가 도착하기 훨씬 이전인 1602년에 사망한 윌리엄 퍼킨스는 십계명의 제8계명에 빗대어 사람을 사고파는 노예 제도를 비판했습니다.[591] 그렇다면 성경은 인신매매를 금지함에도 불구하고(신 24:7; 딤전 1:10; 계 18:13), 왜 뉴잉글랜드의 청교도는 노예를 소유한 동료를 징계하지 않았을까요? 그곳의 청교도는 노예를 소유하면서도 노예와 함께 예배드리고, 성경을 가르쳤지만, 노예 해방 운동에 적극적이지 않았습니다. 따라서 청교도 역시 죄악된 세계에 살던 죄인이었습니다.[592]

성경 근거 구절

권징: 이런 자를 사탄에게 내주었으니 이는 육신은 멸하고 영은 주 예수의 날에 구원을 받게 하려 함이라(고전 5:5)

그러나 성경이 무엇을 말하느냐 여종과 그 아들을 내쫓으라 여종의 아들이 자유 있는 아들과 더불어 유업을 얻지 못하리라 하였느니라 (갈 4:30)

자기 앞에 영광스러운 교회로 세우사 티나 주름잡힌 것이나 이런 것들이 없이 거룩하고 흠이 없게 하려 하심이니라(엡 5:27)

---

590) Sproul, 『웨스트민스터 신앙고백 해설 3』, 218.

591) 웨스트민스터 총대들도 노예제도를 비판했다. Richard Baxter, "A Christian Directory," in *The Practical Works of the Rev. Richard Baxter* 4:218 in J. Nuenke, "Puritan Involvement with Slavery," *Puritan Reformed Journal* 15/1 (2023), 194-96.

592) JNuenke, "Puritan Involvement with Slavery," 199.

적용 ▶ 교회는 예전적 존재(Homo Liturgicus)의 모임입니다. 다시 말해, 교회는 예수 그리스도의 '예전적 몸'입니다.[593] 이 몸 안에 설교는 들리는 말씀이고 성찬은 보이는 말씀이며, 권징은 성도의 삶의 모범을 중요하게 여기는 행하는 말씀입니다.[594] 현대 교회에 칼빈이 명명한 대로 '교회의 힘줄'과 같은 권징이 거의 사라지고 말았습니다. 성령님의 은사는 그 힘줄을 움직이는 생명력(피)과 같습니다(기독교강요 4.3.2). 현대 교회는 거룩함이라는 표지를 적지 않게 상실해 버렸는데, 어디서부터 그리고 어떻게 이 힘줄을 회복할 수 있을까요? 그리고 교회의 바람직한 정치 체제와 교회 질서에 관한 심도 있는 연구도 필요합니다. 박태현은 장로교에서 '대회'(Synod)의 부활을 아래와 같이 제안합니다.

> 장로회 정치는 3심제(三審制)의 치리회를 지님으로써 그리스도의 몸된 교회의 연합성의 원리를 지닌다. 연합성의 원리는 지교회의 권세가 더 넓게 확장되어 상회인 노회(Presbytery), 대회(Synod), 총회(General Assembly)의 3심제 치리회를 구성한다. 연합성의 원리에 기초한 3심제 치리회의 장점은 교인들과 교회의 직원들의 권리가 침해되었을 때 교회 재판권을 통해 그 권리가 보장된다는 점이다. 그리고 개인의 권리에 기초한 권리보장이 아니라 대의기관을 통한 권리보장이다. ......고신교단의 경우, 교회정치 제97조는 치리회 구분을 다음과 같이 규정한다. "치리회는 당회(堂會), 노회(老會), 총회(總會)로 구분하며, 모든 치리회는 목사와 장로로 조직하고, 당회, 노회, 총회로 순차대로 상소한다." 여기서 전통적인 장로교

---

593) 조신연, "칼빈의 교회직분개혁을 통해 본 기독교적 형성," 『조직신학연구』 32 (2019), 142.
594) 조신연, "칼빈의 교회직분개혁을 통해 본 기독교적 형성," 132.

교회정치의 치리기관인 대회(synod)가 삭제되어 있는 것을 볼 수 있다.[595]

박태현의 위의 지적은 일리가 있습니다. 대한예수교장로회 고신 교회의 정치체제의 경우, 교회의 직원이 노회의 결정에 불복한 다면 최종 판결하는 총회에 곧바로 상소하거나 자칫 세상 법정 까지 갈 여지가 적지 않습니다.

31장 종교 회의들과 공의회들

1. 더 나은 치리와 교회를 더 잘 세우기 위하여 일반적으로 대회 또는 공회의라고 불리는 회의가 있어야 한다. 개체 교회의 감독자와 다른 직 분자들은 파괴가 아니라 교회를 세우도록 그리스도께서 그들에게 주 신 그들의 직무와 권세에 의해 이런 회의를 소집하고, 교회의 유익을 위 하여 마땅하다고 판단될 때마다 회의에 참석하여야 한다.

2. 대회와 공회의의 직무는 다음과 같다. 즉 믿음에 관한 논쟁을 판단 하며, 하나님께 드리는 공예배와 교회의 치리를 더 잘 정비하는 데에 필요한 법칙과 지침을 제정하고, 행정 오류에 대한 불평들을 접수하여 권위 있게 재판한다. 법령과 결정 사항은 하나님의 말씀에 부합하는 한, 존경과 복종의 자세로 받아야 하는데, 이것들이 말씀과 합치되기 때문만이 아니라 그것들을 결정한 권세 연고로도 하나님의 규례 곧 말 씀으로 그렇게 정한 규례로 받아야 한다.

3. 모든 대회나 공회의는 사도시대 이후부터 총회이든 지방회이든 간 에 오류를 범할 수 있었고 많은 회의가 실제로 오류를 범하였다. 그러 므로 회의를 믿음과 생활의 법칙으로 삼지 말고, 믿음과 생활의 보조 수단으로 사용하여야 한다.

---

595)박태현 "한국 장로교 정치원리와 그 실제," 『복음과 실천신학』 54 (2020), 118, 123. 그리고 허순길, 『벨기에 신앙고백 해설: 개혁교회 신앙고백』(광 주: 셈페르 레포르만다, 2016), 240, 244도 참고하라.

> 4. 대회와 공회의는 교회적 사안만을 다루어야 한다. 비상시국에 겸허한 청원이나 국가 공직자의 요청을 받아 양심상 행하는 조언 외에는 국가와 연관된 시민적 사안에 개입하지 말아야 한다.

교회의 더 나은 정치(질서)와 건덕(建德)을 위해 종교 회의들(synods)과 공의회들(councils)이 존재합니다. 교회는 유익을 도모하기 위해 개교회의 사역자들과 다른 적합한 사람들(fit persons)이 회집할 수 있는 권한을 가집니다(WCF 31:1). 여기서 웨스트민스터 총대들은 대회나 총회를 인정하기에, 개교회가 독립된 정치형태를 갖춘다고 주장하는 독립교회를 논박합니다.[596]

교회 회의의 좋은 예는 AD 1세기 중순에 개최된 예루살렘 회의입니다. 이 회의에 예루살렘교회와 시리아 안디옥교회의 대표자들이 공교회적으로 참여했습니다(행 15:1-35; 참고. 갈 2:1). 예루살렘회의는 이방인 그리스도인이 유대인도 메기 어려운 멍에와 같은 할례와 상관없이 기독교회에 가입하는 길을 공식적으로 열었다는 데 큰 의의가 있습니다(행 15:1, 10). 그런데 흥미롭게도 이 회의 중에 야고보는 예수 그리스도의 이름이 아니라 아버지 하나님의 ’이름’을 전면에 부각하며 발언했습니다. ‘이방인 가운데 하나님의 이름을 위할 백성’(행 15:14)은 ‘하나님의 이름으로 일컬음을 받을 사람들’(행 15:17)인데, 이 회의의 주요 고려 대상이었습니다(참고. 신 14:2; 행 2:21; 3:6; 5:41; 10:43).[597] 하나님의

---

596) R. Shaw, 『웨스트민스터 신앙고백 해설』, *An Exposition of the Confession of Faith: Westminster Assembly of Divines*, 조계광 역 (서울: 생명의 말씀사, 2014), 591.

597) 조남신, “예루살렘 회의에서 이름 개념과 이방인 구원 모티프의 지평 융합: 사도행전 15:14, 17을 중심으로,” 『신학연구』 81 (2022), 95-120.

이름을 가지고 있는 이방인들은 하나님의 이름의 영광을 위해 구원받는 성도입니다. 이처럼 교회 회의는 하나님의 이름의 영광을 위해 회집해야 합니다. 교회의 머리이신 예수님은 아버지 하나님의 이름을 알게 하셨습니다(요 17:25-26). 하나님의 이름이 걸린 이슈를 선지자 아모스가 예언했는데, 이방인도 종말론적 다윗의 후손의 나라에 편입되어, 아버지 하나님의 통치를 받아야 합니다(암 9:11-12; 참고. 사 45:21).[598]

기독교회는 초기부터 감독과 주교를 선임했습니다. 그리고 AD 4-5세기에 이단에 대응하기 위해 교회는 니케아회의(325)와 칼케돈회의(451)를 개최했습니다. 회중교회의 정치와 달리, 장로교회는 대의정치 형태를 따르므로 장로와 총대의 역할이 매우 중요합니다.

교회 회의들은 무엇을 논의하여 결정하는 권한을 가집니까? 신앙에 관한 논쟁과 양심의 문제들을 목회적 차원에서 결정하는 것, 공적 예배와 교회 정치를 더욱 질서 있게 만들기 위한 규칙들과 지침들을 정하는 것, 실정이나 실책으로 인한 불평과 고소를 접수하는 것,[599] 그리고 그와 같은 것을 권위 있게 결정하는 권한입니다(WCF 31:2). 간단히 말하면, 교회 회의는 신앙과 예배와 교회의 질서를 다룹니다. 그런데 개교회 회중이 교회 회의의 결정에

---

598) 송순열, "예루살렘 회의: 하나님 경외자(God-fearer)의 입장에서 읽기," 『신약논단』 15/2 (2008), 388.

599) WCF 31:2는 "국가 공직자가 교회를 노골적으로 대적하는 경우에는 그리스도의 사역자들도 교회가 파견한 다른 적합한 사람들과 더불어 직분상의 권위를 발동해 그런 모임을 소집할 수 있다"라고 밝힌다. 17세기 스코틀랜드의 개신교회는 "우리에게 모임의 자유를 빼앗은 것은 우리에게 복음을 빼앗은 것이다"라는 기치를 내걸고 교회의 자유가 조금도 침해당하지 않도록 주의를 기울였다. Shaw, 『웨스트민스터 신앙고백 해설』, 592-93.

이의를 제기하려면 노회와 총회에 상고할 수 있습니다.[600] 하지만 교회 회의의 결정이 성경에 일치한다면, 누구든지 그것을 존경하고 복종하는 마음으로 수용해야 합니다(WCF 31:2).

교회 회의는 실수와 오류를 범할 수 있기에, 회의 결정을 신앙이나 실천의 규범으로 삼아서는 안 되고, 신앙과 실천에 도움을 주는 것으로 사용해야 합니다(WCF 31:3). 물론 성령께서 인도하시는 교회 회의는 교회에게 위로와 견고함과 연합을 주십니다(행 15:28, 31-33). 그런데 천주교는 예수님께서 베드로의 믿음이 떨어지지 않기를 기도하신 것에 근거하여, 교황의 무오성을 주장합니다(눅 22:32; 기독교강요 4.7.27).

교회 회의는 교회와 관련되는 것 이외에는 아무것도 다루어서는 안 되고, 국가와 관련된 사회 문제를 간섭해서는 안 됩니다. 다만, 특별한 경우에 겸손히 청원(humble petition)하거나 위정자들에게 요청하며 양심의 만족을 위해 충고할 수 있습니다(WCF 31:4).[601] 밀란의 감독 암브로시우스(d. 397)는 교회의 관심을 '교리와 윤리'의 문제로 제한했습니다.[602] AD 4세기의 상황

---

600) 1658년의 사보이 선언(Savoy Declaration)은 WCF를 침례교의 회중교회 정치체계 형식으로 수정한 것이다. 그리고 1689년의 개혁주의 특별 침례교도(Particular Reformed Baptists)가 만든 제2 런던신앙고백서(Second London Confession of Faith)는 WCF를 약간 수정하여 따랐다(예. 침례와 그것을 집례하는 권위를 가진 사람들). P. M. Smalley, "Reformed, Puritan, and Baptist: A Comparison of the 1689 London Baptist Confession of Faith to the 1646 Westminster Confession of Faith," *Puritan Reformed Journal* 2/2 (2010), 121-23, 138, 140.

601) "장로교회가 소위 '시국 선언'과 같은 권위 있는 형식을 취하는 것은 스스로의 고백에 위배된다." 이성호, 『비록에서 아멘까지』, 603.

602) AD 335년에 알렉산드리아의 아타나시우스는 리코폴리스의 주교 멜리티아누스(d. 327)의 추종자들(멜리시우스파)이 자신의 도덕성을 두고 황제에게 고소하자 정당한 재판을 촉구하기 위해 알렉산드리아 부두의 노동자들의 파업을 선동하다가 오히려 유배당하고 말았다. 이것은 기독교가 합법적 종교로 인정을 받은 AD 4세기에야 가능한 일이었다. 염창선, "4세기 교회와

에 비추어 본다면 이런 제한은 파격적이었습니다. 왜냐하면 황제의 측근 감독(Hofbischof)이 제국의 정치에 영향을 끼치는 경우가 많았고, 교회 문제를 자신 편에 유리한 방식으로 해결하기 위해 황제의 권한을 이용하려던 기독교 지도자들이 적지 않았기 때문입니다. 교회와 정부의 잘못된 결탁은 필리핀에서 잘 볼 수 있습니다. 1521년에 페르디난드 마젤란이 필리핀에 도착했고, 1571년경 스페인의 펠리페 2세(d. 1598)는 필리핀을 공식적인 식민지로 삼았습니다, 스페인 식민정부는 스페인 선교사들에 크게 의존했습니다. 선교사들은 지방 행정관 등을 겸했는데, 필리핀인들과 혼혈인들 그리고 필리핀 출신 사제들을 차별하면서 식민주의 정책에 앞장섰습니다.[603] 19세기 말에 본격화한 필리핀 독립 혁명운동은 교회와 세속 권력의 결탁과 교권주의에 저항했습니다.[604]

웨스트민스터 총회가 열리는 기간인 1645년 5월 13일에 영국 장기의회는 교회를 통제하려는 속셈을 감추지 않고 다음과 같이 결정을 내렸습니다. "만일 누구든지 교회가 내린 수찬정지의 처벌을 받고, 장로들의 처리에 불만이 있다면, 그는 노회(Classical Assembly)에, 그 위로 광역노회(Provincial Assembly)에, 그 위로 전국 총회(National Assembly)에, 그리고 그 위로 의회(Parliament)에 호소할 자유를 가진다." [605] 의회는 웨스트민스터 총회의 다수를 차지한 장로교 총대를 인정하면서도 그들을 국가의 통제 아래에

국가의 '교회정치적' 차원," 『한국교회사학회지』 18 (2006), 106-120.
603)박형신, "필리핀의 교회와 국가의 유착: 스페인 식민통치 시기를 중심으로," 『한국교회사학회지』 37 (2014), 45-61.
604)박형신, "필리핀의 교회와 국가의 유착," 62.
605)김중락, "퓨리턴의 꿈과 언약국가," 80.

두려고 시도했습니다. 하지만 교회 회의와 의회는 엄연히 구분되어야 마땅합니다.

교회는 반성경적인 정책을 일삼는 국가를 향해 국가의 역할을 제대로 수행하라고 예언자적 목소리를 낼 수 있습니다(예. 엘리야가 아합 왕을 책망함[왕상 21]). 이런 의미에서 교회는 '정부의 양심'이 되어야 합니다.[606] 예장 통합의 『대한예수교장로회 신앙고백서』(1986)는 '제8장 국가'에 관하여 여섯 항을 할애합니다. 그 가운데 제3항은 "지상의 권세가 하나님께서 의도하신 목적과 기능을 이탈할 때, 교회는 성경적인 모든 방법을 통해 항거해야 한다"라고 설명합니다. 이것은 WCF 31장의 교훈을 발전시킨 진술입니다.[607]

바빙크는 교회 회의의 필요성과 유익성 아홉 가지를 아래와 같이 잘 요약합니다(『개혁교의학』 4:510-11).[608]

(1) 신약성경에 교회들의 시찰이나 노회의 연계성이 나타나지 않은 것은 사도들이 살아 지도했고 교회들을 돌보았기 때문이다. (2) 그럼에도 불구하고 사도행전 1장, 6장, 15장, 21장은 매우 일반적 의미에서 교회 회의가 하나님의 법으로 허용된 것임을 보여준다. (3) 교회 회의는 '교회의 유익을 위해' 필요하다.

---

606) Sproul, 『웨스트민스터 신앙고백 해설 3』, 228.
607) 정치와 관련하여, 예장 통합의 『21세기 대한예수교장로회 신앙고백서』(1997)는 "교회는 믿지 않는 사람들에게 복음을 전할 뿐만 아니라, 정치, 경제, 사회, 문화 및 가치관과 인생관들을 그리스도 중심적으로 재정립하여 이 세상에 하나님의 나라를 확장하고, 하나님의 선한 창조세계의 보전을 위해 힘써야 하며, 교회는 세상 속에 있으면서도 세상에 물들거나 세상 속에 용해되어서는 안 되고, 오직 복음과 하나님의 나라의 가치를 따라 항상 개혁에 힘써야 한다"라고 고백한다.
608) 참고. 박태현, "교회의 권세, 열쇠권: 헤르만 바빙크의 견해를 중심으로," 258-59.

(4) 교회 회의는 교회의 공동 관심사들을 논의하기 위한 수단으로서 필요하다. (5) 교회 회의는 지역교회의 독립성을 유지하고 혼란, 분리, 목사들의 계급, 소수 회원의 지배로부터 교회를 보호하므로 교회 회의는 성직 계급을 뒷받침하는 발판이 아니라 오히려 모든 성직 계급을 전복시키는 것이다. (6) 교회 회의는 분리와 다툼의 원인이 아니라 교회의 논쟁점들을 평화로운 방법으로 신중한 조사와 충분한 토의를 통해 결정하는 수단이다. (7) 교회 회의는 교회 자체에 의해 소집되고, 적격자에 의해 수행되고, 정부의 간섭 없이 자유롭게, 독립적으로 판단하고 결정한다. (8) 교회의 모임들은 본질적으로 서로 다른 것이 아니다. 하나의 모임이 다른 회의보다 더 높거나 더 중대한 것이 아니며, 단지 더 넓은 지역으로부터 회집되고 더 넓은 지역에 적용되는 더 많은 권세에 의해 구별된다는 것뿐이다. (9) 모든 교회 모임들의 권위는 그리스도의 말씀에 복종하는 교회 자체의 권위다. 이러한 교회의 권위는 그 성격상 지배적 권세가 아니라 섬김과 봉사의 권세다.

교회 회의는 교회의 유익과 독립성을 촉진합니다. 그리고 지역교회들의 공동 관심사를 적격자들에 의해 복음의 원칙을 따라 신중히 의논합니다(행 15:22). 이때 교회의 보편성(공교회성)을 염두에 두면서, 개체 교회의 독립성과 교회 간의 연합을 모두 충족시키는 방식으로 회의가 이루어져야 합니다.

스코틀랜드 장로교회 제2치리서 7장 6절은 모든 교회 회의(assemblies)의 최종 목적을 두 가지로 밝힙니다. 첫째, 종교와 교리가 흠이나 타락 없이 순수성을 지키는 것, 둘째, 교회 안에 질서와 안정을 지키는 것입니다.[609]

---

609)장대선,『스코틀랜드 장로교회의 제2치리서』, 145.

적용 ▶ 지역교회가 자체 정관(定款)을 둠으로써, 노회와 총회의 간섭에서 벗어나려는 경향을 보입니다. 그러다 보니, 노회와 총회의 관리 감독이 부실하게 되는 개체 교회주의가 늘어나기도 합니다. 개체 교회의 독립성과 노회와 총회의 감독을 어떻게 균형 있게 조화할 수 있을지 연구가 필요합니다.

어떤 목회자나 교인은 '교회 정치'라는 용어만 들어도 부정적이고 알레르기 반응을 보입니다. 그만큼 교회 정치가 복음의 원칙에 따라 시행되지 못하고, 공정하지 않으며, 편 가르기나 계파의 유익을 추구하는 세속적이고 인본적 요소가 크게 작용해 왔다는 방증입니다. 당회, 시찰회, 노회, 그리고 총회가 상하 및 주종의 지배(상회)와 피지배(하회)의 관계가 아니라, 범위의 차이라고 헤르만 바빙크가 이해한 원칙을 어떻게 적용할 수 있습니까? 그리고 교회가 사회와 국가의 양심으로 자리매김하는 방법은 무엇입니까? 교회 정치는 무엇보다 교회의 주인이신 예수님에게 영광을 돌려야 하며, 특정인이 아니라 지역교회와 보편교회의 유익을 도모해야 합니다(행 15:1-21).[610]

---

610)Carson (ed), *NIV Biblical Theology Study Bible*, 1983.

예장 고신을 설립한 목회자들은 신학교를 포함한 기독교대학을 설립하기로 결의했습니다(1946). 기독교대학은 무엇보다 그리스도인이라는 구성원의 정체성 때문에 교회적 특성을 가집니다. 그래서 고신대학교 총장을 역임한 황창기는 세속화되어 가는 많은 미션대학교를 타산지석으로 삼아 교회적 특성을 강화하는 기독교대학을 열망했습니다. 그는 구체적으로 '경건회'가 아니라 언약 갱신을 위한 '예배'에 구성원들은 의무적으로 참여하고, 직원과 학생이 어우러져 조를 이루어 성경공부를 하며, 기독교대학의 중핵 과목을 강화하고, 직원들의 신앙 및 경건 훈련을 강화하고, 해외 기독교대학에 교수를 파견하여 연수의 기회를 제공하며, 직영하는 교단의 관할에서 벗어나려는 시도에 우려를 표하고(예. 1800년대 중순부터 탈교회화하여 세속의 길에 접어든 스코틀랜드의 4개 대학), 캠퍼스 안에 대학교회를 세워 구성원과 지역교회의 복음화를 위해 힘쓸 것을 제안했습니다.[611] 기독교대학의 특성과 정체성을 강화하려는 그의 열망을 높이 평가해야 마땅합니다. 그러나 기독교대학은 하나님 나라의 교육기관이지 교회 자체로 보기 어렵습니다. 이것은 기독교인이 다수를 차지하는 회사가 교회가 아닌 것과 마찬가지입니다. 그리고 정식 예배는 주일 예배로 한정되기에, 기독교대학에서는 경건회로 모여야 합니다. 기독교대학을 위한 교직원은 교회를 위한 직분자는 아니기에, 기독교대학에는 성례와 권징이라는 교회의 표지를 드러내지 않습니다. 그리고 기독교대학과 달리 교회를 '신앙과 학문의 공동체'라 부르지 않습니다. 기독교대학은 교회 자체는 아니지만, 그리스도인이 학문과 신앙을 통합하기 위해 독특한 정체성과 사명을 확립해야 마땅합니다.

---

611) 황창기, "기독교대학의 교회적 특성," in 『기독교대학의 본질과 사명』, ed. 김성수 (부산: 고신대학교출판부, 1998), 41-57.

32장 사람의 최후 상태와 죽은 자의 부활

1. 사후에 사람의 몸은 티끌로 돌아가 썩지만, 그들의 영혼은 죽거나 자는 것이 아니라 불멸의 존재이기 때문에 그것을 주신 하나님께로 즉각 돌아간다. 의인들의 영혼은 거룩하여 완전하여졌기 때문에 지극히 높은 하늘로 영접함을 받아 그곳에서 몸의 완전한 구속을 기다리면서, 빛과 영광 중에 계시는 하나님의 얼굴을 뵙는다. 악인들의 영혼은 지옥에 던짐을 받아, 거기서 고통과 극심한 암흑 중에 갇혀 대심판의 날까지 대기하고 있다. 이 두 장소 외에는 성경이 몸으로부터 분리된 영혼을 위해 인정하는 장소가 없다.

2. 세상 끝 날에도 여전히 살아 있는 자들은 죽지 않고 변화된다. 이미 죽은 자들은 모두, 몸이 비록 다른 성질을 갖게 되겠지만 다시 자기들의 영혼과 영원히 결합한 이전의 같은 몸으로 부활한다.

3. 불의한 자들의 몸은 그리스도에 의해 다시 살아 치욕을 당하며, 의인들의 몸은 그리스도의 성령께서 다시 살리셔서 존귀하게 된다. 그리하여 그리스도의 영광스러운 몸과 같아진다.

WCF를 작성한 신학자들과 목회자들은 마틴 루터처럼 자신들이 예수님의 재림 직전에 종말 시대를 살고 있다고 믿었습니다 (예. 토마스 굿윈, 에드먼드 칼라미). 그들은 칼빈과 종교개혁자들의 전통을 따라 교황을 종말에 등장할 적그리스도로 간주했으며 (참고. WCF 25:6),[612] 30년 전쟁(1618-1648), 이슬람의 발흥과 배교, 태만과 교회에 대한 경멸을 임박한 재림의 징조들로 간주했습니다.[613]

성도의 몸은 죽은 후에 흙으로 돌아가지만, 사람의 영혼은

---

612) 미국의 1789년의 표준문서 개정안은 '적그리스도'라는 표현을 삭제했다. 이런 삭제가 정당한 것은 신약성경에서 '적그리스도'는 천주교 교황이 아니라 가현설주의자를 가리키기 때문이다(요일 2:18; 요이 7).

613) Fesko, 『역사적, 신학적 맥락으로 읽는 웨스트민스터 신앙고백서』, 465-67.

불멸하기에 즉시 천국의 하나님께로 돌아갑니다(WCF 32:1). 반면, 불신자의 영혼은 즉시 지옥에 던져져 최후 심판을 기다립니다(WCF 32:1). 사람의 영혼은 잠자거나 죽지 않습니다. 죽은 사람의 살아 있는 영혼은 계속 활동합니다(참고. 마 10:28; 눅 16:22-23; 23:43; 행 7:59; 고후 5:8). 그러나 재세례파와 루터(창 25:7-10 주석) 등은 영혼 수면설을 지지했으며, 칼빈과 천주교 라테란공의회(1513)는 이를 반대했습니다.[614] 불신자에게 무덤은 감옥과 지옥 같지만, 신자에게 무덤은 안식의 장소입니다(계 14:13; 20:14-16).

죽음과 몸의 부활 사이의 기간인 중간상태는 죽은 성도의 산 영이 그리스도와 함께 있는 복락의 상태입니다(빌 1:23-24; 계 20:4-6).[615] 이를 성종현이 잘 설명합니다. "죽은 자의 영혼은 육체적 몸을 상실한 채 낙원이나 음부의 대기상태로 들어간다. 그리스도의 재림과 우주적 부활 때까지 계속되는 이 중간 대기상태 동안 죽은 자는 의식이 있는 상태로 천상 낙원에서 안식하기도 하고 음부에서 고통을 겪기도 한다(눅 16:19-31; 계 6:9-11)."[616]

예수님께서 재림하실 때 살아 있는 사람은 죽지 않고 변화될 것이며, 죽은 자들은 전과 동일한 몸으로 부활할 것입니다(WCF 32:2; 고전 15:42-44).[617] 물론 부활의 몸은 이전의 몸과는 질적으로 다른 특성을 가질 것입니다(살전 4:16-17).[618] 바울이 고린

---

614) Fesko,『역사적, 신학적 맥락으로 읽는 웨스트민스터 신앙고백서』, 472-74.

615) Kruger (ed),『성경신학적 신약개론』, 538.

616) 성종현, "죽은 자의 중간상태와 부활의 몸: 예수의 죽음과 부활의 빛에서 본 신약성서의 개인적 종말사상,"『신약논단』19/2 (2012), 485.

617) 김은수는 재림 구절로 단 7:13-14, 마 24:5, 6-13, 14, 26-27, 29-30, 32-33, 요 14:2-3, 롬 11:25-26, 계 1:7을 드는데, 주석적 근거는 희박하다. 김은수는 감람산강화에서 돌 성전 파괴의 징조로 소개된 내용을 재림의 징조와 혼동한다. 김은수,『개혁주의 신앙의 기초 II: 웨스트민스터 소요리문답 해설』, 117-21.

618) 부활을 가리키는 그리스어 명사는 $\dot{\alpha}\nu\dot{\alpha}\sigma\tau\alpha\sigma\iota\varsigma$(아나스타시스, 마 22:23),

도전서 15장의 부활장에서 설명한 대로, 부활의 몸은 썩지 않고 연약하지 않으며 강하고 영광스럽습니다. 초대교회를 위협했던 영지주의는 몸의 부활을 반대하면서, 영혼의 부활만 지지했습니다. 이에 대해 조재형의 설명을 들어봅시다.

> 육적인 몸의 부활을 거부했던 도마 영지주의에 대한 기록은 도마복음, 도마행전, 용사 도마의 책에 나타나는 일관된 주제이다. 육적인 몸의 부활을 거부한 도마 영지주의 공동체는 영혼의 여행에 대한 강조를 통해서 영혼의 부활을 믿었기 때문에 몸에 대한 금욕적인 실천을 통해서 영혼의 훈련을 주장하였다. 요한 기자는 이러한 도마 영지주의의 사상에 대항해서 도마에 대한 이야기를 다룬다(요 11:16; 14:5; 20:25-29).[619]

그런데 예수님의 제자 도마가 소위 '도마 영지주의'의 창시자라는 주장은 요한복음을 주관적으로 그리고 과도히 읽은 수용할 수 없는 결론입니다. 요한복음에 주님의 제자 도마가 사람의 육체를 악한 것으로 여겼다는 영지주의 사상은 전혀 나타나지 않습니다.

불의한 자의 몸은 심판과 치욕을 당하도록 부활하지만, 의로운 자들의 몸은 예수 그리스도의 영으로 말미암아 영광에로 부활합니다(요 5:29). 의인의 부활한 몸은 예수 그리스도의 영화로운 몸에 상응합니다(WCF 32:3). 예수님께서 재림하실 때, 우리는 부활의 몸을 입고 주님을 눈으로 볼 것입니다(요일 3:2). 그러

ἔγερσις(에게르시스, 마 27:53)와 ἐξανάστασις(엑사나스타시스, 빌 3:11)를 들 수 있다. Louw and Nida, *Greek-English Lexicon on the New Testament based on Semantic Domains*, Volume 1, 263.

619) 조재형, "요한복음의 도마와 몸의 부활에 대한 논쟁," 『기독교신학논총』 116 (2020), 126.

나 불신자는 부활하여 영원한 지옥 형벌을 당합니다(막 9:43-48). 스프로울은 지옥의 존재를 잘 설명합니다. "예수님이 지옥을 묘사하면서 이러한 끔찍한 상징들을 선택하신 것은 그 실재가 그 이미지보다 더 끔찍하다는 것을 가리킨다."[620] 그리고 구더기조차 타지 않는 지옥이라는 이미지는 마치 벌레가 먹을 육체가 존재한다는 사실을 알리는 것과 같습니다(막 9:48).[621]

참고로 웨스트민스터 예배모범은 설교 후에 "적그리스도의 어둠과 압제로부터 이 땅을 자유롭게 하신 하나님의 놀라운 인자하심에 감사하오며, 다른 나라의 구원도 감사드립니다. 예수님의 이름으로 기도하옵나이다."라고 기도할 것을 제안했습니다.[622] 따라서 웨스트민스터 신학자들은 적그리스도를 AD 1세기에 예수님의 성육신을 부정한 가현설주의자로 국한하지 않고, 17세기 당시에 이미 활동하고 있다고 잘못 인지했습니다(참고. 기독교강요 4.7.25).

초대교회 당시 유대인들의 부활관은 죄인이 예수 그리스도를 믿는 순간부터 영생과 부활의 능력 안에 살게 된다는 신약성경의 가르침과 차이가 납니다(엡 2:5-6). "2바룩 30.1-5는 때가 되어 메시아가 (하느님께로) 돌아가면 죽은 모든 이들이 부활한다고 선언한다. 이로써 메시아와 죽은 이들의 부활이 연결된다. 엄밀히 말하면, 죽은 이들의 부활은 메시아 시대가 끝난 이후에 일어난다. 메시아 시대에 이어서 죽은 이들의 부활이 일어난다는

---

620)Sproul, 『웨스트민스터 신앙고백 해설 3』, 240.

621)Sproul, 『웨스트민스터 신앙고백 해설 3』, 243.

622)T. Leishman, 『웨스트민스터 예배모범』, *The Westminster Directory*, 정장복 역 (서울: 예영커뮤니케이션, 2002), 56.

것이다."[623] 유대인들처럼 부활을 단지 미래의 일로만 치부해서는 안 됩니다. 육체의 부활을 소망하면서도, 지금 여기서 그것을 미리 당겨서 맛보는 선취가 중요합니다. 이미 와 있는 부활의 은혜는 선교적 교회가 세상에 퍼져있는 절망과 공포를 치유하도록 격려합니다.

전통적으로 침례교는 히브리서 6:1-2에 근거하여, 회개, 믿음, 침례, 안수, 죽은 자의 부활, 영원한 심판을 강조합니다. 그리고 초기 침례교도는 전천년설과 성경의 문자적 해석을 따르면서, 선교와 교회학교와 예배 중 악기 사용을 반대했습니다.

성경 근거 구절

죽은 자의 부활: 이를 놀랍게 여기지 말라 무덤 속에 있는 자가 다 그의 음성을 들을 때가 오나니 선한 일을 행한 자는 생명의 부활로, 악한 일을 행한 자는 심판의 부활로 나오리라(요 5:28-29)

그들이 기다리는 바 하나님께 대한 소망을 나도 가졌으니 곧 의인과 악인의 부활이 있으리라 함이니이다(행 24:15)

첫 사람은 땅에서 났으니 흙에 속한 자이거니와 둘째 사람은 하늘에서 나셨느니라 무릇 흙에 속한 자들은 저 흙에 속한 자와 같고 무릇 하늘에 속한 자들은 저 하늘에 속한 이와 같으니 우리가 흙에 속한 자의 형상을 입은 것같이 또한 하늘에 속한 이의 형상을 입으리라(고전 15:47-49)

적용 ▶ 아리스토텔레스를 비롯하여 고대로부터 주장되어 온 바, "사람이 죽으면 영혼이 소멸된다."라는 주장은 심지어 복음주

---

623)송혜경, "바룩 2서의 메시아사상," 262.

의자들에게서도 볼 수 있습니다.[624] 이런 영혼 소멸설은 지옥을 부정하는 것과 맞물립니다(참고. 솔로몬의 지혜서 2:2).[625] 우리는 이런 비성경적 주장을 마땅히 거부하고 경계해야 합니다. 그리고 육체의 죽음과 부활 사이의 중간상태에 대한 정확한 이해와 설교가 필요합니다. 성도가 죽으면 그 사람의 살아 있는 영혼은 낙원에 가서, 육체와 결합하여 부활할 날을 기다립니다(눅 23:43). 마찬가지로 불신자가 죽으면 그 사람의 살아 있는 영혼은 지옥에 가서, 육체와 결합하여 부활할 날을 기다립니다. 영혼과 육체가 결합할 날은 예수님의 재림 때입니다. 따라서 영혼과 육체가 분리되어있는 중간상태는 재림으로 마감됩니다. 재림 이후에 부활한 성도는 영혼이 가 있던 낙원이 아니라 새 하늘과 새 땅이라는 영원한 천국에서 살 것입니다(계 21:1). 재림 이후에 부활한 불신자는 영혼이 가 있던 지옥이 아니라, 유황불 못이라는 물리적인 공간

---

624) "우리는 오직 인간만이, 육체를 벗은 후에도 살 수 있고, 그것의 감각과 재주들을 생동감 있게 유지하는 실체적 영혼을 가진다고 믿는다. 그것은 아랍인들이 주장하는 것처럼 육체가 죽었을 때 [죽는 것도] 아니고, 제논이 [주장하는] 것처럼 짧은 시간 후에 [죽는 것도] 아니다. 왜냐하면 그것은 실체적으로 살아 있기 때문이다." T. Aquinas, "육체가 소멸되었을 때, 인간 영혼도 소멸되는가?" 박승찬 역, 『인간연구』 21 (2011), 200.

625) 배춘섭은 '소멸'과 '전멸'을 구분하면서, 영혼소멸설을 다음과 같이 설명한다. "영혼소멸설은 육체와 영혼이 전인적으로 통합되어 있기에 죽음의 때에 영과 육의 분리가 발생하지 않는다는 주장이다. 그래서 영혼소멸설은 종종 일원론(monism)으로 불린다. ...... 영혼소멸(soul extinction)은 인간의 영과 육이 완전히 소멸된다는 의미에서 전인적 소멸로 이해할 수 있다. 그러나 영혼소멸설은 인간존재의 완전한 전멸을 주장하는 입장(annihilationism)을 뜻하지는 않는다. 인간존재의 전멸을 지지하는 견해는 우주적이며, 보편적인 마지막 부활의 때를 염두에 두지 않지만, 영혼소멸론은 궁극적으로 마지막 부활 때에 영과 육이 재창조될 것을 기대하기 때문이다(살전 4:13-17; 마 25:46)." 영혼소멸설은 안식교, 여호와의 증인, 재세례파, 칼 바르트, 오스카 쿨만, 루돌프 불트만, 한스 콘첼만, 한스 큉, 판넨베르크, 안토니 후크마, 조엘 그린 등에게서 볼 수 있다. 배춘섭, "아프리칸 조상들의 사후 세계에 관한 개혁신학의 관점," 『한국개혁신학』 66 (2020), 101, 108.

에 들어갈 것입니다(계 20:14-15).

　　예수 그리스도를 죽은 자들 가운데서 일으키신 그 능력은 예수님 안에 사는 성도에게 이미 작동하고 있습니다. 이런 의미에서 부활은 성도 안에서 현재 진행형입니다(빌 3:10; 골 2:12).[626]

33장 최후 심판

1. 하나님께서는 예수 그리스도께서 의로 세상을 심판하실 날을 정하시고, 그분은 아버지로부터 모든 권세와 심판권을 받으셨다. 그날에, 배도한 천사들이 심판을 받을 뿐 아니라, 땅 위에 생존했던 만민이 그리스도의 심판대 앞에 나아가서 그들의 생각과 말과 행동을 직고하며, 선이든 악이든 그들이 몸으로 행한 바를 따라 보응을 받을 것이다.

2. 하나님께서 이날을 정하신 목적은, 피택자들의 영원한 구원으로는 자기의 자비의 영광을, 악하고 불순종한 유기자들(버림받은 자)의 심판으로는 자기의 공의의 영광을 드러내시기 위함이다. 그때 의인들은 영생으로 들어가서 주님의 임재로 인하여 임할 희락과 위안을 충분하게 받는다. 그러나 하나님을 알지 못하고 예수 그리스도의 복음을 순종하지 않은 악인들은 영원한 고통에 던져질 것이요, 주님의 임재와 그분의 영광스러운 권세에서 쫓겨나서 영원히 멸망당하는 형벌을 받는다.

3. 그리스도께서는, 만인을 죄에서 떠나게 하실 뿐만 아니라 역경에 처한 신자들을 더 크게 위로하실 목적으로도 심판날이 있다는 사실을 우리로 확실하게 납득하게 하셨듯이, 또한 그날을 만인에게 감추어 두시어 주님께서 오실 시점을 알지 못하기 때문에, 그들이 모든 육신적 안심을 떨쳐버리고 항상 깨어서 "아멘, 주 예수님, 오시옵소서, 속히 오시옵소서"를 외칠 준비를 항상 하게 하신다.

---

626)Douglas (ed), 『새 성경 사전』, 685.

성부는 예수님에게 심판의 권세를 위임하셔서 세상 사람들의 생각과 말과 행위를 의롭게 심판하실 날을 정해두셨습니다 (WCF 33:1; 참고. 행 17:31; 계 20:11-15).[627] 그런데 웨스트민스터 총회의 총대였던 회중교회 신학자 토마스 굿윈은 바다에서 올라온 짐승의 수인 666(계 13:18)을 1666이라 잘못 해석했습니다. 그래서 그는 재림의 때는 예수님의 성육신 후 1666년이 지난 때라고 추정했습니다. 그리고 굿윈은 두 증인이 활동한 1,260일을 1260년으로 간주하여(계 11:3), 불법의 사람이자 적그리스도인 교황이 출현한 해를 1666-1260=406년이라고 계산했습니다 (살후 2:7-8). 굿윈의 주장을 요약하면, 교황 이노센트 1세(401-417) 때부터 적그리스도가 활동했으며, 굿윈 자신이 살던 때에 주님의 재림이 있다는 것입니다.[628] 이런 해석은 요한계시록을 해석자 당시의 상황에 맞추어 자의적으로 해석한 좋지 않은 예입니다. 그리고 임박한 재림을 믿었던 청교도 에드먼드 칼라미에 따르면, 재림 때의 심판을 면하는 방법은 영국에서 회개하여 전반적인 개혁을 이루는 것이었습니다(참고. 렘 18:7-10).[629]

---

627) 분리하다, 선택하다, 결정하다, 비판하다, 고발하다는 동사에서 파생한 κρίσις(크리시스)는 심판 혹은 형벌을 가리킨다(마 23:33; 요 5:24, 29; 히 10:27; 약 5:12; 계 18:10; 19:2). Louw and Nida, *Greek-English Lexicon on the New Testament based on Semantic Domains*, Volume 1, 364; R. Beekes, *Etymological Dictionary of Greek*, Volume 1 (Leiden: Brill, 2009), 780.

628) Fesko, 『역사적, 신학적 맥락으로 읽는 웨스트민스터 신앙고백서』, 469-70. 참고로 1610년에 휴 브로턴(Hugh Broughton, d. 1612)은 요한계시록 주석 서문에서 예수회와 교황을 비판했다. H. Broughton, *A Revelation of the Holy Apocalyps* (London: np, 1610), 5-6, 13-14. 계시록의 미래적 해석과 역사적 해석을 혼합하는 브로턴은 케임브리지대학에서 수학했으며, 히브리어에 능통하여 성경을 영어로 번역했다. 그는 King Jame Version 번역 위원회에서 배제되기도 했다.

629) Fesko, 『역사적, 신학적 맥락으로 읽는 웨스트민스터 신앙고백서』, 471.

최후 심판으로 모든 사람은 선악 간에 보응을 받을 것입니다 (WCF 33:1; 참고. WLC 89-90). 최후 심판 때, 의인은 예수님을 재판 장이자 변호사로 모실 것입니다. 구주와 중보자이신 예수님이 우리의 변호사이시며, 동시에 예수님께서 재판장이시라는 사실은 복음이자 위로입니다. 우리를 정죄할 검사는 사탄이 아니라 우리의 범죄 행적입니다. 그러나 회개하는 성도의 죄의 목록은 지워져 있습니다. 최후 심판장이신 예수님은 성도의 성화의 정도를 평가하시고 그것에 맞추어 심판하실 것입니다(전 12:14; 마 12:36-37; 롬 2:16; 고후 5:10; 딤후 4:1; 히 9:27; 계 20:13). 그런데 WLC 90문답은 "심판 날에 의인은 구름 속으로 그리스도에게 끌어올려져 그 우편에 설 것이며"라고 밝힙니다. 그러므로 이 문답은 최후 심판의 장소가 하늘이라고 이해하면서, 갱신된 지구라고는 보지 않는 듯합니다.[630]

최후 심판의 날이 결정된 목적은 무엇입니까? 그것은 택자들을 영원히 구원하셔서 하나님의 자비의 영광을 그들에게 나타내시고, 유기된 악한 자들을 멸망시키시는 데서 하나님의 공의의 영광을 나타내시기 위해서입니다(WCF 33:2). 이처럼 영원한 천국과 영원한 지옥은 자비와 공의로 다스리시는 하나님의 영광을 위하여 존재합니다(시 89:14).

의인은 영생을 얻어 영원히 기뻐할 것이지만, 악인은 영원한 고통과 파멸을 당할 것입니다(WCF 33:2; 참고. 막 9:47-48). 최후 심판은 사람이 죄를 멀리하고, 역경 중에 있는 경건한 사람들을 위로하며, 아무도 재림의 날짜를 모르기에 육적 안전감을 떨쳐버리고 항상 깨어 마라나타를 외치며 살도록 만듭니다(WCF

---

[630]막 9:43, 45, 47은 영생하는 하나님 나라에서 장애가 회복될 것을 암시한다.

33;3; 참고. 계 22:17, 20). 그런데 천국과 지옥에 각각 다른 등급이 있다고 주장하려면 확실한 성경적 근거를 제시해야 합니다.[631]

WCF가 작성될 무렵, 영국에서 종말론에 대한 열기가 뜨거웠습니다. 전천년주의자인 트위세와 후천년자인 존 오웬을 예로 들수 있습니다. WCF가 작성되기 전인 16세기 후반에서 17세기 초반경, 유럽의 개혁주의자들 중에 전천년설을 지지하는 이들이 활동했습니다(예. 조셉 미드, 요한네스 피스카토로, 하인리히 알스테드). 전천년설은 주님이 재림하시면 이 지구에 실제 천 년 동안 예수님의 왕국이 도래한다는 이론입니다. 조셉 미드는 웨스트민스터 총회의 의장 윌리엄 트위세에게 영향을 미쳤습니다.[632] 그런데 WCF의 종말론은 1646년 9월 4일에서 1647년 3월 5일에 걸쳐 의견이 분분한 내용은 생략하고 간단히 작성되었습니다.[633] 하지만 이상웅이 간파하듯이, WCF는 적어도 "성도의 부활이 교회의 머리되신 그리스도의 부활의 효능에 힘입는 것임을 분명하게 명시해 주고 있다."(WLC 87).[634]

청교도 페토는 요한계시록을 세상-교회역사주의(historicism) 관점에서 해석했는데, 이것은 17세기 청교도의 전형적인 해석 방식이었습니다. 세상-교회역사적 해석이란 계시록의 예언이 신

---

631)참고. Sproul,『웨스트민스터 신앙고백 해설 3』, 254. 참고로 마 24:1-35의 예루살렘 성전의 파괴에 대한 예고와 24:36 이후의 예수님의 재림이라는 주제의 전환에 관한 적절한 설명은 Doriani,『마태복음』, 743을 보라.

632)Fesko,『역사적, 신학적 맥락으로 읽는 웨스트민스터 신앙고백서』, 494-95.

633)이상웅, "웨스트민스터 신앙고백서의 종말론,"『한국개혁신학』44 (2014), 157. 참고로 1561년의 벨직신앙고백서 37조도 "16세기라는 정황 속에서 가장 논란이 적으면서도 필수적인 종말론적 신앙에 대한 조항을 간결하게 제시"했다. 이상웅, "벨직신앙고백서의 역사적 배경과 37조에 담긴 종말론,"『개혁논총』36 (2015), 134.

634)이상웅, "웨스트민스터 신앙고백서의 종말론," 163-64.

약시대 전체에 걸쳐 세상과 교회 안에서 일어날 일들을 예고한다는 입장입니다. 다만 페토는 음녀 바벨론(계 17-18)을 교황주의자들로 보지는 않았습니다.[635] 이 입장은 16세기 종교개혁가들과 17세기 청교도의 반 천주교 해석과 달랐습니다. 또한 페토는 바벨론, 페르시아, 그리스, 로마제국에 이어 다섯째 제국(the Fifth Monarchy)인 예수 그리스도의 나라가 1666년경에 도래한다고 믿었습니다(단 2:44; 7:27).[636] 페토가 보기에, 그 해는 영국 교회의 추가적인 개혁 요구를 거부했던 찰스 1세(d. 1649)가 폐위된 이후로 영국 의회가 해산되고, 그리스도인이 통치하며, 구약성경과 신약성경에 따라 사회를 개혁할 수 있는 시점이었습니다.

그런데 나용화는 WCF의 종말론 해설에서 부족한 점에 대해 빠트리지 않고 예리하게 비판합니다. "웨스트민스터 신앙고백서는 내세에 국한하여 성도들의 영광스러운 사후(死後) 상태와 육체의 부활과 최후의 심판에 관해서만 진술했다. 그런 까닭에, 말세, 곧 예수 그리스도께서 육신을 입고 이 땅에 오심으로써 시작된 종말과 하나님 나라에 관해서는 아무런 언급이 없

---

635) Brown, "Samuel Petto (c. 1624-1711)," 90.

636) Brown, "Samuel Petto (c. 1624-1711)," 85. 참고로 케임브리지대학교 출신의 조셉 미드(Joseph Mede, d. 1639)는 구약의 네 제국에 이어 등장할 영원한 다섯째 제국이라는 개념을 대중화시켰다. AD 5세기 이후로 이 다섯째 제국은 로마 기독교 교회를 가리켰으며, 영국에서는 피의 메리와 엘리자베스 여왕의 통치 시기에 이 제국에 대한 기대감이 다시 살아났다. 윌리엄 아스핀월(William Aspinwall, 1653)은 참 교회를 박해한 찰스 1세를 적그리스도이자 계시록의 짐승이라 보았으며, 찰스 1세가 처형되자 다섯째 제국이 시작되어 1673년에 완전히 건립된다고 보았다. 참고. W. C. Watson, 『청교도 시대의 종말론: 세대주의와 언약신학의 요소를 포함한 다양성』, *Dispensationalism before Darby: Seventeenth-Century and Eighteenth-Century English Apocalypticism*, 곽철호·최정기 역 (이천: 성서침례대학원대학교출판부, 2017), 119-20, 127-29.

다."[637] 이런 미비한 미래 종말론적 사항들은 오늘날에 발전된 개혁신학이 잘 연구하여 설명합니다.

지옥 심판을 면하게 될 성도의 이름은 생명책에 기록되었습니다(계 20:12, 15). 창세 전에 생명책에 녹명 된 사람들은 하나님께서 기대하시는 대로 어린양 예수님의 속죄를 믿게 됩니다(계 13:8).[638] 여기에서 더 나아간 의견도 있는데, 예를 들어 김경식의 다음 주장입니다. "초기 유대교 문헌은 생명의 책에 의인의 이름과 함께 의인의 행위가 기록되어 있을 가능성을 높여주고, 요한계시록 20:12의 구문론적 해석은 흰 보좌 앞에 있는 생명의 책이 의인의 이름과 함께 의인의 행위를 기록한 책일 가능성을 높여준다."[639] 그러나 성경 본문을 석의할 때, 초기 유대교 문헌과 같은 정경 밖의 문헌은 주의를 기울여 활용되어야 하며, 그런 외부의 빛으로 본문을 과도히 읽지 않도록 조심해야 합니다.[640] 성경에서 생명책에 성도의 행위가 기록되어 있다는

---

637) 나용화, "웨스트민스터신앙고백서의 기본적 입문," 54. 참고로 최후 심판에서 사람이 복음을 들을 기회를 얼마나 가졌느냐가 고려되기에, 복음을 전혀 듣지 못한 사람들은 그들이 가지고 있는 (타락으로 말미암아 제대로 작성하지 못하는) 도덕적 양심에 의해 심판을 받을 것이라는 주장은 Douglas (ed),『새 성경 사전』, 1016을 보라.

638) J. A. du Rand, *God's Conquering Story of Victory: Unravelling the Book of Revelation* (Wandsbeck: Reach Publishers, 2021), 515.

639) 김경식, "최후 심판과 책들이 무슨 상관이 있는가?: 요한계시록 20:11-15의 두 종류의 책들과 흰 보좌심판,"『신약논단』14/3 (2007), 724. 참고로 여호와의 증인은 미래 종말론에 있어 큰 오류를 범했다. 그들은 1914년과 1975년을 재림의 날로 추정했다가 오류로 드러났다. 이들은 영혼소멸설을 따르기에 사랑의 하나님께서 불신자를 지옥에 던져 영원한 형벌과 심판을 받도록 하실 리가 없다고 주장한다. 그리고 이들은 신정 왕국의 통치만 인정하므로, 마귀가 지배하는 현 세상에서 국가공무원으로 활동하는 것도 금하며, 세계 평화를 내세워 군 복무도 거부한다. 윤용복, "현대 한국사회에서 '여호와의 증인'의 위치,"『신종교연구』30 (2014), 47-50.

640) 존 코튼 등에게서 보듯이, 청교도가 따른 계시록 해석 방식은 천주교를 반대하는 세상-교회역사적 해석이었다. 굿윈의 요한계시록 강해도 이 해석을

언급은 없습니다.[641] 참고로 BC, HC. 그리고 WCF의 종말론을 위한 증거구절을 비교하면 아래 표와 같습니다.[642]

증거구절	BC 37	HC 57-58, 123	WCF 32-33
구약	총 10개	총 3개	총 5개
오경	0개	0개	1개
역사서	0개	0개	0개
시가서	3개	3개	4개
선지서	7개	0개	0개
구약의 기독론적 해석	매우 드묾 (사 66:5)	없음	없음
신약	총56개	총12개	총47개
감람산강화	8개	0개	7개
복음서 (감람산강화 제외)	10개(요 5:29[x2])	2개	7개
사도행전	3개(17:31[x2])	0개	6개
바울서신	16개 (롬 4:5[x2]; 고전 4:5[x2]; 고후 5:10[x2]; 살후 1:7[x2]; 1:6-8[x2])	8개	20개 (고전15:43 ([x 2]); 고후 5:10[x2]; 살후 1:7[x2])

따랐다. Beeke and Jones,『청교도 신학의 모든 것』, 886, 926.

641)Kruger (ed),『성경신학적 신약개론』, 559.

642)송영목, "벨직신앙고백서, 하이델베르크 교리문답서, 그리고 웨스트민스터 신앙고백서의 성경 증거구절의 사용 비교: 종말론을 중심으로,"『갱신과 부흥』33 (2024), 128-29.

일반서신	10개 (히 6:2[x2]; 9:27[x2]; 유 1:15[x2회])	0개	6개 (유 1:6[x2])
요한계시록	9개	2개	1개

위의 도표는 16-17세기 개혁주의 성경해석의 경향을 보여줍니다. 이를 소개하고 평가하면 아래와 같습니다.[643]

세 신앙고백서는 공통적으로 구약보다는 신약 본문을 압도적으로 활용한다. 신약 증거구절의 경우, BC 37조는 해석상 논란이 되기 쉬운 감람산강화와 계시록을 비롯하여 바울서신과 일반서신을 자주 사용한다면, WCF 32-33장은 사도행전과 바울사신을 종종 활용한다. HC 57-58, 123문답의 신약 증거구절은 빈약한데, 바울서신을 주로 활용하지만, 계시록은 단 두 번에 걸쳐 미래적으로 해석한다. HC는 계시록처럼 감람산강화는 해석상 논란이 되기에 아예 언급하지 않았던 것으로 추론된다. 그러므로 HC와 WCF보다 BC는 감람산강화와 요한계시록을 활용하는데 자신감을 보였지만, 그 증거구절들의 문맥과 AD 1세기의 성취를 간과한 채 미래적 해석으로 일관하는 한계를 보였다.

윌리엄 퍼킨스는 주님의 재림 구절로 마태복음 24:29-30을 제시하는데, 하지만 그 구절은 AD 70년의 예루살렘 성전의 파괴에 관한 상징적 표현입니다(참고. 사 13:10).[644] 그리고 퍼킨스는 베

---

643) 송영목, "벨직신앙고백서, 하이델베르크 교리문답서, 그리고 웨스트민스터 신앙고백서의 성경 증거구절의 사용 비교: 종말론을 중심으로," 129-30.
644) Perkins, 『황금사슬: 신학의 개요』, 375.

드로후서 3:12-13에서 주님의 재림 때 지구가 갱신된다고 주장하지 않고, 지구소멸론을 지지하는 것처럼 보입니다.[645]

웨스트민스터 예배모범 중 "XIII. 죽은 자의 매장에 관하여"는 장례식날, 시신을 집에서부터 장지에 이르기지 정중히 운구한 뒤, 어떤 의식도 행함이 없이, 곧장 매장하도록 한다고 설명합니다. 이에 덧붙여, 다만 신자들이 장지에 따라간 경우, 적당한 묵상과 논의를 하는 것은 적절하다고 설명합니다.[646] 여기서 '장례식'이나 '장례 예배'라는 용어를 사용하지 않고 '죽은 자의 매장'이라 언급함으로써, 교회의 예식이 아님을 밝힙니다. 이렇게 단호하게 설명하는 이유는 천주교의 미신적 관행 때문이었습니다. 천주교의 1614년 '로마 예식서'(Rituale Romanum)에 따르면, 장례식에 참여한 사람들은 성당에서 묘지로 이동하면서 '낙원으로'라는 노래를 부르고, 매장지에 도착하면 '축복 기도'를 하며, 시신에 성수를 뿌리고 향을 바친 후, "나는 부활이요 생명이니"를 스가랴의 노래와 함께 부르고, 주기도와 사제의 기도를 드리고, 다른 노래와 성경 낭독이 이어졌습니다.[647]

> **성경 근거 구절**
>
> 최후 심판: 그들은 영벌에, 의인들은 영생에 들어가리라 하시니라 (마 25:46)
>
> 이는 정하신 사람으로 하여금 천하를 공의로 심판할 날을 작정하시고 이에 그를 죽은 자 가운데서 다시 살리신 것으로 모든 사람에게

---

645) Perkins, 『황금사슬: 신학의 개요』, 376.
646) 장대선, 『웨스트민스터 예배모범 스터디』, 221-22.
647) 장대선, 『웨스트민스터 예배모범 스터디』, 223-24.

믿을 만한 증거를 주셨음이니라 하니라(행 17:31)

또 내가 크고 흰 보좌와 그 위에 앉으신 자를 보니 땅과 하늘이 그 앞에서 피하여 간 데 없더라 또 내가 보니 죽은 자들이 무론 대소하고 그 보좌 앞에 섰는데 책들이 펴 있고 또 다른 책이 펴졌으니 곧 생명책이라 죽은 자들이 자기 행위를 따라 책들에 기록된 대로 심판을 받으니(계 20:11-12)

적용 ▶ 성도는 예수님의 재림이라는 미래 종말론적 윤리를 올바르게 정립해야 합니다. 성도는 최후 심판을 의식하면서 주님이 주실 상을 소망하며 하루를 거룩하게 살아야 합니다(벧후 3:11-14). 성도는 재림 때 몸의 부활과 더불어 주어질 완전한 미래적 영화를 믿습니다(롬 8:11; 고전 15:42-43; 빌 3:21). 그런데 현재적 영화도 있습니다. 그것은 하나님의 뜻에 순응하는 도덕적 삶으로 종종 표현됩니다(고후 3:9, 18; 살전 2:20; 벧전 5:1).[648]

신천신지에서 상급에 차등이 있는지는 여전히 논란 중입니다(계 20:12-13).[649] 영원한 천국에서 상을 많이 받은 성도는 그렇지 않은 성도보다 더 빛날 것이라는 설명은 모호하고 몇 %가 부족합니다. 그리고 교회는 지구갱신론에 근거한 그리스도인의 구체적인 환경 책무를 계발해야 합니다.[650] 지구갱신론은 지구

---

648) Frame, *Systematic Theology: An Introduction to Christian Belief*, 1010-1011.

649) 정두성은 차등 상급의 근거 구절로 마 5:11-12, 고전 3:12-15, 히 11:6, 그리고 계 22:12를 든다. 그리고 정두성은 이 세상에서 지은 죄질에 따른 차등 지옥 형벌의 근거로 마 11:22과 눅 12:47-48을 든다. 정두성, 『1647 대교리 I』, 427.

650) 만유의 새 창조와 갱신은 Frame, *Systematic Theology: An Introduction to Christian Belief*, 191을 보라.

가 불타서 없어지지 않고 새로워진다는 이론입니다(마 19;28; 행 3:21; 계 21:1, 5).

예수님은 부활하신 이후로 교회를 통하여 세상에 새로운 질서 곧 새 창조의 능력을 불어넣고 계십니다(계 21:5).[651] 성도는 이 세상에서 예수 그리스도 안에서 새 피조물이 되어 가고 있습니다(고후 5:17). 교회는 종말이라는 새로운 시대를 세상에 보여주는 품평회장과 같습니다.[652] 그리스도인은 새 피조물로서 예수님의 새 창조에 참여해야 합니다.[653] 그 사역에 참여하는 한 가지 방법은 바로 환경 보호입니다.

지금 인간에게 필요한 것은 '사회적 거리두기'(social distancing)만이 아니다. ...... '생태적 거리두기'(eco-distancing)도 필요하다. 왜 사람들은 멧돼지가 인간의 영역을 '침범'한다고 말하는가? 인간이 멧돼지 서식지를 파괴했기 때문이 아닌가. 우리에게는 다른 생명이 이 지구 위에서

---

651) 오리겐이 주장한 '만유회복설'은 인간과 우주와 '사탄'을 포함한 모든 피조물이 원래 상태로 회복될 것을 가리킨다. 이에 비해, '만인구원론'은 자연이나 우주가 아니라 모든 인간의 구원을 가리킨다. 이성덕, "만유회복설과 급진적 경건주의: 페테르젠(Petersen) 부부를 중심으로," 『韓國敎會史學會誌』 35 (2013), 167.

652) 스코틀랜드 신앙고백서의 마지막 제25장의 제목은 "교회에 값없이 주신 은사들에 대하여"이다. 그렇다면 이 신앙고백서는 왜 교회론적 종말론으로 마무리하는가? "25장의 제목은 종말론적 구원 역사를 위해 쓰임 받았던 가시적 교회의 사역들이 하나님의 구원 역사를 위한 도구들로서 제한적이며 종말론적인 가치를 갖고 있음을 밝히는 것이다. 하나님의 구원 역사 가운데 교회의 사역이라는 제한적인 수단들이 이 세상에서 필요한 이유는 하나님의 자녀들이 아직 완성되지 않았으며, 최후의 심판이 있기까지 가시적 교회 안에는 알곡뿐 아니라 가라지가 늘 포함되어 있을 것이기 때문이다." 김요섭, "스코틀랜드 신앙고백 교회론의 구조적 특징과 신학적 의미 연구," 196.

653) 고후 3:6의 '새 언약'과 5:17의 '새로운 피조물'은 예수님의 초림과 공생애로써 종말의 새 시대가 이미 시작되었다는 증거이다(참고. 갈 6:15). Ortlund, 『고린도후서』, 100.

함께 살아갈 수 있도록 배려(配慮)하는 거리두기가 필요하다. 거리두기는 존중이다. 거리두기는 사랑이다.[654]

러시아의 대문호 도스토예프스키(d. 1881)가 고통과 고난 속에서 가치를 발견하지 못하는 것을 가장 두려워한다고 말한 것처럼, 코로나19라는 시련으로부터 지구촌의 인간은 하나님의 섭리적 교훈을 깨닫지 못하고 탐욕에 더 집착해 갑니다. 그런 인간이 하나님의 또 다른 심판을 피할 길이 있겠습니까!

예수 그리스도의 재림을 소망하며 준비하는 그리스도인은 WCF가 상세히 다루지 않는 실현된 종말론 즉 하나님 나라가 이미 도래한 특성을 올바로 배워서 실천해야 합니다.[655]

---

654) 장윤재, "같은 하나님의 피조물, 동물신학의 탐구: 코로나, 기후위기, 그리고 동물권," (부산기독교윤리실천운동 특강 발제 글, 온천제일교회당, 2024년 2월 6일), 3. 참고로 문화명령을 수행하는 인간을 '자연의 청지기'라 부르는 대신 '자연 정복자'라 명명한 예는 고려신학교 설립취지서에 나타난다. "현대문명(現代文明)의 원천(源泉)은 성경(聖經)이라고 생각하지 안니치 못합니다. 창세기일장(創世記一章)의 인생관(人生觀)은 곳 인생(人生)을 자연정복자(自然征服者)로 보는 것입니다(창1:28, 2:19)."

655) '이미 그러나 아직 아니'라는 발전된 종말론적 틀은 16-17세기의 신앙고백서들에 강하게 나타나지 않았다. 이성호,『비록에서 아멘까지』, 619. 참고로 WCF에서 마가복음의 감람산강화에서 재림에 대한 구절은 "그 날과 그 때를 아무도 알지 못한다"라는 막 13:32를 뒤따르는 막 13:35-37을 적절히 제시한다. 참고. 정두성,『1646 신앙고백 2: 원문으로 정리하고 성경으로 설명하기』(서울: SFC출판부, 2023), 331.

34장 성령 하나님[656]

1. 삼위일체 중 제 삼위이신 성령은 아버지와 아들로부터 나아오시며, 권세나 영광에서 한 본체시며 동등하시고, 아버지와 아들과 더불어 모든 시대를 통하여 믿음과 사랑과 복종과 예배를 받으시기에 합당하시다.

2. 그분은 생명의 주님이시며 생명을 주시는 분이시고, 무소부재하시며, 사람의 모든 좋은 생각과 순결한 욕망과 거룩한 협의의 근원이시다. 선지자들은 그분의 감동을 받아 하나님의 말씀을 전하였고, 모든 성경 기자도 영감을 받아 하나님의 생각과 뜻을 무오하게 기록하였다. 그분은 특히 복음 전파를 위임받았다. 복음 전파의 길을 예비하시고, 설득력을 지니고 동행하시고, 사람의 이성과 양심에 메시지를 강권하니, 이 때문에 복음의 자비로운 제시를 거부하는 자들은 변명할 여지가 없으며 나아가 성령을 거역하는 허물을 범한다.

3. 성부께서는 간구하는 모든 이들에게 성령을 항상 기꺼이 주시기를 원하시며, 이 성령은 구속의 적용에서 유일하고 유력한 대행자이시다. 그분은 자기 은혜로써 사람을 거듭나게 하시며, 그들에게 죄를 확신시키시고, 감동받아 회개하게 하시며, 믿음으로 예수 그리스도를 영접하도록 설득하시고 영접할 힘을 주신다. 또한 모든 신자를 그리스도와 연합하게 하시며, 그들 중에 보혜사와 성화주(聖化主)로 내주하시며, 양자(養子)와 기도의 영을 주시고, 모든 은혜의 직무를 수행하시사 그들을 구속의 날까지 거룩하게 하시고 인치신다.

4. 성령의 내주로 모든 신자는 머리이신 그리스도와 생명력 있게 연합하였기 때문에 그분의 몸인 교회에서 서로 연합한다. 그분은 사역자들을 불러 거룩한 직무로 기름 부으시며, 교회의 다른 직원들에게 그들의 특별 사역에 걸맞은 자격을 갖추게 하시며, 다양한 은사와 은혜를 그 지체들에게 나누어 주신다. 또 말씀과 복음의 규례가 효력을 갖게 하신다. 성령 덕분에 교회는 보존받으며, 왕성해지고, 정화되며, 종국에는 하나님 앞에서 완전히 거룩하여질 것이다.

---

656)한글 번역은 대한예수교장로회 고신총회, 『헌법』(서울: 대한예수교장로회 총회출판국, 2011), 85-86을 따랐다. 참고로 2022년에 고신총회의 헌법개정위원회는 WCF 제34-35장을 삭제할 것을 제안했다. 총회헌법개정위원회, "고신총회 교회헌법 개정안: 초안, 공청회용," (2022), 5-6.

WCF 2장에서 삼위일체를 설명했습니다. 그런데 성령 하나님에 관한 별도의 설명이 왜 필요합니까? WCF 34-35장은 영국이 아니라, 19세기 말과 20세기 초의 미국 상황 즉 인간의 자유를 과하게 강조하면서 진행된 복음전도와 교회성장을 배경으로 작성되었습니다.[657]

삼위일체 중 제 삼위이신 성령님은 아버지 하나님과 아들 예수님으로부터 나오십니다(요 15:26; 16:7). 성령님은 권세와 영광에서 성부와 성자와 한 본체이시며 동등하십니다(마 12:31-32). 그리고 성령님은 아버지와 아들과 더불어 모든 시대를 통하여 믿음과 사랑과 복종과 예배를 받으시기 합당하십니다(WCF 34:1; 참고. 요 16:8-9; 행 10:19-21).

보혜사 성령님은 생명의 주님이시며 생명을 주시는 분이십니다(창 2:7; 롬 8:2). 성령님은 무소 부재하시고(창 1:2; 사 42:5), 모든 선한 생각과 욕망과 거룩한 협의의 근원이시며(요 14:26; 롬 8:5; 갈 5:16, 22-23), 선지자들을 통해 말씀하셨고(엡 3:5; 벧후 1:20-21), 성경을 무오하게 기록하셨습니다(WCF 34:2; 참고. 딤후 3:16). 성령님은 복음 전파의 위임을 받으셨고(행 1:8; 계: 5:6), 사람의 이성과 양심에 강권하시므로(막 13:11; 눅 24:49; 행 1:8; 고전 2:4-5; 살전 1:5), 복음을 거부하는 자는 성령을 거역하는 허물을 범합니다(히 2:2-3).

WCF 34:3에서도 성령님의 사역에 대한 설명은 풍성합니다. 이를 소개해 보면, 성부는 간구하는 자들에게 성령을 기꺼이 주시며(눅 11:13), 성령은 구속의 적용에서 유일하고 유력한 대

---

657)유해무,『헌법 해설: 웨스트민스터 신앙고백서/대소교리문답서』, 126-27.

행자이십니다(요 3:5). 성령은 죄인을 거듭나게 하시고(요 3:3-7), 죄를 확신시키시고 회개하게 하시며(요 16:8-9), 믿음으로 예수님을 영접할 힘을 주십니다(고전 12:3). 성령은 성도를 예수님과 연합시키시고 보혜사와 성화의 주님으로 내주하시고(요 14:16; 행 7:55; 벧전 1:2), 양자와 기도의 영을 주시며(롬 8:26-27), 은혜의 직무를 수행하셔서 성도를 구속의 날까지 거룩하게 하시고 인(印)을 치십니다(고전 6:11; 살후 2:13).

WCF 34:4에서도 성령의 역사에 대한 설명은 계속 이어집니다. 성령의 내주로 모든 신자는 예수님과 생명력 있게 연합하고, 그분의 몸인 교회에 서로 연합합니다(고전 12:13-27; 엡 4:3-4).[658] 성령은 사역자들을 불러 직무를 수행하도록 은사와 은혜를 주십니다(고전 12:4-11). 또한 성령은 교회를 보존하시고, 왕성하게 만드시며, 정화시키므로, 교회는 종국에 완전히 거룩하게 될 것입니다(행 1:8; 9:31; 엡 5:26-27). 위의 내용을 요약하면, 성령의 역사로 인해 교회는 새로워지고 부흥을 맞이할 것입니다.

WCF 34:3-4를 요약하는 성경 구절은 사도행전 2:11 이하의 '하나님의 그 큰일들'(τὰ μεγαλεῖα τοῦ θεοῦ, 타 메갈레이아 투 쎄우)입니다. 예수님은 부활하시고 승천하심으로써 천하 각국에서 모여드는 그리스도인들의 주와 그리스도로 공개적으로 인정을 받으셨습니다(행 2:5, 31, 36). 그 그리스도께서 성부에게서 성령을 받아서 교회에게 선물로 주심으로써, 교회는 구원과 선교적 교회로 탈바꿈하게 되었습니다(행 2:33, 38, 47). 이런 일련의

---

658) 성령님을 받는 주체가 우리 자신이라기보다, 성령께서 우리를 먼저 받으심을 기억해야 한다. Frame, *Systematic Theology: An Introduction to Christian Belief*, 926.

구원 사건들은 성령과 관련된 '하나님의 큰일들'입니다.[659] 성령은 오순절에 '불의 혀'처럼 기도하던 120 제자에게 강림하셨고 (행 2:3), 예수님께서 주시는 부활의 기쁨을 믿는 성도의 '혀'도 즐거워합니다(행 2:26; 참고. 시 16:9).[660] 성령은 성도로 하여금 부활을 노래하고 부활의 복음을 증거하게 하십니다. 승천하신 예수님께서 성령 충만한 교회에게 주신 부활의 복음은 다름 아니라 만유가 회복되는 복음입니다(행 3:21).

청교도 존 플라벨(John Flavel, d. 1691)은 구속언약, 행위언약, 그리고 은혜언약으로써 성령님에 관해 설명했습니다. 여기서 구속언약은 은혜언약의 기초입니다. 은혜언약은 행위언약을 수행하지 못하는 인간의 무능함에 대한 하나님께서 보이신 구원의 반응입니다. 성령은 성부께서 그리스도 안에서 이루신 구원을 죄인 안에 설교를 통해 적용하시는데, 거듭난 사람은 은혜언약 안으로 들어가서 영적으로 성장하고 구원의 확신을 가지게 됩니다. 성령은 신자 안에서 구원의 확신을 주시고, 죄를 죽

---

659) 구술 문화가 성행했던 사도 시대 로마제국의 식민지에 살았던 평민은 코이네 헬라어를 알지 못한 채 지역 고유만 사용한 경우가 허다했다(참고. 행 2:11; 28:2). 콥트어 성경 번역으로 유명한 이집트의 경우도 예외는 아니었다. 마카비서는 경건한 유대인이라면 조상의 언어인 히브리어를 구사하라고 권했다(2마카비 7:8; 4마카비 12:7). 코이네 헬라어도 여러 방언으로 갈라졌는데, 소아시아에만 5종류였다. R. Strelan, "We hear Them telling in Our Own Tongues the Mighty Works of God (Acts 2:11)," *Neotestamentica* 40/2 (2006), 295-311.

660) 행 2:3의 '불의 혀'는 야웨께서 시내산에서 모세에게 현현하심을 연상시킨다(출 19:18; 신 5:4-5; 참고. 시 29:7). 유대인의 미드라쉬에 따르면, 불붙는 시내산과 더불어 거기에 나타나신 야웨의 음성도 불이었고, 이 불의 음성은 여러 언어로 이해되었다(출애굽기 라바 5:9; Sifre §343; Mekilta Bahodesh 9; 비교. 출 19:16; 20:18). 음성과 여러 언어를 고려할 때, 행 2:3에서 가까운 문맥에 놓인 행 3:22에 예수님을 '종말의 그 선지자'로 예언했던 모세가 언급되는 것은 이상하지 않다. T. A. Haynes, "Voices of Fire: Sinai Imagery in Acts 2 and Rabbinic Midrash," *Nordisk Judaistik* 32/1 (2021), 30-38.

이도록 하시며, 전도와 기도에 힘쓰도록 일하십니다.[661]

　　미국의 개혁주의자 벤자민 워필드(d. 1921)는 WCF 34장의 내용을 대체로 긍정적으로 평가했습니다.[662] 그러나 이은선은 "성령에 대한 이러한 서술은 예정론에 입각한 성령의 구원론적 서술보다는 보편주의적인 구원론의 입장에서 성령의 역사를 서술하는 경향을 가진다."라고 비판합니다.[663] 여기서 보편구원론은 비성경적인 만인구원론이므로, 교회는 마땅히 거부해야 합니다.

성경 근거 구절

성령 하나님: 작은 일의 날이라고 멸시하는 자가 누구냐 사람들이 스룹바벨의 손에 다림줄이 있음을 보고 기뻐하리라 이 일곱은 온 세상에 두루 다니는 여호와의 눈이라 하니라(슥 4:10)

그리하여 온 유대와 갈릴리와 사마리아 교회가 평안하여 든든히 서 가고 주를 경외함과 성령의 위로로 진행하여 수가 더 많아지니라(행 9:31)

내가 또 보니 보좌와 네 생물과 장로들 사이에 어린 양이 섰는데 일찍 죽임을 당한것 같더라 일곱 뿔과 일곱 눈이 있으니 이 눈은 온 땅에 보내심을 입은 하나님의 일곱 영이더라(계 5:6) [664]

---

661) 이 단락은 A. Embry, "John Flavel's Theology of the Holy Spirit," *SBJT* 14/4 (2010), 86-90에서 요약함.

662) 참고. 신종철, "1903년 『웨스트민스터 신앙고백서』 개정에 대한 'ACTS 신학공관(共觀)'의 관점에 따른 평가," 135.

663) 이은선, "한국장로교회의 웨스트민스터 신앙고백서와 대소요리문답의 수용," 122.

664) WCF 34장은 요한계시록의 일곱 영께서 수행하시는 공공선교적 역할에 적절히 주목하지 못한다.

적용 ▶ 성령의 공동체인 교회는 성령님의 존재와 사역을 풍성하게 깨닫고 누려야 합니다. 선교적 성령님은 예수 그리스도와 구원의 복음을 배제하거나 동떨어진 채로 일하시지 않습니다(행 10:38; 계 1:4; 3:1; 4:5; 5:6).[665]

개신교 지성주의는 지성 훈련을 강조하다 보니, 신자의 영혼과 경건을 약화한 면이 있습니다. 심지어 신학교육이 목회자 후보생의 영성 개발에 별 도움이 안 된다는 불평도 들려옵니다. 그렇다면 해결책은 무엇일까요? 교회교육과 기독교교육에서 성령의 역사를 제한하는 것은 비효율적 결과를 산출합니다. 성령님이야말로 신자의 전인을 거룩하게 만드시므로 전인적 교육을 가능하게 하시고, '사랑의 띠'(vinculum amoris)로서 신자를 삼위 하나님과 교회와 연결하시며, 특별히 하나님께서 원하시는 대로 살도록 인간의 영혼에 일하십니다.[666]

교회의 성장을 위한 성령의 은사가 참된 것인가를 구별하는 5가지 방법은 아래와 같습니다(고전 12:4-11).[667] (1) 하나님께서 주시는 참된 성령의 은사는 성령께서 신자에게 능력을 주실 때에 나타나는데, 신자가 매우 약할지라도 사명을 완수할 정도로 강하게 됩니다(고후 12:9). (2) 참된 성령의 은사는 그리스도의 공로 덕분에 신자에게 은혜로 임하는데, 그리스도께서 세우신

---

665) 계 1:4, 3:1, 4:5, 5:6의 '일곱 영'의 간본문은 '일곱 눈'이 명시가 안 된 사 11:2보다는 '일곱 눈'을 언급하는 슥 4:10이다. Contra Carson (ed), *NIV Biblical Theology Study Bible*, 2280, 2288.

666) D. Williams, "The Spirit and the Academy," *Scriptura* 89 (2005), 572.

667) B. A. deVries, "Spiritual Gifts for Biblical Church Growth," *In die Skriflig* 50/1 (2016), 6.

교회 지도자들의 권위 아래에서 은사는 질서 있게 사용되어야 합니다(고전 14:40). (3) 성령의 은사를 활용하는 것이 결코 성령님과 분리될 수 없는 이유는 은사란 자연적 능력이 아니라 성령의 현존과 그분의 능력의 역사에서 나오는 직접적인 결과이기 때문입니다. (4) 참된 영적 은사는 항상 교회 성장을 도모하는데, 신자가 다양한 방식으로 서로 돌보면서 교회를 세우는 일에 분명히 나타납니다. (5) 성령의 은사는 항상 하나님의 더 큰 영광을 추구해야 합니다(벧전 4:10-11). 성도가 성령의 은사를 받아서 활용하고 있는가를 테스트하는 세 가지 기준은 다음과 같습니다. (1) 하나님의 영 안에서 살려는 진지한 신앙, (2) 성령의 열매를 맺음(갈 5:22-23), 그리고 (3) 하나님을 닮아 성화되어 가는 경건입니다(벧후 1:4-11).[668]

---

668)DeVries, "Spiritual Gifts for Biblical Church Growth," 7. 참고로 1986년부터 1992년까지 고신대 신대원에서 진행된 성령론에 관한 논쟁은 안영복,『성령론 정립을 위하여 걸어온 길: 안영복 교수 자서전』(부산: 디자인모토, 2016)을 보라. 오순절 성령 강림의 특성과 범위, 중생과 성령세례의 관계, 그리고 성령의 은사의 지속성 등이 이 논쟁의 이슈였다. 안영복과 결을 달리하면서 제임스 던(James Dunn)은 "누가에 관한한 오순절은 제자들에게 있어 성령의 이차적 경험이 아니라, 새 시대로 들어가는 성령세례(행 1:5), 즉 교회와 교회의 선교의 탄생이었다"라고 주장한다. J. D. G. Dunn in Douglas (ed),『새 성경 사전』, 1235.

35장 하나님의 사랑과 선교의 복음669)

1. 하나님께서는 무한하고 완전하신 사랑 가운데서 주 예수 그리스도의 중보사역과 희생을 통하여 은혜언약으로, 버림받은 온 인류에게 충분하고 다 적용되는 생명과 구원의 길을 준비하셨고, 이 구원을 복음으로 만인에게 값없이 주신다.

2. 복음에서 하나님께서는 세상을 향한 자기의 사랑과 만인이 구원받기를 열망하신다는 사실을 선포하시고, 구원의 유일한 길을 완전하고 분명하게 계시하시고, 참으로 회개하고 그리스도를 믿는 만인에게 영생을 약속하시고, 제시한 자비를 만인이 영접하라고 초청하시고 명하시며, 말씀과 함께 동행하시는 성령으로 말미암아 자기의 은혜로운 초청을 받아들이라고 강권하신다.

3. 복음을 듣는 자마다 이 자비로운 선물을 즉각 받아들일 의무와 특권을 지닌다. 회개하지 않고 불신앙 가운데 머무는 자는 허물을 더 악화시키고 스스로의 과오 때문에 멸망한다.

4. 복음에 계시된 길 외에는 달리 구원의 길이 없으며, 하나님께서 제정하신 은혜의 정상적인 방법상 하나님의 말씀을 들어 믿음이 생겨나기 때문에, 그리스도께서는 교회에게 온 세상으로 가서 모든 민족을 제자로 삼으라고 위임하셨다. 그러므로 모든 신자는 기독교의 규례들이 이미 정착된 곳에서 그 규례들을 파수하며, 기도와 헌금과 직접 수고로 온 땅을 통하여 그리스도의 나라가 확장되도록 이바지하는 의무를 지고 있다.

하나님께서는 버림받은 온 인류에게 충분하고 다 적용되는 생명과 구원의 길을 준비하셨고(창 17:7, 10; 요 14:16; 딤전 2:5; 히 7:22; 벧전 2:24; 요일 2:1-2), 이 구원을 복음으로 만인에게 값없이 주십니다(WCF 35:1; 참고. 요 6:38; 롬 8:32; 10:13).

WCF 35:2의 설명은 다음과 같습니다. 복음에서 하나님은

---

669)한글 번역은 대한예수교장로회 고신총회, 『헌법』, 86-87을 따랐다.

세상을 향한 자신의 사랑과 만인이 구원받기를 열망하신다는 사실을 선포하시고(요 3:16; 6:39-40), 구원의 유일한 길을 분명하게 계시하시며(요 14:6), 참으로 회개하고 그리스도를 믿는 만인에게 영생을 약속하시고(요 3:15-16), 제시한 자비를 만인이 영접하라고 초청하시고 명하시며(막 1:15; 요 10:25-26), 말씀과 동행하시는 성령으로 말미암아 자신의 은혜로운 초청을 받아들이라고 강권하십니다(요 15:26; 16:8-9; 고전 2:4).

복음을 듣는 자마다 이 자비의 선물을 즉각 받아들일 의무와 특권을 가지며(마 22:1-14; 눅 14:16-24), 회개하지 않고 불신앙으로 일관하는 자는 스스로의 과오로 멸망합니다(WCF 35:3; 참고. 요 3:36; 8:24; 히 2:2-3). 이어지는 WCF 35:4의 설명은 다음과 같습니다. 복음에 제시된 길 외에는 달리 구원의 길이 없으며(행 4:12), 복음을 들어 믿음이 생기기에 주님은 제자들에게 온 세상으로 가서 모든 민족을 제자 삼으라고 위임하셨습니다(마 28:19-20; 막 16:15; 행 1:8). 그러므로 모든 신자는 기독교의 규례들이 이미 정착된 곳에서 그 규례들을 파수하며, 기도와 헌금 그리고 직접 수고로 온 땅을 통하여 예수 그리스도의 나라가 확장되도록 이바지하는 의무를 지고 있습니다(마 28:19; 행 4:23-31; 롬 1:14; 고전 9:16; 갈 6:9; 벧전 4:10; 계 11:15; 14:6-7).[670]

벤자민 워필드는 WCF 35장의 내용을 비교적 긍정적으로 평가했습니다.[671] 그러나 이은선은 이와 결을 달리하면서, 이 내용을 아래와 같이 적절하게 비판합니다.

---

670)Du Rand, *God's Conquering Story of Victory*, 401.
671)참고. 신종철, "1903년 『웨스트민스터 신앙고백서』 개정에 대한 'ACTS 신학공관(共觀)'의 관점에 따른 평가," 136.

WCF 35장의 제1항에서는 은혜언약의 대상을 전체 버림받은 인류라고 설명하고 있고, 제2항에서는 하나님께서 모든 사람이 구원받아야 한다는 그의 소원을 선언하신다고 하며, 제3항은 회개하지 않고 불신앙 가운데 머무는 자는 악화된 죄책과 그들의 잘못으로 멸망한다고 진술하여 알미니안주의적인 성향을 드러내고 있다.[672]

이은선의 비판처럼 은혜언약은 구원받기로 예정된 사람들로 제한되기에, 모든 인류가 구원받아야 한다고 말하는 것은 오류입니다. 그러므로 불신자가 회개하지 않고 범죄하여 멸망한다는 WCF의 진술은 문제가 될 것이 없습니다. 왜냐하면 영생을 받기로 예정되지 못한 사람들이 지속적으로 범죄하여 영벌에 처한다면 그것은 자신의 책임이기 때문입니다. 이은선처럼 신종철도 아래와 같이 비판합니다.

첨가된 장들에서는 복음의 배타적인 면을 약화시키려 하고 있음을 인지해야 한다. 제34장 성령의 사역에 대해 "하나님은 누구든지 원하는 사람에게 언제든지 성령을 주시기를 원하신다(3항)"라는 표현은 알미니안적 예정론을 말하는 것이다. 또한 제35장에서 하나님은 모든 인류를 보편적인 자비로써 사랑하실 뿐만 아니라, 그중 어떤 사람들에게 대하여 구원하시기까지 사랑하신다는 '보편구원론'을 언급하고 있다. 또한 어떤 이들에게 구원을 실제로 이루게 하는 성령의 효과적인 은혜에 대하여도 제35장은 침묵하고 있다.[673]

---

672) 이은선, "한국장로교회의 웨스트민스터 신앙고백서와 대소요리문답의 수용," 123.
673) 헤르만 바빙크도 『개혁교의학 1권』에서 WC의 추가 및 수정을 비판했다. 신종철, "1903년 『웨스트민스터 신앙고백서』 개정에 대한 'ACTS 신학공관(共觀)'의 관점에 따른 평가," 139, 147.

신종철의 비판처럼, 사람이 원한다고 성령님을 마음대로 받을 수 있는 것은 아닙니다. 사람이 하나님을 조종하는 것은 어불성설입니다. 그리고 보편구원론을 지지한다면, 성령의 제한적인 효과적 부르심은 아무런 의미가 없게 됩니다.

전도의 지상명령(마 28:19-20)은 그리스도인의 문화명령(창 1:28)을 통해서 일부분 성취됩니다. 그런데 "정복하고 다스리라"는 명령형 동사가 창세기 1:28에는 나타나지만, 창세기 8:17에는 빠져있습니다. 창세기 1장과 8장의 차이에 관해 장윤재는 아래와 같이 설명합니다.[674]

홍수 이전에 하나님께서 첫 번째의 남자와 첫 번째의 여자에게 내리셨던 '문화명령'이 더 이상 현대인들에게 유효하거나 적절하지 않다는 사실이다. 우리는 더 이상 그 '문화명령'의 후손들이 아니기 때문이다. 그 명령은 홍수 이후에 하나님께서 거둬들이셨기 때문이다. 그렇다면 홍수 이후 시대에 땅과 그 위에 움직이는 모든 생물은 신학적으로 더 이상 인간의 다스림(dominion) 아래 있지 않다. 땅과 땅 위의 모든 생물은 더 이상 인간의 운명에 묶여 있지도 않다. 땅(자연, 동물)에게는 인간과 독자적으로 살아갈 권리와 자유가 주어졌기 때문이다.

하나님의 구원에 관한 계시가 점진적으로 발전한다는 사실을

---

[674] 장윤재, "같은 하나님의 피조물, 동물신학의 탐구," 18-29. 참고로 "정복하고 다스리라"(창 1:28)는 명령은 봉사하고 지키고 돌보라는 명령이다. 그런데 장윤재는 인간 중심과 인간의 신격화라는 특정 휴머니즘의 종말을 고하고 인간의 겸손을 강조하는 포스트 휴머니즘의 정당성을 주장한다. 장윤재, 『포스트휴먼 신학: 아담아, 네가 어디에 있느냐?』(서울: 신앙과 지성사, 2017), 146, 233, 243-47.

고려하면, 위의 주장과 다른 해설이 가능합니다. 의인이면서도 타락한 아담의 후손인 노아는 생물을 잘못 다스릴 수 있습니다. 창세기 9:2의 '두려워하다'와 '무서워하다'는 다스림의 부정적 형태로 보입니다. 그런데 노아는 '제2의 아담'이므로 노아언약(세상 보존을 위한 무지개언약)은 이전의 아담언약(문화명령)을 성취합니다(참고. 창 6:18; 롬 9:4의 '언약들').[675] 궁극적으로 의로우신 마지막 아담께서 노아언약과 아담언약을 성취하셨습니다(롬 5:14-15). 여기서 중요한 사항은 창세기 1:28의 '다스리라'(κατακυριεύσατε[카타퀴리유사테])는 무자비한 정복이나 착취를 뜻하지 않는다는 점입니다(참고. 시 72:8; 사 41:2; 롬 5:17, 21). 따라서 창세기 8:17에 동사 '다스리라'가 생략되었다고 해서 그것을 창세기 1:28과 다른 명령이라고 볼 필요는 없습니다. 노아 홍수 이후에 생물이 생육하고 번성하는 것은 하나님의 명령에 순종하는 인간의 다스림을 통해서 가능합니다. 요약하면, 문화명령은 회복 명령입니다. 그리스도의 통치는 교회는 물론이거니와 자연과 문화에도 미칩니다.

디모데전서 3:16은 하나님의 사랑과 선교의 복음을 잘 보여줍니다. 그리스어 본문 상 시적 표현 여섯 개로 구성된 디모데전서 3:16은 "크도다 경건의 비밀이여"(μέγα ἐστὶν τὸ τῆς εὐσεβείας μυστήριον, 메가 에스틴 토 테스 유세베이아스 뮈스테리온)로 시작합니다. 이 감탄은 '크도다 에베소 사람의 아데미여'(μεγάλη ἡ Ἄρτεμις Ἐφεσίων, 메갈레 헤 아르테미스 에페시온)를 연상시킵니다(행 19:28).

---

675)D. H. Wenkel, "Noah as a New Adam in the Narrative: Substructure of Romans 5:12-21," *Journal of Theological Interpretation* 14/1 (2020), 78-84.

사도 바울은 경건의 큰 비밀을 에베소교회의 목회자 디모데에게 다음과 같이 상기시킵니다. (1) "육신으로 나타나셨다"는 예수님의 성육신입니다. (2) "영으로 의롭다함을 받으셨다"는 성령께서 예수님을 신원하신 사건인 부활을 가리킵니다(참고. 딤전 4:1; 롬 1:4). (3) "천사들에게 보이셨고"는 베드로전서 3:19 이하에서 볼 때, 예수님께서 승천하시면서 옥에 있는 악한 영들에게 승리를 선포하셨습니다(참고. 계 5:11-13).[676] (4-5) "만국에 전파되시었고 세상에서 믿은 바 되시었다."는 승천하신 예수님께서 복음 선포의 대상이 되신 것을 의미합니다. (6) 16절의 시간순서의 진행을 고려한다면, "영광 가운데 올려지셨다"는 승천이라기보다 예수님의 재림으로 볼 수 있습니다(참고. 빌 2:10-11; 바렛트, 슐라트, 스코트, 메츠거). 그런데 문맥상 디모데전서 3:16에 재림이라는 미래 종말론이 나타납니까? 맥레오드(D. J. McLeod)는 재림이라고 단정하지 않으면서, 영광스럽고 일반적인 승리의 부대(附帶) 상황으로 보면서 간본문으로 마태복음 19:28의 '영광의 보좌'를 언급합니다.[677] 만국에 선포되신 예수님은 영광 가운데 올려지시기 시작하셨다는 시작을 알리는 아오리스트(과거동사)로도 해석할 수 있습니다. 다시 말해, 예수님은 승리하셔서 영광의 영역 안으로 들어가셨습니다.[678] 따라서 (4-5)와 (6)은 동 시간대의 사건들이며, 선교적 교회(missional church)를 통하여 주님께서 영광을 받으시

---

676) C. Ham, "The Christ Hymn in 1 Timothy 3:16," *Stone-Campbell Journal* 3 (2000), 225.
677) D. J. MacLeod, "Christology in Six Lines: An Exposition of 1 Timothy 3:16," *Bibliotheca Sacra* 159 (2002), 347.
678) Ham, "The Christ Hymn in 1 Timothy 3:16," 227.

는 일이 재림 때까지 지속될 것을 가리킵니다. 성부께서 성자를 보내셔서 구원을 이루셨고, 승천하신 예수님은 교회를 세상에 보내셔서 선교를 이루십니다. 선교적 그리스도인의 기도는 광대한 대양을 넘어가야 합니다(William Gurnall[d. 1697]).

청교도는 사회 속에서 선교를 꿈꾸었습니다. 이것은 하나님의 말씀을 따라 그리스도의 주권을 이루려는 노력이었습니다.[679] 이것은 오늘날 선교적 교회의 개념과 유사합니다. 청교도는 공정한 장사 거래, 신실하게 공공선을 추구함, 근면하게 노동하여 이익을 남기되 사치하지 않고 자선을 베풂, 그리고 십계명에 기반을 둔 사회정의 실현을 강조했습니다.[680] 이와 비슷하게, 1884년 이래로 한국에 온 북장로교 선교사들은 청교도의 회심 사상과 자기 부인을 통한 공적 정신(public spirit)을 선교에 활용하면서, 개인 구원을 넘어 사회개혁과 계몽을 시도했습니다.[681]

---

679) J. R. Beeke and P. M. Smalley, "A Succint Puritan View of the Christian's Mission in Society," *Puritan Reformed Journal* 15/2 (2023), 147. 참고로 '급진적 청교도'(radical Puritans)에 재세례파와 분리주의자들(예. 레이던으로 이주한 'the Pilgrim Fathers') 그리고 제5 왕국론자들이 포함되며, 그들은 기존 체계를 전복하고 시민전쟁과 혁명도 불사했다는 설명은 Coffey and Lim (ed), *The Cambridge Companion to Puritanism*, 5, 41-55를 보라.

680) Beeke and Smalley, "A Succint Puritan View of the Christian's Mission in Society," 149-52.

681) 홍성달, "청교도 신학에 나타난 성령의 사역과 북한선교," 80-81. 참고로 스코틀랜드 장로교회 제2치리서 13장 4절은 교회의 재산은 다리를 건설하는 것과 같이 공공의 복지를 위해서 활용될 수 있다고 밝히기에, 교회가 정부의 선행을 주도하는 공적 역할을 감당하도록 장려했다. 장대선, 『스코틀랜드 장로교회의 제2치리서』, 288-89.

하나님의 사랑: 나를 보내신 이의 뜻을 행하려 함이니라 나를 보내신 이의 뜻은 내게 주신 자 중에 내가 하나도 잃어버리지 아니하고 마지막 날에 다시 살리는 이것이니라 내 아버지의 뜻은 아들을 보고 믿는 자마다 영생을 얻는 이것이니 마지막 날에 내가 이를 다시 살리리라 하시니라(요 6:39-40)

사랑하는 자들아 우리가 서로 사랑하자 사랑은 하나님께 속한 것이니 사랑하는 자마다 하나님으로부터 나서 하나님을 알고 사랑하지 아니하는 자는 하나님을 알지 못하나니 이는 하나님은 사랑이심이라 하나님의 사랑이 우리에게 이렇게 나타난 바 되었으니 하나님이 자기의 독생자를 세상에 보내심은 그로 말미암아 우리를 살리려 하심이라(요일 4:7-9)

선교의 복음: 일곱째 천사가 나팔을 불매 하늘에 큰 음성들이 나서 이르되 세상 나라가 우리 주와 그의 그리스도의 나라가 되어 그가 세세토록 왕 노릇 하시리로다 하니(계 11:15)

또 보니 다른 천사가 공중에 날아가는데 땅에 거주하는 자들 곧 모든 민족과 종족과 방언과 백성에게 전할 영원한 복음을 가졌더라 그가 큰 음성으로 이르되 하나님을 두려워하며 그에게 영광을 돌리라 이는 그의 심판의 시간이 이르렀음이니 하늘과 땅과 바다와 물들의 근원을 만드신 이를 경배하라 하더라(계 14:6-7)

적용 ▶ 우리는 하나님의 예정과 성령의 효과적인 부르심을 확신하는 가운데 살아야 합니다. 이를 위해 지역교회는 복음과 사랑이 충만한 선교적 교회로 변모해야 할 것입니다. 성부 하나님께서 예정하시고 성령께서 부르실 사람들은 어떤 교회를 통해서 교회 안에 들어올 것입니까? 바로 선교 사명에 충실하고 사랑이 가득한 교회입니다. 성령님은 미셔널 교회의 소위

'얼'(soul, core, essence)에 힘을 주어 앞으로 미십니다.[682] 성령님은 새 생명과 은혜와 사랑과 정의와 평화를 품으시고 흘려보내시면서, 그런 선교 현장으로 그리스도인들을 부르십니다.

　　예수님은 성령으로 성육하셨고, 성령으로 구원을 이루셨습니다. 그런데 '성육신'의 반대말은 '탈육신'입니다. 불행하게도 교회의 탈육신 성향은 기독교의 사사화(privatization)를 가중할 따름입니다. 목회가 '교회 안의 소금과 빛'을 훈련하는 것으로 만족한다면 하나님 나라에는 얼마나 손해가 큽니까? 성령 충만하여 천국 복음으로 무장한 교회는 성속 이원론을 타파하고 세상이 무엇을 필요로 하는지 간파하고 성육적 선교에 열중합니다. 하지만 기독교 신학과 신앙과 교회가 그리스도인을 종교 영역에만 전문가로 양성하고, 나머지 모든 공적 영역에서는 소외시키지 않습니까?[683] 종말론적으로 새로운 성령의 공동체인 교회가 모든 영역에서 새로운 사회적 실재가 될 때, 성육신적 공공-선교의 결실을 하게 될 것입니다.[684]

---

682) 김재영, 『미션얼 편지』(서울: 세움북스, 2023), 78, 85-86.

683) 최형근, "로잔운동에 나타난 공공신학의 선교학적 함의," 『ACTS 신학저널』 38 (2018), 359, 369-75. 서울신대 최형근은 크리스토퍼 라이트가 중심이 되어 작성한 케이프타운 서약(Cape Town Commitment, 2010)이 목회자는 물론 만인제사장설에 근거하여 일반 성도를 훈련하여 세상에 파송하는 공공선교적인 선교적 교회론을 적절히 다루었다고 평가한다. "로잔운동이 케이프타운 서약을 통해 줄곧 강조하는 공공신학적 담론들은 환경과 생태계, 빈곤, 과학기술과 미디어(4차 산업혁명), 예술 등 정치와 경제, 과학기술, 생태계를 포괄하는 다양한 요소들을 포함한다. 이 모든 것들이 선교라는 주장에 대해서는 논란의 여지가 있다고 볼 수 있다. 그러나 하나님의 선교의 관점에서 볼 때, 하나님은 죄와 악으로 깨어진 창조세계를 더 이상 죄나 저주가 없는 새로운 창조세계로 변화시키심으로써 자신의 선교를 성취하신다." 최형근, "로잔운동에 나타난 공공신학의 선교학적 함의," 379. 참고로 2024년 서울 제4차 로잔대회를 앞두고 한국 복음주의권에서 찬반 논의가 있었다.

684) 최형근, "로잔운동에 나타난 공공신학의 선교학적 함의," 361. 참고로 공

교회가 선교적 사명을 감당하려면 언약의 자녀를 기독교 방식으로 교육하는 게 무엇보다 중요합니다. 기독교대학은 사회적 책임을 수행해야 하는데, 그때 선교를 염두에 두는 독특한 봉사가 유효합니다(예. 호스피스 사역, 의료 봉사).[685]

WCF가 작성된 17세기의 청교도와 현대 신학자의 관심에 차이가 납니다. 기독교 세계 안에 살던 전자에게는 공공-선교적 관심은 그리 높지 않아 보입니다. 이 말은 WCF에 하나님 나라를 위한 공적 선교 사상이 나타나지 않는다는 의미가 아닙니다. 오늘날 그리스도인은 청교도의 어깨를 빌릴 수 있기에 이들 경건한 선조에게 감사해야 마땅합니다.[686]

공-선교신학의 발흥을 촉진한 사회 분위기는 종교조차 소비하려는 소비문화, 소셜네트워크의 대중화, 그리고 공유의 가치를 돋보이게 만든 개인주의로 파편화된 사회 분위기이다. 공적인 선교적 공동체인 교회야말로 깨어진 사회에서 경청하며 환대를 베풀고 공공선을 세울 수 있다. 주상락, "포스트 코로나 시대 공공선교학의 가능성: 뉴비긴, 그리고 오케슨 중심으로," 『대학과 선교』 47 (2021), 105-114.

685) 배성권·이상규 (편), 『기독교대학과 사회과학』(부산: 고신대학교출판부, 2015), 221, 240. 그리스도인 학자는 성경적이고 기독교적으로 자신의 전공을 연구하되, 특정 관점으로 성경을 과도하게 읽지 않도록 주의해야 한다. 어떤 크리스천 재활학자는 모세를 언어장애인으로, 세례 요한을 성격장애인으로, 디모데를 혼혈인 장애인으로 간주한다.

686) 청교도는 고난을 이겨낸 신앙인들인데, 이 세상에서 그들의 마지막 순간을 살펴보자. 청교도의 아버지로서 청교도 운동을 설계한 윌리엄 퍼킨스는 신장 결석 합병증으로 사망했다. 리처드 십스의 마지막 설교 본문은 요 14:2이었다. 보스턴으로 이주했던 존 엘리엇(d. 1690)이 86세에 남긴 마지막 말은 "기쁨이여, 어서 오라!"였다. 옥스퍼드대학교 출신으로 '청교도의 황태자'였던 존 오웬은 천식과 담석으로 고생하다 다가오는 영광을 기대하면서 기쁨으로 충만한 상태로 죽음을 맞이했다. 존 번연(d. 1688)은 겨울 여행 중에 고열로 고생하다, "그리스도와 함께 거하는 것이 가장 큰 소원이다. (하늘을 향해 두 손을 든 채) 내가 이제 주님께로 가오니, 나를 받아 주소서!"라는 마지막 함성을 외친 후 눈을 감았다. 네 번 혼인했던 존 플라벨은 설교가 예정된 날 저녁에 뇌졸중에 걸린 채 "내 영혼이 평안할 것을 잘 압니다"라는 말을 남기고 사망했다. Beeke and Reeves, 『청교도, 하나님을 온전히 따르는 삶』, 59, 65, 77, 81, 87.

나오면서

WCF는 16세기 유럽 대륙에서 일어난 종교개혁의 유산을 계승 발전하여, 17세기 개혁파 신학의 금자탑처럼 우뚝 선 귀한 작품입니다. 청교도의 이 신앙고백서는 수백 년이 지난 지금도 크게 외치고 있습니다. WCF 각 장의 설명은 웨스트민스터 총회에 참석한 총대의 토론의 열매입니다. 현장에서 있었던 열띤 토론과 성령의 지혜와 인도를 간구했던 과정을 마음에 그려봅니다. 각 장의 설명은 탁월한 청교도 신학자들 가운데 누구의 주장과 가장 가까운지, 다시 말해, 어떤 청교도 신학자의 입장이 가장 크게 반영되었는가를 결정하는 작업은 추후 연구 주제로 남겨둡니다. 이 주제를 연구하는데 적임자는 영국 교회사나 청교도의 교리에 정통한 사람일 것입니다.

WCF의 교훈이 오늘날 성도의 마음에 와닿도록 하려면 어떻게 해야 할까요? 설교자는 이 고백서를 오늘날 회중이 알아듣기 쉬운 언어로 해설하려고 계속 노력해야 합니다.[687]

성경에 사로잡힌 경건의 신앙인이었던 17세기 청교도는 천주교와 성공회에 적절히 반응했습니다. 피의 메리가 '영국의 이세벨'이었다면, 오늘날도 이런 유의 여러 이세벨이 진리의 기둥과 터인 교회를 허물려고 활동하고 있습니다. 그런데 21세기는

---

[687] 2012년 남아공 개혁교회(GKSA) 총회는 HC가 오늘날 교회에서 어떤 의미를 가지면서 역할을 할 수 있는지 연구하기로 결의한 바 있다. 개혁교회 설교자가 이 고백서를 설교할 때 어떤 사항을 고려해야 하는지, 그리고 HC에 담긴 선교적 의미 등을 찾는 노력을 기울였다. C. F. C. Coetzee, "Die Plek en Funksie van die Heidelbergse Kategismus in 'n Omkeerstrategie in die Gereformeerde Kerke in Suid-Afrika," *In die Skriflig* 48/1 (2014), 2-6. 송영목, "하이델베르크 교리문답의 공공선교신학,"『갱신과 부흥』30 (2022), 157-88도 참고하라.

하루가 다르게 매우 속도감 있게 변화 중입니다. 그래서 17세기 청교도가 생각하지 못한 현대 이슈들을 현대 신앙고백서로 정리하는 작업이 필요하다는 목소리가 여기저기에서 들려옵니다.[688] 이런 움직임에 고개를 끄덕일 수 있는 이유는 개혁된 교회는 성경으로 '항상 개혁해 가는 교회'여야 하기 때문입니다. 그리고 여기서 개혁신학의 목표가 교회를 섬기는 것에 제한되는지, 아니면 세상을 섬기는 데까지 확대되는지 물어보아야 합니다. 예수님은 교회와 만유의 머리이시기에, 신학은 교회와 세상을 동시에 섬겨야 마땅합니다.

우리는 주 예수 그리스도께서 만유(萬有)이시지만 우선 교회의 머리로 계신 공교회를 믿습니다. 따라서 현대판 신앙고백서를 작성하려면, 새 신앙고백서의 필요성과 목적에 관해 먼저 공교회적 합의를 도출해야 할 것입니다. 신앙고백서는 교회를 연합시키는 힘이 있기 때문입니다. 새로운 신앙고백서가 이미 여러 갈래로 찢어진 그리스도의 몸을 더 찢는 불씨가 되어서는 안 됩니다. 신앙고백은 그리스도인만의 특유한 신분과 결부되기에, 현대 신앙고백서를 기획하고 연구하여 작성하는 작업은 그냥 실험 삼아 해보는 그런 차원이 될 수 없습니다.

탁월한 청교도 가운데 케임브리지대학교에서 수학한 인물이 많습니다. 그 대학은 '청교도의 학문적 요람'이라 불려도 무방합니다. 청교도는 성경 언어를 비롯한 고전어와 인문학과

---

688) 정교회는 14-18세기에 여러 신앙고백서를 생산했다. 대주교 크리보체인(Krivochéine)은 성령의 지속적인 조명과 오늘날의 발전된 신학을 고려한다면, 현대판 신앙고백서에 대한 질문은 '가능성'이 아니라 '필요와 유용성'의 문제로 본다. B. Krivochéine, "Is a New Orthodox Confession of Faith Necessary," *St Vladimir's Seminary Quarterly* 11/2 (1967), 69-70.

예술 등을 섭렵하였기에, 그들의 논지는 더 힘을 얻을 수 있었습니다. 이처럼 거듭난 목회자는 물론 모든 성도의 지성은 최대한 학문적 수월성을 갖추어야 합니다. 그런데 WCF처럼 기독교 신앙 전체를 요약하는 작업을 완수하려면, 인공 지능, 디지털 인간(homo digitalis), 게임 중독, 젠더[689] 그리고 기후 위기와 같은 시대의 긴급한 요청을 따라 특정 이슈에 관한 개별 신앙고백서를 작성하여 연구물을 하나씩 축적하는 노력이 선행된다면 효율성을 높일 것입니다.[690] 이와 관련하여, 남아공의 인종 차별을 해설한 벨하신앙고백서(Belydenis van Belhar, 1982)와 경제 양극화와 생태계 위기를 다룬 아크라신앙고백서(Accra Confession, 2004)가 좋은 예입니다.[691] 신앙고백서에서 다룰 이슈가 교회와 사회에 어떤 영향과 결과를 초래하는지를 연구하고, 근거 성경 구절을 주해하고, 새롭게 진술된 신앙고백서를 개혁주의 교리로 검토한 후, 선교적 교회를 위한 실천적 적용을 제시하는 작업이 다차원적이고 유기적으로 통합되어야 할 것입니다. 그리고 현대 그리스도인이 관심을 가지는 경향을

---

689) 남아공 화란개혁교회(DRC) 소속 프리스테이트대학교의 판 야스펠트는 기독교 국가인 잠비아를 예로 들면서, 서구 선교사와 미국 텔레비전 부흥사들의 영향을 받아 여전히 계몽되지 못한 채 동성애를 반아프리카 및 반성경적 범죄로 간주한다고 비판한다. 그는 예수님을 그 당시 소수자와 죄인들을 환대한 반문화적 아이콘처럼 간주한다. 이처럼 소위 개혁주의 진영에서도 현대 사조에 찬동하는 자들이 적지 않다. J. D. K. van Jaarsveld, "Pulpits and Politics, Discrimination and Disruptive Bodies: Anti-LGBT+ Sentiments installed by Christian Nationalism in Africa and Disruptive Counternarratives," *Stellenbosch Theological Journal* 9/1 (2023), 4-17.

690) 저널 *Ecotheology*와 *Environmental Ethics*를 참고하라.

691) 참고. 송영목, "아크라신앙고백서에 대한 성경신학적 비평," 『교회와 문화』 45 (2021), 118-45; "신약성경에서 본 벨하신앙고백," 『신약연구』 22/1 (2023), 140-76.

객관적으로 분석한 데이터, 문학-역사-신학이 균형 잡 힌 성경 주석, 존 프레임에게 보듯이 성경 해설에 입각한 조직신학서, 현 대 이슈와 유사한 이슈가 교회사에 어떻게 나타났는가를 보여 주는 교회사적 자료, 교회법 자료, 하나님 나라를 위한 선교적 교회와 공공신학에 대한 최신 연구물, 그리고 교회 교육적 적용 에 관한 자료를 섭렵해야 합니다. 무엇보다 성경 주해의 면류관 인 성경신학의 최근 연구 결과물이 교리에 너무 느리지 않게 적 용되어야 할 것입니다. 게할더스 보스와 존 머레이 등이 간파했 듯이, 성경신학은 조직신학의 꼭 필요한 원천이자 기초입니다. 이처럼 개혁주의 신학은 '성경신학적 조직신학'을 추구해 왔습 니다. 한 예로, 칼빈은 기독교강요를 그의 성경 주석 작업과 병 행하여 점진적으로 진행했습니다. 현대 신앙고백서도 결국 성경 주해와 성경신학에서 나옵니다.

　　하나의 완전한 현대판 신앙고백서를 만들었다고 해도, 또 다른 현대 이슈들이 등장하여 신앙고백서가 답을 제공하라고 다시 재촉할 수 있습니다. 그런데 백과사전식 현대 신앙고백서 가 모든 이슈를 정형화하여 정의한다면 어떤 일이 벌어질까요? 신앙의 근본과 본질이 아닌 아디아포라 이슈들조차 교리와 신 앙고백이라는 하나의 틀에 가둔다면 어떻게 될까요? 어거스틴 이 간파했듯이, 그리스도인은 본질에서는 공동의 자세를 취해 야 하지만, 그렇지 않은 이슈를 접할 때는 사랑 안에서 서로 연 합하고 자유할 수 있어야 하지 않을까요?[692]

---

692)Krivochéine, "Is a New Orthodox Confession of Faith Necessary,"
　　71.

개혁주의 신학자와 목회자 그리고 전문 영역에서 활동하는 일반성도의 팀워크는 이런 간학제적 연구에 균형감과 수월성을 제공할 것입니다. 일단 새로운 신앙고백서의 초안이 완성된다면, 신학교와 기독교 학교 및 교회학교 그리고 지역교회의 성경 공부반에서 활용하여 검증한 후, 문제점을 찾고 미흡한 사항은 보완하여 수정해야 합니다.

소총의 방아쇠를 당겨야 탄환이 지나가는 긴 철관인 총열이 뜨거워지고 총구에서 연기가 나오는 법입니다. 마찬가지로 우리는 교회 역사 속에서 각종 교리 논쟁이 왜 촉발되었는지, 그리고 어떤 연유로 신앙고백서가 작성되었는가를 진지하게 살펴야 합니다. 신앙고백 공동체는 식어가는 총열과 허공에 사라져 가는 총구의 연기를 오늘날 교회를 위해 되살려야 합니다. 그래서 신앙고백서를 탐구하고 개혁하려면, 오른손에는 성경을, 그리고 왼손에는 교회사-교리사 책을 놓지 말아야 합니다. 왼손에 쥐어진 책을 통해 역사적 발전을 따른 교리의 통시적 고찰이 가능합니다. 방대한 교회사(church history)에서 도출된 하나의 주제를 탐구하는 역사신학(historical theology)을 말하는 게 아닙니다. 성경 주해의 가장 무르익은 열매는 성경신학입니다. 하지만 성경신학만으로는 신앙고백서를 제대로 설명하기에는 역부족입니다. 성경처럼 신앙고백서도 문법-역사-신학적으로 여러 각도와 다차원으로 바라봐야 하기 때문입니다.

다른 신앙고백서들과 마찬가지로, WCF의 전체 장들을 내러티브로 엮어서 플롯을 따라 가르치려는 노력이 필요합니다. 그리고 그런 줄거리를 찬송시에 담아 찬양한다면, 교육의 효과를 높일 수 있을 것입니다.

본서를 마무리하면서, 청교도의 신학을 탐구하여 현대 교회에 소개하는데 앞장서는 미시간주 소재 퓨리탄 개혁신학교(PRTS, since 1995)와 청교도 문서를 보급 중인 진리의 깃발(Banner of Truth Trust, since 1957)과 종교개혁 유산 서적(Reformation Heritage Books, since 1994)과 같은 귀한 기관의 공헌을 잊지 말아야 합니다.[693] 동시에 한국교회는 혹세무민하는 일단의 목회자들에 의해 청교도의 명예가 실추된 현실을 직시해야 합니다. '신앙의 정통과 생활의 순결'을 외치는 예장 고신 교회는 진정으로 개혁신학을 고수하며 참으로 삶의 순결을 사모하는지 코람데오의 정신으로 회개하고 삶을 돌이켜야 합니다. 16세기 종교개혁의 유산을 이어받아 17세기 청교도가 영국에서 더 개혁했듯이, 산 위에 캄캄한 도시처럼 변해버린 한국교회도 개혁을 멈추지 말아야 합니다.

---

693)퓨리탄개혁신학교의 '청교도연구센터'는 관련 도서 약 3,000권을 소장하고 있다. 청교도에 관한 관심과 연구는 1950년대에 본격화했다. 청교도 문헌을 천천히 묵상하면서 읽는다면, 독자의 삶을 성경적으로 형성하도록 돕고, 고난과 시련을 다루는 방법을 교훈하며, 참된 영성을 가르치고(영적 전투, 회개 등), 성경적 교리를 아름다우신 예수 그리스도를 높이는 생활 방식에 적용하는 법을 가르치고, 설교의 중요성을 교훈하며, 세상 속에서 성속 이원론을 극복하고 통전적 믿음을 가지고 살도록 격려한다. J. R. Beeke, "Reading the Puritans," *SBJT* 14/4 (2010), 21-23.

참고문헌

강미경. "제임스 1세의 청교도 정책." 『대구사학』108 (2012): 129-56.

강병훈. "귀도 드 브레의 성찬론 연구 소개." 제105차 한국복음주의신학회 온라인 신학포럼. 2024년 3월 9일: 1-13.

강웅산. "그리스도인의 삶에 있어 선한 행실에 대한 조나단 에드워즈의 강조." 『생명과 말씀』23/1 (2019): 11-44.

_____. "양자의 교리: 성경신학적-조직신학적 접근." 『성경과 신학』74 (2015): 65-96.

강일상. "[바울 구원론의 탐구 10] 성화에 이르게 하는 의로움: 로마서 6장 19절." 『기독교사상』74 (2020): 145-57.

강현복. 『성경이 꽃피운 고백 성경으로 풀어쓴 웨스트민스터 신앙고백서』. 경산; 도서출판 R&F, 2019.

권연경. "바울서신에 나타난 구원의 확신." 『신학지평』23/1 (2010): 243-72.

권혜령. "영혼돌봄의 성경적 체계 구축을 위한 연구: 청교도 문헌연구를 통한 기독교상담적 원리 고찰." 『복음과 상담』27/1 (2019): 7-42.

고신대학교 개혁주의학술원 (ed). 『칼빈 이후 영국의 개혁신학자들』. 부산: 고신대학교 개혁주의학술원, 2016.

공정환. "이혼예방을 위한 결혼전 준비교육의 필요성 고찰: 이혼율 증가에 따른 공공부조의 증가와 기독교교육을 중심으로." 『기독교교육정보』66 (2020): 99-129.

김경식. "최후 심판과 책들이 무슨 상관이 있는가?: 요한계시록 20:11-15의 두 종류의 책들과 흰 보좌심판." 『신약논단』14/3 (2007): 709-734.

김남석. "목사청빙에 대한 목회윤리적 반추(反芻)." 『대학과 선교』24/6 (2013): 127-55.

김병훈. "그리스도의 순종과 의의 전가와 웨스트민스터 총회." 『신학정론』39/2 (2021): 47-104.

_____. "도르트 신경이 고백하는 성도의 견인 교리." 『장로교회와 신학』11 (2014): 218-59.

김성욱. "웨스트민스터 신앙고백서와 한국장로교회: 독일교회의 용례를 통한 접근."『장로교회와 신학』4 (2007): 65-94.

김성은. "개신교회 담임목사의 법적 지위에 관한 연구."『법학연구』32 (2021): 77-107.

김성진·유연유. "담임목사 청빙유형에 따른 절차 공정성 연구: 헤드헌팅 유형을 중심으로."『신학과 실천』32 (2020): 821-48.

김신구. "선교적 성찬(Missional Eucharist)의 신학적 구성요소와 예전에 관한 연구: 존 웨슬리(John Wesley)의 성찬신학과 선교신학적 관점에서."『선교신학』61 (2021): 11-50.

김영호. "그리스도의 할례: 골로새서 2:11-12에 대한 주해적 연구."『신학정론』38/2 (2020): 433-69.

김은수.『개혁주의 신앙의 기초 I-II: 웨스트민스터 소요리문답 해설』. 서울: SFC출판부, 2011.

김요섭. "스코틀랜드 신앙고백 교회론의 구조적 특징과 신학적 의미 연구."『성경과 신학』68(2013): 181-216.

_____. "웨스트민스터 신앙고백서의 교회 정의와 그 역사적 의의."『한국개혁신학』40(2013): 145-82.

김재성. "하이델베르크 요리문답과 웨스트민스터 신앙고백서의 언약 사상."『한국개혁신학』40 (2013): 40-82.

김종희. "타락후예정론, 개혁교회의 신앙고백적 입장인가?"『개혁논총』53 (2020): 9-34.

김주한. "교회와 국가관계의 유형론 논쟁: 존 카튼과 로저 윌리엄스를 중심으로."『한국기독교 신학논총』62/1 (2009): 227-44.

김중락.『스코틀랜드 종교개혁사: 존 녹스에서 웨스트민스터 총회까지』. 서울: 흑곰북스, 2017.

_____. "퓨리턴의 꿈과 언약국가."『영국연구』23 (2010): 59-89.

김중락·김호연. "크롬웰의 이상사회 정책과 그 성격."『대구사학』76 (2004): 363-98.

김창훈. "선지자적 회개 설교: 왜? 그리고 어떻게?"『개혁논총』43 (2017): 97-126.

김태희.『우리가 꼭 알아야 할 107가지 핵심 진리』. 서울: 세움북스, 2022.

김형태. "Newly created Children of God: Adoption and New

Creation in the Theology of Paul." Ph.D. Thesis, Durham University, 2022. 고신총회성경연구소 주최 학위 논문발표회, Zoom. 2022년 8월 25일: 1-23.

김홍만. "웨스트민스터 신앙고백서의 역사적 배경과 신학적 특징들." 『국제신학』16 (2014): 73-97.

_____.『진리 분별: 웨스트민스터 신앙고백서 해설』. 서울: 좋은땅, 2018.

김효남. "개혁파 언약사상과 청교도 회심준비교리."『역사신학논총』42 (2023): 72-117.

나용화. "웨스트민스터신앙고백서의 기본적 입문."『전도와 신학』34 (2019): 40-62.

노영근. "웨스트민스터 신앙고백서에 나타난 그리스도인들의 결혼관." 『개혁논총』14 (2010): 229-65.

대한예수교장로회 고신총회.『헌법』. 서울: 대한예수교장로회 총회출판국, 2023.

류길선. "청교도 성경 교육: 로버트 에벗(Robert Abbot, 1588-1662)의 소요리 문답서에 대한 분석."『역사신학논총』40 (2022): 141-76.

류호영. "목회자의 소명/사명에 대한 성경-신학적 이해."『신학과 실천』49/5 (2016): 185-217.

문시영. "아우구스티누스를 통해 본 개인의 성화와 사회적 성화."『장신논단』49/1 (2017): 307-329.

민장배. "구약 제사 의미에 따른 현대 예배 방안."『신학과 실천』44 (2015): 39-62.

민중서림 편집국 편.『민중 엣센스 국어사전』. 서울: 민중서림, 2006.

박경철. "안식일, 지켜야 하는가? 무엇을 그리고 어떻게?- 구약성서가 말하는 안식일 계명의 의미."『기독교사상』51/2 (2007): 68-84.

박승배. "신의 예지와 자유의지."『철학논총』54/4 (2008): 267-80.

박용규. "한국교회 예배의 변천, 역사적 고찰."『성경과 신학』63 (2012): 111-75.

박윤선. "칼빈주의 최대표현인 웨스트민스터 신앙고백서와 위기신학." 『신학지남』47/2 (1980): 93-103.

박정수. "[신약] 신약 외경이란 무엇인가?"『성서마당』79 (2006): 19-30.

박정희. "한국장로교 성인구역공과의 교리교육적 가능성과 한계: 웨스트민스터 신앙고백서를 중심으로." 박사학위 논문. 백석대학교, 2016.

박재은. "제1장 웨스트민스터 신앙고백서를 통해 살펴보는 복음의 총체성."『총체적 복음사역의 신학과 실천』15 (2019): 42-61.

박종기. "진실한 삶으로 맹세가 더 이상 필요하지 않게 하라: 마태복음 5장 33-37절."『성경연구』11/2 (2005): 53-65.

박준영. "가톨릭 교회 정치세력화의 문제점: 정교분리 담론을 중심으로."『종교문화연구』10(2008): 77-98.

박찬호. "웨인 그루뎀의 창조론: 유신진화론 비판을 중심으로."『창조론 오픈포럼』14/1 (2020): 35-46.

박창건. "고린도후서 13장 13절에 관한 小考."『신학과 세계』35 (1997): 50-78.

박창환. "바울의 축도: 고후 13:11-13."『성경연구』2/7 (1996): 2-14.

박철현. "웨스트민스터 신앙고백서의 참된 회개와 구약의 제사: 레 6:1-7의 속건제사 본문을 중심으로."『개혁논총』14 (2010): 299-322.

박태현. "교회의 권세, 열쇠권: 헤르만 바빙크의 견해를 중심으로."『신학지남』88/2 (2021): 237-68.

_____. "한국 장로교 정치원리와 그 실제."『복음과 실천신학』54 (2020): 106-132.

박형신. "필리핀의 교회와 국가의 유착: 스페인 식민통치 시기를 중심으로."『한국교회사학회지』37 (2014): 39-71.

박희석. "결혼과 재혼에 관한 마틴 부처의 사상."『신학지남』78/3 (2011); 175-206.

_____. "권두언: 칼빈의 국가관."『신학지남』(2012): 1-13.

배성권·이상규 (편).『기독교대학과 사회과학』. 부산: 고신대학교출판부, 2015.

배춘섭. "아프리칸 조상들의 사후 세계에 관한 개혁신학의 관점."『한국개혁신학』66 (2020): 89-129.

백충현. "『칭의론에 관한 공동선언문(JDDJ)』을 넘어서: 칭의와 관련된 인간의 상태에 관한 쟁점 분석과 해결 모색."『장신논단』50/2 (2018): 117-43.

서나영. "마음의 경건: 청교도 영성 안의 찬송과 기도시의 역할 고찰." 『성경과 신학』91(2019): 335-67.

서재주. "믿음과 구원의 확신에 대한 성령의 사역과 역할."『개신논집』 13 (2013): 85-113.

성신형. "칭의에서 정의로: 이신칭의에 대한 사회윤리적 접근."『장신논 단』50/1 (2018): 223-45.

성종현. "죽은 자의 중간상태와 부활의 몸: 예수의 죽음과 부활의 빛에 서 본 신약성서의 개인적 종말사상."『신약논단』19/2 (2012): 457-92.

송순열. "예루살렘 회의: 하나님 경외자(God-fearer)의 입장에서 읽 기."『신약논단』15/2(2008): 377-40.

송영목. "고신대학교 신학 학사(B.Th.)와 목회학 석사(M.Div.)의 연계 교육과정 제안: 개혁주의 공적-선교지향적 신학교육을 중심으 로." 고려학원 이사회 주관 신대원 캠퍼스를 활용한 신학 연계 연구발표회 발제논문. 고신대학교. 2024년 2월 15일: 1-22.

_____. "벨직신앙고백서, 하이델베르크 교리문답서, 그리고 웨스트민 스터 신앙고백서의 성경증거구절의 사용 비교: 종말론을 중심 으로."『갱신과 부흥』33 (2024): 105-136.

_____.『신약주석』. 서울: 쿰란출판사, 2011.

_____. "요한문헌에 나타난 하나님의 섭리." In『하나님의 섭리, 어 떻게 설교할 것인가?』. Edited by 한국동남성경연구원. 서 울: SFC출판부, 2024: 277-305.

_____.『하이델베르크 교리문답서의 다차원적 읽기』. 부산: 도서출판 향기, 2022.

송 일. "누가복음 19장 8절의 삭개오 발언에 대한 새로운 고찰: 자기 변호 에 투영된 회개의 선행성."『선교와 신학』51 (2020): 111-36.

송창현. "악한 사제 요나단 마카베오와 쿰란 공동체."『신약논단』11/4 (2004): 895-922.

송혜경. "바룩 2서의 메시아사상."『가톨릭신학과 사상』88 (2023): 229-78.

신국현.『유신진화론과의 대화』. 서울: 세움북스, 2024.

신내리. "웨스트민스터 신앙고백의 불변적 권위."『신학지남』34/3 (1967): 3-5.

신복윤. "칼빈의 권징론."『신학정론』27/1 (2009): 537-50.

신원균. "스코틀랜드 신앙고백서와 웨스트민스터 신앙고백서의 교회론적 구조와 언약신학적 특징에 관한 연구." 박사학위 논문. 칼빈대학교, 2009.

_____.『웨스트민스터 신앙고백서: 33가지 성경 핵심교리』. 서울: 디다스코, 2017.

신종철. "1903년『웨스트민스터 신앙고백서』개정에 대한 'ACTS 신학공관(共觀)'의 관점에 따른 평가."『ACTS 신학저널』36 (2018): 113-54.

심명석. "개혁주의 구원론에 있어서의 회개의 중요성과 필요성: 칼빈을 중심으로."『성경과 신학』50 (2009): 157-77.

안명준. "웨스트민스터 신앙고백서의 신학적 윤리학."『장로교회와 신학』4 (2007): 95-123.

안상혁. "열쇠의 권세: 마틴 부쩌와 스트라스부르크 교회의 권징, 1523-1549."『신학정론』32/1 (2014): 202-238.

안영복.『성령론 정립을 위하여 걸어온 길: 안영복 교수 자서전』. 부산: 디자인모토, 2016.

안인섭. "도르트 총회(1618-1619) 직전 시대의 네덜란드 교회와 국가 관계의 배경 연구."『한국개혁신학』57 (2018): 279-312.

안재경. "칼빈의 구원확신에 대한 소고."『조직신학연구』22 (2015): 145-69.

양성만. "웨스트민스터 신앙고백 1장 6절의 바르고 필연적인 귀결."『신앙과 학문』22/1 (2016): 177-211.

염창선. "4세기 교회와 국가의 '교회정치적' 차원."『한국교회사학회지』18 (2006): 97-126.

외경위경편집부.『외경위경전서 상, 하』. 서울: 기독교문화사, 1979.

우병훈. "공공신학 교육을 위한 교본으로서 웨스트민스터 대교리문답."『개혁논총』39 (2016): 57-96.

유경동. "어거스틴(Augustine)의 회개에 대한 사유와 기독교윤리."『선교와 신학』40 (2016): 359-88.

유재원. "한국 개신교 예식서에 나타난 주일 예배 비교 연구."『신학사상』195 (2021): 109-144.

유태화. "삼위 하나님의 교제로서 교회의 본질과 현황 목회 모색."『성경과 신학』75 (2015): 113-43.

유해무.『헌법 해설: 웨스트민스터 신앙고백서/대소교리문답서』. 서울: 대한예수교장로회 고신총회, 2015.

유현숙. "죽음의 두려움을 통해 본 구원의 확신과 목회적 돌봄."『신학과 실천』58 (2018): 475-98.

윤용복. "현대 한국사회에서 '여호와의 증인'의 위치."『신종교연구』30 (2014): 29-56.

윤종훈. "존 웨슬리(John Wesley)의 구원확신론에 대한 개혁주의적 고찰."『신학지남』88/4 (2021): 275-309.

_____. "존 칼빈의 구원 확신론에 관한 고찰."『성경과 신학』80 (2016): 159-86.

이남규. "벨직신앙고백서의 성경론에 나타난 칼빈주의적 성격."『장로교회와 신학』13 (2017): 79-98.

_____. "성도의 견인에 관한 도르트 총대들의 판단,"『신학정론』37/2 (2019): 299-328.

이동익. "제2차 바티칸 공의회 문헌들에 나타난 그리스도인의 양심."『Catholic Theology and Thought』38 (2001): 43-70.

이상규 (편).『기독교대학과 교육』. 부산: 고신대학교출판부, 2014.

이상웅. "벨직신앙고백서의 역사적 배경과 37조에 담긴 종말론."『개혁논총』36 (2015): 105-143.

_____. "웨스트민스터 신앙고백서의 종말론."『한국개혁신학』44 (2014): 152-77.

이성덕. "만유회복설과 급진적 경건주의: 페테르젠(Petersen) 부부를 중심으로."『韓國敎會史 學會誌』35 (2013): 165-94.

이성호.『'비록'에서 '아멘'까지: 웨스트민스터 신앙고백 해설』. 안성: 그 책의 사람들, 2022.

이숙경. "구원하는 믿음의 성격에 기초한 기독교교육의 근본 원리 및 과제."『ACTS 신학저널』28 (2016): 125-62.

이승현. "아브라함과 성령을 통해서 본 갈라디아인들의 칭의 이해."『신약논단』27/1 (2020): 229-69.

이윤석. "웨스트민스터 표준문서에 담긴 성화의 의미에 대한 고찰."『한
국조직신학논총』45 (2016): 47-83.

이은선. "웨스트민스터 신앙고백서의 구원론: 구원의 서정을 중심으
로."『한국개혁신학』40 (2013): 114-44.

_____. "한국장로교회의 웨스트민스터 신앙고백서와 대소요리문답의
수용."『장로교회와 신학』13 (2017): 111-40.

이은주. "성경 속의 양자(養子)."『종교문화학보』17/2 (2020): 109-131.

이종록. "[서평 (1)] 욕망의 현실, 안식의 허구- 퇴장의 시점을 놓친 한 신학
자가 뻘쭘하게 말하는 안식하기: 월터 브루그만의『안식일은 저
항이다』, 복있는사람."『기독교사상』7월 호 (2015): 190-97.

이진락. "웨스트민스터 신앙고백서와 구원의 확신." 『개혁논총』 14
(2010): 167-93.

이충재.『예수님이 전파하는 돌이킴과 그 열매: 돌이킴의 말씀으로 마태
복음 읽기』. 서울: 다함, 2024.

이한상. "스티븐 차르녹(Stephen Charnock)의 신학에서 '하나님의 거
룩': 청교도 성화론의 통합적 이해를 지향함."『역사신학논총』
19 (2010): 247-73.

임재훈. "[해외교육소식]국기에 대한 맹세가 위헌?: 미국의 정교 분리 논
쟁의 딜레마."『중등 우리교육』8월 호 (2002): 30-31.

장대선.『스코틀랜드 장로교회의 제2치리서』. 서울: 고백과 문답, 2019.

_____.『웨스트민스터 예배모범 스터디』. 서울: 고백과 문답, 2018.

장윤재. "같은 하나님의 피조물, 동물신학의 탐구: 코로나, 기후위기, 그
리고 동물권." 부산기독교윤리실천운동 특강 발제 글. 온천제
일교회당. 2024년 2월 6일: 1-26.

_____.『포스트휴먼 신학: 아담아, 네가 어디에 있느냐?』. 서울: 신앙과
지성사, 2017.

장호광. "개혁주의 신앙고백서의 신학적 의미고찰: 웨스트민스터 신앙
고백서의 성경관을 중심으로."『신학지평』29 (2016): 71-101.

전형준. "청소년 자녀 교육을 위한 기독교 상담학적 조명."『복음과 상
담』14 (2010): 37-73.

정도열. "언약의 통일성과 다양성: 개혁주의 언약신학과 웨스트민스터

신앙고백서 언약사상 연구." 박사학위 논문. 국제신학대학원
대학교, 2014.

정두성. 『1646 신앙고백 1: 원문으로 정리하고 성경으로 설명하기』. 서
울: SFC출판부, 2022.

_____. 『1646 신앙고백 2: 원문으로 정리하고 성경으로 설명하기』. 서
울: SFC출판부, 2023.

_____. 『1647 대교리 I』. 서울: SFC출판부, 2023.

정승원. "[권두언] 하나님의 주권과 인간의 자유의지." 『신학지남』 88/3
(2021): 1-6.

_____. "청교도와 한국 장로교회의 성찬 실행 횟수에 대한 신학적 고
찰." 『성경과 신학』 63 (2012): 209-243.

정요한 편역. 『영적 거장들의 기도문 필사노트 1』. 서울: 세움북스,
2022.

조경철. "그리스도인들에게 '모세의 율법'은 어떤 의미가 있는가?: 바울
의 율법이해를 보는 하나의 시각." 『신학과 세계』 95 (2019):
103-148.

조남신. "예루살렘 회의에서 이름 개념과 이방인 구원 모티프의 지평 융
합: 사도행전 15:14, 17을 중심으로." 『신학연구』 81 (2022):
89-128.

조신연. "칼빈의 교회직분개혁을 통해 본 기독교적 형성." 『조직신학연
구』 32 (2019): 122-59.

조용선. "어린이세례를 통한 기독교교육적 가능성 모색." 『장신논단』
41 (2011): 367-91.

조재형. "요한복음의 도마와 몸의 부활에 대한 논쟁." 『기독교신학논
총』 116 (2020): 105-132.

조진모. "칼빈 신학에서 양자 교리의 위치." 『신학정론』 27/1 (2009):
79-105.

주도홍. "청교도의 설교 이해: 퍼킨스와 에임스를 중심으로." 『성경과
신학』 67 (2013): 235-60.

주상락. "포스트 코로나 시대 공공선교학의 가능성: 뉴비긴, 그리고 오
케슨 중심으로." 『대학과 선교』 47 (2021): 105-132.

천사무엘. "솔로몬의 지혜서에 나타난 하나님의 자비 이해." 『구약논단』
22/1 (2016): 183-209.

_____. "[외경 이야기] 민족을 구한 여걸 유딧(1)."『새가정』10월호 (2014): 30-33.

_____. "[외경 이야기] 민족을 구한 여걸 유딧(2)."『새가정』11월호 (2014): 30-33.

_____. "[외경 이야기] 토비트와 사라의 결혼 이야기."『새가정』7월호 (2014): 30-33.

_____. "[외경 이야기] 토비트와 사라의 고통 이야기."『새가정』8월호 (2014): 30-33.

_____. "집회서의 이스라엘 영웅 찬양시."『한국기독교신학논총』40/1 (2005): 29-51.

총회헌법개정위원회. "고신총회 교회헌법 개정안: 초안, 공청회용." 2022: 1-90.

최갑종. "소위 "예수, 율법(토라), 그리고 제자들: 마태복음 5:17-20을 중심으로."『신약논단』19/2 (2012): 395-421.

최성수. "한병철의 '피로사회' 이론에 대한 기독교 신학적 고찰과 대응 방안 모색으로서 안식일 개념에 대한 연구."『장신논단』45/4 (2013): 195-222.

최승락. "고백 언어의 특성과 웨스트민스터 신앙고백서."『장로교회와 신학』4 (2007): 45-64.

최태영. "개신교 신앙고백에서 '거룩한 삶'에 대한 이해."『신학과 목회』 37 (2012): 5-27.

최형근. "로잔운동에 나타난 공공신학의 선교학적 함의."『ACTS 신학 저널』38 (2018): 55-90.

한병수.『거인들의 예정』. 서울: 세움북스, 2022.

허순길.『벨기에 신앙고백 해설: 개혁교회 신앙고백』. 광주: 셈페르 레포르만다, 2016.

허주. "회개: 한국교회 갱신을 위한 단초."『한국개혁신학』35 (2012): 86-138.

현경식. "베드로전서에 나타난 선행의 윤리."『신약논단』18/4 (2011): 1183-1212.

현유광. "지역교회의 적정 규모(規模 size)는?" http://reformedjr. com/board05_04/755875 (2022년 6월 22일 접속).

홍성달. "청교도 신학에 나타난 성령의 사역과 북한선교." 박사학위 논문. 국제신학대학원대학교, 2015.

황창기. "기독교대학의 교회적 특성." In 『기독교대학의 본질과 사명』. Edited by 김성수. 부산: 고신대학교출판부, 1998: 41-57.

Achtemeier, P. A. *1 Peter*. Hermeneia. Minneapolis: Fortress, 1996.

Anderson, R. D. "Of the Church: An Historical Overview of the Westminster Confession of Faith, Chapter 25." *Westminster Theological Journal* 59/2 (1997): 177-199.

Aquinas, T. "육체가 소멸되었을 때, 인간 영혼도 소멸되는가?" 박승찬 역. 『인간연구』 21 (2011): 193-210.

Archer, M. S. "Caritas in Veritate and Social Love." *International Journal of Public Theology* 5 (2011): 273-95.

BDAG. Chicago: The University of Chicago Press, 2003.

Beatrice, P. F. "The Word 'Homoousios' from Hellenism to Christianity." *Church History* 71/2 (2002): 243-72.

Beeke, J. R. "Personal Assurance of Faith: The Puritans and Chapter 18.2 of the Westminster Confession." *Westminster Theological Journal* 55/1 (1993): 1-30.

_____. "Reading the Puritans." *SBJT* 14/4 (2010): 20-37.

_____. "The Transforming Power of Puritan Doctrinal Preaching: The Westminster Directory and Its Application for Today." *The Master's Seminary Journal* 32/2 (2021): 287-99.

_____. "Unprofessional Puritans and Professional Pastors: What the Puritans would say to Modern Pastors." *Puritan Reformed Journal* 6/1 (2014): 183-95.

Beeke, J. R. and Jones, M. 『청교도 신학의 모든 것』. *A Puritan Theology*. 김귀탁 역. 서울: 부흥과 개혁사, 2015.

Beeke, J. R. and Reeves, M. 『청교도, 하나님을 온전히 따르는 삶』. *Following God Fully*. 신호섭 역. 서울: 지평서원, 2021.

Beeke, J. R and Smalley, P. M. "A Succint Puritan View of the Christian's Mission in Society." *Puritan Reformed Journal* 15/2 (2023): 147-52.

_____. "Learning from the Puritans on Being Salt and Light." *Puritan Reformed Journal* 11/2 (2019): 161-76.

_____. "Puritans on Marital Love." *Puritan Reformed Journal* 12/1 (2020): 155-67.

_____. "Why We need to listen to the Puritans on Christ-Centered Worship." *Puritan Reformed Journal* 14/1 (2022): 99-114.

Beekes, R. *Etymological Dictionary of Greek*. Volume 1-2. Leiden: Brill, 2009.

Bower, J. R. *The Confession of Faith: A Critical Text and Introduction*. Grand Rapids: RHB, 2020.

_____. *The Larger Catechism: A Critical Text and Introduction*. Grand Rapids: RHB, 2010.

Bowes, W. B. "Cotton Mather and the 1721 Smallpox Outbreak: Assessing the Puritans' Crisis Response 300 Years Later." *Puritan Reformed Journal* 13/2 (2021): 207-221.

Bredenhof, W. 『알기 쉬운 은혜언약 입문』. *An Easy Introduction to the Covenant of Grace*. 손정원 역. 서울: 생명나무, 2016.

Bronkema, I. "William Perkins on the Law and the Gospel." *Puritan Reformed Journal* 15/2 (2023): 31-47.

Broughton, H. *A Revelation of the Holy Apocalyps*. London: np, 1610.

Brown, M. G. "Samuel Petto (c. 1624-1711): A Portrait of a Puritan Pastor Theologian." *Puritan Reformed Journal* 2/1 (2010): 75-91.

Buchanan, G. W. "Some Vow and Oath Formulas in the New Testament." *Harvard Theological Review* 58/3 (1965): 319-26.

Burchett, C. "Serious Joy: The Puritan Heritage of Leisure." *Puritan Reformed Journal* 10/2 (2018): 211-25.

Carlson, D. "A Faster Pastor: Six Ways to improve the Search Process." *Congregations* 34/4 (2008): 36-37.

Carpenter, J. B. "Puritans and Profits: The Puritan Economic Ethic and Ethos-A Compilation of Primary Sources."

Puritan Reformed Journal 15/1 (2023): 79-99.

Carson, D. A. (ed). *NIV Biblical Theology Study Bible*. Grand Rapids: Zondervan, 2018.

Chang, C. W. "A Socio-Historical Study of the Adoption Imagery in Galatians." *HTS Teologiese Studies* 77/4 (2021): 1-10.

Chester, S. J. *Reading Paul with the Reformers: Reconciling Old and New Perspectives*. Grand Rapids: Eerdmans, 2017.

Cline, T. "New England Election Sermons: A Model for a Public Pulpit." *Unio cum Christo* 7/2 (2021): 65-84.

Coetsee, A. J. "The Book of Hebrews and the Reformed View of Scripture: Hebrews echoed in Belgic Confession Articles 2-7." *In die Skriflig* 54/2 (2020): 1-10.

Coetzee, C. F. C. "Die Plek en Funksie van die Heidelbergse Kategismus in 'n Omkeerstrategie in die Gereformeerde Kerke in Suid-Afrika." *In die Skriflig* 48/1 (2014): 1-6.

Coffey, J. and Lim, P. C. H. (ed). *The Cambridge Companion to Puritanism*. Cambridge: Cambridge University Press, 2008.

Compton, R. B. "Persevering and Falling away: A Reexamination of Hebrews 6: 4-6." *Detroit Baptist Seminary Journal* 1 (1996): 135-67.

Cunningham, H. G. "God's Law, 'General Equity' and the Westminster Confession of Faith." *Tyndale Bulletin* 58/2 (2007): 289-312.

Davis, J. J. "The Perseverance of the Saints: A History of the Doctrine." *Journal of the Evangelical Theological Society* 34/2 (1991): 213-28.

Delivuk, J. A. "Inerrancy, Infallibility, and Scripture in the Westminster Confession of Faith." *Westminster Theological Journal* 54/2 (1992): 349-55.

DeVries, B. A. "Spiritual Gifts for Biblical Church Growth." *In die Skriflig* 50/1 (2016): 1-10.

Donagan, B. "Godly Choice: Puritan Decision-Making in 17th

Century England." *Harvard Theological Review* 76/3 (1983): 307-334.

Donogan, B. "Godly Choice: Puritan Decision-Making in Seventeenth-Century England." *Harvard Theological Review* 76/3 (1983): 307-334.

Doriani, D. M.『마태복음』. *Matthew*. 김명희 역. 서울: 국제제자훈련원, 2023.

Douglas, J. D. (ed).『새 성경 사전』. 서울: CLC, 1996.

Drake, K. J. "J. V. Fesko on the Covenant of Works." *Presbyterion* 47/2 (2021): 143-48.

Du Rand, J. A. *God's Conquering Story of Victory: Unravelling the Book of Revelation*. Wandsbeck: Reach Publishers, 2021.

Elowsky, J. "Christian Freedom and the Government." *Concordia Journal* 47/2 (2021): 11-25.

Embry, A. "John Flavel's Theology of the Holy Spirit." *SBJT* 14/4 (2010): 84-99.

Evans, F. "What He hath planted He will maintain: The Political Theology of John Cotton." *Puritan Reformed Journal* 15/2 (2023): 48-63.

Everhard, M. *Hold Fast the Faith: A Devotional Commentary on the Westminster Confession of 1647*. Lenoir: Reformation Press, 2012.

Fairbairn, A. M. "The Westminster Confession of Faith and Scotch Theology." *Contemporary Review* 21 (1872): 63-84.

Ferguson, S. B. (ed). *New Dictionary of Theology*. Leicester: IVP, 1988.

Fesko, J. V,『역사적, 신학적 맥락으로 읽는 웨스트민스터 신앙고백서』. *The Theology of the Westminster Standards*. 신윤수 역. 서울: 부흥과 개혁사, 2018.

Fite, J. "Adiaphora: Theological War in Elizabethan England." *Puritan Reformed Journal* 9/1 (2017): 113-40.

Fitzmyer, J. A.『로마서』. *Romans*. 김병모 역. 서울: CLC, 2015.

Frame, J. M. *Systematic Theology: An Introduction to Christian*

Belief. Phillipsburg: P&R, 2013.

Franks, B. "Rightly Handling the Word of Truth: Puritan Interpretation of Scripture." *Puritan Reformed Journal* 11/1 (2019): 43-52.

Furnish, V. P. "Much More than 'Getting Back to the Bible: Christians must come into a Closer and Continuing Dialogue with the Total Witness of Scripture." *Engage/Social Action* 11 Jul-Aug (1983): 21-25.

Gaffin Jr., R. B. "Biblical Theology and the Westminster Standards." *Westminster Theological Journal* 65/2 (2003): 165-79.

Gardner, E. C. "Justice in the Puritan Covenantal Tradition." *Annual of the Society of Christian Ethics* 6/1 (1988): 91-111.

Gerrish, B. A. "The Gift of Saving Faith." *The Christian Century* 116/27 (1999): 968-71.

Gibbs, L. W. "The Puritan Natural Law Theology of William Ames." *Harvard Theological Review* 64 (1971): 37-57.

Goswell, G. "The Use of the Old Testament in the Westminster Standards." *Reformed Theological Review* 66/3 (2007): 148-65.

Greenbury, J. S. "Pastoral Reflections on Assurance in English Puritan Thought." *Puritan Reformed Journal* 13/1 (2021): 113-27.

Grosse, S. "Salvation and the Certitude of Faith: Luther on Assurance." *Pro Ecclesia* 20/1 (2011): 64-85.

Ham, C. "The Christ Hymn in 1 Timothy 3:16." *Stone-Campbell Journal* 3 (2000): 209-228.

Hannah, J. D. "The Meaning of Saving Faith: Luther's Interpretation of Romans 3:28." *Bibliotheca Sacra* 140/560 (1983): 322-34.

Hansen, L. (ed). *Christian in Public: Aims, Methodologies and Issues in Public Theology.* Beyers Naudé Centre Series on Public Theology. Stellenbosch: SUN Press, 2007.

Hasselhoff, G. K. "Revising the Vulgate: Jerome and His

Jewish Interlocutors." *Zeitschrift für Religions und Geistesgeschichte* 64/3 (2012): 209-221.

Haykin, M. A. G. "Word and Space, Time and Act: The Shaping of English Puritan Piety." *SBJT* 14/4 (2010): 38-46.

Haynes, T. A. "Voices of Fire: Sinai Imagery in Acts 2 and Rabbinic Midrash." *Nordisk Judaistik* 32/1 (2021): 30-45.

Helberg, J. L. "Openbarings Historiese Aksente: Owerheidstaak en Godsdiens." *Koers* 58/4 (1993): 485-500.

Henry, S. C. "A Puritan Ideal for a Seminary Student." *Duke Divinity School Bulletin* 24/3 (1959): 68-72.

Hewitt, H. "Origin of the Westminster Confession of Faith: 'Solemn League and Covenant." *Zion's Herald* 68 (1890): 7.

Higdon, C. D. "The Spirituality of William Gurnall: The Devil's Threat to Puritan Piety." *Puritan Reformed Journal* 11/2 (2019): 109-126.

Hobyane, R. S. "The 'People' of Israel according to Judith: A Greimassian Semiotic Reading of Judith 5:1-24." *In die Skriflig* 57/1 (2023): 1-6.

Holmes, A. F.『기독교대학의 이념』. *The Idea of Christian College*. 박진경 역. 대구: 기독교대학설립동역회출판부, 1989.

_____.『모든 진리는 하나님의 진리다』. *All Truth is God's Truth*. 서원모 역. 고양: 크리스챤 다이제스트, 1991.

Hook, H. P. "Biblical Definition of Saving Faith." *Bibliotheca Sacra* 121/482 (1964): 133-40.

Houston, J. M. "Prayer as the Gift and Exercise of Personal Relationships." *Crux* 21/3 (1985): 3-8.

Hroboň, B. "A Proposal for Understanding Imago Dei as Process of Sanctification." *Communio Viatorum* 56/1 (2014): 3-22.

https://www.prdl.org/index.php (2024년 2월 20일 접속).

https://www.steunpuntkerkenwerk.nl/kerkelijk-personeelsbeleid/predikanten/beroepingswerk/ (2024년 3월 4일 접속).

Hyman, R. T. "Four Acts of Vowing in the Bible." *Jewish Bible Quarterly* 37/4 (2009): 231-38.

Ingram, J. P. "Avant-garde Conformists and Student Revels at Oxford, 1607-08." *Anglican and Episcopal History* 80/4 (2011): 349-72.

Jones, S. R. "The Invisible Church of the Westminster Confession of Faith." *Westminster Theological Journal* 59/1 (1997): 71-85.

Joseph, S. "The Reformed Pastor as a Minister of the Word." *The Burning Bush* 30/1 (2024): 58-61.

Kauflin, D. "Guarding Your Steps: The Puritan Practice of Preparing for Public Worship." *Puritan Reformed Journal* 9/2 (2017): 250-68.

Keener, C. S. *Acts.* Volume 4. Grand Rapids: Baker, 2015.

_____. "Greek versus Jewish Conceptions of Inspiration and 2 Timothy 3:16." *JETS* 63/2 (2020): 217-31.

Krivochéine, B. "Is a New Orthodox Confession of Faith Necessary." *St Vladimir's Seminary Quarterly* 11/2 (1967): 69-72.

Kruger, M. J. (ed). 『성경신학적 신약개론』. *A Biblical-Theological Introduction to the New Testament.* 강대훈 외 역. 서울: 부흥과 개혁사, 2017.

Lake, P. "Dilemma of the Establishment Puritan: The Cambridge Heads and the Case of Francis Johnson and Cuthbert Bainbrigg." *Journal of Ecclesiastical History* 29/1 (1978): 23-35.

Larson, M. J. "Church and State among the Puritans in Massachusetts Bay." *Puritan Reformed Journal* 15/2 (2023): 64-85.

Lehmann, M. R. "Biblical Oaths." *ZAW* 81/1 (1969): 74-92.

Leishman, T. 『웨스트민스터 예배모범』. *The Westminster Directory.* 정장복 역. 서울: 예영커뮤니케이션, 2002.

Lindberg, C. "Modem Fanatici and the Lutheran Confessions." *Concordia Theological Quarterly* 59/3 (1995): 191-217.

Linzey, A. W. 『동물 신학의 탐구』. *Creatures of the Same God*. 장윤재 역. 대전: 대장간. 2014.

Lion-Cachet, F. N. "Die Christusgetuienis in die Ou Testament: 'N Belydeniswerklikheid." *In die Skriflig* 25/1 (1997): 97-113.

Littledale, R. F. "The Dean of Westminster on Ecclesiastical Vestments." *Contemporary Review* 25 (1874): 571-94.

Lorenzo, R. P. "Puritan Military Justice: American War Crimes and the Global War on Terrorism." Ph.D. Thesis. Texas A&M University, 2012.

Louw, J. P. and Nida, E. A. *Greek-English Lexicon on the New Testament based on Semantic Domains*. Volume 1. Cape Town: BSSA, 1993.

Maas, K. D. "Cambridge and the Early English Reformation." *Logia* 13/1 (2004): 47-52.

MacCulloch, D.『영국의 종교개혁』. *All Things New: Writing on the Reformation*. 한동수 역. 서울: CLC, 2018.

MacLeod, D. J. "Christology in Six Lines: An Exposition of 1 Timothy 3:16." *Bibliotheca Sacra* 159 (2002): 334-48.

Magyar, B. D. "Luther on Marriage, Adultery, and Its Punishment: A Brief Comparison with Calvin's Thoughts." *Stellenbosch Theological Journal* 9/1 (2023): 1-23.

Makuwa, P. S. "The Authority of God takes Precedence over Scripture and Tradition." *In die Skriflig* 58/1 (2024): 1-9.

May, D. M. "Eating Supper on a Sinking Ship: Acts 27:27-38." *Renew and Expositor* 16/3 (2019): 255-58.

McWilliams, D. B. "The Covenant Theology of the Westminster Confession of Faith and Recent Criticism." *Westminster Theological Journal* 53/1 (1991): 109-124.

Meier, G.『마태복음』. *Matthäus-Evangelium*. 송다니엘 역. 서울: 진리의 깃발, 2017.

Montanari, F. *The Brill Dictionary of Ancient Greek*. Leiden: Brill, 2015.

Moore, J. D. "The Westminster Confession of Faith and the Sin of Neglecting Baptism." *Westminster Theological Journal* 69/1 (2007): 63-86.

Nadella, R. "Pentecost as a Challenge to the Roman Empire's Values and Ethos." *Journal for Preachers* 41/4 (2018): 2-6.

Nasseli, A. D. "John Owen's Argument for Definite Atonement in *The Death of Death in the Death of Christ*: A Summary and Evaluation." *SBJT* 14/4 (2010): 60-82.

Nuenke, J. "Puritan Involvement with Slavery." *Puritan Reformed Journal* 15/1 (2023): 189-200.

Novak, J. A. "In Thy Light shall We see Light: The Prayer for Illumination in the Reformed Liturgical Tradition." Ph.D. Thesis. Fuller Theological Seminary, 2015.

O'Brien, P. T. *The Letter to the Hebrews*. Grand Rapids: Eerdmans, 2010.

Olivetti, J. "The Puritan Practice of Friendship and Cooperation." *Puritan Reformed Journal* 11/1 (2019): 127-48.

Ortlund, D. 『고린도후서』. 2 *Corinthians*. 홍병룡 역. 서울: 국제제자훈련원, 2022.

Osgood, H. L. "The Political Ideas of the Puritans." *Political Science Quarterly* 6/1 (1891): 1-28.

Ouweneel, W. J. "Die Godsopenbaring in die Natuur." *In die Skriflig* 25/3 (1991): 383-400.

Parnham, D. "The 'Antinomianisme' of the 'Red Dragon': John Gooswin's Flight from the Moral Law." *Westminster Theological Journal* 79 (2017): 267-90.

Parr, T. "English Puritans and the Covenant of Redemption: The Exegetical Arguments of John Flavel and William Strong." *Puritan Reformed Journal* 12/1 (2020): 55-74.

Payne Jr., F. E. "Health and Medicine in the Perspective of the Westminster Confession of Faith." *Christian Bioethics* 20/1 (2014): 67-79.

Perkins, H. "Reconsidering the Development of the Covenant

of Works: A Study in Doctrinal Trajectory." *Calvin Theological Journal* 53/2 (2018): 289-317.

Perkins, W.『황금사슬: 신학의 개요』. *A Golden Chain: The Description of Theology.* 김지훈 역. 용인: 킹덤북스, 2016.

Peterson, R. A. "The Perseverance of the Saints: A Theological Exegesis of Four Key New Testament Passages." *Presbyterion* 17/2 (1991): 95-112.

Pointer, S. R. "Puritan Identity in the Late Elizabethan Church: William Perkins and a Powerfull Exhortation to Repentance." *Fides et Historia* 33/2 (2001): 65-71.

Riddle, J. T. "Has the Bible been kept Pure?: The Westminster Confession of Faith and the Providential Preservation of Scripture." *Puritan Reformed Journal* 11/2 (2019): 225-31.

_____. "John Calvin and Text Criticism." *Puritan Reformed Journal* 9/2 (2017): 128-45.

Robins, J. "Union Seminary in Virginia: From Westminster Calvinism to Modern iberalism." *Puritan Reformed Journal* 15/2 (2023): 119-44.

Rollock, R. "Treatise on Justification." *Mid-America Journal of Theology* 27 (2016): 99-110.

Schaser, N. J. "Inverting Eden: The Reversal of Genesis 1-3 in John's Passion." *Word & World* 40/3 (2020): 263-70.

Selvaggio, A. T.『웨스트민스터 총회의 유산: 단번에 주신 믿음』. *Westminster Assembly and the Reformed Faith Series 2: The Faith Once delivered.* 김은덕 역. 서울: 개혁주의신학사, 2014.

Shaw, R.『웨스트민스터 신앙고백 해설』. *An Exposition of the Confession of Faith: Westminster Assembly of Divines.* 조계광 역. 서울: 생명의 말씀사, 2014.

Sims, K. S. "A Spirit-filled Christian-in-the-Making: E. Stanley Jones's Views on Entire Sanctification." *Asbury Journal* 78/1 (2023): 103-120.

Skariah, G. "The Biblical Promises of the Verbal and Plenary

Preservation of the Holy Scriptures." *The Burning Bush* 30/1 (2024): 23-51.

Smalley, P. M. "Reformed, Puritan, and Baptist: A Comparison of the 1689 London Baptist Confession of Faith to the 1646 Westminster Confession of Faith." *Puritan Reformed Journal* 2/2 (2010): 121-40.

Smith, M. J. "The Failure of the Family in Judges, Park 1: Jephthah." *Bibliotheca Sacra* 162 (2005): 279-98.

Sproul, R. C. 『웨스트민스터 신앙고백 해설 1-3』. *Truths We confess*. Vols. 1-3. 이상웅· 김찬영 역. 서울: 부흥과 개혁사, 2011.

Sprunger, K. L. "English Puritans and Anabaptists in Early Seventeenth-Century Amsterdam." *Mennonite Quarterly Review* 46/2 (1972): 113-28.

Stegman, T. D. "Justification in Galatians: A Roman Catholic Perspective." *Biblical Research* 63 (2018): 53-62.

Stewart, A. E. "Authority and Motivation in the Apocalypse of John." *Bulletin for Biblical Research* 23/4 (2013): 547-63.

Strange, A. D. "Comments on the Centrality of Preaching in The Westminster Standards." *Mid-America Journal of Theology* 10 (1999): 185-238.

Strauss, P. J. "Kerk en Burgerlike Owerheid: Die Nederlandse Geloofsbelydenis en Drie Kerkordes." *HTS Teologiese Studies* 77/4 (2021): 1-10.

Strelan, R. "We hear Them telling in Our Own Tongues the Mighty Works of God (Acts 2:11)." *Neotestamentica* 40/2 (2006): 295-319.

Strickland, M. "Seventeenth-Century Puritans and the Synoptic Problem." *Puritan Reformed Journal* 6/1 (2014): 31-40.

Sydenham, C. *A Christian, Sober and Plain Exercitation on the Two Grand Practical Controversies of These Times: Infant Baptism and Singing of Psalms*. London: Robert White, 1654.[694]

---

694) 32년이라는 짧은 인생에도 여러 저작을 남긴 Cuthbert Sydenham(1622-1654) 은 이 책 서론 마지막에 '여러분의 무가치한 선생이'(Your unworthy Teacher)

The Church of Scotland. "Report of the Theological Forum."
May (2021): 1-14.

Tiessen, T. L. "The Salvation of the Unevangelized in the Light
of God's Covenants." *Evangelical Review of Theology*
36/3 (2012): 231-49.

Towner, A. "What would John Owen say to Government?:
Public Theology in Owen's Sermons to the Nation
(1646-1659)." *Global Anglican* 135/1 (2021): 17-33.

Troxel, A. C. "Amyraut 'at' the Assembly: The Westminster
Confession of Faith and the Extent of the Atonement."
Presbyterion 22/1 (1996): 43-55.

Trueman, C. R. "Reformed Orthodoxy in Britain." *SBJT* 14/4
(2010): 4-18.

Usser, J. *A Body of Divinitie or the Summe and Substance of
Christian Religion, Catechistically propounded and
explained by Way of Question and Answer.* London: The
Downes and Geo, 1645.

Van Dixhoorn, C. *Confessing the Faith: A Reader's Guide to
the Westminster Confession of Faith.* Edinburgh: The
Banner of Truth Trust, 2014.[695)]

_____. *God's Embassadors: The Westminster Assembly and the
Reformation of the English Pulpit, 1643-1653.* Grand
Rapids: RHG, 2017.

Van Duinen, J. "The Shifting Ideological Currents of the
Transatlantic Puritan Community in the Early
Seventeenth Century." *Journal of Religious History*
38/2 (2014): 190-206.

Van Jaarsveld, J. D. K. "Pulpits and Politics, Discrimination and
Disruptive Bodies: Anti-LGBT+ Sentiments installed
by Christian Nationalism in Africa and Disruptive

_____

라고 자신을 낮추었다. 그리고 자기 성(性)을 'Sidenham'이라 표기했다.

695)이 책과 유사한 번역서는 C. van Dixhoorn and E. van Dixhoorn, 『믿음
의 고백: 웨스트민스터 신앙고백서 입문』, *Confessing the Faith: A Reader's
Guide to the Westminster Confession of Faith & Study Guide*, 양태진 역
(서울: 성약출판사, 2021)이다.

Counternarratives." *Stellenbosch Theological Journal* 9/1 (2023): 1-23.

Van Pelt, M. V.『사사기』. *Judges*. 홍병룡 역. 서울: 국제제자훈련원, 2024.

Van Rensburg, A. J. "Belangrikheid van Troos in die Heidelbergse Kategismus." *In die Skriflig* 58/1 (2024): 1-6.

Van Rensburg, F. J. "Die Konsep Bely/Belydenis in die Nuwe Testament." *In die Skriflig* 25/2 (1991): 159-75.

Vande Vrede, K. "A Contrast between Nicodemus and John the Baptist in the Gospel of John." *JETS* 57/4 (2014): 715-26.

VanDoodewaard, W. "English Puritans and the Recovery of Pastoral Ministry." *Puritan Reformed Journal* 14/1 (2022): 117-29.

Velthuysen, G. C. "Skrifbeskouing en die Nederlandse Geloofsbelydenis." *HTS Teologiese Studies* 40/4 (1984): 84-92.

Venema, C. P. "Recent Criticisms of the 'Covenant of Works' in the Westminster Confession of Faith." *Mid-America Journal of Theology* 9/2 (1993): 165-98.

Verster, P. "The Perseverance of the Saints, Persecution and Mission, and Its Implications for Reformed Churches." *In die Skriflig* 53/3 (2019): 1-7.

Vickers, B. J.『사도행전』. *Acts*. 박문재 역. 서울: 국제제자훈련원, 2021.

Vincie, C. "Trinity Sunday: Understanding and Preaching It." *Liturgical Ministry* 19/4 (2010): 182-87.

Waters, G. P.『성찬 신학』. *The Lord's Supper*. 강대훈 역. 서울: 부흥과 개혁사, 2019.

Watson, W. C.『청교도 시대의 종말론: 세대주의와 언약신학의 요소를 포함한 다양성』. *Dispensationalism before Darby: Seventeenth-Century Eighteenth-Century English Apocalypticism*. 곽철호·최정기 역. 이천: 성서침례대학원대학교출판부, 2017.

Wenkel, D. H. "Noah as a New Adam in the Narrative: Substructure of Romans 5:12-21." *Journal of Theological Interpretation* 14/1 (2020): 74-86.

Wepener, C. "The Ancient Catechumenate: A Brief Liturgical-Historical Sketch." *Stellenbosch Theological Journal* 9/1 (2023): 1-22.

Wilkins, J. *A Discourse concerning the Gift of Prayer.* London: T. M., 1655.

Williams, D. "The Spirit and the Academy." *Scriptura* 89 (2005): 563-73.

Williams, J. J. "So loved, So Familiar: But We shouldn't stop Contemplating what John 3:16 means." *Christianity Today* 67/3 (2023): 57-61.

Wilson, A. I.『디모데전서-빌레몬서』. *1 Timothy-Philemon.* 김영희 역. 서울: 국제제자훈련원, 2023.

Young, S. L. "How Luther became the Mythical 'Here I Stand' Hero." *Lutheran Quarterly* 16 (2022): 53-72.

Yarbrough, R. W.『로마서』. *Romans.* 홍병룡 역. 서울: 국제제자훈련원, 2022.

Zuiddam, B. A. "Repentance and Forgiveness: Classical and Patristic Perspectives on a Reformation Theme." *In die Skriflig* 56/1 (2022): 1-12.